畴盦杂记

黄际遇 著
黄小安 何荫坤 编注

中山大學出版社
SUN YAT-SEN UNIVERSITY PRESS
·广州·

图书在版编目（CIP）数据

黄际遇日记类编·畴盦杂记/黄际遇著；黄小安，何荫坤编注. —广州：中山大学出版社，2019.9

ISBN 978－7－306－06683－1

Ⅰ.①黄…　Ⅱ.①黄…②黄…③何…　Ⅲ.①黄际遇（1885—1945）—日记　Ⅳ.①K826.11

中国版本图书馆CIP数据核字（2019）第175209号

Huangjiyu Riji Leibian Chou'an Zaji

出 版 人：王天琪

策划编辑：嵇春霞

责任编辑：靳晓虹

封面设计：林绵华　何　欣

封面绘图：周　桦

责任校对：罗雪梅

责任技编：何雅涛

出版发行：中山大学出版社

电　　话：编辑部 020－84110283，84113349，84111997，84110779，84110776
发行部 020－84111998，84111981，84111160

地　　址：广州市新港西路135号

邮　　编：510275　　　传　真：020－84036565

网　　址：http://www.zsup.com.cn　　E-mail:zdcbs@mail.sysu.edu.cn

印 刷 者：佛山家联印刷有限公司

规　　格：787mm×1092mm　1/16　20.5印张　446千字

版次印次：2019年9月第1版

定　　价：78.00元

黄际遇在青岛时的留影（原载《黄任初先生文钞》）

《黄际遇先生文集》序[①]

◎黄海章[②]

际遇先生字任初，早岁沉酣经史，学养精深。值晚清政治腐烂，内忧外患，相迫而来，思有以拯溺救焚，乃东渡日本，穷探数天之学，以期施诸实际，旋赴美国，益事深研。学成归国，曾任武昌高等师范学校、河南大学、山东大学、中山大学数天（数学、天文学）系教授，作育英才，声誉卓著。暇则穷探中国古籍，以存国学之精微。在武汉时，与黄侃先生为深交。商榷古今，所治日进。黄侃先生殁，曾为文致悼，情词深挚，动人心腑。先生平昔长于骈文，仰容甫、北江之遗风，摒弃齐梁之浮丽，吐词典雅，气象雍容，当日号为作手。除在中大数天系任教外，兼任中文系教授。讲授“骈文研究”“《说文》研究”。沟通文理之邮，除先生外，校中无第二人。平昔治学甚勤，为《因树山馆日记》数十册。其中除讨论学术、文章外，象棋技艺亦在所不遗。先生棋艺甚精，与南粤诸高手角，亦互有胜负。而书法雄劲，光采照人，固不独以数天专家名焉。

一九三八年十月，日寇侵犯广州，形势危急，中大乃迁至云南澄江，后又迁回粤北坪石。而寇氛日炽，先生随理学院转移连县。抗日战争胜利后，由北江南下，不幸失足堕水，拯救无效。得年六十一岁。群情嗟悼，以为文理两院，竟丧斯人，实学术界之不幸云。

先生遗文颇多，因卷帙浩繁，势难全印，乃择其中一部分，公诸社会，存其梗概，庶几不堕斯文。

余于先生为后进，初在中大任教时，屡相过从，请益无倦。先生亦不余弃，奖掖有加。在坪石时，文理两院曾隔江相望，亦屡有晤面。先生意气豪放，谈笑风生，闻者为之倾倒。至今数十年，风采如在目前。哲嗣家教，治语言之学，于方言调查，尤所究心。在中大中文系任教三十余年，克尽厥职，门墙桃李，欣欣向荣。先生后继有人，可以无憾。

“文革”前有刊先生文集之议，余曾为作序。十年动乱，触目惊心。据家教

① 原载《中山大学学报》1990 年第 1 期，第 99 页。

② 黄海章（1897—1989 年），字挽波，号黄叶，广东省梅州市梅县区人。国立中山大学教授。中国古典文学著名学者，尤精于《文心雕龙》研究，有《中国文学批评论文集》《中国文学批评简史》《明末广东抗清诗人评传》《黄叶楼诗》等著作。

学兄云，该序已经散失。此次重编先生遗文，复请余序其端，余追惟先生之学问文章，言论风采，不辞鄙陋，复缀小言。数十年如石火电光，倏然消逝，余亦白发盈颠，皱面观河，迥殊往昔。所幸神州旭日，照耀人寰，先生有灵，亦当含笑于地下。

1982 年 12 月

《黄任初先生文集》序

黄海章撰　黄家教书

際遇先生字任初早歲沉酣經史學養深值晚清政治腐爛內憂外患相迫而來思有以拯溺救焚乃東渡日本窮探數天之學以期施諸實際旋赴美國益事深研學成歸國曾任武昌高等師範學校河南大學山東大學中山大學數學系教授作育英才聲譽卓著暇則窮探中國古籍以存國學之精微在武漢時與黃侃先生為深交商榷古今所治日進黃侃先生殁曾為文致悼情詞深摯動人心腑先生平昔長於騈文仰客南北江之遺風摛章齊梁之浮麗吐辭典雅氣象雍容當日號為作手除在中大數天系任教外兼任中文系教授講授騈文研究說文研究溝通文理之郵除先生外校中無第二人平昔治學甚勤有因樹山館日記數十冊其中除討論學術文章外象棋技藝亦在所不遺先生棋藝甚精嶺南粵諸高手角亦互有勝負而書法雄奇光采照人固不獨以數天專家名焉

一九三八年十月日寇侵犯廣州形勢危急中大乃遷至雲南澂江後又遷回粵北坪石而寇氛日熾先生隨理學院轉移連縣抗日戰爭勝利後由北江南下不幸失足墜水拯救無效得年僅六十一歲聞耗悼惜以為文理兩院竟喪斯人實學術界之不幸云先生遺稿因卷帙浩繁艱難全印乃擇其中一部分公諸社會存其梗概庶幾不墜斯文余與先生為後進初在中大任教時屢相過從請益無倦先生亦不余棄獎掖有加在坪石時文理兩院曾隔江相望亦屢有時由先生意氣豪放談笑風生聞者為之傾倒至今數十年風采如在目前哲嗣家教治語言之學訪方言調查稿所究心在中大中文系任教三十余年克盡厥職門牆桃李欣欣向榮先生後繼有人可以無憾文革前有刊先生文集之議余嘗為作序十年動亂舊稿據家教學兄云該序已經散失此次重編先生遺文復請余序其端余追惟先生之學問文章言論風采不辭鄙陋復綴小言數十年如在不靈光倏然消逝余亦衰顛數面觀河迴珠江昔年神州旭日照耀人寰先生有靈亦當含笑於地下

黃任初先生文集序

黃海章老师撰　家教敬錄

（注：黄家教是黄际遇的三儿子，本书编注者黄小安的父亲。序的手稿与原文略有不同。）

《黄际遇日记类编》序

◎黄天骥

近日，黄小安女士把即将出版的《黄际遇日记类编》（简称《类编》）交给我看，并嘱我作序。我始而惶恐，因为我早就听说，小安的祖父黄际遇教授，是近代学坛文理兼长的旷世奇才，像我这样水平浅薄的后辈，实在不敢置喙。但一想，通过阅读黄际遇教授的日记，学习前辈大学者的学术思想，了解从晚清到抗日战争时期社会的状况，体察在这一历史阶段知识分子的生活方式和心态，对提高自己对我国近现代学术思想、教育理念发展的认识，实在也是难得的机会。因此，便接过小安送来的校样，欣然从命。

我在1952年考进中山大学中文系，后来留校任教，也从詹安泰、黄海章等老师口中，约略知道中大曾经出现过无与伦比的黄际遇教授。黄老教授的哲嗣黄家教先生，师从王力教授，从中央民族学院进修回来后，在中大中文系任语言学科讲师，是我的老师辈。他和他的夫人龙婉芸先生与我过从很多，但也只从他俩的只语片言中知道黄际遇教授酷爱研究象棋，写过许多棋谱而已。总之，我知道黄际遇教授是学术界的名家，是传奇式的大学者，至于有关他的具体情况，却知之不多。这次小安把《类编》的校样和有关资料交给我看，浏览一遍，真让我眼界大开，五体投地。

黄际遇是广东省澄海县人，出身望族，诗礼传家，14岁即参加科举考试，成为同试中最年少的秀才。当时，风气渐开，清政府也开始派遣一些青年才俊到海外学习科学知识。黄际遇在18岁的时候，被广东官派到日本留学，专攻数学，成为日本著名数学家林鹤一博士的高足。可以说，他是我国早期专攻西方数学的留学生之一。回国后，他立刻从事数学、物理学科的教学科研和组织工作。1920年，他受当时教育部委派，到美国考察和进修。两年后，又获得芝加哥大学科学硕士学位。

黄际遇教授的一生，主要从事理科特别是数学、天文学科的教学科研，以及从事在全国范围内组织推动科学发展的工作。他担任过多所著名高校的理学院院长、数学系主任，出版过高质量的数学教材和译著、论著，被公认为卓越的数学家和开创我国现代高等数学教育事业的元老。最让人惊奇的是，他在国立山东大学担任理学院院长时，闻一多先生辞去文学院院长一职，他竟能双肩挑，兼任文学院院长。更令人意外的是，他在国立中山大学任教时，除了在理学院、工学院讲授主要课程以外，还常到中文系开设“骈文研究”“《说文》研究”等艰深的课程，并且受到广大学生的赞誉。今天，我看到他留下的日记手稿，全是以文言文写成，文章有时简约畅练，有时骈散兼备，有时更是全篇流丽典雅的骈文。看得出六朝辞赋、西汉文章，他均烂熟于胸，可以信手拈来，随心驱使。他还擅长书法艺术，行草篆隶俱精；对象棋艺术，也深有研究，能与当时广东棋坛的“四大天王”对弈，互有胜负，曾写就多达 50 册的棋谱《畴盦坐隐》。像他那样思路开阔、能够贯通文理的大师，在我国的学术史上实为罕见。

黄际遇教授有每天都写日记的习惯。在《类编》丛书中，收录有他在国立山东大学和国立中山大学工作时期的日记。此外，还有“读书札记”“读闻杂记”等多种笔记。在日记里，黄际遇教授或记事，或抒情，虽以文言写成，言简意赅，或以典故隐寓，曲笔寄怀，但都能让我们觉察到他曲折的心路历程。在早年，他参加过孙中山的同盟会，以科学救国为己任。在抗日战争时期，他看到山河破碎，悲愤不已，那一段时期的日记，贯穿着浓重的家国情怀。在日记里，他记录了许多珍贵的史料，也让我们看到民国初年和抗日战争时期学坛中许多知识分子的思想状态和生活方式。换言之，黄际遇教授的日记，虽然是文绉绉的，却又是活生生的。这是一部如诗如史的典籍，它对研究近现代历史，包括学术史、思想史、社会史的学者来说，都有很珍贵的参考价值。

研读黄际遇教授的日记，也引发我对一些问题的思考。

在许多人看来，数学与文学，是完全不同的学术领域，前者重逻辑思维，后者重形象思维，二者似乎毫不相干。其实，在人的大脑中，这两种思维能力同时存在，甚至本来就互相依存。问题在于，人们有没有把二者融会贯通的禀赋。

我在中大，曾多次听到数学教授们对某些数学论文的评价，说它们“很美”！我愕然，不知道那枯燥的数字和公式，和“美”有什么关系？后来向数学系的老师请教，才知道如果在数学论证的过程中，能发人之所未发，或鞭辟入里、一剑封喉，或奇思妙想、曲径通幽，这就是“美”。而要达到美的境界，科学家需要有丰富的想象力。如果说，推理能力与逻辑思维有关，那么，想象能力便涉及形象思维的范畴。因此，数学家之所谓“美”，和文学家之所谓“美”，实质上是相互联系的。显然，研究理工的学者，如果没有形象思维能力，缺乏人文情怀，他的成就也只能是有限的。同样，从事文学工作的人，如果只有想象力却缺乏逻辑思维能力，那么，尽管他浮想联翩，说得天花乱坠，终嫌浅薄，乃至于被人讥为“心灵鸡汤”。

当然，要求学者们把逻辑思维能力和形象思维能力二者贯通，能够像黄际遇教授那样文理兼精、中西并具，能够任教不同的学科，能让两种思维能力水乳交融，在学术上达到发展创新的水平，谈何容易！何况，黄际遇教授曾任多所名校的校长、学院院长，说明他具有出色的行政能力；他又精于棋艺，能以“盲棋”

的方式战胜对手，说明他具有惊人的记忆力；他又是书法名家，能融合各体书艺，自成一格，更说明他具有非凡的审美能力。这一切，在他的身上，包容整合，融会贯通，成就为黄际遇“这一个”的独特风格，这绝非一般人之所能为。但是，高山仰止，景行行止，虽不能至，而心向往之，尽管黄际遇教授的学术造诣，我辈无法企及，但他治学的思想和道路给我们指出了如何有效提升学习水平的方向。

我们从有关资料上得悉，在少年时期，黄际遇教授即饱读诗书，过目不忘，特别精研《后汉书》，在中国古代文学、哲学、史学方面打下了扎实和广博的基础。在留日期间，他和章太炎、陈师曾、黄侃等学者订交，受他们的影响，对音韵学、训诂学、文字学都有深入的研究。固本培元，六艺俱精。而在清末民初，许多青年才俊已经认识到科学救国的重要性，在现代学科越分越细的情况下知道在学习上更需注重专业性。这一来，社会的学习风气，从科举时代提倡培养全才、要求“君子不器”转向“学有专攻”的方向发展。黄际遇教授多次赴日赴美留学考察，均瞄准现代数学，正是当时知识分子学习转型的表现。然而，由于中国的传统文化早就深入地渗透了他的每一个脑细胞，这就使他在现代数学、天文学方面取得辉煌业绩的同时，又在古代文学和语言学方面取得非凡的成就。在学术上，数学的美和文学的美，他各有体悟，又相互促进、相得益彰。可惜，他意外遇溺，逝世过早，他所开创的治学方向，人们还来不及研究和继承。在今天，在需要更进一步研究教育问题的时候，对黄际遇教授治学中西兼备、文理沟通的成功经验，我们应该从中得到启迪、充分发扬，为创造性地增强文化的自信力而奋进。

感谢小安让我读到《黄际遇日记类编》的初校稿。在 20 世纪 50 年代中，我初任中大助教时，常和小安、小龙、小芸、小苹四兄妹，在西大球场玩耍，他们竟把我这男青年戏称为“大家姐”。当时，小安还只有一两岁，往往要靠我抱起来，攀扯到单杠的横杠上。转眼间，60 多年过去，小安已成为很优秀的摄影家，而且还有了自己的小孙女。使我感佩的是，她和何荫坤先生在退休后决心对祖父遗下的日记进行编勘注释，以便让更多的人知道黄际遇教授在学术上的卓越贡献，让更多的学者能利用这一份具有文献价值的文化遗产进行各方面的研究和探索。由于小安夫妇并非从事文史专业的工作，因此，检索史料、实地查询、注释章典，需要耗费大量的劳动。据我所知，他俩锲而不舍，辛勤地花费了长达整整 10 年的时间，最终才完成了这项十分繁难的工作，了却其父黄家教先生未了的心愿。现在，这部篇幅宏大的日记能获出版，我想，黄际遇教授在天之灵，定会对后人纪念之诚感到宽慰；广大的读者和学者，也将万分珍视这两位编注者为学坛做出的成果。

2019 年 2 月 23 日于中山大学中文堂

祖父黄际遇事略

◎黄小安

在编注祖父黄际遇日记的过程中，不少前辈均建议应有篇“事略”或“简历”，先让读者有个大概的了解。我们以日记为主，整理的事略大体如下：

祖父黄际遇，字任初。后自号畴盦。

1885年五月十三日（农历）出生于广东省澄海县。父黄韫石（1842—1925年），字梦谿，清贡生，以廉干参与县政者数十年，董澄海县节孝祠事。兄黄际昌（1868—1900年），字荪五，廪膳生（1882年，受知广东学政、侍讲学士叶大焯）。祖父少时依兄受文章。

1898年，应童子试，受知师张百熙（1847—1907年）先生。入秀才，补增生。“先生以戊戌按试粤东。”

1901年，修学于汕头同文学堂，师承温仲和、丘逢甲、姚梓芳等。姚梓芳（1871—1951年），号秋园。两人自始为忘年交。

1902年，考入厦门东亚同文书院，补习日文，为东游计。

1903年，继续负笈厦门东亚同文书院。7月16日，与7位厦门东亚同文书院的潮州籍同学，联袂由汕头乘船赴日本留学。8月，抵达日本，入宏文学校普通科学习。其间，认识陈师曾、经亨颐等，共同赁屋而居并成为至交。

1905年，加入孙中山领导的中国革命同盟会。

1906年，曾习经以度支部右丞奉清廷之命往日本考币制，祖父以乡后进礼接待先生旅次，自始两人结识，并为忘年交。4月，自宏文学校毕业，入东京高等师范学校（今东京大学）数理科，从日本数学家林鹤一博士习数理。学校假期，与陈师曾联袂回乡探亲，并到南京中正街师曾宅进见师曾尊人陈三立，并与师曾六弟陈寅恪订交，“临行，老六以《张濂亭集》为赠，并署曰：‘他年相见之券’”。

1908年10月19日，日本政府借《民报》激扬暗杀为理由，下令禁止《民报》发行，并对《民报》编辑人兼发行人章太炎进行审讯、判决和拘留。“先生于是无所得食矣，穷蹙日京曰大冢村者，聚亡命之徒十数人，授以《毛诗》及段注《说文》，月各奉四金为先生膏火，际遇之及先生门自此始也。”其间，与黄侃、汪东、朱希祖等认识。

1910年5月，获东京高等师范学校颁发毕业证书，同时获理学士学位。自日本学成归国。初，受聘于天津高等工业学堂任教。下半年，清政府按照惯例对归国留学生按科举方式进行考试。进京殿试，中格致科举人。

1911年，在京与曾习经、罗瘿公交往。每由津入京，均住在陈师曾处。

1915年，到华中区的国立武昌高等师范学校（今武汉大学）任教授，兼数理部主任，期间一度出任教务长。学生有曾昭安、张云、辛树帜等。寓居武昌期间，与吴我尊、欧阳予倩交往密切。

1919年，黄侃由北京大学转教国立武昌高等师范学校。祖父与黄侃持论不同，却是终身挚友。

1920年，游学美国芝加哥大学，师事E. H. Moore大师。

1922年，获芝加哥大学科学硕士学位。学成回国，途经日本，在东北帝国大学见到陈建功，约请陈毕业后到国立武昌高等师范学校任教。从美国回来后，曾一度在国立广东高等师范学校（中山大学前身）任教。

1923年，国立武昌高等师范学校改为国立武昌师范大学，任新成立的数学系系主任。

1924年，陈建功如约到校（当时称国立武昌大学），学生有曾炯之、王福春等。祖父向校方推荐陈建功再次出国深造，并提及黄侃事，"与校长意见相左"，后应河南开封的中州大学（今河南大学）校长张鸿烈之邀，到该校主持数理系兼校务主任。

1926年，奉系军阀盘踞开封，中州大学处于停顿状态。祖父应聘任广州国立中山大学教授。

1928年，经黄敦兹介绍，河南省主席冯玉祥敦请祖父至河南省立中山大学（也称国立第五中山大学，今河南大学）任教。祖父向广州国立中山大学请假，再度北上，任该校数学教授兼校务主任。

1929年，河南省立中山大学校长致函广州国立中山大学，请慨允黄际遇先生留河南中山大学任教。5月，祖父任该校校长，兼河南省教育厅厅长。

1930年3月，中原大战爆发。5月，"罢官河洛"。9月20日，祖父参加国立青岛大学正式成立会议，任该校数学教授兼数学系系主任、理学院院长。在国立青岛大学时，与杨振声、赵太侔、闻一多、梁实秋、陈命凡、刘本钊、方令孺并称为"酒中八仙"。

1932年，国立青岛大学改名为国立山东大学，祖父任数学教授兼数学系系主任、文理学院院长。与文学院张怡荪、姜忠奎、游国恩、闻宥、丁山、舒舍予、萧涤非、彭啸咸、赵少侯、洪深、李茂祥、王国华、罗玉君等，理学院王恒守、任之恭、李珩、王淦昌、蒋丙然、王普、郭贻诚、汤腾汉、傅鹰、陈之霖、胡金钢、王文中、曾省、刘咸、林绍文、秦素美、沙凤护、李达、宋智斋、李先正、杨善基等，以及杜光埙、皮松云、邓初先、郝更生、高梓、宋君复等来往较频繁。其间，与罗常培互订音韵学研究。

1936 年 1 月，山东省政府借故将其每月给国立山东大学的 3 万元协款压缩为 1.5 万元，给学校带来很大的经济困难，祖父极感失望。在张云、何衍璿、邹鲁的协助下，祖父于 2 月 13 日自青岛启程南归；2 月 27 日回到广州；3 月，到国立中山大学（石牌），在理学院、工学院授“微分几何学”“连续群论”二课，在中文系授“骈文研究”“《说文》研究”二课。在中大期间，校内与黄巽、古直、龙榆生、李沧萍、黄敬思、曾运乾、李雁晴、王越、黄海章、萧锡三、胡体乾、林本侨、刘俊贤、张作人、孔一尘、邹曼支、戴淮清等，校外与陈达夫、林砺儒、杨铁夫、张荃等来往甚密。另外，经何衍璿介绍，结识了“粤东三凤”黄松轩、曾展鸿、钟珍，以及卢辉、冯敬如等当时国内象棋专业高手。

1937 年，卢沟桥事变后，日军军机肆意轰炸广州。国立中山大学各学院分散上课，除工学院依旧在五山外，文学院回旧校址（文明路），法学院就附属中学，理学院就小学。祖父因为要为理、工、文三学院授课，故在空袭警报声中于市区、郊区之间往返。

1938 年 9 月，国立中山大学西迁至云南澄江。祖父避难香港。

1940 年 9 月，国立中山大学由云南澄江迁往粤北坪石，祖父重回中大，任数学天文学系系主任，兼授中文系骈文课，又兼任校长张云秘书。

1941 年，介绍黄海章重回国立中山大学中文系任教。

1944 年 4 月，以老教授代表衔与代理校长金曾澄、教务长邓植仪欢迎盛成教授到中山大学任教。端午前夕，盛成教授赋诗贺黄际遇六十华寿。

甲申端午前夕贺黄际遇教授六十大寿

潮流往后不堪闻，声入心通请寿君。
艾壮韩汀惊岭客，蒲安坪石外溪云。
思家怕过他乡节，饮酒有孚靖塞氛。
醉后自寻仙境路，六经数理妙斯文。

是年夏，日军逼近坪石，理学院组织疏散，第一批教职员家属溯武水至湖南临武县牛头汾圩。临武人士闻知，邀祖父黄际遇到力行学校讲学，主要讲《说文》和古文。秋，李约瑟拜访盛成，盛成约黄际遇等教授一齐欢迎李约瑟。

1945 年 1 月，坪石沦陷，祖父避居临武五帝坪。5 月，他重返力行学校。8 月，日军投降，抗日战争胜利。10 月 17 日，国立中山大学连县分教处师生自连县起锚返广州。10 月 21 日，舟次清远白庙。凌晨，更衣失足落水，遂罹难。11 月，教育部特派员张云、新任校长王星拱、代理校长金曾澄、教务长邓植仪、总务长何春帆联合发起组织治丧委员会。12 月 16 日，国立中山大学在广州市区文明路附属小学礼堂为祖父黄际遇举行追悼会。同时，治丧委员会决定出版黄际遇著作并筹集专项奖学基金。12 月 23 日，国立中山大学潮籍员生联合广州城各机关潮州同乡，再假广州市区文明路附属小学礼堂，为祖父黄际遇等该校潮州籍死难员生举行追悼会。广东省政府委员詹朝阳代表省政府主席罗卓英主祭。

1947 年，中山大学呈请教育部褒扬已故教授黄际遇，经教育部呈行政院转呈国民政府。国民政府特于 2 月 8 日颁布褒扬令。褒扬令全文如下："国立中山大学教授黄际遇，志行高洁，学术渊深。生平从事教育，垂四十年，启迪有方，士林共仰。国难期间，随校播迁，辛苦备尝，讲诵不辍。胜利后，归舟返粤，不幸没水横震。良深轸惜，应予明令褒扬，以彰耆宿。此令。"

1949 年，由詹安泰教授、张作人教授等编辑的《黄任初先生文钞》出版，中有张云校长、詹安泰教授序文各一，列为中山大学丛书之一。

目　录

引　言 …… 001

《万年山中日记》第一册(1932 年 6 月 10—21 日) …… 002
《万年山中日记》第二册(1932 年 7 月 17 日—9 月 5 日) …… 004
《万年山中日记》第三册(1932 年 9 月 7—25 日) …… 010
《万年山中日记》第四册(1932 年 9 月 27 日—10 月 17 日) …… 018
《万年山中日记》第五册(1932 年 10 月 19 日—11 月 3 日) …… 029
《万年山中日记》第六册(1932 年 11 月 4—17 日) …… 037
《万年山中日记》第七册(1932 年 11 月 21—27 日) …… 045
《万年山中日记》第八册(1932 年 12 月 10 日) …… 046
《万年山中日记》第九册(1933 年 3 月 1 日—5 月 2 日) …… 047
《万年山中日记》第十册(1933 年 5 月 4—26 日) …… 053
《万年山中日记》第十一册(1933 年 6 月 1 日—7 月 19 日) …… 057
《万年山中日记》第十二册(1933 年 10 月 7—29 日) …… 059
《万年山中日记》第十三册(1933 年 11 月 5—18 日) …… 062
《万年山中日记》第十四册(1933 年 11 月 28 日—12 月 20 日) …… 067
《万年山中日记》第十八册(1934 年 4 月 30 日—5 月 13 日) …… 071
《万年山中日记》第十九册(1934 年 5 月 24 日—6 月 29 日) …… 074
《万年山中日记》第二十册(1934 年 7 月 8 日—8 月 25 日) …… 077
《万年山中日记》第二十一册(1934 年 8 月 28—30 日) …… 085
《万年山中日记》第二十二册(1934 年 10 月 3—5 日) …… 087
《万年山中日记》第二十三册(1934 年 11 月 5—15 日) …… 088
《万年山中日记》第二十四册(1934 年 11 月 28 日—12 月 31 日) …… 090
《万年山中日记》第二十五册(1935 年 1 月 14 日—3 月 26 日) …… 093
《万年山中日记》第二十六册(1935 年 4 月 2 日—5 月 2 日) …… 102
《万年山中日记》第二十七册(1935 年 6 月 12 日—7 月 10 日) …… 106
《不其山馆日记》第一册(1935 年 10 月 10 日—11 月 9 日) …… 114
《不其山馆日记》第二册(1935 年 11 月 19 日—12 月 30 日) …… 122
《不其山馆日记》第四册(1936 年 1 月 1 日—2 月 9 日) …… 129

《因树山馆日记》第一册(1936 年 2 月 21 日—4 月 27 日) …………………… 140
《因树山馆日记》第二册(1936 年 5 月 6 日—6 月 26 日) ………………………… 147
《因树山馆日记》第三册(1936 年 7 月 3 日—9 月 19 日) ………………………… 158
《因树山馆日记》第四册(1936 年 9 月 25 日—11 月 12 日) …………………… 164
《因树山馆日记》第五册(1936 年 11 月 16 日—12 月 25 日) ………………… 170
《因树山馆日记》第七册(1937 年 3 月 31 日—5 月 8 日) ………………………… 176
《因树山馆日记》第八册(1937 年 6 月 13 日—7 月 6 日) ………………………… 180
《因树山馆日记》第九册(1937 年 8 月 1 日—9 月 16 日) ………………………… 182
《因树山馆日记》第十册(1937 年 9 月 22 日—12 月 4 日) ……………………… 210
《因树山馆日记》第十一册(1937 年 12 月 23 日—1938 年 2 月 14 日) ……… 226
《因树山馆日记》第十二册(1938 年 3 月 10 日—5 月 10 日) ………………… 236
《因树山馆日记》第十三册(1938 年 5 月 12 日—8 月 9 日) …………………… 250
《因树山馆日记》第十四册(1938 年 8 月 12 日—11 月 4 日) ………………… 259
《因树山馆日记》第十五册(1938 年 11 月 10 日—1939 年 3 月 7 日) ……… 269
《因树山馆日记》第十六册(1939 年 3 月 19 日—7 月 26 日) ………………… 279
《山林之牢日记》(1945 年 3 月 23 日—4 月 13 日) ……………………………… 293

附录一　笺注黄际遇先生绝笔诗 ……………………………………………… 王金怀　300
附录二　从游录——为黄任初先生逝世三周年作 ………………………… 张　荃　302

后　记 ………………………………………………………………………… 黄小安　307

引　言

传统观念认为，中西学术各自有其一定的系统。我国的学术系统，是以经、史、子、集四部之名称及其次序概括的。经，指儒家经典，是儒家先贤所传的义理，是人类智慧经验的结晶，指导我们探求事物本原，可用作学术、政治与教化的标准和准则。史，则为人类活动的实践，成败得失的借鉴。故经言理，史述事。经必在史上，而史必次于经。子，是个人思辩之记录，是哲理，是学说。子阐述的是个人的思考，史所记录的是全社会的事迹。故史在子上。集，是个人情感意志的发挥，而出以艺术的形式者。既源出于个人，其必置于经史之下，理由与子部同。然子部之材料乃个人理智之产物，而集部之文章则为个人情志之表现。理性比之情感，较为固定而合于真理，故在学术系统中，集部亦应在子部之下。

有鉴于此，我们对本丛书所谓“学记”“杂记”的分类依照以下原则：日记内容关于“经部”、“史部”者，如涉及“十三经”（即《易》《书》《诗》《周礼》《仪礼》《礼记》《春秋左传》《春秋公羊传》《春秋谷梁传》《论语》《孝经》《尔雅》《孟子》）者，涉及正史（二十五史）者，包括涉及董仲舒、郑玄、顾炎武、黄宗羲等经学家，许慎、二徐等文字学家者，皆划属“学记”。日记内容关于“子部”、“集部”者，如涉及绘画、诗词、书法、篆刻、园艺、戏剧等，则划归“杂记”。

如此划分，其实并不准确，而且“学记”“杂记”的内容往往又互相交叉重叠扭结在一起。然而，感觉上来说，分比不分要舒服一些。又，《畴盦坐隐》与《畴盦联话》严格说来应属“杂记”类，由于此两专题在黄际遇生前已集结成册，我们只是简单地继承而已。

本篇记录的是诗词、书法、秘闻以及各家随笔杂录等。

《万年山中日记》第一册

（1932年6月10—21日）

1932年6月10日

《越缦堂日记》（同治五年八月朔）云："九弟以扇面索书，为写小文。"小品可爱，录之如下：

力田为男，曰辰为晨。人在宀下，是曰穴民。古圣制字，其义甚精。故无恒产，则无恒心。游手徒食，乃为废人。翳我兄弟，生长素族。虽无绮纨，衣必鲜暖。虽无甘脆，食必厌足。泽久而衰，歌继以哭。居吝一椽，饭艰半菽。非绝余庆，实靳米福。肌骨本脆，重以羸尫。不习商贾，不知农桑。家失所恃，身陨其防。虽然贫者，亦士之常。旧德名氏，其胡可忘。勤以夙夜，率尔妻子。灌圃代僮，织麻当婢。蔬韭春丰，鸡豚冬偫。外无所干，内知所耻。俯仰宽然，斯亦足矣。……

李慈铭（莼客）不失为通儒，而于咸同间俗儒反对同文馆之举，指为"西学乱夏"，亦赞同云（见《日记》），仍未免学究气习耳。

子厚谪永州，年仅三十三，其所表见者已卓然，及在永《与萧翰林俛书》有云："长（上声）来觉日月益促，岁月更甚。"予德未及之年，则不但与之齐参。……

不识字太多，随记随忘，分写眉端，以自鞭策。……

东坡诗云："微雨止还作，小窗幽而妍。盆山不见日，草木亦苍然。"所居万年山中[①]，万木围绕，初夏新绿，遍盎窗前，时亦怡然自得。……

莼客馆张香涛幕时，自记撰《四十自序》一篇，备述平生有五悲五穷，凡一千六百言，存《越缦堂集》中。然余所藏民国十九年王氏刻本，并不备此首，遍寻不获，为之嗒然。录诗一首，题曰《丁卯除夕》，有序："是日岁除矣，孤旅无缪，赋诗自遣。"

雪晴楚亭严寒新，爆竹声中百感身。骨肉无多谁念远，年华如此尚依人。

滔滔汉江尊前水，漠漠乡园梦里春。绝忆朝云今凭庑，凄凉分过一冬贫。

【注释】

①所居万年山中：时黄际遇任国立青岛大学教授兼理学院院长、数学系系主任，居住在校内第八宿舍。

1932 年 6 月 20 日

《致陈文彬济南书》：

“藏钩”一语，《辞源》云出《风土记》：“义阳腊日，饮祭之后，叟妪儿童为藏钩之戏，分为二曹，以校胜负，若人偶则敌对，奇则使一人为游附，或属上曹，或属下曹，以为飞鸟，以齐二曹人数，一钩藏在数手中，曹人当射知所在，尤为一筹，三筹为一都。”……

花朝。花朝本在二月十二日，出《陶朱公书》，其说最古，然唐人无称之者，至洛阳以二月二日为花朝，浙湖以二月十五日为花朝，盖皆兴于宋世，今俗以初二为小花朝，十二为正花朝，十五为大花朝（莼客说）。

1932 年 6 月 21 日

点主[①]。点主之事起于南宋，今自天子以下皆行之，然此宜卑幼为尊长行事，而越俗必请尊行其礼，先用朱点，此用顾亭林以为上行之礼，然又朝服向主行礼，则谬甚矣。(录《莼客日记》，今粤俗仍如此。)

莼客《仲弟女冰玉到京泫然赋此》一首：

万里将迎汝，穷冬到海滨。形容如我弟，涕泪遍邻人。

茹苦犹能活，思儿倍觉亲。伤心门户事，不忍话前尘。

洗尽铅华，运写泪血，以较“天涯涕泪一身遥”之什，尤为凄绝。……

每年四月十三日，各称重量曰：“释氏结夏法。”

莼客有句云：“弹指已跻人六十，思乡长隔路三千。”（自注云：“六十不言年，三千不言里，人所尽知也。唐宋名家诗多如此。白香山诗尤屡见。”）然故国三千里，深宫二十年。何尝里不三千，特年未六十耳。

【注释】

①点主：即请人用朱笔补上灵牌上“主”字一点的仪式。

《万年山中日记》第二册

（1932 年 7 月 17 日—9 月 5 日）

1932 年 7 月 17 日

客自故乡来，云："有人以书斋名，三属为冠首楹联。"余曰："马战台乎？今世安得有所谓书斋也，且素薄此道，不为。"而客又重申其请，无已，为讲故事一则："有浪子尽鬻[①]其家所有者，惟祖像二帧无与问津，忽商得守财虏某愿与贱贾受之，非谓他人父也，将去头存身嵌入新头也，故曰人可斩头，我却不能卖身。"

【注释】

①鬻：卖。

1932 年 7 月 28 日

读《晓读书斋录》，有序云："余自绝域生还，或扃户浃旬，或授徒百里，皆日课读书二卷，非人事牵率，岁腊倥偬，未尝辍也。偶有所得，辄笔之于书，非敢云质之同人，聊自记其不废学"云。节录数则如下：

《孔丛子》言："孔子妾不衣帛。"前人以为孔子有妾，不见经传。今考《楚辞》东方朔《七谏》："路室女之方桑兮，孔子过之以自侍。"《王逸章句》言："孔子出游过于客舍，其女方采桑，一心不视。喜其贞信，故以自侍。"细绎语意，以此女归于孔子。鲋逸并汉代人，必非无据，是亦可为"孔子有妾"之证。

人之传名，有幸有不幸。诵颉造书，而人第知有仓颉（今澄海仓颉庙在邑治北门外，并祀沮诵、仓颉。余尝子侄随林屏周诸先生虔祭之）。秋储工弈，而人第知有弈秋。

《说文》：覆手曰"爪"，𠬞，亦丮也。从反爪阙，诸两切。按此即古"掌"字。其义虽阙，然覆手曰"爪"，即仰手曰"𠬞"矣。《广韵》："掌字音切，与"𠬞"同。"明系一字。孟子母仉姓，即"𠬞"字之讹。《广韵》云："掌又姓。"晋有"琅邪掌"同前，凉有"敦煌掌"据足也。

考郑樵《通志》。氏族中无仉姓，而以族为"氏"条下，有"掌"。注云："鲁大夫党氏之后。"可证洪说之正。

《后汉书·皇后纪》："高祖帷薄不修。"李贤注："谓周昌入奏事。高帝拥戚姬。是不修也。"按"注"误，此盖指吕后幸审食其而言。

燔诗书，非始于始皇，商鞅实首行之。《韩非子·和氏篇》：“商君教秦孝公以连什五，设告坐之过，燔诗书而明法令。”

小司马著《史记·索隐》言：“迁及事伏生。”此言殊非事实，按伏生虽文帝时尚存，然年已九十余，自文帝历景帝至武帝元年，已六七十年，使迁果及事伏生，则至太初之元（按太初元年为武帝三十六年，是年造太初历以建寅月为正月），已八十余矣（此语明，应为百七十余岁矣）。而张守节《正义》云：“太初元年，迁止四十二岁。”明小司马“及事伏生”之言，妄也。

《招隐士》一篇，淮南王宾客所作。《王逸章句》云：“小山之徒，闵伤屈原，故作《招隐士》之赋，以章其志。”《昭明文选》竟指为刘安所作，误矣。

今世盛行绍兴酒，或以为不知起于何时，今考梁元帝《金楼子》云：“银瓯贮山阴凉酒，时复进之。”则绍兴酒梁时已有名。《颜氏家训·困学篇》亦引之。

《北史》最不检点，《儒林·樊逊》一传，前半称名，后半称字。

《庄子》一书，秦汉以来，皆不甚称引，自三国时何晏、阮籍、嵇康出，而书始盛行。陈寿《魏志·曹植传》末言：“晏好老庄言。”《王粲传》末言：“籍以庄周为模则。”于康则云：“好言老庄。”老庄并称，实始于此，于是崔馔、向秀、郭秀、司马彪等接踵为之注，而风俗亦自此极矣。士大夫之好尚，即关国运之兴替，可不慎哉。故吾以为魏晋之坏，始于何晏，成于嵇阮。（曹植《七启》亦有“仰老庄”之言。）

十余年以来，读经悬为厉禁，县督学到处乱查私塾，有读四子书者，科塾师以罪，而《红楼梦》则祧经而祢史矣。刘鹗、吴研人食报之隆，彼之所不敢期也，《金瓶梅》《品花宝鉴》犹未为极亵者，其父杀人报仇，其子必且行劫，谁诒谋之，至今为梗。

夙谓词家有三李，名士至尊淑媛，亦是一种不伦不类，类此者尚有：

经学家有三郑：郑司农、郑大夫、郑康成，同注《周礼》是矣。史学家有三刘：刘敞、刘攽、刘奉世，同作《汉书刊误》是矣。文人有三陆：陆机、陆云、陆耽，孙惠所云“不意三陆一旦湮灭足矣。”《南史·陆慧晓传》：“三子僚、任、倕并有英名，时人亦谓之三陆。”诗人有三谢：谢灵运、谢惠连、谢朓是矣。词人有三李：李白、李后主、李清照是矣。

《抱朴子》俗字最多。如“景”字加“彡”，“及”字加“草”，皆始于《抱朴子》。又云：“凹，陷也。凸，起也。”皆系俗字之尤。《苍颉篇》即作“窔宊”。按《说文》“窞”，**窅**深也。**宊**，《说文》本作“**𠫓**”。云不顺忽出也，从到子。《易》曰：“**𠫓**如其来。”如不孝，突出不容于内也。又《穴部·突》云：“犬从穴中暂出也。”余以为窞，**宊**正字也。“**𠫓**”亦可作“突”。若必以同声字相借，则“坳”“堀”亦可。《玉篇》：“坳，不平也。”《庄子》：“坳堂之上。”然“坳”字已属徐铉新附字。若作凹凸，则从无此字体矣。《苍颉篇》作“窔宊”。窔宊，《说文》所无。

《说文》至汉末始盛行，张揖撰《广雅》，刘熙制《释名》，采掇此书为多。

《吴志·严峻传》："少耽学又好《说文》是矣。"韦昭、唐固注《国语》，亦多采《说文》。

太史公为父讳，故凡名"谈"者皆改为"同"。独《李斯传》方言："宦者韩谈。"岂录旧史文不及尽削耶？否则后人所追改。

权舆。扬雄云："天地未袪也。"故权舆亦名"堪舆"。张晏《汉书注》云："堪舆，天地之总名。"许慎《淮南注》云："堪，天道也，舆，地道也。"《尔雅》以"权舆"为始，亦此义。或以为权者木之始，舆者车之始。不知"权舆"二字为双声。或亦作"藿舆"，皆连文不可折也。

战国时孟、荀、庄、列、申、韩、屈、商、驺、慎等亦并同时，而学术各不同，以是知一道德同风俗，惟三代前然也。

人生实难，本春秋，是楚巫以语。李善注《文选》极该博，然间亦有遗前而引后者。陆机《猛虎行》，下注乃不引《左传》，而辄引王粲《答蔡子笃诗》，君子有所思，岂厌陈而好新耶，余皆可类推。

摘录《北江诗话》：

西汉文章最盛，如邹、枚、严、马以迄渊、云等，班固不区分，别为立传，此文章所以盛也。至范蔚宗始别作《文苑传》，而文章遂自东汉衰矣。

汉文人无不识字，司马相如作《凡将篇》、扬雄作《训纂篇》是矣。隋唐以来，即学者亦不甚识字，曹宪注《广雅》以"餠"为"饼"、颜师古注《汉书》以"汶"为"汶"是矣。

雕虫小技，壮夫不为。余于诗家咏物亦然。然亦有不可尽废者。丹徒李明经御，性孤洁，尝咏佛手柑云："自从散罢天花后，空手而今也是香。"如皋吴布衣，性简傲，尝咏风筝云："直到九霄方驻足，更无一刻肯低头。"读之而二君之性情毕露，谁谓诗不可以见人品耶？

赵兵备翼见赠一联云：足以乌孙途上茧；头几黄祖座中枭。

黄二尹景仁，久客都中，寥落不偶，时见之于诗。如所云："千金无马骨，十丈有车尘。"又云："名心澹似幽州日，骨相寒经易水风。"可以感其高才不遇、孤客酸辛之况矣。

明御史江阴李忠毅狱中寄父诗："出世再应为父子，此心原不问幽明。"读之使人增天伦之重。宋苏文忠公《狱中寄子由》诗："与君世世为兄弟，又结他生未了因。"读之令人增友于之谊。唐杜工部送郑虔诗："便与先生成永诀，九重泉路尽交期。"读之令人增友朋之风义。唐元相悼亡诗："惟将终夜长开眼，报答平生未展眉。"读之令人增伉俪之情。孰谓诗不可以感人哉！

"不知今夜游何处，侍从皆骑白凤凰。"逼真神仙。"黄昏风雨黑如盘，别我不知何处去。"逼真剑侠。"千回饮博家仍富，几处报仇身不死。"逼真豪士。"天寒翠袖薄，日暮倚修竹。"逼真美人。"门前债主雁行列，屋里酒人鱼贯眠。"逼真无赖。"依倚将军势，调笑酒家胡。"逼真豪奴。近江宁友人燕山南《暑夜纳凉》诗云："破芭蕉畔一丝风。"逼真穷鬼语。陈毅《感事》云："偏是荒年饭量加。"逼真饿鬼语。

吴祭酒伟业诗，熟精诸史，是以引用确切，裁对精工。然生平殊昧平仄，如以长史之“长”为平声、韦杜之“韦”为仄声，实非小失。

秦三良，鲁两生，以迄田横岛中之五百士，诸葛诞麾下之数百人，皆未竟其用而死，惜哉！

“宁可枝头抱香死，不曾吹堕北风中。”“此世但除君父外，不曾别受一人恩。”此宋末郑所南思肖诗也。读之顽夫廉、懦夫立志。

“我未成名君未嫁”，同伤沦落也。“尔得老成余白首”，同悲老大也。

杨上舍元阁有《揽辉阁集》，歌行尤擅场，五、七言律诗亦豪宕自喜，五言如：“狂名千载后，心事一杯中。”“几人能小住，终岁为谁忙。”“万瓦露华白，一窗灯影红。”七言如：“论才直欲儿文举，骂坐犹能弟灌夫。”“云泥可隔交终浅，蕉鹿相寻梦或真。”《屋漏墙圮》云：“难使壁如司马立，竟无垣与段干踰。”皆戛戛独造，非寻行数墨者所能到也。

自与陈师曾结交后，二十余年不敢谈诗，诗律益疏，读诗亦不能入叩矣。浏阅诗话，亦以永此小年而已。竟《北江诗话》五卷，见其性情之厚，盖诗教之犹存也。

1932年7月30日

素不善书而嗜书，因嗜书而略治《说文》，事偏旁之学，观孙渊如自序《平津馆文集》云：“予不习篆书，以读《说文》究六书之旨，时时手写，世人辄索书不止，甚以为愧。”所感同之。

首丘。丘从北一，故狐死首丘，是为葬首北取法。《礼》云：“生者南乡，死者北首。”是知葬必南向，向南则首北也（据孙渊如《葬说》）。

君子有全交之道焉，三十年来，号专数学，而结习难忘，时时结缘文学，因之得友者所在多有，因之失友者亦略与相称。异此相斥，同性相拒，物理然也。袁枚答孙渊如书云：“昔者温公与蜀公至交也，而终身不与谈乐律。魏公与欧公至交也，终身不与谈系词。孝亭与东莱至交也，而终身不与谈诗疏。仆与梦楼、姬传至交也，而一则至今不与谈禅，而一则至今不与谈地理。”皆君子全交之道也。

寒家宅澄海三妃宫，自曾祖世亮公以来百五十年矣。宫与旧斋衡宇相向，中祀三妃，即天后宫也。据孙渊如言，海之祀见于经证者，惟诗《周颂》序有“祀四岳河海”之文。《礼·学记》云：“三王之祭川也，先河而后海。”武诏以河海润千里，令祠官修祠为岁事。南北朝以来，有蓬莱海若之祀。隋始近海立祠。唐始封王东海曰广利。宋加渊圣广德助顺广德之号，祠于明州定海，诏为六祀，而天妃之祀，见于正史，则始于元，至元南海女神灵惠夫人，以护海运有奇应，加号积至十字十二字。庙曰灵应。他书以为始自宋，又举人神以实之，皆不见于正史。晚明崇祯时，复封碧霞元君。国朝屡以灵应加封尊为天后，今上嘉庆四年增封护国庇民妙应昭灵昭应宏行普济福佑群生诚感咸孚显袂赞顺垂慈笃佑天后。（《五松园文稿》页三十一。）

1932年9月5日

纸，絮一箈也。从糸，氏声（蔡伦造，见《后汉书》），诸氏切。紙，丝滓也。从糸氐声，都兮切。形音义俱不同。《康熙字典》紙字下注：今俗书纸作紙，非。已嫌词赘。昔年在汴京，日必经尚书店街，北书店街，凡匾额有“纸”字者多至百余方，虽不尽出通人之笔，要亦当时书手所为，而统计之，下加一点为紙或为纸者，较之不加一点者反居多数。上月在旧都所见匾书，亦有加一点者。今晨阅陈介祺（潍县人，著有《说文统编》）《簠斋尺椟》，大半论金石家言，而纸字仍作“紙”，真可谓点金成铁，洪水横流者矣。泽丞、从文阅新生试卷中“打倒军阀”云云，触目皆是，而“阀”字皆作“阀”。泽丞目余为段茂堂，闻之惕然。

自问年垂五十，读书时仍未去尽得名之心。陈介祺云：“自达巷党人以来，人心终不能去思以博学成名之害，所以学术不明。”谅哉。

执友王尹渔先生名烜，邑人皆呼曰王垣，实“喧”字也。邑有学生号漱石者，有书斋名“漱玉”者，主人自呼为“束群”，亦曰“束石”，束玉必正之为本音，必莫知为所指何人何处矣。罗掞，东人多识之，孰不呼之为炎，东必读如扇（本作舒瞻切），抑亦泥矣。惟“综”字不能读“京”，昔蒲城王孝斋进士名綡，入京谒选唱名者读如“凉”，王不应，曰此读“京”字也。进士不识字亦何奇之有。传有窃犯受黥配流道中，某县官见其“黥”为“窃”字，以为俗书不通，敷药烂其颐而再黥之为窃，故有“作贼须妨识字官”之谚。余以为若逢治小学者又当釐正之而黥为窃矣。又某达官舆中见一刻字铺书有不正，目从者传之来，欲劾告之，旋忘之矣，而刻字者已丁当下狱，不三日而尽丧其资（梁章钜《楹联丛话》中）。此又小贩须妨识字官矣。

俗每曰“草头黄，口天吴，古月胡，耳东陈”等，以为审音之助。其实黄不从草，吴非口天，胡厥从肉，陈为申声，人虽有恒言，吾未敢从众，所以灯谜一道，既谬其音，又拆其字，余素不感兴趣。乃如周亮工“拆字”（在开封图书馆所见，今忘其篇名），自诩禅机偶索，是又在荆公《字说》之下矣。

家大人尝言矮应作射，射应作矮。此会意字之好例也。委员（清制：外委千总皆武职）带矢，会意为射，身长仅寸，其矮可知。此与以三牛为“麤”，以三鹿为犇同例（刘贡父戏谓荆公曰：“三鹿为麤，鹿不如牛，三牛为犇，牛不如鹿，宜改三牛为麤，三鹿为犇。”）……

赋得猫叫得声字，七言二均。杨振声署名“秋声”，著文《新月杂志》，曰《精神之伴侣》，于猫叫一事煞有会心，时贤相与称述之。闻金陵某僧有诗曰：“春叫猫儿猫叫春，听他（应作‘牠’）越叫越精神。老僧亦有猫儿意，不敢人前叫几声。”见金甫时当为浪诵之。

“微服而过宋”解。胡希吕视学江苏，凡生员卷面填“微须”而有须者，不许入场。先生盖以“微”训“无”也（微管仲，吾其被发左衽矣）。一生素狡黠，强项不服，曰：“然则孔子‘微服而过宋’，脱得精光成何体制？”胡先生默然。

《品花宝鉴》一书详载乾嘉间风流诸老断袖逸事，如毕秋帆、袁子才辈，历历可指。此风至清末犹炽，梅、姚诸伶流风余沫只今尚存也。梁本（孝王）兔园“言者无罪”。而曹锟幸侍，李彦青以三助（日语也，中语曰：擦背）跻通显。日人函中有“御免下サイ”之语，本是“请恕之”意，极通常口头，李彦青误其指为“御免”而大怒矣。今观履园所录“牡丹亭脚色”及“打兔子”二则，谓乾隆庚辰一科进士大半英年，好事者派状元毕秋帆为花神，榜眼诸重光为陈最良，探花王梦楼为冥判，侍郎童梧冈为柳梦梅，编修宋小岩为杜丽娘，尚书曹竹墟为春香。更有奇者派南康谢中丞启昆为石道姑，汉阳萧侍御芝为农夫，见二公者无不匿笑。又谓毕秋帆为陕西巡抚，宾客大半有断袖之癖，入其室者美丽盈前，笙歌既叶，欢情亦畅。然则《品花宝鉴》所传不尽为向壁虚造也。

听，笑貌也（宜引切，段注：“司马相如《赋》：‘亡是公听然而笑’。”）从口，斤声。俗以为“聽”字，真令佛家无法矣（有以水去会意为溜者）。

“改嫁”考。袁简斋历举古人中改嫁者，若蔡文姬改嫁陈留董祀。《新唐书》“诸公主传”其改嫁者二十有六人。又权文公之女改嫁独孤郁，其实嫠也。韩昌黎之女先适李汉后适樊宗。范文正公子妇先嫁纯礼后适王陶，文正母谢氏亦改适朱氏。陆放翁夫人为其母太夫人之侄女，太夫人出之，改嫁赵氏。薛居正妻柴氏亦携资改嫁。而程伊川云：“妇人宁饿死不可失节。”乃其兄明道之子妇亦改嫁。钱泳谓：“宋以前不以改嫁为非，宋以后则以改嫁为耻。”皆讲道学者误之（见《履园丛话·杂记上》）。大可为今人张目。

“孔氏三世出妻”之说，钱泳本“《左传》：‘康公，我之所自出。’出之为言生也，谓生母也”之说，推翻自来根《檀弓》“孔氏不丧出母，自子思始也”之据，且引《孔子年谱》，“孔子六十六岁夫人亓（其古作‘亓’，姓也）官氏卒……伯鱼母死，期年犹哭，子曰：‘谁与？’之问。”盖古礼，“父在，为母服期也”，其说甚辩（见《履园丛话·考索篇》），此说始于周栎园，南汇张友白，亦极论之。

《履园丛话》二十四卷，勾吴钱泳梅溪辑，道光五年孙原湘序刊之，虽于治学心得不多，而博洽旧闻，广罗野乘，乾嘉以前朝野掌故往往在焉，篝灯粗阅一遍，已丑初矣，记此，还诸图书阁。

《万年山中日记》第三册

（1932年9月7—25日）

1932年9月7日

近世写书以宋体擅名者，有许翰屏，为胡果泉方伯写胡刻《文选》，他如士礼居黄氏，石研斋秦氏，平津馆孙氏，艺芸书舍汪氏，以及张古余、吴山尊所刻景宋本秘笈皆为翰屏手书，一技足以名世。（《后汉书》："陈常昼则躬耕，夜则赁书以养母。"《唐书》："汪绍宗少贫，侠好学，工草隶，客居僧舍写书以自给。"参考《说文诂林》书手沈乾一写记。余族叔前汕市商会长子佩先生，少时为人庸，归家代衙门写奏销，每张数十字，制钱五文，中有"身中面紫"等字，家大人常举以为训。）……

《尔雅》言天鸡者二，《释虫》螒（字本作"翰"），天鸡（注：小虫，黑身赤头，一名莎鸡，又曰樗鸡）。……唐人用谢灵运诗"天鸡弄和风"句为诗题，应系鸟属，一士子起问考官，据《尔雅》诘主考者，考官大为所窘（泽丞言。主司为张佖，《四六丛话》引《困学纪闻》，据阎若璩说。卷二）

"打倒张宗昌"，前数年标语也，有人以打县名，二象（广西县名）莲花（江西县名），指六郎面似莲花（张宗昌）也。……

［成都通信］廖季平逝世后，国立四川大学近特发起追悼大会，定十月九日在成都南校场四川大学理法学院举行，并征纪念文字，不拘体例，将来拟发专刊，兹录征文启如次：

六译先生姓廖讳平，字季平。四川井研县人也，含章挺生，学古有获。清光绪己丑成进士，以知县即用，改就儒官，颛志撰述，笃老不辍。凡前后著书百数十种，而《六译丛书》早行天下。民国二十一年五月，告终故里，年八十有一。国丧隽老，人亡准维；五经无师，百身曷赎。于戏悕哉！粤自清儒籀竞标汉学，末流易弊，碎义滋多。释寸策为八十宗，说稽古至三万字。然而谭经议礼，莫辨参商；师法明文，乃融冰炭。先生手开户牖，勾别淄渑。析同归以殊途，持无厚入有间。如犀分水，如剪断丝，魏晋以来，一人而已。既乃专精演孔，阐《春秋》诡实之文；详论辟刘，蔽《周礼》伪书之狱。一编甫出，四海波荡。长素之考《新经》，师伏生笺《王制》，自此始也。至于钩河摘洛，画野分疆，皋牢百氏，挥斥八极。漆园之梦鱼鸟，非仅寓言；三闾之喻虬龙，创通眇指。其知者以为深闳，不知者惊其吊诡。由君子观之，所谓沦于不测者乎？若夫制行贵清，守志常笃。扬云寂寞，时人蚩其玄；蜀庄沉冥，国爵屏其贵。中更党锢，弥厉贞坚。与圣人同忧，为下士所笑。伊可叹也！孰能尚之？间者大道多歧，小雅尽废。凤鸟不至，河不出图。而一老慭遗，大齐奄及。同人等夙承欬音，咸依名德。怆深梁木，谋奠生刍。宿草将萌，望江都之遗墓；绵蕝所布，即高密之礼堂。所冀当代硕儒，四方魁士，摅其哀素，贲以鸿辞。会黄琼之丧，岂无徐孺；摛陶公之诔，庶待颜延云尔。

江都指汪中，高密指郑玄，任初注。

1932年9月13日

离，山神也，兽形从禽，所从厹从屮。欧阳乔说："离，猛兽也。"《段注》："音'丑知切。'"大徐："吕支切。"据校古音吹，故每误读"摛、褵、螭、魑"等字如"離"字。

书云："满招损，谦受益。"诗之"觏侮既多，受侮不少"皆偶句，坤之成形，亦为偶象。

唐以王、杨、卢、骆称四杰，指王勃（子安）、杨炯、骆宾王、卢照邻也。……

王勃，字子安，绛州龙门人，六岁善文词，往交趾省父，渡海溺水，痿而卒，年二十九。（节《唐书》）

杨炯，华阴人，举神童（《唐书》），自谓："吾愧在卢前，耻居王后。"（《郡斋读书志》）

卢照邻，洛阳人，授新都尉，病去官，自以当高宗时尚吏，己独儒；武后尚法，己独黄老；后封嵩山，屡聘贤士，己已废。著《五悲文》以自明（节《唐书》）。以久病自沉颍水。（《直斋书录解题》）

骆宾王，义乌人，七岁能赋诗，除临海丞，鞅鞅不得志，弃官。去徐敬业乱署，宾王府属为敬业传檄天下，敬业败，宾王亡命不知所之（节《唐书》）。颇为唐人所怜，故造有灵隐寺为僧之说。（《四库全书简明目录》）

1932年9月15日

《双竹居杂话》："汉魏六朝骈文，意皆俳偶，字句间无不对者。宋四六字，句之对有极工者，而意则皆不对。故读六朝骈体，虽不对，觉其为俳俪。读宋四六，虽字句相对，仍觉其不对，是气则然也。余持是说以别两派之异。"

钱塘林逋，著高节，以诗名当世，而文笔绝少传者。天圣中，丞相王公以奉钱，新其陋室，逋乃以《启》谢，其略曰："伏蒙府主给事，差人送到留题唱和石一片，拜赐轩荣，以庇风日。衡茅改色，猿鸟交惊，夫何至陋之穷居，获此不朽之奇事。窃念顷者清贤巨公，出镇藩服，亦尝顾邱樊之侧微，念土木之衰病，不过一枉驾、一式庐而已，未有迂回玉趾，历览环堵。当缨蕤之盛集，摅风雅之秘思，率以赓载，始成编轴，且复构他山之坚润，刊群言之鸿丽，珠联绮错，雕缛相照，辇植置立，贲于空林，信可以夺山水之清晖，发斗牛之宝气者矣。”《青箱杂记》云：“景祐初，逋尚无恙，范文正公亦过其庐，赠诗曰‘风俗因君厚，文章到老醇。’”其激赏如此。……

秦会之（桧），世无知其能属文者。《挥麈三录》云：“季汉老与秦会之《贺进维垣启》云：‘推赤心于腹中，君既同于光武；有大勋于天下，相自比于姬公。’秦答之云：‘君既同于光武，仰归美报上之诚；相自比于姬公，其敢犯贪天之戒?’汉老得之，皇恐者累月。”然“自”字作自然解，桧恶之者，以其嫌于自用之自也。《游宦纪闻》云：“秦会之当轴，士夫投献，必躬自披阅。有蜀士投启干阙。其间一联云：‘乾坤二百州，未有托身之所；水陆八千里，来归造命之司。’秦尤称道之，遂得升擢。”……

董彦远《除正字谢启》叙字学，涉猎该洽。如云“增河南之邑为雒，减汉东之国为隋（汉以火行，忌水，故洛字去水而加‘佳’。隋以周齐不遑宁处，故‘隨’字去‘辶’而从隋）。避上则辠不从辛（《说文》‘辠’字从辛从自。言辠人戚鼻苦辛之状。秦以辠似‘皇’字，改为罪），绝下则对因去口。（古对字本从口。《说文》云：‘汉文帝以口多非实，改从士。’）……定经之名，误合日月之为易；合乐之奏，妄加文武之为斌。字失部居，改白水真人之兆；书忘形象，作非衣小儿之谣……梁父七十二家，名虽俱在；《尉律》四十九类，书盖已亡……学者遍观异书，而求其事之所出，亦多识之一也。”（节《困学纪闻》，又见《四六丛话》卷十五页八）

夜阅《四六丛话》十四、十五卷启类竟。

1932年9月16日

补录三月所存一书《汉族西奔即将完成——刘复致张继之一封书》：

国闻社云：刘复昨函张继，对张氏主持建设西安陪都之事，有所指摘。原函如次：溥泉先生道鉴，多时不见，渴念为劳。惟起居佳胜，德望日隆，为祝。比闻中央将建陪都于西安，而推先生主持其事。报章传载，语焉不详，然非无根之谈，则可断言也。开发西北，诚为吾国之要图。往日先生在平，发表此论，弟未尝不深佩卓见。然此当于平时图之，非可语于国难方殷之今日也。且开发自有开发之道，若谓一建陪都，即可化解荒芜为富庶，转鄙塞为开明，弟虽至愚，宁敢遽信。今政府诸公之创陪都说者，谓将作长期抵抗也。乃抵抗未见，而于陪都则亟亟遑遑焉，是犹强寇在门，为家主者扬言拒寇，阴实逾垣而逃，天下滑稽之事，有过此者乎？推其结果，国人必痛哭相告曰，政府已弃吾民而西去，吾民不知死所矣。是内失众心也。外人亦必太息相谓曰，天助自助者，华人不能自助，吾侪又何纷纷为。是外失众助也。一举而内失众心，外失众助，政府贤明，固当如是耶？夫今日之事，惟有破釜沉舟，出于一战。中国而果已至于必亡者，战固亡，不战亦亡。中国而尚未至于必亡者，不战不亡，战亦未必遽亡。此事理之至明，而自沈阳变起，至今将近半年，未闻政府诸公定一谋决一策。其事业之昭昭在人耳目者：上海市长接受日海军之哀的美敦书，而仍不免于一战，一也；北平市长洗刷标语，以壮美观，并总理遗教而亦去之，二也；杂派许多不相干之人，而名之曰国难会议，冀以为政府分谤，三也；并此建陪都于西安，则四也。四者之外，尚有何事足举乎。呜呼，政府尝以沉着诏吾民矣。证以事实，沉则有之，着则未见，是沉沦也。政府又尝以运兵不便，援应迟缓之苦衷示吾民矣。此事实也，然而平时交通有部，铁道有部，岁糜巨款，果何为者。政府又尝以炮械不如敌军精利，以自明其非战之罪矣。此亦事实也，然而平时军费，占全国总支出之太半，果何往耶？说者谓政府诸公之不肯战，盖有二因。保全实力，备将来内战时攫取地盘，一也；政府诸公之私财，多存于日本银行，一旦开战，恐惧收没，二也。或不免以小人之心度人，然而政府诸公亦当有事实上之剖白，一纸空言，不足邀吾民之信服也。吾民对于政府，但求有一点好处，即竭诚信仰而拥护之。观于十九路军在沪作战，沪民之勇于捐输，甚至家破身亡而不悔，政府诸公亦当有动于衷矣。乃自退却之后，十日来未闻反攻，新阵亦日见摇动，于是白川乃有率兵游览苏杭名胜之大言。吾民至此，遂不得不一变往日信仰政府之心，而群趋于悲观绝望之一途。使政府诸公尚有人心，允宜相率泣血于总理之陵，然后起图自赎之道。乃计不出此，而惟陪都是图，其意若曰，失辽东千里于一旦，不足惜也；付闸北于一炬，不足惜也；即沦首都于贼手，付守护陵寝于白川，亦不足惜也。今日可徜徉于洛阳，明日可逍遥于西安，更至明日，尚有哈密迪化在。中国诚大矣，窃恐如此退去，亦终有推车撞壁之一日，而政府诸公乃竟未能见及耶？昔与先生同在团城，有一日本新闻记者求见。先生作色谓侍者曰，可令速去，谁有工夫见日本小鬼。弟目睹其事，退谓叔平曰，溥泉自是血性人，不类其他阔老。今此情此景，犹恍然在目也，望作大狮子吼，醒昏昏者于沉梦。若竟如报纸所传，将以有用之精神，用于建设陪都之妄举，坐令弟等感叹汉族西来之学说，尚有待于证明，而汉族西迁之事实，即完成于当代，先生自审得毋爽然若失乎？匆匆即请道安，弟刘复顿首，三月十日。

《齐东野语》云："张 乂，延平人，少负才，入太学有声，其人渺小，田林叔弓为诗赋各一首嘲之，其警语云：'身材短小，欠曹交六尺之长；腹内空虚，乏刘乂一点之墨。'诗云：'中公爻两段，风使十横斜。文上元无分，人前强出些。'曲尽形容之妙……"

"天子之堂九尺"赋。或云："成汤当陛而立，不欠一分；孔子历阶而升，止余六寸。"意用《孟子》曹交言成汤九尺，《史记》言孔子九尺六寸事。此公算法颇精。

"三条烛尽，烧残士子之心；八韵赋成，惊破试官之胆。"（《瓮牖闲评》）写科场情形如绘。

“月子弯弯照九州，几家欢乐几家愁。几家夫妇同罗帐，几人飘零在外头。”在南方为一首盛行山诗，凉月浸窗，乡心片片，敌兵压境，国恨年年，一家欢乐，尤无足数。阅《云麓漫钞》，知此诗古已盛传，并有以首二句为题者，彭祭酒破之云：“运于上者，无远近之殊。形于下者，有悲欢之异。”

太平天国开科金陵，状元某题《蓄发檄》，其警句云：“发肤受父母之遗，勿剪勿伐；须眉乃丈夫之气，全受全归。”女状元傅善祥，题《讨虏檄》，其警句云：“问汉官仪何在，燕云十六州之父老，已呜咽百年；执左单于来庭，辽卫数百载之强胡，已放归九甸。”

戊戌之后，新潮激荡，东渡留学，人如鲫多，剪辫之事，逸闻百出，有因此与其父辩论者，相传警策之句，如“泰伯断发文身，孔子称其至德；杨朱一毛不拔，孟氏谓其无君。发之存亡，何关轻重。”是亦可为轩渠者矣。

《全唐诗话》云：“世称王、杨、卢、骆。杨盈川之为文，以古人姓名连用，如张平子之略谈，陆士衡之所记，潘安仁宜其陋矣，仲长统何足知之，号为点鬼簿。宾王好以数对，如‘秦地重关一百二，汉家离宫三十六。’号为算博士。”实状论余亦有此癖。又杜诗云：“王杨卢骆当时体，轻薄为文哂未休。尔曹身与名俱没，不废江河万古流。”论尚持平。

1932年9月17日

弈棋二局，均中炮进马取优势。俗传武王作象棋以象战斗（《幼学琼林》），究未详所本。宫中子声丁丁之事，亦不知是象棋否。世说弹棋起于魏室，妆奁戏也。《典论》云：“余于他戏弄之事，少所喜，唯弹棋略尽其巧。”所谓弹棋六博，终以游戏者非耶。

1932年9月18日

《中山松醪赋》有“追东波而不及”句。云溪无以解于坡作。阅《四六丛话·赋篇》所录东坡《书跋》一则，可资参验。“予在资善堂与吴传正为世外之游，始余尝作《洞庭春色赋》，传正独尝重之求予亲书其本。近又作《中山松醪赋》，不减前作，独恨传正未见。……”

《晋书·刘惔传》：“孙绰为之诔曰：‘居官无官官之事，处事无事事之心。’时人以为名言。”张幼山评冯玉祥手下鹿钟麟□□[①]曰：二人皆忠心焕章，而未见□□忙过，□□闲过。具见妙语，不惟解颐。

比日作小简，两用“莼鱼”字样，用“秋风忆莼鱼”句也。晋张翰“秋风动而思菰菜，莼羹，鲈脍。”杜子美祭房相国，九月用“茶藕莼鲫之奠”。《墨庄漫录》谓“莼生于春，至秋则不可食，不知何谓。”然《纲目集览》仅云：“三月至八月茎细如钗股，名曰丝莼。九月至十月渐粗而已。”

“行年四十八。”未见典实。《老学庵笔记》云：“岂期游岱之魂，遂协生桑之梦。”世以其年四十八，故称其“生桑之梦”为切当。不知“游岱之魂”，出《河东记》韦齐休事，亦全用也。

“怕绿野堂边，刘郎去后，谁伴老裴度。”刘震孙知宛陵去官日所赋《摸鱼儿》别吴潜（毅夫）丞相也。“有谪仙人骏马名姬豪放之风，无杜陵老残杯冷炙悲辛之态。”刘潜夫饯王实之侑乐语也。

【注释】

①日记原文，此处空两字，下同。

1932 年 9 月 19 日

有读作破题示范者，答之曰：“《喜雨亭记》首二句，‘亭以雨名，志喜也’，即绝好破题。首句破题面，次句破题意。”闻有以子瞻《潮州韩文公庙碑》首二句“匹夫而为百世师，一言而为天下法”破“子曰”二字者，分破二字正意，虽非正宗，的是杰作。

1932 年 9 月 21 日

鼻烟以吾乡人耆之者最多，品题之精，可成“鼻谱”，见诸记录者：如赵之谦《勇庐闲诘》云：“来自大西洋意大利亚国，明万历九年，利玛窦泛海入广东，旋至京师献方物，始通中国。清初西洋人屡以入贡，朝廷颁赐大臣率用此，其品以飞烟为上，鸭头绿次之，旧传有明目去疾之功。今潮人以十三太保为上，大金花小金花次之，每瓶自四两至十余两，有直至千金者，世亦少有矣。”

1932 年 9 月 22 日

“辧”“判”“别”三字义同，今别作“辧”为“幹”，辧字古“辧”，“别”“幹”“辧”无二义、无二形、二音，阁帖辧与辧之草书皆作“辧”。

1932 年 9 月 23 日

《八月初七夜》（即去年九一八）子威

满身风露上高台，诗思无端动百哀。谁令坏云真蔽月，猛惊深夜迸轰雷。

北陵落叶纷纷下，东海奔涛滚滚来。蓦忆去年今夕事，边城从此莽蒿莱。

《诗人与伶人》（三）蓬山

诗曰："去年甫见刘喜奎，今年又见鲜灵芝。生男一蟹输一蟹，生女一雌胜一雌。鲜灵芝是谁家女，生小梨园习歌舞。人言年可二十强，我道十七八九许。芝草无根古所云，此芝无根却有根。芝根若问出何处，请问名优丁剑云。三灵芝草崔、丁、李，艳帜香名争鼎峙。我曾饱看全盛时，今日三芝俱老矣。剑云今将四十余，何年得此一颗珠。簸钱堂上呼姨妹，玉镜台前学老奴。偶将技向燕台售，色艺谁能出伊右？色是儿家自养成，艺由夫婿亲传授。一字之评不愧鲜，生香活色女中仙。牡丹嫩蕊开春暮，螺碧新茶摘雨前。男伶女伶争审美，梅兰芳与喜奎比。喜奎恰是好女儿，兰芳仍是美男子。尤物群推金玉兰，明眸巧笑艺尤娴。玉兰片亦称珍珠，不及灵芝分外鲜。鲜之一字真无两，试集诗联写春榜。兰台翡翠相新鲜，芝草琅玕日应长。昨见灵芝演藏舟，今见灵芝演跪楼。此皆小翠芬第一，菊若见之菊亦愁。错中错本寻常调，演自灵芝偏绝妙。佳人上吊本非真，惹得人人思上吊。娟好妍妙喜奎兼，妖媚娇嫩灵芝专。喉音肌肉真娇嫩，百媚千妖总自然。朱唇笑靥天然韵，眼波眉黛魂销尽。试听喝彩万声中，中有几声呼要命。两年喝彩声惯听，要命初听第一声。不啻若自其口出，忽独与余兮目成。我来喝彩殊他法，但道丁灵芝可杀。丧尽良心害世人，占来琐骨欺菩萨。柔乡拚让与丁郎，我已无心老是乡。天公不断生尤物，莫恨丁郎恨玉皇。"灵芝之所以颠倒群伦者，确在一"鲜"字，诗中"牡丹嫩蕊"，"螺碧新茶"等句，形容尽致。"人人上吊"，"几声要命"，尤可见戏场中人，神失魄丧神情，面"拚让丁郎"，"我已无心"，"灵芝可杀"（丁灵芝即丁剑云，鲜之夫也），"丧尽天良"等句，尤将垂涎吃醋之心事，脱口说出。每值实甫赴广德观戏，必有一种特别之采声，起于座间，于要命之外，自树一帜，其声维何，则"丁灵芝可杀"，或曰"可杀"，或曰"丧尽良心丧尽良心。"此即实甫所谓喝彩之他法，四座皆惊者也。按鲜灵芝天津人，原为其夫丁灵芝之妻妹，丁实姓任，习花衫，色中人而颇有荡意，故少时亦有名，与崔灵芝，李灵芝，并称三灵芝。昔演剧于济南天津一带，后至沪，以诱祝某之妾，被押西牢，期满逐出。至津娶鲜姊。鲜亦依焉。丁教以戏剧。以科班中师父待学生之规矩绳之，故甚严，秩威之下，鲜畏之甚。后鲜艺渐成，丁亦年长，遂命鲜出台，而自为跟包，鲜年十四，即为丁威诱成奸，丁妻无如何，愤恚以死，丁遂以鲜为妻，即易诗所谓"簸钱堂上呼姨妹，玉镜台前学老奴"也。然遇鲜甚苛，食以粗粝，稍不合，则施挞楚，故鲜居恒殊抑郁。近来声誉大振，月得可数千金，俱照鸨妓例，归丁所有，故甚阔绰，而鲜仅能以其钱制备戏衣，若起居饮食，仍不自由也。

光宣末叶，京伶特盛，出身像姑者尤多。民国改元，禁阉寺像姑，女伶崛起，拔赵易汉，樊（樊山）、易（实甫）、罗（瘿公）、张（啬 盦）诸名士，捧角为生，亡国大夫，末流至此，而哭庵（实甫号）之狂尤甚，有此才者不能如其不要脸，不要脸者不能具其才，遂亦菢腥九城，披猖一世。樊、罗辈为诗以张之，或缀辞以刺之，报章稗吏，例不绝书。近两日京报，尤揭綦鲜伶讼事，当年民五鲜丁之案，诸公攘臂之力，类能道之。右所录诗，藉藉人口，赏黄花于明日，访白头于当年，亦候朝宗所谓“高岸为谷，深谷为陵”之意也。

1932年9月24日

下午点读《卷施阁文集》，取吴全椒选本，许侯官注本，钓乙之，竟《卷施阁文》半卷。

今“阁下”与“足下”同用。据《因话录》：“古者三公开阁，郡守比古渚侯，亦有阁。”故皆称阁下。

1932年9月25日

《旧闻随笔》（三〇）：“方氏工诗者，首推畬山先生，次则有南堂（贞观）扶南，（世举）畬山《客中除夕诗》云：‘去年除日归自北，行李到门天已黑。今年除日客南方，江路阻兵归不得。老妻凝望眼将穿，只道今年似去年。高树夕阳鸦影乱，犹将小女立门前。’”南堂初以族人孝标撰《滇黔纪闻》事，牵累隶旗籍，有寄内诗云：“君恩纵有归还日，只恐相逢是白头。”或闻于圣祖，圣祖赦之，批其诗后曰：“许尔黑头相见。”

《幽思》（曹葆华）：

当黄昏偷入花园，唤出了柳梢里蒙蒙的月色；
两三个黑鸦伫立在白屋顶，静待着晚钟从山侧徐徐走来，
这时候我手持着竹杖，斜倚桥栏，正寻索生命里不可思议的过去。
——我怎么想播散青春，获取爱情，在灵魂上开放神秘的香花；
结果只把天真消失，认识了千古孤独的凄悲，
又怎样想喷吐心血，化作诗歌，在寂寞的宇宙里赞颂永恒；
后来也因天才的隔离，空见那理想的余晖在前途时时闪耀。
——这一切在我记忆里，正如夜色的迷茫，惹起我许多愿望不少吝嗟。

《中秋无月酒后呈弢庵丈同坐诸公》（释堪）：

气类凋疏黯旧京，清尊相对劳劳生。萧条节序人将老，破碎河山月不明。
已分百年沧劫运，犹留一叟主诗盟。中庭瓜果怜儿女，银烛凉生细雨成。

《万年山中日记》第四册

(1932年9月27日—10月17日)

1932年9月27日

某熟师授四子书至“牵牛而过堂下者”，以身作则，躬效牛马之劳（深得直观教授之诀)。其东家见之，为之恻然，塾师泫然流涕曰：“吾兄弟三人皆死于是，今予季又失踪矣。吾长兄授至‘方寸之木可使高于岑楼’，则身跻屋颠，累以寸木倾踣而毙。仲兄则死之‘兽之走圹也’。叔兄则死于‘乘桴浮于海’，令予季又去三年不返矣。”予曰：“凡刻薄教书先生，掌故类多，教书先生本沾自造者。例如北京大宅门有要素者，一物不备不足表示公馆之大。余集为十四字云：‘天篷鱼缸石榴树，肥犬先生大丫头。’”先生于此亦足自豪矣。

潮谚：“人喷嚏则谓有人相道。”亦古谚也。吴锡麒圣征《答张水屋书》云：“何以解忧，托荷花而酬子；愿言则嚏，见荔子而思余。”叶注据《诗笺》：“今俗人嚏云道我，此古之遗语也。”又按此篇深得气流语重之法。

又《祝止堂先生诗集·序》云：“不知一场富贵，已醒春梦之婆，几日萧闲，欲借秋声之馆。”造语隽永，高歌入云，至如“以子夏之门人，侍莫春之末座。”又如：“雨花何处，风景当年。”一反风雨如此，借对方不呆板。

1932年9月30日

属匠人制棋盘一方。昔人以梅、竹、菊为岁寒三友，予其以书、文、棋为晚年伴侣乎？

连日诸报无可读者，瞥见《谈诗的文字之美》一文，宜有词以处此矣，而终篇除所引数句外，人云亦不能云，于以叹徐氏之才，可爱尤可妒也。徐祯卿在他的《谈艺录》上讲：“……至于垓下之歌，出自流离，煮豆之诗，成于草率，命词慷慨，并目奇工，此则深情素气，激而成言，诗之权例也。传曰：‘疾行无善迹，乃艺家之恒论也。’”可谓扼要之言，吾人不可不勉。

《诗人与伶人》（六）蓬山

更成五绝句以奖菊仙之侠气云：“‘古人生死见交情，真有歌场女巨卿。让与娥眉讲风义，孝标益视五交轻。’‘京曹不乏有情痴，泪满青衫未是奇。同是名花同是女，感人深处在无私。’‘荆家会说十三娘，剑匣中多脂粉香。菲薄十郎扶小玉，宜教衫子染鹅黄。’‘问年十□正盈盈，玉貌冰心剧有情。得汝花丛为保障，丝珠紫玉尽长生。’‘剑气珠光万口夸，江南枉说女朱家。金莲烛下戎装出，木笔春风第一花。’”诗成，以示诸名士，瘿公曰：“我今权作刘菊仙，替他答谢数首何如?”樊山曰：“甚好甚好，多谢多谢。”瘿公援笔立就云：“‘进食王孙非望报，独清廉吏恐人知。多君郑重生花笔，错被流传作口碑。’‘羯鼓声中诉不平，信知赤舌易烧城。芝焚蕙叹伤同类，不独桓伊说抚筝。’‘张陈刎颈终成隙，廉蔺交期感引车。终愧独身能赴义，群公谠论更何如。’‘己闻对泣怜夫婿，宁诉烦冤待女婴。萹草拔心能不死，使君忍更赠明珠。（谓石甫）’‘红妆季布愧湘兰，翠袖朱家欲副难。（翠袖朱家，为石甫所侧目，以配马湘兰红妆季布。）手絜琼芝无恙返，不须日报竹平安。’”樊山见石甫对于鲜灵芝钟情特甚，因填《酷相思》词四阕以调之云：“‘舟里采莲真恨晚。竹影里花枝颤。且莫问画眉深共浅。浅画也春山远。深画也春山远。两两同心罗带绾。怎报周郎盼。是天与消魂双杏眼。临来也秋波转。临去也秋波转。’‘十丈歌台欢喜海。个中有美人在。算值得石榴裙底拜。高唱也喝声彩。低唱也喝声彩。宋玉愁悲无可解。解人在东墙外。便折尽浮名都不悔。一笑也千金买。一颦也千金买。’‘绣屟纤绵共软。玉梭样千中选。似洛女凌波尘不染。诗中也双莲瓣。梦中也双莲瓣。郎似黄牛朝暮见。不相识遥相羡。莫当作昭阳飞燕看。昼视也桃花面。夜视也桃花面。’（汉成帝云：“吾昼视后，不若夜视之美。”）‘芳草托根无处所。席与溷从飘坠。这方便东风偏不做。（宋徽宗词：“孟婆与我做些方便”）大乔也雀台锁。小乔也雀台锁。愿作同心兰一朵。赠珠事奴不可。算玉在泥中浑不涴。玉人也你和我。泥人也你和我。’”石甫近来行动，多轶出名士常轨之外，故人多非之，石甫因偶成两绝句云：“‘竟以采芝惊世俗，岂真炼药驻容颜。不干卿事风吹水，只可自怡云在山。’‘聊将丝竹供陶写，那管梧桐论短长。哀乐都伤谢太傅，是非任唱蔡中郎。’”然则此老固独行其是矣。

1932年10月2日

《诗人与伶人》（七）蓬山

前载甲辰年为刘喜奎独霸时代，当时捧之最力者为易实甫，其所作《喜娘歌》，又为捧刘代表之作，兹录之于后。歌云：“既幸非毛惜惜，又幸非邵飞飞，美人不畏将军威。既免作陈园园，又免作关盼盼，美人肯附尚书传。既耻为苏小小，又耻为李师师，美人岂愿天子知。既懒嫁赵闲闲，又懒嫁王保保，美人甘作女伶好。女伶者谁刘喜奎，或言沧州或南皮。似把喜神呼小字，宜为奎宿作旁妻。女伶三绝声艺色，声艺易得色难得。小菊芬艺真无双，小香水歌真第一。孙一清（归袁皇子）与王克琴（归张帅），色佳便入侯门深。亡国久无杨翠喜（归载振），破家空有李红林（破予家也）。金玉兰与喜彩凤，色逊艺佳堪伯仲。小荣福与金月梅，色衰时过谁推重。津门近岁品群芳，独有喜奎称擅长。岂但声名超菊部，直推颜色比花王。人言十九二十矣，我谓十七十八耳。碧玉何曾似小家，射姑居然真处子。多少王孙枉坠鞭，登台才得望婵娟。哀梨并剪歌喉脆，荆玉随珠色相圆。倘生天宝唐宫苑，娇过念奴定无算。羞伴诸郎二十五，多费八姨三百万。牙旗玉帐镇临淮，选色征歌十二钗。更慕绿珠筑金谷，曾拈红线到铜台。任他痛哭还长跪，不要英雄作夫婿。美妇空思殷丽华，佳人岂属沙叱利。还君明珠双泪垂，枉是相逢未嫁时。才知世上奇男子，不及民间好女儿。都人初见夸容态，座比叫天更多卖。几压兰芳与蕙芳，休论白菜与菠菜。谁说梅郎是雅音，若论貌可比南金。日停聪马陆公子，愿解貂裘夏翰林。翰林怪我多奇遇，亲见星眸向西注。认得狂奴喝彩声，博来天女横波顾。公道慈心爱大士，任人饱看舞台仙。莫言无与苍生事，我已多添寿十年。”

今日又以龙阳歪诗，填我边幅，毋乃其词若有憾焉，其实乃深喜之乎。玩蓬山标题曰《诗人与伶人》。陛下有断袖之癖，海上有逐臭之夫。附骥尾而名益彰，食马肝而思肉味。麋鹿食薦，蝍蛆甘带，诸君子得此品题，亦可以踌躇满志，无赍恨于九京矣。（北平晨报《诗人与伶人》，蓬山作）

易实甫闻罗瘿公电告“金玉兰暴殁”，驰赴吊问，金家人以传染病挡驾，易曰：“我行年六十九，得玉兰之传染而死，死百余甘矣。”乃径入。《上海时报》专电谓实甫抱尸而哭，为丧考妣。读书万卷，称臣裙下（实甫提刘喜奎象有曰“臣顺鼎稽首拜”之句。黄季刚上尊号亦如之，今忘其词矣）。四维不张，国乃灭亡（章士钊作《四维论》起句曰：“倡优皂卒，国之四维，四维不张，国乃灭亡。”讥江亢虎校长欢迎梅兰芳到南方大学讲演也）。笠翁简帛“不得独蒙千载之诟名矣”。或以生存之月，负名太盛，反为身后之累。（泽丞说）然则予亦坠入爱憎之窠臼中也。

1932 年 10 月 4 日

李童成立和解——情变案告一结束

不堪伤怀思往日“得谅人处且谅人”

李石岑与童蕴珍情变涉讼事件，自经平沪各报披露，社会人士对之皆极注意。或作理性之批评，或作爱情之解剖。嗣因双方亲友，奔走调停。和解已告成立，且双方俱发启事。记者悉童女士之义兄杨人梗，及李君之知友律师卢峻。是二人者，实为奔走最力之人，昨特分别往访，蒙告以和解经过，志之如下：据杨君云，童女士最初绝对不愿和解，曾有“决心周旋，即同归于尽，亦所不惜”之语。继经杨君多方劝慰，虽能略挽其坚强之意志，但仍时而愿意毫无条件解决一切，时而表示无论如何不愿和解，盖女子感情，自经极度冲动之后，已陷于变态心理之情态矣。惟和解之终底于成，实系于十九日伊致童之一长信中，内容勖童以前途为重，毋为成见所束缚，诫童以勿为已甚，尊重调人之意见。情辞恳切，婉转动人，童女士有感于中，复信中乃有“得谅人处且谅人”之句，而和约始得顺利进行云。

童女士已向法院撤回自诉，略云：“为声请撤回自诉事，窃自诉人前诉李石岑妨害风化及堕胎一案，系属一时误会，现经亲友调解，为此具状，声请钧院俯准撤回，实为德便”云云。

据卢君云，《和解合同》签订于二十六日下午。原则六项，早已谈妥，惟以某项问题，磋商聊费往返讼。内容大致如童方撤回诉耳，童李在广州所订之契约作废，关系此次事件，童李双方，均不得再作任何宣传或攻讦。童李从此脱离关系等数项，及李另行以书面向童道歉一函，记者本拟借抄原约披露，以限于原约定之声明，未克如愿。又附童女士启事如下……李石岑亦登启事云……

至此和解既经成立，而童女士神智，迄今仍在恍惚中。或叩以今后如何，童垂泪合十而叹曰：“其惟托诸于命运之神乎，海上不可以久居矣，余将于最短期间，或遁迹海上外，或蹈晦穷乡，总之在最近一星期中，余务必离沪他去。”

李、童情变，事关风怀，既觇世趋，复资谈助，群情拭目，有美惊心，掇此时间，畀兹毁鉴，何图终剧，不续雅音，虽放屠刀，究非大彻。（录《李童事竟题记》。任初）

《诗人与伶人》（八）蓬山

易实甫之《万古愁曲》，为梅兰芳作，最脍炙人口，兹录之。

“一笑万古春，一啼万古秋。古来原有此佳人。君不见古来之佳人，或宜嗔不宜喜，或宜喜不宜嗔。或能颦不能笑，或能笑不能颦。天公欲断诗人魂，欲使万古愁，欲使万古春。于是召女娲，命伶伦。呼精精空空，摄小小真真。尽取古来佳人珠啼玉笑之全神。化为今日歌台梅兰芳之色身。天乐园在鲜鱼口，我为兰芳辄东走。香风吹下锦氍毹，恍饮周郎信陵酒。我见兰芳啼兮，疑尔是梨花带雨之杨妃；我见兰芳笑兮，疑尔是烽火骊山之褒后。我睹兰芳之色兮，如唐尧见姑射，窅然丧其万乘焉。我听兰芳之歌兮，如秦穆闻钧天，耳聋何止三日久。此时观者台下千百万，我能知其心中十八九。男子欲娶兰芳以为妻，女子欲嫁兰芳以为妇。本来尤物能移人，何止环中叹希有。正如唐殿之莲花，又似汉宫之人柳。宜为则天充面首，莫教攀折他人手。吁嗟乎设天地而无情兮，何以使尔为此美且妍。设天地而有情兮，何以使我老且丑。兰芳兰芳，人人知汝梅兰芳。岂知尔祖为兰芳。或如拿破仑第一，更有拿破仑第二。勿令林和靖成独，要使林和靖成双。尔祖先朝第一伶，内廷供奉留芳馨。儿童亦称大老板，天子亲呼胖巧玲。岂惟艳色留歌舞，侠迹留传不胜数。数千余金券屡焚，七十二家火待举。我见尔祖出葬时，多少邦人泪如雨。文宗皇帝之末年，我父上计来幽燕。当时海内忧患亟，书生痛哭空笺天。佣书典衣一寒士，声伎颇满文山前。能同歌哭惟尔祖，亦如毕秋帆遇李桂官。尔祖之师罗景福，对于吾父心拳拳。每云易老爷乃非常人，能教此子以正不仅深爱怜。吾父忽复幡然折节讲学屏声色，移居萧寺遂与尔祖割爱绝往还。德宗皇帝之初年，我向幽燕又上计。尔祖才如卅许人，我年甫过二九岁。不知当时兰芳之父堕地业已十几龄，岂料今日乃与兰芳论交两三世。正月二日百花生，东风如虎吹皇城。考旧闻于日下，忆梦余于春明。记残泪于金台，录梦华于东京。我亦常呼明僮，招神婴，集舞燕，招歌莺，如意沉香亭。樱桃街畔樱桃熟，胭脂坡上胭脂盈。或白虎鼓瑟，或苍龙吹笙。或金鱼换酒，或银甲弹筝。梦境堪追忆，人才可品评。孟如秋、朱爱云、蒋双凤、王霨卿、顾玉仙、孙梅云、陈鸿喜、巢香菱，虽有兰芳之色，而无兰芳之声。紫云、紫仙有声而无色，乃知非有九天声与倾国色，不能膺此万古第一之芳名。

兰芳兰芳，尔年二十余，颜色真娇好。我年五十余，容貌已枯槁，且莫悲枯槁。昔日故人皆宿草。且莫叹宿草，今日天荒兼地老。我如苏子训抚铜驼，又似丁令威返华表。玉马朝周，金鸟辞汉。南内无人泣杜鹃，西台何处招朱鸟。道家龙汉换开明，杜老龟年话天宝。去年我见贾璧云，卫玠璧人当代少。去年我见朱幼芬，宗之玉树临风皎。今见梅兰芳，使我更倾倒。使我哀贤才，思窈窕，坐对真成被花恼。犹忆尔祖之楹联，几生修到梅花，何处独无芳草。茫茫三十七年间，影事前尘如电扫。嗟我生平喜少不喜老，恨寿不恨夭。未见兰芳兮，自恨我生死太迟。既见兰芳兮，又幸我生死未早。兰芳兰芳兮，尔不合一笑万古春，一啼万古秋。尔不合使天下二分明月皆在尔之眉头，尔不合使天下四大海水皆在尔之双眸。尔不合使西子、王嫱、文君、息妫皆在尔之玉貌，尔不合使韩娥、秦姬、謇姐、车子皆在尔之珠喉。尔不合破坏我之自由，尔不合使我回肠荡气无时休。吾将与尔北登恒岳，东观芝罘，西上峨眉，南入罗浮。追黄帝于襄城之野，即虞舜于苍梧之墟，索高辛于有娀之台，招周穆于无热之邱。枕不必洛妃留，香不必韩寿偷。使嫦娥弃后羿，使织女辞牵牛。丁歌甲舞兮昆仑醉，翠暖珠香兮瞻部游。照影于恒河，老死于温柔。放歌于太华，含笑于神州。兰芳兰芳兮，吾无以名尔兮，名尔为万古愁。”

1932年10月6日

《诗人与伶人》（一〇）蓬山

樊山老人《梅郎曲》，作于癸丑年，为捧梅最早之作，与前记之《葬花曲》，久为都人所传诵，兹录其曲于后。“梅郎盛名冠京师，才可十九二十时。绣丝的是佳公子，傅粉居然好女儿。海上歌台封故步。拂弦难得周郎顾。亟走金台选妙伶，左骥史妠知何处。梅郎娇小建章莺，巧啭春风第一声。东阁仙花是侬姓，左徒香草是侬名。渠侬家在韩潭住，姓名传遍江南路。丹桂园中第一台，须第一人作钱树。吴天飞下凤皇雏，朝阳一鸣万目注。霓裳法典世间无，锦掷缠头不知数。吴儿听郎歌，金雁斜飞唤奈何。吴姬见郎舞，含情欲语仿鹦鹉。沉醉江南士女心，衣襟总带梅花谱。（园主以郎照像遍赠座客）岂期郎意重老成，传语樊山问安否。易五（实甫也）寄我琼瑶音，道郎美慧知我深。彩云两曲略上口，琴楼一梦屡沉吟。癸丑冬月初七日，郎来引入芝兰室。渡江洗马无此容，琼树一枝照瑶席。不言早识玉性情，微笑如闻花气息。执经即是张雕武，学诗愿从黄鲁直。翻笑世家无子弟，未入学堂知法律。我如汝年游上京，汝祖椒掖皆知名。后来复见汝诸父，研光帽里花奴鼓。十年来去景和堂，一朵朱霞映门户。（谓朱霞芬）南台御史李会稽，亲将第一仙人许。（爱伯师谓霞芬为真状元）倘教霞芬今尚存，定夺锦袍来乞汝。是日尽醉酒家楼，凤卿素云皆汝俦。合为白玉莲环样，同引珍珠一串喉。夜入梨园第一部，听郎清歌见郎舞。万人如海看红妆，万炬无烟照海棠。才揭绣帘犹掩抑，徐登歌罽故回翔。腰肢一捻灵和柳，学得簸钱台下走。看似轻盈极端重，才欲收光更迟久。燕去红襟双剪齐，莺来一点黄金溜。引吭敛黛歌一声，齿牙伶俐丝簧轻。声声到尾有旋折，字字入耳俱分明。促节紧打催花鼓，曼音细咽云和笙。行云上遏玉初振，潜气内转丹九成。歌喉九变俄复贯，销骨观音法身现。锦勒罗襦不动尘，微微头上宫花颤。吁嗟乎，九流有家俱本末，此郎佳处玉在璞。徒于歌舞称赏音，皮相固知非伯乐。琴书静对两忘言，淡似幽兰驯似鹤。专门才技何足言，以外有余方是学。我见梅郎如饮醇，吴中但说好伶伦。亦如七十樊山老，只把文章动世人。”

莼客有句云：“日逐淫倡作名士，身名灭裂同飞埃。”酒肉文章，衣冠优孟，自昔已然。

天下事都沾不得手，一沾上手，是不容易摆脱的。剪存实甫打油诗，为的志伶官逸事，就是一例。今日又看见樊山泥首兰儿的诗，索性把他并存起来，横竖手是已经沾了的。

1932年10月7日

《诗人与伶人》（一一）蓬山

石甫每自诩伶界男女状元梅兰芳、郭一清出其门下，用以自豪。樊山戏仿八股为文嬲之，题为《于是伶界男女两状元俱出门下矣》，其文曰：“‘门有两元，豪矣。夫伶界而有状元，状元而分男女，男伶女伶两状元而皆出石甫之门，其自豪也宜哉！且夫天下号称第一人者，必其不能有二者也。乃此亦第一人，彼亦第一人，且更有人驾乎两人之上，而同时号称第一者皆出其下焉，则师若弟皆第一，不仅有二，抑且有三矣。’‘说在石甫门下得两状元是。石甫若曰，天地英灵之气，厚于男子，亦不薄于妇人，古今科举之荣废于朝廷，而转兴于伶界，吾窃于梅兰芳、郭一清三致意焉。’‘樱桃杨柳之名，居然并噪，知高岗鸣凤，凤犹逊此声清也。红分绫饼之香，炬照金莲之步，惟有催花天子，始能收菊部之门生。’‘绛树黄华之巧，何幸同时，知紫陌看花，花转不如人俊也。袍夺东方之绵，髻横司马之簪，虽有曲子相公，不敢作花丛之座主。’‘吾也游梁王之兔苑，笑迷离扑朔之难分，入唐帝之梨园，觉颜色声音之并妙。然而银汉非遥，惟初七始通银汉，蓬山已远，况万重更隔蓬山，亦惟望昆玉而萦怀，仰桂林而结慕焉耳。’‘而幸也梅伶之有祖也，金兰缔三世之交，玉树侈千言之赠，则祖考相知于昔，而子孙相契于今矣。’‘而幸也郭伶之有父也，义儿既附于欧史，亲家亦踵乎唐书，则昔无肌肤之亲，而今成骨肉之爱矣。’‘于是红云两朵，平分镜下之芙蓉，于是碧树交柯，并作门前之桃李，于是双麟双凤，皆曰知弟莫如师，于是一雌一雄，谓生男不如女，盖至是男女两状元皆出门下矣。’‘夫然，而今之士女，可以兴大陆山河之秀，久毓英豪，苟其人非甚驽庸，谁甘作太真之第二。特人情不激则不动耳。以舞女歌儿之荏弱，而天风吹下，俨踏金鳌背上而行，则凡国秀闺英，皆有跨彩凤驾苍龙之想，而四万万人之学术，不至于参天两地而无休，吾中国万象更新，问何事不如华盛顿哉？’‘夫然而我之缺憾，可以补南宫进士之科，屡伤毷氉，至于今备员顾问，谁复知国士之无双，然运数有塞亦有通耳。以大夫亡国之余生，而丝竹堂前，哀然金马承明之首，直觉珠联璧合，真有左金童右玉女之思，而一双双珠泪之哀吟，虽极之石烂海枯而不恨，彼古人九原及第，何如我作逖粱公哉？’”

1932 年 10 月 8 日

徙宅文，集《越缦堂日记》句（有序），《夜偕姬人自西亭移居锦鳞桥下黄素巷》：

“小舟一镫，破箧数卷。主人之面，瘦如削瓜。侍姬之鬟，乱于历稞。倚身一幞，入霉欲斑。传家片毡，与虫俱徙。病仆偻背，佣婢出匈。庚横箬柴，丁倒盆盎。折足之几，半挂积尘。缺耳之铛，尚余焦饭。风吹帷而皆裂，月穿箓而悉空。君子固穷，道旁皆叹。钟馗徙宅，止有槭窬。杨朴厌车，半以鸡犬。傥有好事，传之丹青。风彼将来，永为佳话。”

寒酸之气，咄咄逼人。啾啾之声，不可响迩。善戏谑兮，先生有之。任初评。

1932 年 10 月 9 日

《诗人与伶人》（一二）蓬山

易五因赋《国花行》赠梅畹华，罗瘿公仿其体和之，中有句云：“望梅不止相如渴，充饥空画名士饼”，挖苦实甫已极。同时又引起一层公案，因瘿公赋中有“国花岂向别人妍，梅魂久属冯家有”句，梅党哗然，实甫又为赋辩护，中有“自负不过梅魂一走狗”句，轻薄太甚。兹将全案文字，依次录之如后。

《梅郎为余置酒冯幼薇宅中赏芍药，留连竟日，因赋国花行赠之，并索同坐瘿公秋岳和》

易哭庵：

梅花再生为牡丹，牡丹再生为芍药。君不见梅花落后牡丹开，芍药开时牡丹落。至人薪尽火仍传，天女花多衣不着。春兰秋菊无尽时，此是乾坤真橐钥。冯侯宅中芍药开，梅郎招我看花来。梅郎本与梅花似，合冠群芳作党魁。姑射仙子称绰约，绰约须知即芍药。古来姑射此梅花，芍药梅花合称珏。汾阳销尽唐尧魂，洧水羞称郑国谑。狂香浩态罗丰台，珠光吐出奇花胎。芍看梅郎梅看芍，我虽看芍还评梅。京师第一青衣剧，梅郎青衣又第一。梅郎每演青衣时，冷似梅花玉妃泣，时作菩萨垂华缨。时作贵妃戴花冠。胡天胡地庄严相，此际梅郎似牡丹。兼演花衫摹荡冶，纤腰近更演刀马。天香国色此时看，斗大一枝红芍药。姚黄魏紫几千春，都借梅郎得返魂。阳秋义例通三世，华夏英灵集一身。樊山莫恨蓬山远，樊山莫恨寻春晚。每愁碧汉隔红墙，何幸紫云赠青眼。忆昔天宝三郎李，曾赏名花对妃子。昭阳却有梅花人，残装竟日无梳洗。玉环飞燕本难兼，岂意春魂同唤起。旧恨楼东珠泪稍，新妆亭北栏干依。罗瘿公，黄秋岳，在座并诗家，不羡金吾羡丽华。请将五色文通笔，品定梅花作国花。

按：姚黄魏紫为牡丹花种名，京师崇效寺，寺前二株高可及肩，开二三百朵，一老寺僧言自明时遗下者。此十九年四月张绶青导予郊游所闻也。

1932年10月10日

《诗人与伶人》（一三）蓬山

《和实公国花行戏仿实公体》罗瘿公：

“五郎诗语多凿空，贾郎似蜀梅郎陇。贾郎未识只相思，进身有路绿诗宠。赚得瘿庵介绍书，周阿碧树访仙居。文鸾舞影时相逐，朱鸟当窗若可呼。重来京国耽梅影，徙倚歌台日延颈。望梅不止相如渴，充饥空画名士饼（君宦广西右江道，忤粤督，以名士画饼劾罢之）。当其以陇喻梅时，何曾花底一通词。闭门自草劝进表（湘中刘少轩倾倒朱幼芬，拟劝进表，称芬郎大王陛下），直与刘生同一痴。瘿庵忽动哀怜意，为彼飞觞促郎至。照席花枝一座惊，五郎起舞知狂喜。自言日傍歌台坐，喝彩声雄谁似我。尔祖当年友我翁，便称两世通家可。顾叟（印伯）掀髯尽一觞，陈侯（石遗）余兴牵归舸。荒斋连日屡相过，嬲我寻梅三里河。叩门幸免言词拙，拜母翻嫌礼数多。有约不来空久坐，说苦真如箝在口。国花岂向别人妍，梅魂久属冯家有。冯侯怜尔太痴狂，芍药花前置一觞。尚能平视同甄后，空抱春容唤丽娘。君家中妇方张寇，诉词定控樊山叟。三字狱名万古愁，瓜蔓牵连血数斗。大嚼屠门殊可怜，劝君作诗先自剖。”

昔年，计偕京国，间涉梨园。刚甫、瘿公，尝与同载。菊部外史，天宝旧闻。耳目所濡，历历在目。后迁夏口，我尊、予倩，过从尤密。曾几何时，而陈迹不可复顾矣。连日所存《诗人与伶人》杂稿，虽纵笔所及。偶有讥弹，然亦表昔之影尘，一代之鸿爪也。

1932年10月11日

莼客甚以诗词自负。予称其利而不流，高而不奥，《哭曹文孺大令》云：“薄宦天涯从此了，平生交际几人存。落日回舟成怅惘，荒邨系木独徘徊。”《舟宿西亭外故居凄然赋此》云：“行人犹指说，吾事竟何如。倚闾千日泪，负土百年情。歌哭今谁寄，江湖到是家。”等句翛然意远，唐格晋风兼而有之。

1932 年 10 月 12 日

《诗人与伶人》（一四）蓬山

《瘿公和余国花行云，梅花久属冯家有，既非事实，论者多不以为然，瘿公亦自悔，余乃戏作此篇，浮瘿公一大白也》

哭庵：

“千古以来之名花，惟有菊花属陶家，梅花属林家。此外诸花皆非一家有。岂非天下之宝当与天下共之耶。可知天下之尤物，即是天下之公物。私尤物者哭将及，公尤物者福可必。诸侯殃在珠宝玉，匹夫罪坐怀寸璧。惟有以菊属陶梅属林，此乃古今舆论全数所赞成，不仅三分之二来出席。菊花何以能属陶，以陶咏菊之诗亦与菊品同其高。梅花何以能属林，以林咏梅之诗亦与梅意同其深。然而古今劝进表虽上，陶家林家仍复东向三让南向又再让。有德居之尚不敢，无德居之岂非妄。元亮君复皆不敢自私。若谓余之咏菊诗，吾之咏梅诗，乃是代表古今天下人民心理而为之，若专属我则竟辞。譬如议院推举一总统，此议员不过代表人民以示护与拥。岂能谓此总统乃我一人捧。菊魂我今且勿论，请论数千年来之梅魂。数千年来之梅魂，乃在梅兰芳之一身。哭庵亦复代表全国之人民，来为梅魂梅影传其真。然则二十世纪以前之梅魂，已失林家和靖守。二十世纪现在之梅魂，已入易家哭庵手。哭庵又何敢自负，自负不过梅魂一走狗。吾友瘿公乃云梅魂久属冯家有，此语颇教人击掊。冯家叟，冯家叟果何人。不过与我同为梅魂效奔走。质之冯家固不受，诘之瘿公亦引咎。梅花万古洁魂，已畏世间尘与垢。何伤于日月乎，能损其冰雪否。谤我则可，谤他则不可。此语出自娄须吾老友（奭召南也）。白璧之瑕梅本无，白圭之玷瘿始有。唐突恐伤两子心，慎言宜戒南容口。请罚瘿公酒数斗，更罚瘿公再作梅魂之诗一百首。瘿公昨日和我诗，劝我作诗先自剖。我今以盾刺其矛，亦劝瘿公先自剖。”

此而谓之诗也乎哉，白乐天歌行妇妪能诵，岂哭庵所能借口哉。莼客云：“若李贽、唐寅、祝允明、孙鑛、金人瑞、袁枚、赵翼、张问陶之流，诞妄不经，世上小儿稍有识者，皆知笑之，不足责矣。”若哭庵者尚得谓之有人性也乎哉。

1932 年 10 月 14 日

《诗人与伶人》（一五）蓬山

石甫初于女伶最赏刘喜奎，每值喜奎出演，必拚命喝彩不绝，嗣以喜奎不为动，遂以其施之于喜奎者，转而施之于灵芝。灵芝解人意，时时报之以秋波，石甫遂大喜，自是逢人辄誉灵芝不去口，樊山有《鸡鸣曲》寄石甫云：

“斗鸡场上双牝鸡，不甘雌伏争雄飞。一鸡红罗缠项回（谓鲜），一鸡不啼如会稽（谓刘）。世以胜败为优劣，人间万事无是非。主文尚迷目五色，歌曲何怪知者希。出入花丛一易五，心倾碧玉小家女。（刘）褰帘喝彩千万声，善睬明眸若无睹。回头再顾芝娘曲，流波送盼以眉语。顿觉郎心冷暖殊，詈人悦己宜何取。暮暮朝朝采紫芝，清诗百首比红儿。视如彩凤能抬举，当作名花好护持。画饼虚名大府忌，戏场犹可回风气。丁娘十索入乐府，遂令身价倾燕市。刘生此际俨临戎，（李笠翁女伎皆称某王）未肯歌台拜下风。红玉鼓桴驱北虏，孙娘刀槊耀江东。突兀芝房宝顶现，青女能军素娥殿。玉环采苹异喧寂，先施郑旦区恩怨。人心忌满兵忌骄，刘生趾高如莫敖。恃赖倾城人不及，饼金才许窥歌寮。人情厌故每喜新，芝娘能以生易熟。（芝排新剧甚多）人皆畏入销金锅，芝娘乃以少胜多。（戏价较奎减半）此胜彼负有由致，至竟不关色与艺。厚施薄取众所归，奇货自居真左计。刘生屏迹红氍上，都人无复闻妍唱。不见云英未嫁身，江东罗隐增惆怅（谓瘿公）。罗易各各殊爱憎，吾老能持天下平。芝娘歌舞亦不恶，侔色揣称由聪明。刘生歌喉天所赋，脆圆绵缈亮以清。齿牙伶俐貌端整，枝头百转无此莺。刘生郁郁徒为尔，赌棋胜负皆心喜。当年我亦雁门踦，文采淹沉百僚底。常忧举世无公道，不谓梨园亦如此。秋灯我自鸣不平，岂望萧娘感知己。”

此老于喜奎之败，深致不平，诚喜奎之知己矣。乙卯十二月十九夜，广德楼演《电术奇谭》一剧，灵芝饰林凤美，作西式装梳，尤觉鲜艳动人，是夕演至花水桥觅死一幕止，自灵芝出台以至终幕，彩声如雷不稍绝，尤以石甫之声浪为最高。瘿公因调以诗曰：“台上眼波流凤美，楼前声浪识龙阳。相逢倘在神童目，不向花桥念喜郎。”（喜仲达乃剧中林凤美之未婚夫）

1932 年 10 月 16 日

《诗人与伶人》（一六）蓬山

翌夕接演至林凤美隶籍梨园，在巴黎舞台演剧一幕，合演者为菊仙、红云、紫云、紫霞诸人，效西装合串一出，舞人纤丽，歌喉清婉，尤为樊山所欣赏。因填《霓裳中序第一》词一阕索石甫和云：“莲灯照翠氍，甲帐丁帘红一抹。五彩同心互结，尽润脸拓花，圆仪欺月。安琪艳质，绣领巾微袒肌雪。人仍似，宋家五若，整整雁行列。　　　　裙褶。翩翩金蝶，又莺啭珠吭圆折。红衣翻尽旧拍，是龙女弹琴，凤仙倚瑟。洛阳倾国色。漫分别三花二叶。还看作，一群娇鸟，翡翠共鸂鶒。”嗣以石甫近年都不填词，又不能无偏爱，因代和一解云：“云屏十二叠，五朵洛花红一捻。软舞娇歌并发，是倚扇红鸾，穿花银蝶。蛸蛴妒雪，亸凤肩三绺云发。分明见，凌波十瓣，窄窄小莲袜。　　　　倾国。芝云独出，似天上瑶星伴月。栏干谁解按拍，听绛树歌声，恁般亲切。女牛情脉脉。更临去。秋波暗掷。除卿外，瑶台四美，合是牡丹叶”。石甫见词大喜。即和前词元韵云：“珠发拥绣氍，定子脸霞分几抹。火树灯花正结，见琼玉宝山，五轮圆月。十眉丽质，赤凤歌惊舞回雪。真全压，天魔十八，先帝八千列。　　　　衣褶。泥金千蝶，似争唱花开堪折。广寒宫里按拍，睹王子登箫，范成君瑟。云霞红紫色。更芝菊连茎接叶。侬拼向，桃花浪里，化作锦鸂鶒。”又和后词元韵专赋灵芝云：“霓裳曲几叠，点罢鞋尖纤指捻。彩树珠灯遍发，照女鸾几女，仙裾仙蝶。罗巾裹雪，衬黛眉粉面玄发。将身化氍毹，稳贴洛妃袜。　　　　花国。花王捧出，似银浦流云捧月。红牙檀板漫拍，拍舞错伊州，萧郎情切。灵犀通脉脉。便千万黄金也掷。湖州恨，宫沟更恨，绿叶与红叶。”石甫元旦即往广德观剧，樊山有诗嘲之曰：“菊部都争利市钱，芝花一朵岁朝鲜。引身画省香炉外，低首莲台玉屧边。杨柳歌翻大垂手，桃花运算小行年。状头亲为卢郎许，第一朝逢第一仙。”石甫和云：“开年便费画义钱，来捧芝云一朵鲜。索乳羡人依膝下，（有食乳之谑）将心腵我在眉边。色香领略空千古，丝竹消磨剩几年。留命桑田差自慰，天天饱看舞台仙。”石甫有灵芝词十首，兹录其二云：“大栅栏边钿毂忙，舞衫歌扇夜登场。喜奎拥被兰芳睡，都为灵芝罢晚妆。广德楼中歌吹腾，不知门外月如冰。市门夜夜元宵节，为看灵芝比看灯。”

1932 年 10 月 17 日

莼客诗之清远者如《怀沈晓湖》五律二首，云：

不见忽三月，相思如水深。残年愁雨雪，清梦足山林。
箸述今增几，除书信又沉。闭门贫亦好，知尔岁寒心。

南望长湖曲，寒林万叠山。邨墟流水近，门巷夕阳间。
寿母扶筇健，山妻拾橡还。西头新酿熟，一笑解尘颜。

联如：

五经资人布帛菽粟；六书辨物规矩准绳。

悬诸厅事，殊觉切实。

写诗词不宜用《说文》字体，散文亦须择而用之，骈文则无害。鄙见竟与莼客同之。

《万年山中日记》第五册

（1932年10月19日—11月3日）

1932年10月19日

莼客诗，又如《予弟仲肃四十生日勖以诗五章为寿》之一云：“我生牛儿耳，汝生岁在卯。肩随相嬉戏，亦或竞梨枣。趋庭无受增，入塾齐拙巧。韶景不自珍，侵寻及衰老。蹇途历百屯，力学艰一饱。文章养性命，借此蕲寿考。道腴气不馁，黄发庶可保。”闲闲说来，自具神理。又如“流水与户枢，岂见有腐蠹”。运用成语，毫不费力。“世促旧德永，饥寒抱遗经。我行营薄宦，汝宜勤治生。”家庭絮语，情文相生。彭泽句云：“千载非所期，聊以永今朝。”无事斧斤，只一真字。无真性情，不必为文。

读书未必尽有用处，赵括善读兵书而不堪一战，李次青治书军中而不堪致用。予近觉愈读书则治事愈疏，偶出酬接，辄至失欢，一再以思，不知何故。

俗以十二月二十四日祀灶曰“司命君”，《史记》：“文昌六星，四曰司命。”《礼疏》：“司命，宫中小神。”《莼客日记》有云：“傍晚祭灶，新突甫黔，行装已戒，天涯方始，岁事将除。暂为伏腊之欢，行设狝牲之祭。挈史云之釜，难卜归期。问子方之神，谁为主客。劳薪脚折，小草心枯，对烛增欷，举饧罢咽。”

1932年10月20日

《诗人与伶人》（一八）蓬山

程玉霜跻至今日地位，得罗瘿公提掖之力居多，老于梨园者咸能道之。兹检得瘿公第一次赠程之诗，序文中并述及识程之始末，以有关故实，因并录之。文曰：“程郎艳秋，京旗人，父荣某国变后冠汉姓，父殁，寄养伶人荣蝶仙家，延师教艺，习青衫三年，始出奏技，今十七岁矣。余屡闻人誉艳秋，未之奇也。一日观梅郎剧罢，杨生、穆生、盛道、艳秋声色之美，遂偕往听曲，一见惊其慧丽，聆其音，宛转妥贴，有先正风。异日相晤于伶官钱家，温婉绰约，容光四照，并世无与为比。与之语，温雅有度，迩来菊部颓靡，有乏才之叹，方恐他日无继梅郎者，今艳秋晚出，风华相映，他时继轨，舍艳秋其谁。来轸方遒，当仁不让，勖之以诗。昔赋赠程郎连喜诗，畏庐老人有诗相调，今见此诗，又将忍俊不禁也”。诗云：“日下新声渐寂寥，梅郎才调本天骄。谁知后辈风华甚，听澈清歌意也消。除却梅郎无此才，城东车马为君来。笑余计日忙何事，看罢秋花又看梅。协律陈生最自豪，（陈君彦衡操琴冠绝一时，偕予观程郎剧，许为合拍。）鹍弦矜绝不轻操。肯陪日暮歌台侧，珍重延年一语褒。小李将军意气横，（李释戡负诗曲之誉，梅郎散花奔月诸剧，并出其手，见程郎称后起之秀。）散花奔月制新声。平生难得垂青眼，许尔他年继老成。风雅何人作总持，老夫无日不开眉。纷纷子弟皆相识，只觉程郎是可儿。紫稼当年绝代人，梅村蒙叟并相亲。而今合待樊山老，评尔筵前一曲新。”

1932年10月21日

上海城隍庙本为明代秦氏予园。（《越缦堂日记》十四册二十三页）

天津七十二沽曲圻东海入白河。莼客谓即潞河。自注曰：“《班志》《说文》所渭路水也。”考《说文》：“潞，冀州浸也。”而段注则据郑云：“潞出归德，论此言潞即洛耳。”

《诗人与伶人》（一九）蓬山

北平坤伶中有二艳之称，二艳者，雪艳琴，新艳秋也。艳琴唱老调，以作工似兰芳，艳秋唱新腔，以唱工似玉霜，皆异才也。樊山老人有王玉华画兰曲，即为新艳秋而作。曲云：“画兰女子年十七，垂发齐眉黝如漆。柳青三粲并一身，绛树一声歌二曲。吴下还京本旧家，枇杷门里弄琵琶。兰心自是忘忧草，莲脸天生含笑花。一老京尘久颓放，啖名来谒芙蓉帐。曹部原多玉树姿，云鬟亦学庭花唱。归来未几扇南风，和议将成乌幕空。四十万人齐解甲，九重城关漫传烽。此去彼来民战慄，中间过渡须舟楫。万户千门望老成，叶公免胄人争识。帅府临歧剧有情，亟招宿将托苍生。隐居跨蹇段芝叟，到老犹龙王聘卿。王公淡静遗名利，风鹤不惊若无事。东出三门送故人，杯蛇市虎镇妖浮。大驵中枭归驾驭，七日南军入禁城。角巾筇杖还私第，此七日中太萧索，珠歌翠舞俱休歇。玉华随母闭门居，十指香生画兰笔。君学画兰才月余，抵人三载画工夫。桃花血点红相似，柳叶眉痕翠不如。沈檀扇子施芳绘，剑入玉门价增倍。楚人香草美人贻，讵肯轻呼香扇坠。吁嗟乎坡老以兰喻美人，美人复为兰写真。超然于世真仙子，王者之香即自身。离乱北宫能养母，承平能作霓裳舞。露根全仿所南花，本穴国人宁有土。君不见吾诗当入国史补，不独言情为儿女。画兰亦是避秦人，其中月表包秦楚。莫唱东南孔雀飞，休歌后主凤皇儿。兰花月令逢初夏，此即拾遗天宝诗。”林屋山评公诗曰：“中有句云‘其中月表包秦楚’，可谓实录，末句云‘此即拾遗天宝诗’，考之杜集，未有此体，此格公独创，可掩前古，特谦而不居耳。”

1932年10月23日

《诗人与伶人》（二〇）蓬山

樊山最推崇梅畹华，故为梅制曲独多，兹再录其《嫦娥曲》，并附序云："南北鞠部皆有应时点景之戏，如端午则有混元盒，（此剧起于明季）七夕则有鹊桥会，中秋则演明皇游月宫。乙卯仲秋月圆之夕，梅郎兰芳自出新意，制成《嫦娥奔月》一剧，情节一如《后汉书·天文志》注，而《采花》《思凡》两场，且歌且舞，声容并美。夫今之戏剧，古之乐府也。自有虞韶舞以来。莫不歌与舞兼，郭茂倩解题，列舞曲歌词五卷，迄今寖失其传。梅郎此戏，取法于古之大小垂手，略参欧西跳舞之意，至其周折转旋，动中规矩，则昆山法曲之造也。余谓有其貌而无其音，有其音而无其态，有音与态而无其貌，皆不足以演此剧。然则千古美人，天上惟一嫦娥，人间惟一梅郎，独步长安，亶其然矣。今后即以嫦娥名梅郎，为制嫦娥曲如左。"曲云："羿请西王不死药，嫦娥窃食忧郎索。有黄筮之遇归妹，西奔月宫身可托。（《后汉书》注："嫦娥将奔月，筮于有黄，曰吉。"）湘灵瑶瑟声相和。管弦繁会音难掩，节簇分明字不讹。郎善舞，风中仙袂飘飘举。裙边百蝶团作云，袖底千花散为雨。平生屡入梨园坐，衫扇如烟眼中过。莺歌燕舞一身并，独立金台此一个。珠喉赴节久低昂，蛮腰应弦饶顿挫。子美今逢剑器娘，微之最赏琵琶妇。月中先试采花吟。醉里悽其别鹄音。神女可怜虚楚梦，仙人辜负是鸳衾。玉娥金兔年年供，碧海青天夜夜心。传出素娥幽怨意，丹青难为写此情深。郎为明妃貂锦粲，（昭君出塞）郎为杨妃花枝颤。（贵妃醉酒）幻身又入广寒宫，绝胜七夕长生殿。一人足当百美图，琐骨观音工变现。果使嫠蟾现色身，花颜未必如郎艳。今夜人佳月亦佳，月中人更美于花。是谁当得嫦娥号，今有兰芳昔丽华。"

《登华至青柯坪》石遗：

帝教神禹命山川，西岳称华贡始传。阴作黄河南至界，阳临黑水北来边。

坠驴大笑今何世，扪虱雄谈我欲眠。岂独峨冠古司寇，司空船坞二千年。

少昊金天此坐衙，巨灵擘后涧中洼。无岩不对州分陕，有石皆平面削瓜。

颇怪西巡缺御磴，欲登南顶待浮楂。四方矗立五千仞，夸大山经本道家。

1932年10月25日

元诗优于南宋，元文则远过于南宋。而明诗又胜于元，明文则远不及元。

爱伯诗每能于颓废中竖起脊梁，如《岘樵兵备招饮以小疾不往赋诗柬之》云：

上客赓联佩，朱儒独拥毡。穷愁难一醉，衰病入中年。

窃禄千官下，论交百代前。西邻歌舞地，风雪闭门眠。

除岁（同治十年辛未）联云：

环带畿甽，守德之宅；浮湛郎署，与物为春。
斧藻马班，钩稽郦郑；辨雕风月，纂组山川。
芸函银管千秋业；花胜珊奁百福人。

1932年10月27日

《诗人与伶人》（二三）蓬山

瘿公《望江南》为姚玉芙作也。序云：“曩者红儿多丽，赌酒秋堂，擅歌英秀，皆饶盼睐。亦尝总持大雅，屏斥淫嚣，子弟翩翩，群知尊礼。中年氄氉，蜷伏幽斋，违阻清尘，于今六纪，相逢旧识，每感多吁。今秋就客江亭，忽逢粲者，形体静婉。妙龄十四，明波善睐，旷绝其曹，窈窕能歌，不伤佻谑。异日芥子园中，重见花下，京兆凌公，亦同斯会，诧为晚出之秀，殆无溢词。年来久废艳思，每嗟才尽，缠绵此丽，触拨成声，虽即事之多伤，亦破颜而作笑，虚斋凉寂，聊为赋之。”词云：

秋心坠，触拨尚能春。雾阁飘灯翻酒幕，风堂流月度歌尘。沾絮太无因。

罗襦重，温玉尚妨肌。珠巷月凉邀留去，锦城灯暝蹋花归。行迹玉骢知。

新霜净，珠勒九衢风。侧帽开帘人似玉，貂裘妍坐辔如龙。嫣笑语微通。

兰窗坐，裁锦细教书。瓯碧霏谈清屑玉，筵红哀曲韵累珠。心醉不教扶。

又《玉芙乞书箑，赋此示之》诗曰：

汝与梅花有旧盟，而今低首拜宣城。且抛斜上佉卢字，好学中原正始声。
诗派今方盛宛陵，江城三弄世相矜。黄梅他日传衣钵，定有妙明无尽灯。

又《正月十三夜，置酒斋中，贾郎璧云，梅郎兰芳，姚郎玉芙，尚郎小云，程郎艳秋并集，以诗纪之》诗曰：

预借张灯作上元，争看玉貌对清樽。人材此外应余几，春色今宵觉倍温。
何必轩车皆凤约，错疑桃李属吾门。平生赏俊无偏爱，醉把花枝与细论。

1932年10月28日

张香涛《题爱伯湖塘村居图长歌》一首，情文宛转，音节啴舒，上可追香山、放翁，下不失梅村、初白，歌云：

“江南山水数会稽，会稽无如镜湖西。水甘长酿千日酒，山深可著高人栖。良田万罫杭稻熟，中岁一亩收十斛。虾菜如土不论钱，荷芰如云高过屋。季真弃官甘投老，放翁曾为杨梅饱。越缦先生逋峭人，卜居踏遍山阴道。儿时上冢年年来，欲专一壑谁相猜。精舍便沿鸥波筑，养堂正对屏山开。奉母躬耕此愿毕，一椽未就到今日。塘上人家长子孙，墓田丙舍徒萧瑟。释之久宦产亦减，长卿为郎思自免。逢人便索图村居，要令家山常在眼。可怜画手矜简略，溪树不春山容薄。新丰门巷无处寻，聊伴越吟解寂寞。买田阳羡知何时，仲长乐志空文辞。有山无钱买不得，劝君勿被巢由欺。”

《诗人与伶人》（二四）蓬山

梅畹华君己未赴东瀛观艺，开中国歌台未有之先例，诸名士皆有诗送之，畏庐老人亦破例为作缀玉轩话别图，诚梨园一段佳话，兹录畏庐之《南浦》词如次：己未三月畹华将东行，罗瘿公李石庵集同人觞于薇寓斋，石龛属作缀玉轩话别图，用作畹华压装，余不能却也，石庵复坚嘱填词其上。缀玉，畹华轩名也。余未之莅，今姑作垂杨桃杏之属，度畹华轩中所有耳，并填《南浦》一解，请樊山老人实甫碧栖正之。

闲叠缕金箱，检舞衫零脂，宿粉犹腻。轻梦逐樱花，东风外，人与乱红同醉。春寒细紧，背人加上嫣香帔。别情欲诉偏脉脉，无言更增流媚。　　追忆昨夜歌喉，似风际灵箫，花边流吹。酒半数归期，些时别，仍复丁宁三四。瑶轩缀玉，画兰间杀愔愔地。万重别意争半晌，流连舟行还未。

又梁众异题《缀玉轩话别图送畹华赴日本》云：“忆我东游髫未了，卅年双鬓几霜华。君行验取蓬莱水，已胜寻常海客槎。”“此亦东邻史乘光，万人空巷看梅郎。归舟伫听扶桑事，莫与樱花较短长。”

又樊山填《摸鱼儿》一阕云：琴南秋夕招饮，因话兰芳东京之游。“蓦新秋，柳梢新月，催人丝辔东去。青鸾银烛招凉馆，今夕草堂星聚。相见处。眼底有，花红雪白三珠树。如虹气吐。便鹦鹉呼茶，荷花劝酒，促坐忘，去宾主。　　梅花笛，百万倭儿起舞。楼船横海东渡。归来一笑蓬瀛浅，乌爪玉颜如故。谁似汝。问采药琼田，多少童男女。丝囊玉尘。叹琴意成痟，相如老矣，犹制美人赋。”

1932 年 10 月 30 日

《诗人与伶人》（二五）蓬山

北平剧界向有四大坤旦之说。所谓四大坤旦者，首雪艳琴，次新艳秋，金友琴，马艳云。论声容工三者，艳琴确有独到之处，沪上人士如峪云、林屋两山人，推崇之尤力。樊山老人亦有诗赠之。兹记樊山诗并序言云：“艳琴自沪北归，林屋山人语之曰：‘汝还京师，必往谒樊山老人，得其一言，贤于十部从事也。’感念云情，以诗奉讯，仍嘱艳琴寄之林屋山人郢正。樊山。”其诗曰：“吴会文章有东马，野亭史笔继南狐。万花齐仗蟠铃护，一凤何愁羽翼孤。老我白头才笔退，让君赤手雅轮扶。朝云郑重传花叶，好寄清秋宋大夫。”林屋山人亦有两诗，其一题艳琴小影云：“自别春江已二年，一朝相见倍欢然。本来颜色生脂粉，妙有声歌助管弦。

香气才过木樨候，风光又近菊花天。老人筋力犹强健，日日扶筇上绮筵。”其二寄伶女雪艳琴云：“秾李不作花，夭桃不结树。初闻之子归，后知所言误。（时艳琴有出嫁谣）临歧送别时，告我暂时去。胡为屡相招，终乃不返顾。啼鸟识春风，候虫识秋露。芳意竟何成，淹留岂无故。余兴倚闾思，尔擅歌场誉。衣彩好承欢，来归勿迟暮。”鹿原学人题雪艳琴小影云：“曾经两载话参商，海上重逢喜异常。裙带又添新舞地，声容不减旧歌场。艺高冀北琴遮玉，秋老江山雪压霜。（此次艳琴艳秋先后南下）差幸老夫犹健在，几回与众咏霓裳”。（艳琴姓黄名咏霓）

《绮罗香》（壬申九月同伯驹游香山，登阆风亭赏红叶，触绪苍凉，赋呈此解。）南田：

鹤老丹荒，秋深霞满，昨夜冷枫霜绽。百感秋娘，禁得醉红浮面。似侠士，说剑暮年，剩豪气，如虹一片。最无端，酒醒妆残，荒沟流去旧时怨。

年芳转瞬如箭，纵使春光似锦，输他寒艳。二月江南，谁道杏花重见，倩西风，吹落吴江，正暮帆。断霞两岸。待明年，踏遍西山，绿阴招满扇。

1932年10月31日

《小檀栾室汇刻闺秀词》，南陵徐乃昌冰弦编，光绪二十四年刻本，第一集中有梁溪杨芸蕊渊《琴清阁词》一卷，碧云女史彭氏俪鸿《叙》中云：“故其为词也，若木叶微敓，哀蝉始鸣，孤雁叫云，寒虫咽砌。收众响之瑟栗，并万态之萧索。不无愁叹之言，惟以苍凉为主。”此则所论，调无伯仲，遇有差他者也。末一联云：“庶览者知‘娘子之军，可以独当一队；美人之赋，真堪并寿千秋’云尔。”比事属对，特有新意，兹录如干首而归之。

《春闺》：

东风何事多轻薄。梨花又逐桃花落。小步下兰阶。红沾金缕鞋。雨丝吹袖湿。窗外春云黑。莫劝饯春杯。荼蘼尚未开。（《菩萨蛮》）

双燕归来语不休。风前柳絮弄轻柔。梨花更作十分愁。斗草池塘何寂寞，伤春人倦懒梳头。任他红日上帘钩。（《浣溪沙》）

1932年11月2日

爱伯《癸酉除夕柬吕庭芷诗》有云：

独寝求魂恬，孤行畏影伴。残膏方恋灯，旭日已戒旦。嗟此桑榆阴，
起坐不离案。积瘁苦健忘，处贱易拂乱。所藉书味浓，时时相馈盥。

真能道出耄学景况。

1932年11月3日

里语“临嫁抱佛脚”，言匆遽也。孟东野读《诗经》有“垂老抱佛脚”语，嗟此桑榆景，起坐不离案。少壮不努力，老大徒伤悲。后之视今，亦犹今之视昔耳。

《春秋正义》：“手五指之名曰：‘巨指（《孟子》曰：‘巨擘。’阎云：‘《国语》云拇。’）、食指、将指、无名指、小指。”（《仪礼》“特牲馈食”“少牢馈食”云：“季指”。《困学纪闻》卷二十《杂识》。）

欧阳公记“醉翁亭”，用“也”字。荆公志葛源，亦终篇用“也”字。盖本于《易》之《杂卦》。韩文公铭张彻亦然。（同上）

晁景迂曰：“博之以五经，而约之以《孝经》《论语》；博之以太史公、欧阳公史记而约之以《资治通鉴》。”康节先生曰：“二十岁之后，三十岁之前，朝经暮史，昼子夜集。”学者当以此为法。（同上）

黄公度《新别离诗》云：“岂无打头风？亦不畏石尤。”按《容斋五笔》，石尤风引陈子昂、戴叔伦、司空文明诗意，其为打头逆风也。李义山诗作“石邮”（来风贮石邮），杨文公诗亦作“邮”（石邮风恶客心愁）。

董彦远（阎云：“彦远名逌，东平人，徽猷阁待制。即撰《广川书跋画跋》十卷者。”）《除正字谢启》叙字学，涉猎该洽。其略见《困学纪闻》卷八《小学类》，如“增河南之邑为雒，减汉东之国为隋；避上则辠不从辛，绝下则对因去口”（董疏：“古对字本从口。”《说文》云：“汉文帝以口多非实，改从土。”）等。潜邱自云：“以数年排纂力，始语语分疏之。”

颜鲁公在湖州，集文士，摭古今文字，为《韵海镜源》三百六十卷，以包荒万汇，其广如海，自末寻源，照之如镜。《崇文总目》仅存十六卷，今不传。

夹漈谓：“《说文》定五百四十类为字之母，然母能生，子不能生，误以子为母者，二百十类。”际遇按：“许君立一为耑，皆有深意，客有建立部首而无其隶属者，然又不能废之，而隶于他部。郑氏（樵）之说未敢遽信。归舍当检《通志》窍之。”

“古未有板本，好学者患无书。”桓谭《新论》谓：“梁子初、杨子林所写万卷，至于白首。”南齐沈麟士年过八十，手写细书，满数十箧。梁袁峻自写书课，日五十纸。《抱朴子》所写，反复有字。《金楼子》谓：“细书经、史、《庄》《老》《离骚》等，六百三十四卷，在巾箱中。”后魏裴汉（阎云：‘按后魏书无裴汉，当作后周’）借异书，躬自录本。其勤与编蒲缉柳一也。《国史·艺文志》：“唐末，益州始有墨板（阎云：‘考之《册府元龟》，吴、蜀皆有之，蜀中始有板本《文选》，亦见王明清《挥麈录》’），多术数、字学小书。”后唐诏儒臣田敏校《九经》，镂本于国子监。国初，广诸疏音释，令孔维、邢昺雠定颁布。

客有骤见李文清（棠阶）日记（见本册四十一页），辄讶其工楷，卒然问曰："是他自己写字么?"予曰："以文清力，固足以役，抄胥然天下有雇人代书之日记乎。"贯三曰："今闽人冯庸即雇人代写日记。"附记之以见腐儒不足论天下事也。

太史公《报任安书》："无乃与仆私心相剌。"谬乎，俗本剌刺不辨，蒙诵者易误读为刺刀之刺。

《万年山中日记》第六册

（1932年11月4—17日）

1932年11月4日

《诗人与伶人》（二八）蓬山

春柳旧主为李君文涛别署，君侨日最久，为有名之日本通。性爱戏剧，昔年曾创刊戏剧杂志曰《春柳》者，开斯界之先河。在东则组春柳社，以研究新剧为职志，社成于清季丙午，为中国研究新剧最早之团体，欧阳予倩即个中之翘楚也。李君亦有牵牛歌，题云："七夕翌晨访姜郎，观所植牵牛花，为此作歌"。序曰："考牵牛见《本草补注》，谓始出田野，人牵牛易药，故以名之。又黑丑白丑之名，亦见《本草纲目》，丑属牛也。又名盆甑草，见《酉阳杂俎》。宋元以后，诗人吟牵牛花者多，日本国亦喜植牵牛，谓为唐草之一。唐草者，得自中国之义，名之曰朝颜，每晨开花故云。又有夜开花者，曰夕颜，犹吾北方俗呼之勤娘子、懒娘子也。中国虽有此花，而未闻有研究之人。近年都中名士三五辈，及名伶梅兰芳、王琴侬、姜妙香等，各蓄数百盆，入秋以来，开会展览。姜郎约余往彼寓一观，琴侬亦在彼候余，余择其中最佳者，得十余盆，为之摄影。第一排自右而左，曰'雨洗燕支'（洋红色），曰'箣影瑶光'（象牙色），曰'晨星拂晓'（蓝色，中有长蕊，吐出恰似晓星三五，点缀云端，余赠以此名），曰'燕支手印'（紫色），曰'姹紫嫣红'（色间于红紫之间）。第二排自右而左，曰'汉宫春晓'（雪青色），曰'秾艳凝妆'（藕荷色），曰'织云皋空'（有湖色席纹于白花上），曰'万缕霞光'（白色，间以蓝紫条纹），曰'山岚月景'（白绿蓝色）。第三排自右而左，曰'紫光十丈'，曰'蓝田日暖'，曰'红顶灰鹤'，曰'海滨虹影'（此花纯白色，微有浅蓝一线以围之，恰如虹影，余赠以此名）。更有奇叶者数盆，尚未花耳。姜郎不掠人之美，谓余曰：'若者为兰芳之花种，若者为琴侬之花种，若者为购自外国之种'。一一为余述之。又闻兰芳家中赛花，得第一等评奖者，妙香之'雨洗燕支'也。宜乎牛郎之牵牛花，应占人间第一也。"

礼臣遗著《名人诗词》：

"旧于来春帆孝廉处，得袁子才、王梦楼所题横披一幅，迹其大概，似是行乐图手卷跋尾，而其尽已阙残矣。"袁题七绝四章，王题《江南春》古乐府一章，款曰："啸崖世兄命题"。盖即《随园诗话》中所谓"成六公子"是也。其诗其词，雨集中不知存否，故姑录之于后。"胡姬十五貌妍华，生长横塘学浣纱。偶过江来吹玉笛，一枝红压满城花。”“当筵公子忽相逢，密意丹心誓始终。绝似碧梧千尺树，凤楼栖后不摇风。”“惊波扰动若耶溪，多少黄莺枝上啼。赖有护花铃子在，馆娃宫筑板桥西。”“倾城名士两多情，妙手丹青替写生。闻说长安在天上，文星还带小星行。”“秋江采芙蓉，春江折杨柳。杨柳弱于人，青青今在手。西园贵公子，游冶江南春。珠帘垂白雾，依约见花神。金钗挂君冠，翠袖捧君卮。白璧表贞意，红罗写誓辞。知君绮岁才如海，挥毫落纸千珠排。相赏一逢真美人，凌云赋笔增光彩。文杏截为梁，湘筠覆作廊。碧桃本是仙家种，移入朱栏倍觉芳。桂楫兰桡青雀舫，相携还到云霄上。浣纱伴侣不同归，回首江南一惆怅。”又有郑板桥小画一幅，瓶一，壶一，壶口插蕙兰一枝，题曰：“晓风含露不曾干，谁插晶瓶一箭兰。好似杨妃新浴罢，薄罗裙系怯君看。”七绝一首，末有七品小印，字画既佳，诗亦有致，板桥三绝，信不诬也。

1932 年 11 月 7 日

《诗人与伶人》（三〇）蓬山

剧界之有党，实始自贾璧云。当民二三年，一般人厌恶政党之翻覆污浊，与其势力结合，奉亡国大老暴乱渠魁为党首，无宁倾低首于工颦善笑之歌郎，故此党发生之始，号第四党。盖对政党中之三大党而言。主之者为马二先生。继贾党而成立者，有柳亚子之冯党，以捧冯子和相号召。贾冯两党在报上以笔墨对垒，各忠所党，卒至两败，而凌党坐收渔人之利。凌党者，捧凌怜者也。凌为新民社之中坚，能以新剧相号召。兹录罗瘿公《送贾郎之汉口》诗云：“哀郢招魂怨未伸，烦君歌舞定兵尘。汉皋莫误逢神女，燕市还劳念酒人。去日秦声流历下，归来楚佩梦灵均。过江卫玠防看杀，珍重羊车傍洛滨。”哲维君次瘿公韵云：“微波传语意难申，踏地新歌洗酒尘。共说倾城矜绝色，谁令空谷迓佳人。风流暂隔余能惜，顽艳相乘感未均。鄂堵春来花正发，遥知环佩动江滨。”孝起君次韵云：“倦极闻歌一欠伸，素衣笑我老缁尘。抛家久不知乡事，得汝真堪傲国人。花落江南无杜甫，楚亡泽畔有灵均。朝云暮雨多神女，珍重新声汉水滨。”时百君亦次瘿公韵赠贾郎云：“广座翘看意未伸，舞衫一去冷京尘。百年掌故留歌席，一代声华尽璧人。禹域山河余战伐，楚台风月与平均。红氍倩影华灯见，莫误惊鸿起落滨。”实甫亦有叠韵《和秋岳简瘿公问贾郎消息》云：“灵和殿外柳丝丝，绿上衣裳又上眉。湘浦秋多瑶怨怨，广陵春在玉溪诗。芳尘绕槛留前约，残泪金台续古□[1]。海上明挡曾记否，开缄定感别经时。”方尔咸君之《次韵瘿公送贾郎之汉口》云：“妙舞天魔一指伸，堵墙万辈等微尘。故乡枉许樺花国，洛下争传看璧人。儿女娇痴各殊特，风沙聚散本平均。汉皋解佩浑闲事，憔悴诗人北海滨。”

【注释】

①原稿脱字，应为“借”。

1932年11月8日

朝旭未升，海青山静，木叶尽脱，不拟远眺，几研之下，气象万千。

日来菊事方浓，赏而未咏，录爱伯手栽菊花数盆，比日盛开，欣然成诗一首以志之：

自课山经罢，循阶数瓦盆。余暄耽晚景，秋色在闲门。

偶亦成高咏，时还近酒尊。看花成独笑，此意与谁论。

1932年11月12日

《岩波讲座数学》全三十卷，高木贞治编辑（日东京神田区一ツ桥通岩波书店）：

Ⅰ. 一般项目

解析学概论　　高木贞治

代数学　荒又秀夫［行列式、方程式、二次形式、整数论初步行列（Matrix之译语较余译矩阵为佳）］

解析学几何　　寺阪英孝

实数及复素数之性质　　能代清

集合论　　能代清

平面　球面三角法　　矢崎信一

级数论　　冈田良知

初等几何学作图问题　　柳原吉次

Ⅱ. 代数学

一般抽象代数学　　园正造

不变式论

多元数论　　正田健次郎（Hyperkomplexe Zahlen之理论近年更形发达代数学最富兴味而重要者）

无限变数之函数　　藤原松三郎

有限群论。

Ⅲ. 整数论

代数的整数论　　高木贞治

虚数乘法论　　菅原正夫

解析的整数论　　末纲恕一（整数论之问题中有须以函数论处理者，总称之曰：解析的整数论）

连分数与Diophantus近似论柴田宽、森本清吾

Ferma之问题森岛太郎

Ⅳ. 解析学

复素变数函数论　　藤原松三郎（对于专习纯正数学者而言，致利用高等数学仅以微分方程式为止，已属过去时代之言，现代之物理学不待言矣，如电气、工学、航空学之学生亦以缺复素函数论之知浅为不便。本书叙其理论之大纲及应用之轮廓而后，在纯正理论方面，虽如函数之特异点诸问题最有趣味，然仅及其Orientation而止）

实变数函数论　　吉田洋一（二十年来始有此名，本来微积分学即其初步，其理论以点集合论为基础）

常微分方程式论、偏微分方程式论　　福原满州雄（解微分方程式者，原以求其所满足之有限个函数之组合，然不能求得之时为多，然而可以求其解之性质，本论之意在此）

微分方程式论　　挂谷宗一

变分学　　南云道夫

等角写像论　　吉田洋一

代数函数论　　冈洁

惰圆函数论　　竹内端三（包含函数Abel前世纪完成之科学）

连续群论　　吉田耕作

Ⅴ. 解析学特殊项目

挽近函数论　　清水辰次郎（复数变数函数论影响于数学之一切分科者甚大，本讲所以继藤原之作，专述一意函数One－value function之定性及定量的研究者，原一意函数之研究，从理论而言，应分三种：一、在圆内之正则及有理型之函数；二、除开无限远点在全平面为正则或有理型之函数；三、有理函数，此类书籍尚少）

调和函数论　　辻正次（以平面上之调和函数为主）

Fourier级数论　　近藤基吉

多复素变数函数论　　辻正次（二个以上之复素变数函数论，以前有バルト－ゲス、レピ、ラインハル之研究，近时更有Cardanツルレン等之研究，本论述此）

抽象空间论　　功力金二郎（数学诸分科中指为最新而最难之一，而可以供给函数解析学之指导原理，一方面亦有哲学的兴味）

函数解析学　　南云道夫

Ⅵ. 几何学

几何学基础论（クルトゥ、ライデマイスタ）　　代数几何学（代数曲线及曲面论）

市田朝次郎

射影几何学　　细川藤右卫门

非欧几里得几何学　　西内贞吉（先述非欧几里得几何学发达之历史，次略述变换群论，由HelmHoltz及Lie之自由运动公理基之合同变换求其绝对形，进而分

别椭圆、抛物及双曲之三几何，又此三几何在平面上之影像等，最后述非欧几里得微分几何学之要素）

微分几何学　　洼田忠彦（论曲面之基础方程式，使用绝对几何学者）

位相几何学　　中村幸四郎（位相几何者一端承初等几何学，一端接集合论之几何学一领域也，由四面体等图形之基础研究高级复杂图形，是曰组合位相几何学，若由抽象空间论出发，使公理特殊化，以论图形之连续性质，是即用集合论方法者，称曰集合论的位相几何学，自ブラウワ等以来，融合上之两极端成系统之点集合几何学，最近十年间事也）

Ⅶ. 几何学特殊项目

自然几何学　　本部均

拟似微分几何学　球微分几何学　　高见稔、冈田一男、小岛俊二

射影微分几何学　　蟹谷乘养

非 Riemann 几何学　　河口商次

Riemann 几何学　　河口商次（曲线及平面既有曲率，假定空间亦有曲率，则 Riemann 几何学生焉，盖自一九一七年应用一般相对论以来，忽惹各方注意者）

Ⅷ. 应用数学

确率论　　成实清松

数理统计学　　成实清松

保险数学　　铃木敏一

解析力学　　山内恭彦

经济学上数学的应用　　渡边孙一郎、久武雅夫

Bessel 函数等　　小平吉男

量子论　　菊池正士

计算法 Monograph

Ⅸ. 别项

数学基础论　　黑田成胜

和算　　细井综

数学教育　　小仓金之助

以上预约日币七十元即饬图书馆函购

挽近高等数学讲座（二十六种，又解答一卷，坂井英太郎、国枝元治师监修，共立社书店发行，壬申五月购本）

东西数学史（五卷）　　三上义夫

算术（二卷）　　藤野了祐

平面、球面三角法（三卷）　　关口雷三

平面、立体几何学（四卷）　　秋山武太郎

近世综合几何学（五卷）　　高须鹤三郎

数学教授法（一卷）　　阿部八代太郎

工业数学（三卷）　梶岛二郎
画法几何（一卷）　秋山武太郎
微分方程式论初步（附变分法初步三卷）　坂井英太郎
微分几何学初步（三卷）　河口商次
高等代数学（五卷）　阿部八代太郎
数学杂谈（二卷）　高木贞治
群论初步（二卷）　竹内端三
平面、立体解析几何学（四卷）　坂井英太郎
行列式（二卷）　田中正夫
方程式论（二卷）　渡边秀雄
集合论初步（二卷）　辻正次
整数论初步（二卷）　国枝元治
函数论初步（二卷）　竹内端三
实变数函数论初步（二卷）　吉田洋一
微分积分学（五卷）　渡边孙一郎
确率论及其应用（三卷）　龟田丰治朗
力学通论（四卷）　渥美正
数学概论（一卷）　梶岛二郎
无限级数概论（二卷）　国枝元治
杂录（十三卷）
杂录（五卷）
解答（一卷）

续挽近高等数学讲座二十种（又索引一函坂　井英太郎、国枝元治师监修）共立社发行，正续共购银一百三十四元。

整数论及代数学（五卷）　末纲恕一
吾人空间之真相　又名几何学通论　四卷　高须鹤三郎
立体解析几何学（八卷二函）　中川铨吉
微分几何学（四卷）　河口商次
平面代数曲线论（三卷）　西内贞吉
近世数学史谈（二卷）　高木贞治
非欧几里得几何学（四卷）　高须鹤三郎
积分方程式（三卷）　竹内端三
椭圆数论（五卷）　国枝元治
常微分方程式（三卷）　吉江琢儿
Potential 论（一卷）　中山若枝
实变数函数论（七卷）　米山国藏
复素变数函数论（三卷）　辻正次

高等解析学（三卷）　　坂井英太郎
Vector 解析学（二卷）　河口商次
保险数学（六卷）　　龟田丰治朗
球面天文学（二卷）　　福见尚文
续数学杂谈（三卷）　　高木贞治
杂录一函　十三卷
总索引（一函　人名、用语、公式）

日本数学直接由德国输入，其著译颇有足观，以上共书七十六种，可尽数学全域二之一矣。

1932 年 11 月 13 日

久不谈诗，故于诗学亦少称道。爱伯《答赵桐孙书》有云（二十九册十四页）："然观近日诸贤，虽专务吟咏者，似于此亦未有所悟（指诗歌）。盖古人一联一咏，往往标举生平，味之不尽。自"春草池塘"之咏，"秋云陇首"之篇，以至蝉噪鸟鸣，梁空泥落，撮其胜会，无罄形容。沿唐及宋，此旨不废。是以'回风林影'，东坡赏柳州之工；'春水夕阳'，六一析山阴之妙。今则斯风已坠，状景匪真。适时乏会心之微，造语非不刊之境。中无兴寄，外托幽奇，不过播弄风云，颠倒月露，割裂山水之青绿，襞积花树之翠红，良由意在竞名，技希悦俗，以故天机多昧，静趣莫宣。何尝能穷造物之奇，赴自然之巧哉？执事舍而不为，此其所以为高也"云云。其言尚信，因录存之。

爱伯《二月三日送彦清归里》二首，录存其一，以见老来诗律之细：

天涯相惜鬓丝斑，送尽穷途旅客还。贫里向人皆白眼，梦中何处是青山。

独支老病沧桑局，强附穷愁著述间。此后酒垆应更寂，好花谁与一开颜。

1932 年 11 月 17 日

梁鼎芬节庵与爱伯庚辰同年，记云（三十四册七十七页）："庶常年少有文，而少孤，丙子举顺天乡试，出湖南龚中书镇湘之房。龚有兄女，亦少孤，育于其舅王益吾祭酒，遂以字梁。今年会试，梁出祭酒房，而龚升宗人府主事，亦与分校，复以梁拨入龚房。今日成嘉礼，闻新人美而能诗，亦一时佳话也。"

又记云（同九十三页）："为梁星海书楹联赠之句云：'珠襦甲帐妆楼记，钿轴牙签翰苑书。'"举其新婚馆选二事，以助伸眉。按星海叠馆武昌经心书院、广州广雅书院，张香涛倚之如左右手，曾刚甫前辈即其广雅授徒，清亡，于清室尤多有"一年一度上陵人"之句。刚甫亦以是师礼有加，予在宣南潮州令馆亲见刚甫迎送扶持之恭，异于恒常。而所谓"一时佳话，美而能诗"之梁夫人则笑柄百出，事梁不终，墙茨贻诮，星海不讳也。改适后生子尚与星海通家往来，呼为梁世伯。此陈师曾、杨仲子留东时亲为予言者。予且见仲子之兄杨皙子（度）携妾登湖南同乡会之台，拱手赠予周大烈（即昆）先生，文人雅量，诚不可以恒情测哉。然胜于近人之巧夺豪攘，如徐志摩、蒋梦麟辈也。天下者天下之天下，有禅让之制，有终及之制，托古可也，改制可也，陶陶是道，何必问迁流之所届哉。

《万年山中日记》第七册

（1932年11月21—27日）

1932年11月21日

《历朝画史汇传》七十四卷，道光间长洲彭蕴灿朗峰著，采书几一千二百余种，著录七千五百余人，先君子极喜，读之助赏鉴。爱伯评语见（四十六册七十六页），而讥其笔拙例疏，则史学之功未易言也。

画家以烟云供养，多享大年，亦视其人胸次萧然，澹于荣利，寄意缋事，写其天真，无取刻画细微，穷状琐屑，乃能游神岩壑，颐性景光，穷而不忧，仕而不溺。故倪云林七十有四，张伯雨七十有二，黄子久八十有六，王元章七十有三，沈石田八十有三，其世父南斋（贞吉）亦八十余。文衡山九十，其子三桥（彭）七十有六，文水（嘉）八十有三，从子五峰（伯仁）七十有四，陈眉公八十有二，王仲山（问）八十，李九疑（日华）七十有一，程松圆七十有九，王烟客八十有九，王圆照八十，文舆也七十有二，王麓台七十有四；王石谷八十有六，王蓬心七十余。（节爱伯记：“王圆照，郝懿行妻。”事见下二十页）

1932年11月24日

《清代学者象传》四册，叶恭绰辑，今藏于家。爱伯记（三十八册五十七页）：“尝阅《吴郡名贤先贤像拓本》，始于延陵季子，迄于国朝初尚书彭龄，共五百余人”云云。又系之以想前哲之风流，存旧邦之文献，起敬起教，式舞式歌，正不止瞻仰衣冠，流连桑梓也。

1932年11月27日

比目鱼，俗有曰呼其平鱼，象形言之也（江北以平鱼喻姨太太，言其立时小而睡时大也）。日语曰：“タィ（Thai）。”粤菜馆呼曰：“他鱼。”实有所承西来。《四六丛话》引《北户录》云：“比目鱼一名鲽（音榻），一名鳒。”《南越志》谓之“板鱼”（今鄂人仍呼板鱼），亦曰“左介介”，亦作“魪”。《吴都赋》云：“双则比目，片则王余。”

《万年山中日记》第八册

（1932年12月10日）

1932年12月10日

是日因接收青岛第十周年。……

录存灯谜数则，以深鸿爪之泥焉：

“上不在上，下不在下，不可在上，岂宜在下。”射字一，即“一”字。

又“外孙”，射古文一句，“千金之子”。

“一丈青倒啖蜡烛”，射成语一句，“骑虎之势”。

“马上相逢无纸笔，凭君传语报平安”射《论语》二句，“吾斯之未能信。子说”。

“左边左边，右边右边，上边上边，下边下边，不对不对，对了对了”，射人事一，“隔搔”（爬痒）。

斯亦“黄绢幼外孙齑臼”之遗也。

《万年山中日记》第九册

（1933 年 3 月 1 日—5 月 2 日）

1933 年 3 月 1 日

时人谓七十以上为开第八秩，白乐天诗：“已开第七秩”，屈指几多人又行开第八秩，可谓尽天年。（白居易《思旧》诗：“已开第七秩，饱食乃安眠。”）

《书影》云：“騣马，马不施鞍辔曰騣。騣，立诞切。见《辽史》。”予少时喜跨空马，跳跃自豪。前年居汴，然时有据鞍顾盼之概。

广州人取初生鼠，少浸以蜜，遂取食之。齿合声犹唧唧，些须尾犹戛戛，掉人额上。名曰：“蜜唧”，视为上馐（《书影》）。东海人喜食生虾，入口犹蠕蠕然动。余近忽恶见杀生，况生啖生物耶。

汤义仍《牡丹亭》剧初出，一前辈劝之曰：“以子之才，何不讲学?”义仍应声曰：“我固未尝不讲也，公所讲性，我所讲情。”王渼陂好为词曲，客谓之曰：“太上立德，其次立功，其次立言，公当留心经世文章。”渼陂应声曰：“公独不闻其次致曲耶。”颇见机锋（《书影》）。潮人谓捐款曰“题钱”。比年杂捐百出，贫者不免，邑中某名士指余曰：“汝何以无题。”予曰：“唐诗三百首，安见每首有题?锦瑟无端五十弦，非无题耶。”

蔡邕书曰：“邕早丧二亲，年逾三十，鬓发二色，叔父亲之，犹若幼童。”周栎园曰：“据此则丧父母久矣。”“高则诚传奇，即云有所讥刺，假托借讽，何不杜撰姓名，行其胸臆。乃一无影响，遂诬古名贤若是，诚所不解。”

五经中所载人物，《易》十三人，《书》一百十三人，《诗》一百四十八人，《礼记》二百四十四人，《春秋》二千五百四十二人，共三千六十人。合而去其重者，可三百人，则二千七百余人也。苏子由《古史》，郑渔仲《通志》，刘介夫《春秋列传》及《四书考》，此五部有传者近千余人，而其无传尚千五百人。（《书影》）

苏东坡《题金山寺》云：“潮随暗浪雪山倾，近浦渔舟钓月明。桥对寺门松径小，槛当泉眼石波清。迢迢远树江天晓，霭霭红霞晚日晴。遥望四山云接水，碧波千点数鸥轻。”回文成章，尚不牵强。

六朝著述之富，盖无如葛稚川者。《碑诔诗赋》一百卷，《移檄表章》三十卷，《神仙传》十卷，《良吏传》十卷，《隐逸传》十卷，《集异传》十卷，《五经诸史百家杂钞》三百十一卷，《金匮药方》一百卷，《肘后秘方》四卷，《抱朴子》内外一百一十六篇，通计殆六百余卷。岂直六朝，汉唐罕觏也。洪自叙十五始读书，盖亦不为早慧，其好学绝人远矣。今惟《抱朴》《神仙传》，则得自西山道藏中，为校刻之。后此若宋王伯厚著书近七百卷，与稚川颇相当。近世王凤洲先生前后四部稿几四百卷，古今集部之多，亦所罕见。而杨升庵、朱郁仪著述皆近百余种。予尝刻其书目以传，其著书亦未尽见也。金陵丁菡生著述亦有七十余种，《书馋漫笔》至五十卷，他可知矣（《书影》）。清代以来，曰著述之多，以予所知者，有顾炎武、王船山、孙贻让、俞曲园、曾涤生、袁子才、梁任公、章师太炎，算学家有林师鹤一、长泽龟之助、Fodhumter Forsyih，Yauss 等。夜阅《文史通义外编·习志事》。

1933 年 3 月 2 日

三十六度，阴。是日丁祭。夜咳嗽，屡醒。晨独坐窗际，天阴四合别有遐思。

《阅微草堂笔记》二十四卷，观奕道人撰，道人者河间纪昀晓岚也，《滦阳消夏录》六卷，《如是我闻》四卷，《槐西杂志》四卷，《姑妄听之》四卷，《滦阳续录》六卷。河间号称博极群书，要不失为博闻强记，文采秀出，在北人中为特见者。齐谐志怪，书影志信，尺长寸短，各有所宜，长旅无聊，权当清客可耳。书中好夹议论，讥评陆朱，辩难期期，冬烘满纸，彼自名为笔记，纵笔而书，自不必绳之过严也。

潮俗有坐同事，又曰“拖死鬼”。祝允明语“怪有酆都，走无常事”即谓此也，晓岚《笔记》涉此者不止数则，理之所有，事之所有，亦不语了之而已。

今人每称某某县为某邑，汰其下一字而缀以“邑”字，如澄邑，此不词之甚也。琼崖道有澄迈县，陕西有澄城县，止摘一字何以分别。又如黄邑则黄县、黄陂、黄冈、黄安、黄梅，皆得共之乎（双名止称一字，则去疾称害，无忌称忌矣，名之不正亦称是）。以邑称县亦有未当，《说文》：“邑，国也，从口。先王之制，尊卑有大小，从卩。”章学诚（《文史通义外编·与石首王明府论志例》）：“邑者城堡之通称，大而都城、省城、府州之城，皆可称邑。小而乡村筑堡，十家之聚，皆可称邑。”按郑庄公曰：“吾先君新邑于此。”段玉裁曰：“《左传》凡称人曰大国，凡自称曰敝邑。古国邑通称。”又按《论语》：“十室之邑，必有忠信。”均可为章说之证，志事中如此等称谓，均须里正，所谓必也正名乎之意也。

1933 年 3 月 6 日

二十一度，晴朗。

梁章钜云（《浪迹三谈》卷三）：“近人之多字，无如毛西河先生。按先生名奇龄，又名甡，字两生，又字大可，又字齐于，又字于，又字初晴，又字晚晴，又字老晴，又字秋晴，又字春迟，又字春庄，又字僧弥，又字僧开，皆杂见集中。其取义有不甚可解者，今人但称为西河先生而已。西河者，其郡望，非字也。”际遇按：字之多者有傅山，初名鼎臣，字青竹，后改名山，字青主，一字仁仲，别署公之它，一曰公他，亦曰朱衣道人，又字啬庐，又曰石道人、曰随厉、曰六持、曰丹崖翁、曰崖子、曰浊堂老人、曰傅侨山、侨黄山、侨黄老人、侨黄之人、曰酒道人、曰酒肉道人或称居士，以苦喜酒故称老药禅，以受道法于龙池还阳真人，故一名真山，或署侨黄真山，又曰五峰道人、曰龙池道人、曰龙池闻道下士、曰观化翁、曰大笑下士（《中国人名大辞典》据丁宝铨《傅山年谱》）。

1933 年 3 月 8 日

三十三度。晴丽可爱。

某书局目录有河南人某《史通训故》，未刻本，索值四十金，按浦起龙《史通通释》成书于乾隆十七年，此书年代如在其前，可不必观，如在其后，而未见浦氏之书，更不必观，否则必为大学购庋之，但令有一条称善，即可换币四十番也。（见三月二十一日记）

昨日报载北京大学南迁开封说（师范大学迁陕之说甚嚣尘上），是亦古人有行之者也。庚子之难，外人定约不许冀鲁开科五年，科举稗政，致劳夷人关心，可发一噱。清廷乃举壬寅顺天试、癸卯会试于开封，亦实逼处此也。今边事虽亟，夷兵尚未渡河，当轴谋国者已早为播迁之筹，被发伊川，何待百年哉。

1933 年 3 月 23 日

三十七度。阴。

清顺治二年，广东有伪隆武一科，中式九十六人，潮平仅饶平二人（吕应恭、薛联桂），大埔一人（钟元运）。《广东通志·舆地略·潮州府》第九十三卷录《舆地纪胜》云：“图经云：‘太平兴国间始有联名挂籍者（宋）。’”《一统志》云：“海滨遐陬冠婚丧祭悉遵典礼，无异中州（明）。”《金志》云：“澄海之士秀而文，糖鱼盐之利，甲于他邑，但有力者，皆可觅食，然多悍戾难驯。”

《孙渊如全集》（光绪乙酉吴县朱氏槐庐家塾校刊本），为《问字堂集》六卷，《岱南阁集》二卷，《平津馆文稿》二卷，《五松园文稿》一卷，《嘉穀堂集》一卷，《芳茂山人诗录》二册。垂实并茂者也。

1933 年 4 月 10 日

晨叆叇，五十一度。在宏发。

午子春、绎言宿中国饭店，来电话邀往共饭，方自西湖归来，行将南旋也，即席口拈七言一律赠之：

江城羊石两西东，白下春深一苇通。
各自中年怜意气，那堪此别又飘蓬。
劳劳歇浦风尘侣，落落岭东老倒翁。
与子重要偕隐约，酒阑人散月明中。

1933年4月16日

浙江转运张谈玑，山东人，性宽和善滑稽，一日出署，有妇人拦舆投呈，则告其夫之宠妾灭妻者也。公作杭语从容语之曰："阿奶，我便盐务官职，并非地方有司，但管人家吃盐时，不管人家吃醋事也。"余居家时亦有类此者。则往应之曰："秀才已够酸了，还管得人吃醋么。"（吃醋）

相思欲寄从何寄，画个圈儿替。话在圈儿外，心在圈儿里。我密密加圈，你须密密知依意。单圈儿是我，双圈儿是你，单圈儿是团圆，破圈儿是别离，还有那说不尽的相思，我将那圈儿一直路圈到底。（圈儿信）

今人寄书，通谓之信，其实信非书也。古谓寄书之使曰"信"。陶隐居云："明旦信还仍过取。"又虞永兴帖云："事已信人口具。"又古乐府云："有信数寄书，无信心相忆。莫作瓶坠井，一去无消息。"皆可证也。高江村《天禄识余》辨之甚详。（信）

言命以干支为凭，亦知干支何自昉乎？昉于唐尧之元，载《通鉴前编》《本经世历》定为甲辰，《竹书纪年》则以为丙子，《路史》则以为戊寅，《山堂考索》则以为癸未。（干支亦曰"幹支"）

子建之才八斗，我得一斗，天下共分一斗。论斗分才，奇矣。有曹姓人为彭泽令，有赠联云："二分山色三分水；五斗功名八斗才。"运典恰切。民国十七年予主河南中山大学数学系，诸生盛张欢迎会，台湾陈生雄致词曰："大学学费五元，而数学系已占四元三角，其余功课仅值七角耳。"盖是期适有四元学与三角学二课也，的是聪明语，陈生卒不寿。（八斗五元）

相传元人以词曲取士，而考《选举志》及《典章》，皆无之。如今考天文算学一律，特以备梨园供奉耳。晋竹此语殊不通，彼据试录中一条云："军民、僧尼、道客、官儒、回回、医匠、阴阳、写算、门厨、典雇、未完等户，愿试者以本户籍贯赴试，中有写算"云云。断系卖卜者流，何得据以为天文算学耶？（算学）……

米元章与人一帖云："承借剩员，其人不名，自称曰：'张大伯'，是何老物，辄欲为人父之兄，若为大叔，犹可也。"今潮人称父执极严，伯叔之分，尚得古意。（伯叔）

《史记·封禅书》八神将，太公以来作之，俗多贴"姜太公在此，诸神回避

之”所本与。（姜太公）

“谢宣城何许人，只江上五言诗，教先生低首；韩荆州差解事，肯借阶前盈尺地，使国士扬眉！”（齐春帆题太白小像）

1933年4月18日

续节《秋雨盦笔记》：

《青溪暇笔》：“古者著书以竹，初稿书于汗青。汗青竹皮浮滑如汗，以其易于改抹。既正，则杀青而书于竹素。杀，削也。言去青皮而书竹白，不可改易也。”此说极明畅近理。（汗青杀青）

灯谜之卓然可传者，如“挑灯闲看《牡丹亭》”，射“光照临川之笔”。“昱”字，射“下上其音”。“如夫人”，射“其称物也小，其取类也大”。“太史公下蚕”，射“毕竟文章误我，我误妻房。”“节孝祠祭品”，射“食之者寡”。“王不留行”，射“孟浩然”。“佛骨表”，射“是愈疏也”。“睢阳城”，射“巡所守也”。“国士无双”，射“何谓信梁冀‘飞章’”。“白太后”，射“疾固也”。（灯谜）

飓信一条，存粤风甚详，记粤中濒海多风，正二三四月发者为飓，五六七八九月发者为颱，颱甚于飓，而飓急于颱，习海道者，设为占候之法，或按节序，或辨云物所记，甚详不具录。此条可入《广东通志》灾变或风俗略中。

按“颱”字不见字书，民国十一年壬戌八月二日潮州沿海大风，澄海外沙一乡，死者及万，余方在美，初五日闻变，彻夜不寐，及归，澄人某为《八二颱异记》文，属余书丹勒石，文既未得体，予以“颱”字未见字书，谢之。颇滋物议，且以姚石甫文有曰“飓”也，或曰“颱”之语相难，石甫下笔，尚有分寸，晋竹为杂记体，自当别论耳。（飓信）……

潮州妇女出行，则以皂布丈余蒙头，自首以下双垂至膝，时或两手翕张，其布以视人，状甚可怕，名曰“文公帕”（按潮阳、普宁尚有此风，澄海惟护丧时用麻罩首，曰“拣头”），昌黎遗制也。惠州、嘉应妇女多戴笠，笠周围缀以绸帛，以避风日，名曰“苏公笠”，眉山遗制也。二物甚韵。（韩帕苏笠）

《螽斯》“振振兮”，振振，多也。《麟趾》“振振公子”，振振，仁厚也。《殷其雷》“振振君子”，振振，信实也。《公羊》“葵邱之会，桓公振振然”，振振，矜夸也。《左传》“均服振振”，振振，盛也。一字五解。（振振）

今俗乘凶纳妇，名曰：“忽亲。”又曰：“拜材头。”潮州曰：“赶凶。”古者居父母丧而婚娶，见于经传者，惟宣公元年三月“遂以夫人妇姜至自齐”一事，所谓不待贬绝而自见也。（忽亲）

古语云：“总有千年铁门槛，终须一个土馒头。”潮俗日靡，大门之廓多罩以铁门者。（土馒）

《左传》下楚邱曰：“日之数十，故有十时。”杜注则以为十二时，虽不立干支之名目。然其曰："夜半者子也，鸡鸣者丑也，平旦者寅也，日出者卯也，食时者辰也，禺中者巳也，日中者午也，日昳者未也，晡时者申也，日入者酉也，黄昏者戌也，人定者亥也。'"古无十二时之说，《洪范》言岁月日而不言时。《周礼》冯相氏言岁月日辰而不言时。日分为时始见于此。（十二时）……

澄海王茂才某，以赀为郎，蠢无所知，乃病革之时，能知其死月日，区署家事，了然去来，亦一异也。凡好事事言理者，此理又从何处推求耶。

段成式《酉阳杂俎》有"顾非熊再生事"。去年，王泽汉为言："莲阳乡陈姓某子五岁，能言其前生，江苏人，业医，由是以医行世。彼尝以二金请是童为家人诊脉，时才八岁耳。"予冬暮回南，邑中盛传奇童各事也。

朱陆异同。（朱子主敬，重实践。象山主静，重涵养。门弟子各尊师说，遂分派别。）

今文古文。（《尚书》有今文、古文之别，今文《尚书》汉伏生所传，凡二十九篇。古文《尚书》出孔子壁中，武帝末，鲁共王坏孔子宅，致以广其宫，而得古文《尚书》，凡五十八篇，即今所传之《尚书》本也。梁启超《清代学术概论》一百十八页《何谓今古文》一节，论及经学全体。）

运河。（南起浙江杭县，北达天津。又溯白河达通县，再由通惠渠达北京，长二千五百十里。）

察见渊鱼者不祥。（言人勿过于明察也。见《史记·吴王濞传》。）

相人之法见于《左传》。（《左传》："王使内史叔服来，公孙敖闻其能相人也，见其二子焉。叔服曰：'谷也食子，难也收子。谷也丰下，必有后于鲁国。'"）乙丑冬，予乘"飞鲸号"自申南下，搁浅铜山，仅以身免，八年来均属余生。未至申之前，津浦道中与保定张姓者同车，甫见面，即指余为胜清一榜以上之人，妻房不止一人，有第三或第二，极聪明，祖上必高寿，祖山必高山，眼前不得意，不可掌财政，四十五岁可独当一面，必为简任教育厅长乎？言眼前不好，又言不碍事者七八遍。前后一一皆检，事固未能尽以科学论也。

1933年5月2日

昨夜为菽明论告人学书之法曰："写字以唐字为底，横平正直缓缓写。欲求用世，则沿明而下，取法近贤，以博其用。欲求自得（不必高谈传世），则溯晋而上，尚友古人，以究其蕴。"又云："临摹之时胸中不可有自己，写作之时胸中不必有古人。"菽明击节久之。……

"举人压榜（广东八十九名）"，打四书一句，"犹解倒悬也"。"副榜第一名"，打人事一，"小解"。先兄荪五先生云："不知出何人手。"

《万年山中日记》第十册

（1933年5月4—26日）

1933年5月4日

谢山《答林鹿田诗》曰：

野人家住鄞江上，但见山清而水寒。一行作吏少佳趣，十年读书多古欢。

也识敌贫如敌寇，其奈爱睡不爱官。况复顽颅早颁白，那堪逐队争金襕。

（时先生年四十四）

1933年5月7日

《永乐大典》原诏名《文献大成》，据谢山抄记（《鲒埼亭集·外集》卷十七）云："明成祖敕胡广、解缙、王洪等纂修，以姚广孝监其事，始于元年之秋，成于六年之冬，计二万二千七百七十七卷，定为万二千册。"其例用洪武四声分部，以一字为纲，即取十三经廿一史，诸子百家无不类而列之。所谓因韵以统字、因字以系事也。又据任松如《四库全书答问》，乾隆时贮明文渊阁正本仅阙残二千四百二十二卷，咸丰十年英法之役多为外人携去，光绪元年检之不及五千册，至十九年仅存六百余册，二十六年八国之役事平后检得三百余册，辛亥复散佚，今存教育部图书馆者仅六十册而已。（原书高二册，广尺二寸，页三十行，行二十八字，朱丝栏朱笔句读，用黄绢连绢包。过上海每册索洋有至百二十元者。）

1933年5月10日

晚清设学堂，行开学礼竭师长，此即古释菜、释奠之意也，今则亡矣。按释菜，以芹藻之属礼先师也。释奠，置爵于神前而祭也。古始入学皆行释菜礼，春秋二祭皆用释奠礼。（礼始大学，既衅器用币，然后释菜。又凡学，春夏释奠于其先师，秋冬亦如之，凡始立学者，必释奠于先圣先师。）

1933 年 5 月 19 日

独山人莫犹人（子偲父）句：“六经宗许郑，百行法程朱。”语未若游泽丞之深。阳明手轴有云：“影响尚疑朱仲晦，支离羞作郑康成。”则心学之言，不作边际者。

1933 年 5 月 21 日

北人呼人为小子，轻蔑之极。王爽与司马太傅饮酒，太傅醉呼王为小子，可知此语甚古。

坦腹东床，事出王逸少，王妻太傅郗鉴女，名璿，字子房，相攸之日门生白郗曰：“王家诸郎，亦皆可嘉，闻来觅婿，咸自矜持。唯有一郎，在东床上坦腹卧如不闻。”坦腹得妻，千古佳话。

许玄度言：“《琴赋》所谓‘非至精者，不能与之析理’。刘尹其人。‘非渊静者，不能与之闲止。’简文其人。”

1933 年 5 月 22 日

有人问谢安石、王坦之优劣于桓公，桓公停欲言，中悔，曰：“卿喜传人语，不能复语卿。”（《世说新语·品藻篇》）其实喜传人语者多矣，既恐人传，只有不说。

庾道季云：“廉颇、蔺相如虽千载上死人，懔懔恒如有生气。曹蜍李志虽见在，厌厌如九泉下人。人皆如此，便可结绳而治，但恐狐狸、猯貉啖尽。”（同上）意虽平而语特奇。（猯，野猪。貉，狐貉。）

谢公问王子敬：“君书何如君家尊?”答曰：“固当不同（《书谱》作固，当胜）。”公曰：“外人论殊不尔。”王曰：“外人那得知。”孙过庭《书谱》引此语谓“其自称胜父，不亦过乎。”包慎伯亟为辩证而删定《书谱》，爱护前贤之意则善矣，所以删定则吾不知也。

桓玄问刘太常曰：“我何如谢太傅?”刘答曰：“公高，太傅深。”又曰：“何如贤舅子敬?”答曰：“楂、梨、橘、柚，各有其美。”（同上，庄子曰：“楂、梨、橘、柚，其味相反，皆可于口也。”）鲁人有比其妻于莱阳梨者，叩之，则曰：“好吃不好看也。”有其意而苦于词，则以未经吃过，应之可耳。

1933年5月24日

《容斋续笔》载朱新仲《折叠扇词》：

宫纱绛赶梅，宝扇鸾开翅。数折聚清风，一捻生秋意。

摇摇云母轻，袅袅琼枝细。莫解玉连环，怕作飞花坠。

可知折扇宋时已有。夏吷庵《窈窕释迦室随笔》谓“折扇出于日本，在宋时已见。”（便面，见《汉书》：“自以便面附马。”）

……

劳薪脚折，寸草心枯。出荀勖事。（荀勖，尝在武帝坐上食笋进饭，谓在坐人曰：“此是劳薪炊也。”坐者未之信，密遣问之，实用故车脚——《术解篇》。）

王中郎以围棋是坐隐，支公以围棋为手谈。（孝标原注：“《博物志》曰：‘尧作围棋以教丹朱。’”）今人以麻将为手谈。

余于食品独耆蟹，既可下酒又可送饭，经月不厌，毕茂世云（《任诞篇》）：“一手持蟹螯，一手持酒杯，拍浮酒池中，便足了一生。”千载之上，有同好者。

洪乔所误云：“书札浮沉也。”殷洪乔作豫章，临去，都下人因附百许函书，既至石头，悉掷水中，因祝之曰：“沉者自沉，浮者自浮，殷洪乔不能做致书邮。”

自古记载，状写女子者多，而男子则否，状体胖者尤少见。《后汉书·边韶传》：“韶曾昼日假卧，弟子私嘲之曰：‘边孝先，腹便便；懒读书，但欲眠。’”《世说新语·容止篇》曰：“庾子嵩长不满七尺，腰带十围，颓然自放。”（客自惭有兼人之体，命奚奴购双票看戏，欲其广其坐也，奴未解其意，购二票来，则楼上一票，楼下一票。）又《排调篇》云：“王丞相枕周伯仁膝，指其腹曰：“卿此中何所有?”答曰：“此中空洞无物，然容卿辈数百人。”腹之庞大，可以想见。

黄鲁直言：“士大夫三日不读书，则义理不交于胸中，面目自觉其可憎，语言亦觉其无味。”王佛大叹言：“三日不饮酒，觉形神不复相亲。”仁者见仁，智者见智。

高朋满座，命侍者取鼻烟壶来，侍者瑟缩，背携之不敢前，误以主者为索便壶也。

天地、男女、乾坤、夫妇、正负诸词，先后似有定。而阴阳、牝牡、雌雄、婢仆等则又后先之矣。诸葛令（诸葛恢）、王丞相共争姓族先后，王曰：“何不言葛王而言王葛。”令曰：“譬言驴马，不言马驴，驴宁胜马耶?”胡不曰：“簸之扬之，糠秕在前。”“洮之汰之，沙砾在后。”（王文度、范荣期语，见《排调篇》）。

贡禹上书云：“臣犬马齿年八十有一，有子一人年十二。”白乐天云：“五十八翁方有后，致年六十始归来。”均言得子之晚，然仍以彭甘亭所纪其异母弟之生为尤晚。

1933年5月25日

俗语谓“事件一宗”。潮语曰“一出”。京人谓“一幕”，亦曰“一出”也。林道人云（《世说新语·文学篇》）：“今日与谢孝剧谈一出来。”

晚浏览《世说新语》毕，即还泽丞。[江西夏敬观（吷庵）作，《清世说新语》，见《青鹤杂志》。]

1933年5月26日

《数学史》法国考试事：“考官问士子，何以不用省略算？某士子以无时间应之，考官认为极明算理之言。”与匆匆不及草书，同为千古佳话。

《万年山中日记》第十一册

（1933 年 6 月 1 日—7 月 19 日）

1933 年 6 月 1 日

《骈林摘艳》五十卷（十小册），光绪十八年南海胡文安编次，欧阳询“艺文之纂”，虞世南“北堂之抄”，用斯祭獭，可充汗牛矣。无事可读韵书，鄱阳善悟；为文须略识字，昌黎有言。

1933 年 6 月 2 日

中日停战协定业经昨午（五月三十一日）在塘沽签订，完全限于军事范围。天乎痛哉，别矣汉卿，有诗为证：“赞助革命丢爸爸，拥护统一失老家。巴黎风光多和软，将军走马看茶花。”

1933 年 6 月 3 日

晚实秋招饮厚德福，鲥鱼烙鸭特佳，既醉且饱。偕金甫、太侔往邓仲纯处，摩石如山人大隶。

1933 年 6 月 5 日

卯正六十九度。黔霾竟日，夜雨霏霰。是日予四十九初度，楹书具在，手泽犹存，抚念先型，弥深惕厉。（比日温读《左传》，仍系四十年前先大人点定之本。）

《晨报》（六月初三日）载滋阳人侯可亭七十八岁御妇育男，然则较彭甘亭之父尤杰出矣。

忧与乐，盛衰之本；勤与惰，成败之原；廉与贪，得失之朴；宽与厚，恩怨之府；静与躁，寿夭之征；忍与激，安危之券；谦与盈，祸福之门；敬与肆，存亡之界。（吴春麓赓枚语姚永朴，《旧闻随笔》所录。）

1933年6月6日

清亡二十二年，今满洲国建号“大同”。萧梁改元大清之前，亦曰大同（五三五至五四五年），宜国祚之不永矣。

1933年7月13日

《后书[①]·独行传》，自谯玄已下二十四人，名体虽殊，操行俱绝，狂狷风义，有足怀者。翻《三国志》中人物，欲为补三国独行传，仅得管宁一人，附见者胡昭、王烈、张臶、焦先四人外，此不可见矣，然则国志中《管宁传》与《后书·独行传》等量齐观可也。

【注释】

①黄际遇先生惯于将《后汉书》简称《后书》，全书同，不再出注。

1933年7月19日

八十四度。

《称谓录》卅二卷，福州梁章钜著，光绪甲申刊行，雅俗共赏，贤于宦乡要则矣。录一则。

亲家，《续汉书·礼仪志》：“百官、四姓亲家妇女。”王符《潜夫论》：“权臣，必以亲家。”《三国志》引《魏末传》：“王凌少子明山，投亲家食，亲家告吏。”《辍耕录》云：“凡男女缔姻者，两家相谓曰亲家。”此二字见《唐书·萧嵩传》，案《萧嵩传》：“子衡，尚新昌公主，帝恒呼嵩为亲家。”今世俗通呼亲字为去声，卢纶作《王驸马花烛诗》云：“人主人臣是亲家”。则亦前有所本矣。案《履园丛话》谓“今人呼姻家为亲家，始见于《后汉书·礼志》。”则此称汉已有之，固不自唐始也。然《荀子·非相篇》：“弃其亲家而欲奔之。”已有此称，但不如今所谓亲家耳。

《诗》：“卬须我友。”《说文》：“卬，我也。”《尔雅·释诂》：“卬，我也。”今青、齐、汴、豫之间，仍呼“我”如“卬”，俗用俺字。

各书院掌教向称山长，《称谓录》云：“盖自南宋后，即有此称。自乾隆三十年，已奉谕改掌书院者之称为院长。”又案“嵩阳书院”，“王曾奏置院长”。

《万年山中日记》第十二册

（1933 年 10 月 7—29 日）

1933 年 10 月 7 日

爱伯点阅《小谟觞馆诗》记云（三十一册六十五页）："甘亭一身坎廪，诗多郁抑慷慨之辞，骨力犹上，彩色亦足。《楼烦》一集，状塞上风景，尤多名篇，乾嘉以还，莫能及也。《佣书》两集，多落宋调，率尔之作，时见累句"云云。文集中以《答汾阳李洪九进士书》二书为最易读，其所怀抱，亦足以白于友朋间矣。

1933 年 10 月 10 日

《七言千家诗》，省堂云："宋刘后村有《唐宋千家诗》，刘所自作亦附其中，后人不知何人于刘选中择七绝七律共百余首，仍名《千家诗》，流传至今，坊间评注互异，惟望檀零圃《千家诗考证》最为详备。韩愈"一封朝奏九重天"一首，原题《左迁至蓝关示侄孙湘》，坊刻只作自咏，非也。又按湘，即十二郎之子，登长庆四年进士，俗传湘为文公之侄，得道成仙（潮俗尤甚），妄诞不经，芸叟辨之甚悉。"

《唐诗三百首》，省堂云："是编不署选者姓名，但题蘅塘居士，篇帙无多，而各体已备，旁批亦能发明作诗之法，初学从此入门，胜读《千家诗》远矣。"

1933 年 10 月 15 日

王澍良常书法得唐贤章法，间有晋人之风，清代馆阁诸人所不可肩及也。今日复观其《论书剩语》，尚有见到之处，如隔笔取势，空际用笔等语，难怪其自矜为不传之妙，然满纸破体乖舛字例，实非小失。同一际字，忽而从癸，忽而从癸。拨灯二字，右肩皆作又，其进退失据亦甚矣。文至昌黎，书至鲁公，文从字顺，杀字皆安，真为千古极则。王鸣盛讥昌黎其失也固。若良常则其失也陋矣。

1933 年 10 月 17 日

昨日《大公报》缪钺一文（附卷末），所举两当轩诗句如："病马依人同失路，寒蝉似我只吞声。”（《旅夜》）“世事已如此，灯前霜鬓蓬。交存生死里，人老别离中。”（《迷怀示友人》）“伤心略似萋萋草，霜霰将来尔未知。”（《立秋后二日》）真使人徘徊三复矣。“长吉呕心，竟以早亡，东野求官，止于一尉。”（缪句）天意如此，人生实难。

1933 年 10 月 25 日

《佩文斋书画谱》一百卷，康熙四十四年孙岳颁等奉旨纂辑，四十七年刊行，今所藏者为民国九年上海同文图书馆印本，己巳春得于汴梁，凡论书十卷，论画八卷，历代帝王书一卷，画一卷，书家传二十三卷，画家传十四卷，无名氏书六卷，画二卷，书画跋一卷，历代帝王书跋一卷，画跋一卷，历代名人书跋十一卷，画跋七卷，书辩证二卷，画辩证一卷，历代鉴藏十卷，征引书籍至一千八百四十四种，每条之下注以书名。信乎，稽古之勤右文之盛已。《四库书目》谓其“引据详赅，义例精密，考证之资粮，著作之轨范”。非溢美也。

《续书画谱》八卷，凡书家传二卷，画家传六卷，亦九年上海同文馆印本，而未署纂人姓氏。其于《清朝书家传》下祁豸佳一条，显然割截成文，文曰：“祁豸佳字止祥，浙江山阴人，由孝廉仕吏部，诸艺无不精妙，而书画尤冠，字学董文敏，尽仿元人，四方来索者，辄忍冻挥汗以应（自注：据《绍兴府志》）。”按：豸佳，彪佳弟（彪佳，天启进士，南都失守，绝粒而死），天启举人，官吏部司务，国亡不仕，工诗文，善书画篆刻，四方来索者辄呵冻流汗以应，隐居数十年，以寿终（此据《中国人名辞典》五九九页，而该书不注来历，此其所以陋也）。据此则豸佳科禄皆为胜代功名，兄弟均不仕清，无从援引攀附，应系《绍兴府志》割截，周内之妄人不察，引而内诸清人传中。予家藏豸佳笔迹一帧，草书“[illegible]地”至“[illegible]”二句，用笔生动，脱尽渣滓，不食人间烟火，此境恐华亭尚未梦致，毋论识豸佳之名与否，骤见之无不立定为明人手泽。清人学术百迈元明，而书事远不相及，文章书画为时代所限，虽知者莫能自脱也。因见《续谱》所载如此，决其不隶清人，信如所言，并举孝廉、仕吏部二事，皆入清版矣，何事之不实一至此。又观《续谱》所谓《国朝书家传》几二百人，冠以王时敏，亚以王铎已属可笑，而豸佳几至殿军，名次远在孙星衍、洪亮吉等之下，斯真可以休矣。

唐孙过庭虔礼《书谱》，自称撰为六篇，分为两卷，今存者乃止一篇，则全书已佚矣，而微言奥义，百世不祧，比事属辞，江河万古，顾虔礼书迹其他不可复见。窦臮《述书赋》乃曰：“虔礼凡草，闾阎之风，千纸一类，一字万同。”如见疑于冰冷甘没齿，怜夏虫虽备极诋諆。而《四库提要》云：“自宋以来，皆推能品，不以臮言为然。”以见毁誉之公，易世乃定，然臮所为《述书赋》（见《佩文斋书画谱》第九卷论书九书品）成于唐天宝间，亘一十三代，列百九十八人，成万言之丽赋，亦旷代之奇才已。

1933年10月29日

许瀚印林曰："伯申先生曾发书坊间，无过问者，遂不再发。"（见篆友《致多隆阿雯溪先生书》）

古人书必卷之，故总计其数曰"如干卷"，宋则已装为本，不复卷之矣，以其事实不符也，则改题曰"册"，册之视卷尤古矣，然非册本义也。篆友谓："古书用竹以韦编之，今书用纸以线缀之，然著于竹帛谓之书，'子张书诸绅'，书之帛也。"

《辍耕录》引宋张文潜《明道杂志》曰："经传中无'婶''妗'二字，'婶'字乃'世母'二合呼，'妗'字乃'舅母'字二合呼也。"今邑中称所尊敬者曰："你那"，即"你老人家"四字合呼。

古人年终受岁，与今西人同。篆友引《左襄公九年传》"公送晋侯。晋侯问公年，季武子对曰：'会于沙随之岁，寡君以生。'晋侯曰：'十二年矣！'"按：沙随之会在成公十六年秋，举此者鲁与晋交关之事也，成公卒于十八年，襄公四岁即位，至此正十二岁。又晋悼公之立在鲁成公十八年，传曰"生十四年矣"可证。

《万年山中日记》第十三册

（1933 年 11 月 5—18 日）

1933 年 11 月 5 日

江子屏居丧不文，说盖谓不文饰其言。近日士大夫居丧，不为诗文，以为合乎礼经言不文之旨，非也。《答程在仁书》言居丧不当称棘人。《诗·桧风·素冠》正义云：“棘，急也。情急哀戚，其人必膄。此棘人之义。自称棘人，俨然以孝自居矣。古人居丧，本无称谓，今必欲从俗，则居倚庐之时，称斩衰或称在苫。既葬之后称受服，小祥则称练，大祥则称缟，禫则称禫。”皆深于礼者之言。

1933 年 11 月 8 日

钱香树（钱陈群字主敬，嘉兴人，康熙间进士）尝请益于徐华隐曰：“何以博耶?”徐曰：“读古人文，就其篇中最胜处记之，久乃会通。”他日钱以告朱竹垞，朱曰：“华隐言是也，世安有过目一字不遗者耶。”

1933 年 11 月 11 日

李爱伯于其日记中颇诋吴清卿窸斋之不学（目为京师清客）。而《窸斋日记》则谓：“读板桥诗文集，如观司徒庙‘清、奇、古、怪’，无一枝一节平直处。家书一卷中议论恳切，乃知板桥崇尚实学，存心温厚，非狂士持才骄人者可比。”则似有所指而言，然所推板桥处过当矣。

读吴皇象《章草·急就篇》，《急就篇》汉黄门令史游作，包括品类，错综古今，盖广司马相如《凡将篇》而作也，凡三十四章，都二千二十三字。而淳熙十年，罗愿所记云（《小学汇函》）：“旧分三十二章，前代能书者多以草书写之，今世有一本相传是吴皇象写，比颜体本无‘焦灭胡’以下六十三字，又颇有讹脱，颜本不分章，象所写三十一章而已”云云。予所藏《小学汇函》有颜师古注，王应麟补注，海宁王哲庵示以浙东刊本，据王应麟校本，有越本朱文公刊于浙东字样，应即属此本，虽前后缺失落已及三百余字，而书法遒丽沉着，犹可睹字学之原也。（孙诒让札移《急就篇》，颜师古注条下注云：“据孙星衍皇象碑本。”）

1933 年 11 月 14 日

元人诗虽气格不振，然新秀过宋人，如贡师太一绝云：

涌金门外柳如金，三日不来成绿阴。

我折一枝入城去，教人知道已春深。

空灵超妙，足令东坡低首。

忽忆前句云：

桃花有影，明月无香。带水拖泥，合眼一笑。

1933 年 11 月 17 日

《徐光启传述》（利玛窦附）。徐光启，字子先，号玄扈（见梁任公《中国近三百年学术史》五一九页），上海人（其自序《泰西水法》署吴淞徐光启，今上海徐家汇有故宅）。父思诚，有孝行，好行其德（依徐著《农政全书·徐文定公传》句）。《明史》本传言："崇祯五年……翌年十月卒。"为公历一六三三年卒，时年七十二岁（段育华《徐光启小传》）。则生于嘉靖壬戌四十一年，即一五六二年也，万历二十五年（一五九七年，笛卡儿一五九六年生）举乡试第一，又七年成进士，由庶吉士历赞善。从西洋人利玛窦［Ricci Matteo，意大利人，万历十一年（一五八三年）入中国，至万历三十八年（一六一〇年五月二日）卒于北京，著有《同文算指通篇》《勾股义》《圜容较义》《畸人十篇》《徐光启行略》等。任公《学术史》五一页］学天文、历算、火器，尽其术（先是马丁路德既创新教，罗马旧教在欧洲大受打击，耶稣会想从旧教改革传教海外，以中国及美洲为主要目的地，于是利玛窦、汤若望等先后入中国），遂遍习兵机、屯田、盐策、水利诸书。杨镐四路丧师，京师大震，累疏请练兵自效，神宗壮之，超擢少詹事兼河南道御史，练兵通州。天启三年，官至礼部右侍郎。崇祯二年，日食失验，帝欲罪台官，光启言："台官测候本郭守敬法，元时尝当食不食，守敬且尔，无怪台官之失占（郭守敬，元人，字若思，巧思绝人，受世祖命治历，昼夜测验推算精研），臣闻历久必差，宜及时修正。"帝从其言，诏西洋人龙华民、邓玉函、罗雅谷等推算历法，光启为监督。四年正月，光启进《日躔历指》一卷、《测天约说》二卷、《大测》二卷、《日躔表》二卷、《割圜八线表》六卷、《黄道升度》七卷、《黄赤距度表》一卷、《通率表》一卷。是冬十月辛丑朔日食，覆上测候四说，其辨时差里差之法，最为详密。五年以本官兼东阁大学士，入参机务。光启负经世才，有志用世，及柄用，年已老。御史言光启盖棺之日囊无余资，请优恤以愧贪墨者。帝纳之，乃谥文定。久之，帝念光启博学强识，索其寂家遗书，子骥入谢，进《农政全书》六十卷，诏令有司刊布，加赠太保，光启、骥并祀乡贤。光启与利玛窦对译《几何原本》始于万历庚子癸卯（一六〇一年，据利玛窦《几何原本》原序署万历丁未，一六〇七年），成于万历丁未，成前六卷。其治学之方影响明清之学术颇大云。（光启画像见段育华《混合算学教科书》第五册。）

《几何原本》纲要，欧几里得（Euclid，纪元前三三〇至二七五年约）就其前代及身之学者所已发见者整比之以成不朽之作，曰《原本》（Called the Elements）。据阿剌伯原书，则欧几里得生于 Tyria，父希腊人，名曰 Naucratis，因遣子就学，特至雅典，时埃及王颇优遇数学者，欧氏即受礼遇之一人，《原本》一书亦成于此时，书中命题大部份与其谓为创见，毋宁属于 Pythagoras，Eudoxus 等为至当，但定理之整顿，公理之排法使其适用理法诸点，则欧氏之功也。今林鹤一师译《T. Boyer 数学史》二十四页下犹存《原本》欧本手稿之一页。原书分十三卷，前四卷为平面几何，第五卷为推于一般量之比例论，第六卷为相似形，徐、利二君所共译者也。第七、第八、第九三卷论算术上之数论，为可通度不可通度（李善兰曰：有比例及无比例）之数论（P. Tannery 之无理数存在论影响于《原本》之作者极大）。第十卷论不可通约性，后三卷论体 Stereometry，即卷十一列初等诸定理，卷十二论角锥、角柱、圆锥、圆筒及球，第十三卷论正多边形尤详，于正三角形及五角形（Pentagon）而推其用于五种多面体，曰正四面体，曰正八面体，曰正二十面体，曰正立方体，曰正十二面体。第十四、十五两卷为后人伪托以论立体几何者，其内容之批评详见 Ball《数学小史》五十八页至六十四页，Cajori《数学史》二十八页至三十五页。后九卷经英人伟烈亚力，海宁李善兰共译，书成在咸丰七年（一八五七年）。徐、李两家之译皆精善谨严，与原书相称。至各家叙说熹谈兵攻水利，比于《墨翟・公输》，用以震炫世主时人之耳目，今人所著数学历史则详析其内容，词无枝叶，尤专以几何论几何，不涉应用诸科，此则时代为之，世固有人焉见人必先曰：我所治之学科学也。是何异于娶之妇，见人必曰：我娶也，我昨日未嬲一人也。为同类并讥哉。

几何学发达史概观：

（1）物体之大小位置形状。在人类中为必有之思想，仰则观象于天，俯则观法于地，骎骎乎形成学科矣，此等思想加以整顿之功者，最初应推埃及人，据历史家へろど ―ょる推几何学之起源有曰："一僧语予曰埃及王授民土地等分之而课其税焉，无何而くて河泛滥，受灾者诉于王，王乃遣测量家测减其额，而令不被灾者均负之。以是为几何学萌于埃及之证。"

（2）希腊时代（公元前六百年至公元后六百年），此科学由 Thales（纪元前639—548）介绍于希腊，彼学于埃及而独出者，尝以三角塔之阴影测知塔之高使埃及王心折者，角之测定用圆弧及相似三角形之理论，皆彼所构，埃及之天文学入于希腊，亦彼之功也，其门下 Anaxamandre 发明日规，Anaxagoras 于公元前四〇三年在狱中求圆之面积云，Pythagoras 身历埃及、伊大利诸国，直角三角形三边之定理即勾股弦之定理世共知之，等周等积之图形中极大极小之为圆为球诸性质，不可不谓上中古所想象宇宙学最可大笔特书之事。继其后者有 Archytas 研究立方倍积问题，Hippocrates研究月形面积问题，皆为公元前四百四十年之人，同时有Platon创圆锥曲线论。古代几何学最大建设者卒推Euclid，Archimedes（B. C. 287—212），Ahollonius（B. C. 260—200?），“不通几何学者勿入吾门”，柏拉图之嘉言。“夫道若大路然王安得独有捷径也”，欧几里得之妙论。静力学与几何学相得益彰，作凹面镜以歼敌者，亚里氏之功绩。圆锥曲线论诸分科之设立，用Epycycle之理论，以说明游星之位置及其回归者，Ahhollonius之创见也。因是生二大倾向焉，一为微积分学发见之动机，一为近世射影几何学之创造是已。Ptolemy（B. C. 87—168?）以最博胆之天文学者及几何学者称，公元后三百年间有Pahhur之数学论集，大半属于几何，而天文及力学两方面亦不可忽视。

（3）中世及文艺复兴时代（六百年至一千六百年），亚剌伯人独受印度学者Brahmagupta（598—660?），Bhasrara（1114?）之影响，成印度天文学系统之大著，于是文艺复兴之运动与宗教传说博战，学生辈出，最称于世者Vieta（1540—1603），其二次及三次方程式之图式解法，实有融合调和代数学与几何学之功，论非笛卡儿之前驱乎，其时又有Kehler（1571—1631）以无限之思想导入于几何学中，至天文学之丰功更不待言。

（4）近世期（一六〇〇年至一八〇〇年），同一时代有三伟人焉，Descartes（1596—1650），Fermat（1590—1662），Roberval（1602—1675）各有独立之方针，为切线问题之论究。Parcal（1623—1662），以十六岁之童年，发其神秘六边形之性质，即圆锥曲线所内接六边形，其对边相交三点同在一直线上是也。巴氏等所专力从事纯正几何学之发达，而笛氏一六三七年解析几何学乃成数学上可惊之革命，遂使纯正几何学一时黯然无光。断代至第十七纪，可了然于三种几何学之对峙焉，一为古代几何学，一为笛卡儿解析几何学，一为巴氏等开拓十九世纪之近世几何学。完全不用代数的计算者，十八世纪中受Leibnitz（1642—1717）、Newton（1646—1716）之波动数量几何学尤见发达，如J. Bernoulli（1654—1705）之曲线诸问题，Lambert（1728—1777）之配景论及彗星之几何的理论，Eulor（1707—1783）关于曲面曲率之一般定理，多面体之顶点，棱、面之个数诸关系以次发见，Clairaut（1713—1765）之二重曲率曲线论等其著焉者也。

（5）第十九世纪（特以初等几何学为中心），十九世纪之曙光则画法几何学的创造，实几何学之新纪元也。一方面由几何学以知物体之状态，一方面由解析学以获得几何学之意遂，使平面图形与立体图形间之关联容易明了，因以简洁方法，互相导出平面与立体间诸定理，用唯一方针俾众多结果统一于其下，纯正几何学得有复兴之象者，非Monge（1746—1718）画法几何学之功乎。此时又有Carnot（1753—1823）之位置几何学及截线论，Poncelet（1788—1857）之图形射影性质法，Charles（1796—1880）之虚量导入论，皆以完成连续之原理者也。古来所论三大问题，即角之三等分、立方倍积及圆积之不能作图，由Yausr（1777—1855）诸氏遂告判决焉。反转之理论自Liourille（1809—1882），Magnus（1832之研究）后，乃实用于数学物理学。变形之理论（Transformtion）自S. lie（1842—1899），Klein

(1849—　)后，应用群论而面目一新。平行直线公里之改造，自 Lobatschesky (1793—1856)，Bolyai (1802—1860) 后，而三角形内角之和小于二直角之几何学生焉。自 Riemann (1826—1866) 后而三角形内角之和大于二直角之几何学生焉。Hillert (1862—　) 氏更进一步，取几何学公理为一般研究，几何学基础论尤呈现。百余年间，几何学复以高瞻远瞩之态度，足迹所被者极广。兹之所记，其梗概耳。(参考日人小仓金之助译注。) Rouché et Comberousse, Traité de géométrie élémentaire, 7e éd. (1900)。

1933 年 11 月 18 日

杜默落魄，入项羽庙，升神座，大言："以大王之英雄，不能取天下，以杜默之文章，不能成进士，不平之事，孰甚于此?"因大恸，神亦下泪（尤侗读《东坡志林》，引尝见某小说语）。

魏子击遇田子方于道，子击伏谒，子方不为礼，子击曰："富贵者骄人乎？贫贱者骄人乎?"子方曰："亦贫贱者骄人耳。夫吾闻贫贱而乐，未闻其骄也，贫贱而骄人是犹有富贵之见者存也。"默与子方相去几何。

"人闻长安乐，则出门西向而笑。" "遇屠门而大嚼，虽不得肉，行且快意可耳。"

徐陵多忘，每不识人，人咎之。陵曰："公自难识，若曹刘沈谢辈，暗中摸索亦合认得。"

王融遇沈昭略于座，昭略数目之曰："是何少年?"融不平曰："日出于扶桑，没于咸池，谁不知融名，而顾见问?"凡此者皆名心亘于胸次，不易洗涤净尽者也。

史称相如称病闲居，不慕官爵，李长吉诗云："长卿居茂陵，绿草垂石井。弹琴看文君，春风吹鬓影。梁王与武帝，弃之如断梗。唯留一简书，金泥泰山顶。"名山美人得归宿之处，尚何求哉。

"武帝据厕见卫青，不冠不见汲黯。"殊称人意。

《万年山中日记》第十四册

（1933 年 11 月 28 日—12 月 20 日）

1933 年 11 月 28 日

生平见人写《书谱》数句持以补壁者，审视之，未见有一帧不误字者，盖作者皆未能释其文，观者更无论矣，即如“挺埴之罔穷与，工炉而并运”二句，与字误作“之”字或作“三”字者，不直批评，而“埏”字误作“挺”字，记翁同龢临本尚且如此（家悬刘林横匾亦如此作），不识字而写字，大可不必耳。容甫《巴予藉别传》有云：“是故诞埴以为器，方圆具矣，而天机不存焉，巧工引手，冥合自然，览之者终日不能穷其趣，然而不可施之以绳墨，知此者可以语予藉矣”一段，纯从《书谱》原意挥写而出也。

余写《书谱》十余遍，有二卷藏诸家塾，己巳上元，浪迹汴梁，市中得手稿一册，中有“秦际隆”“友松印”二方，未详何人，论直则制钱二百耳。笔力虽稍弱，而出锋尚匀净，纣之不善，何至一贱至此，子孙不肖持以易米，而并不可多得。友人关谓余等：“有临池之好者，对此作何感想？”呜乎，是真不堪设想矣。

胡先骕（治生物学，喜文学）评钱基博《现代中国文学史》一文（见昨日《大公报·文学副刊》）甚有见地，于现代文物可云灼然知其情状者（别剪存汇稿）。

1933 年 11 月 29 日

“谶记”以刘之字为丣金刀，而刘从刀，从金，丣声。丣古酉字，两户闭也，丣两户开也，“谶记”不可以正“六书”也。《五行志》：“献帝初，童谣曰：‘千里草，何青青，十日卜，不得生。’”童谣不可以正“六书”也。今人问讯，动曰：“草头黄、耳东陈、口天吴、古月胡、立早章”，开口即失，与荆公“波者水之皮，滑者水之骨”用类并讥。有王云五者，为四角号码检字法，割裂愈甚，彼以发明为职志，原可不遵召陵家法。太炎师指“荆舒《字说》破坏小学”，明末有衡阳王夫之分文析字，略视荆舒为愈，晚有湘潭王闿运亦言指事会意不关字形，谓此三王者异世同术（王夫之有《说文广义》二卷），后虽愈前，乃其刻削文字，不求声音，譬暗聋者之视书，其揆一也。今合王云五计之，可称异世同术之“四王”矣。

1933年12月2日

闻一多言叶氏《清代学者象传》二百五十余人中无湖北人，阅《诂林》引用各家亦二百五十余人，而鄂人仅二人，曰饶登逵（字仪廷，应山人，著《六书转注说》），曰田吴炤（字伏侯，今改名潜，江陵人，著《说文二徐笺异》《一切经音义引说文笺》），其中女子一人萧道管，陈衍之妻（清福建侯官人，著《说文重文管见》），可与郝（兰皋）王（照圆）媲美矣。《清代学者象传》有陈裴之、汪端夫妇，浙江钱塘人，俱以诗名。

1933年12月3日

徐锴《说文系传》，家所有者，为寿阳祁寯藻提学江苏时景印本（道光十九年），吴宝恕提学粤东又为重印（光绪三年），序称寿阳北平（朱筠河提学安徽校刊鼎臣本）两刻，兵燹之后，板已毁佚，而吴刻并不行于岭东，据长沙叶德辉（十七年死于湘匪难）跋："《四部丛刊》本《说文系传》云祁本出自景宋抄本，经黄荛圃、顾千里鉴藏，于同治元年归揭阳丁禹生中丞持静斋。"丁氏于癸丑年散落沪市间（丁家藏书之富甲于一郡，时人为之语曰："潮州藏书数丁氏，藏书画数澄海黄氏。"指吾家而言也。鼎革后，丁氏讷庵、静斋兄弟健存，不至坠其家声而已，不能禁止其家中藏书不流出矣）。今在南浔张右铭孝廉家云，夫以亭林之雅才闳识，而以李焘《韵谱》当《许书》，终其身未睹"始一终亥"之次，亦可悕矣。（宋李焘《五音韵谱》十卷，见《提要》四十三卷七册十八页）

1933年12月6日

许君以光绪元年从祀圣庙（位后苍下），又辅广（光绪五年从祀，位黄榦下）、游酢（光绪十八年从祀，位杨时下）、吕大临（光绪廿一年从祀位谢良佐下）、黄宗羲（宣统元年从祀，位孙奇逢下）、顾炎武（宣统元年从祀，位王夫之下）、赵岐（宣统三年从祀，位杜子春下）、刘因（宣统三年从祀，位杜子春下）、颜元（民国八年从祀）、李塨（民国八年从祀）。六十年来，新增从祀诸贤者如此，旧刻文庙祀典所未载也。比者杏坛一片土，戎马刍牧及之矣。曩为家祠驻兵事致某书曰："惟此一椽之地，克保其弦歌俎豆之常，实利赖之。"嗟呼，独何为生此废学之世哉。

《许先生祠从祀诸儒考略》，王舟瑶拟（《诂林前编》三五八页），谨冣姓氏于此，以志向往：

"许氏冲、尹氏珍（从许叔重受五经）、高氏彪（许君弟子）、邯郸氏淳（黄初时博士，善苍雅虫篆）、严氏畯（《吴志》有传）、庾氏俨默（梁人）、李氏铉（《北齐书·儒林传》）、李氏阳冰、徐氏铉、徐氏锴、句氏中正（《宋史》有传）、葛氏湍（与大徐等同校《说文》）、王氏维恭、吴氏淑（《宋史·文苑传》）、李氏焘、邹氏承志、包氏希鲁、吾邱氏衍、李氏文仲（著《字鉴》五卷）、段氏玉裁（乾隆庚辰举人）、桂氏馥（乾隆庚戌进士）、钱氏大昭（字晦之，嘉定人，嘉庆初举孝廉方正，箸《说文统释》六十卷，未传）、姚氏文田（嘉庆己未进士）、严氏可均、陈氏鳣、王氏筠、苗氏夔。”

1933年12月7日

番禺叶氏《清代学者象传》，未为典要，其中享年最促当为侯方域三十七岁，黄景仁仲则三十五岁，二子各以文诗鸣。而经学名家同此年龄更为不易，如孔广森为约三十五岁，刘师培申叔三十六岁，洵无惭经儒之目，盖经生之业，尤在敛才就范，非假之日月不为功也。

若论幼而颖者，如白居易七月识之无；李贺七岁赋高轩；王勃九岁能摘《汉书》之失；邢劭十岁能文，五日读《汉书》一部；杨亿十一岁以童子召试诗赋五篇，下笔立成，宋太宗以为秘书省正字（《三字经》：唐刘晏，方七岁，举神童，作正字）；刘晏八岁献颂于明皇行在；方策所载者多矣（《昭代丛书甲集》，歙县殷曙《竹溪集述》累举数十家）。夫人小而聪了，大未必奇，宜后至陈炜之有微言也。

1933年12月8日

夜阅莼客日记，爱其《怀沈晓湖》诗云：

不见忽三月，相思如水深。残年愁雨雪，清梦足山林。

著述今增几，除书信又沈。闭门贫亦好，知尔岁寒心。

岁莫怀人，百虑交集，诵此清响，奚啻笙磬之音，苜蓿能甘，博士亦可为也。翌日，莼客寄诗又有“皋比一坐堪安隐，世事而今口莫开”之句。（晓湖即除浦江训导也）

1933年12月10日

阅《归纳杂志》，仅见第二期有章炳麟《论宋明道学书》、黄侃《日知录校记》等。

歙县闵麟嗣《古国邑今郡县合考》一卷（《昭代丛书丙集》）“广东条”下云：“广州府（扬，荆，南汉刘隐据，隐弟岩据广南四十七州），南雄府（扬，南海郡），韶州府（荆，南海郡），惠州府（扬，南海郡），潮州府（扬，闽越地），肇庆府（扬，百粤地），高州府（扬，南海郡），雷州府（扬，象郡地亦属合浦郡），廉州府（荆，象郡地），琼州府（扬，南海郡又为珠崖儋耳郡）。”

夜阅闵麟嗣《周末列国》，有《今邑县考》一卷，参读前书《地理表》。

1933 年 12 月 16 日

海上洋场，何止十里，夷毂吴娃，不过尔尔。予每泊舟，辄诣城隍庙，庙本明代秦氏豫园也（见《越缦日记》十四册二十三页），游人甚繁，百肆星列，中为内景，园叠石为洞窨，岩宇曲径四达，缀以亭馆，颇可坐憩，高岸为谷，深谷为陵，惟兹鬼场尚无大改，神道设教以济其穷，虽百世可知也。

1933 年 12 月 19 日

夜倚坐以《昭代丛书》为伴，尽数卷。

关忠勇祠，世传“道存文武，志在春秋”为极工切。

高江村集句一联云：“吴宫花草埋幽径，魏国山河半夕阳。”寄慨特深。

1933 年 12 月 20 日

仪狄始造酒，茶之名未立也，盛于唐精于宋，烟之名始于日本，传于漳州之石马，天祟间禁之甚严（黎士宏《仁恕堂笔记》）。茶酒仍未详所自，烟说不然彼时随西教而来耳。（朱氏《通训定声》茶下云：“茗饮盖记于汉代也。”）

《万年山中日记》第十八册

（1934 年 4 月 30 日—5 月 13 日）

1934 年 4 月 30 日

借对字面虽非正轨，然往往令人解颐，在当年矮屋中尤为屡售之技，《宋四六话》卷十云：“陈傅良作《仲秋教治兵赋》破题：‘虽诸夏之偃武，必仲秋而治兵。’”此即“根非生下土，叶不坠秋风”之遗意。通下土之下字之音，于夏不但借对字面，且借对字音矣。

贺方回言学诗于前辈，得八句，云：“平澹不流于浅俗，奇古不流于怪僻；题咏不窘于物象，叙事不病于声律；比兴深者通物理，用事工者如己出；格见于成篇，浑然不可隽；气出于言外，浩然不可屈。”妙达此旨，始可以言赋，可以言骈文，骈学之信条，词人所共守者也。

1934 年 5 月 5 日

秀水朱彝尊《孟子弟子考》一篇，据赵岐说考定为乐正子（克）、万章、公孙丑、浩生不害（告子）、孟仲子、陈臻、充虞、屋庐子（连）、徐子（辟）、陈代、彭更公、都子、咸邱子（蒙）、高子（宋）、桃应盆、成括、滕更（赵岐曰：“滕更，滕君之弟，来学于孟子”）。跋中云：“吴立夫撰《孟子弟子列传》，书虽不传，序称一十九人，盖益以季孙、子叔二人。”

1934 年 5 月 10 日

夜毕钩稽，浴后凭几温《越缦日记》一册，先生古之伤心人，今之独行者也。

1934 年 5 月 11 日

某女史十三岁时，课卷中有下文一首，芬芳可诵，因不欲以手笔示人，为转录之，亦可存之作也。

诔岳池女子师范同学朱姊克秀文：

“盖闻红颜薄命，振古如兹，青帝有灵，于今难信。民国第十三年，方庆甲子之逢春，倏报龙蛇之厄运。余同学朱姊克秀死矣。姊岳池人，自少同学，呜嘤岂止一日，攻玉期堵永年。订兰盟而携手，姊长六跉：让筍班以状头，妹惭首选。所喜下问叩叩，既称文子之谦，其心休休，更见个臣不嫉。当前岁孟冬，正芳辰双十，别耶娘而事翁姑，晨昏以助诵读。刚一载之分裾，复同日而共语。侧闻家政井井，悉代夫子而操，校课囱囱，还哺婴儿之乳。似此内行之柔嘉，宜其后福以美满。讵料昙花乍见，仰九野而空空，琼玉生埋，俯八埏以跔跔，带鞸之兰先陨，女贞之木早凋。知己难逢，伊人有几。若夫星名织女，不近文昌，鸣鸾之鸟，偏随哑凤。是尤日来抱恙之因，应亦月老亢龙之举。此妹所为四顾茫茫，唏嘘太息，有不能不放声一哭者。意率语俚，不之计也。嗟嗟，看登瀛洲之班，又弱一个，望洒岳坟之泪，不禁千行。爰悯姊志之弗申，所冀英灵之不爽。谅前途之未远，敢招鬼而作歌。歌曰：‘姊之鬼来兮，如陟降其在旁。品粹行端兮，虽无言而自芳。属文工绘兮，曾何让乎儿郎。人生朝露亏兮，嗟天命之靡常。历五载之聚首兮，难胜一夕之断肠。迟归鬼之刹那兮，终送子于河梁。’”

1934年5月13日

欧阳永叔言，《孝经》《论语》《孟子》《易》《尚书》《诗》《礼》《春秋左传》，准以中人之资日读三百，不过四年可毕；稍钝者减中人之半，亦九年可毕（此语多见，例如《退庵随笔》卷三）。少侯昨言：“四书五经二年可背得否?”余云：“当得四年”。当以此告之：“予少侍读先君子，九岁毕六经，十一岁毕《周礼》，早午三课各诵读半小时，共背生书一百二十六行，约二千字，尚须温旧书也。东方朔上书自称‘年十三学书三冬，文史足用，十五学击剑，十六学诗书，诵二十二万言，以三年课程计之，日二三百言而止耳。’今按《周易》程传本四百七十五页，《尚书》蔡传二百七十四页，《诗集》三百三十四页，春秋《左氏》《公羊》《谷梁》胡传八百一十五页，《礼记纂注》五百一十五页，《论语》《孟子》集注、《大学》《中庸》章句四百三十四页，合九经二千八百四十七页（语并见伊顺行元复读书说，《退庵随笔》三卷）。三年一千日，须治注疏三十页，方得通经说。”阮云台云：“世人每矜一目十行之才，夫必十目一行，始是真能读书也。”欧阳文忠曰：“《孝经》一千九百三字，《论语》一万一千七百五字，《孟子》三万四千六百八十五字，《诗经》三万二千二百三十四字，《礼记》九万九千一十字，《周礼》四万五千八百六字，《春秋左传》一十九万六千八百四十字，总而计之共四十七万八千九百九十字。”（袁守定《占毕》卷一）

《吉人遗铎》云：“陶谦年十四尚骑竹马游戏，后举茂才，位至牧伯。陈子昂年十八从博徒游，后精经史，为唐名人。苏洵三十始读书，为欧公所评。姚元崇少以射猎为娱，四十始读书，卒为贤相。欧公学书在半百外。王右军书至五十三乃成书。”此以自励也。

蔡元培长北京大学，愤而出走，《启事》首二句为“杀君马者道旁儿，民亦劳止可少休。”句首未详所本。今日见《退庵随笔》（卷二十）所录张文贞（玉书）父湘晓先生（九徵）《戒文贞素食书》有云：“退直后宜静坐片刻，养身节劳，勿以膏自焚也，《古乐府》：‘杀君马者道旁儿’，谓竭马之力，以娱道旁耳目，吾虑马之力竭矣。”文贞时为《明史》总裁，闻命悚然，加一餐焉。十余年未解症结，一旦豁然，信开卷有益也。

阅《退庵随笔》中学殖、读经、读史、读子、学字尽八卷，匆匆不及记。

《万年山中日记》第十九册

（1934 年 5 月 24 日—6 月 29 日）

1934 年 5 月 24 日

清夜自思，学业之成不，程功之有无，关于公务之闲忙者半，关于努力之勤惰者亦半。然名心不尽，忮心不除，虽闲而不能致力，虽致力而志不专，皆无得于心者。之可言“欲治学，先治心；欲治心，先治忮求之心”。炳烛之光，崦嵫之景，凛哉，凛哉！

1934 年 5 月 29 日

记爱伯《梦归越中》一诗云：

“绕郭湖光万顷烟，楼台都似镜中悬。

分明一发青山外，着我孤舟暮雨边。”

寄意萧寥，取神遗迹，幽居理咏，同此孤怀。

1934 年 5 月 31 日

易哭庵不足论，诗尤不守家法，所为《江南雪·序语》，令人忍俊不禁，如云：“来玉女明星于枕上，了知不在人间；见藐姑肌雪于汾阳，窅然丧其天下。书生薄命，逢卿在金尽之时；尤物移人，杀我即玉成之德。”可谓“读书万卷欲何用，日上天桥事捧场”者矣。

1934 年 6 月 6 日

《经典释文·序》，录“《公羊》”“《谷梁》”条下有“况传武威张苍”一语，荀兰陵、张丞相皆年至百余岁。故爱伯诗有云：

“张苍曾问兰陵学，迂叟叼陪潞国蓂。

自古经儒多寿考，不须丹诀访昆仑。”

其实非经儒能至寿考，乃非寿考不能至经儒。如孔广森之三十五岁，刘师培之三十六岁，享年不逮中寿，所造臻于上乘，恐三百年来难得鼎足耳。

1934年6月7日

辰初六十六度，和霭。

据爱伯《越缦日记》，陈澧兰甫先生以光绪壬午八年正月卒。……

随园、曲园二老，喜以其所与达官贵人投桃报李事自溷其集，贻人口实。爱伯记阅冯竹儒《西行日记》亦讥，记中“惟夸其将迎之盛，声气之广。盖此事只可闭门自得，不可复施诸简椟，强它人以不相干之事也”。

1934年6月15日

六十八度，晨霭。

朝坐南窗下，读《诗经·邶风》：“愿言则嚏”，郑笺云：“汝思我心，如是我则嚏也。”今俗人嚏，云“人道我”，此古之遗语也云云，此语已古，今潮语亦如是。爱伯《送孺初归文昌序》云道：“我而嚏知子之来。”则本笺语也。

1934年6月20日

爱伯即事诗云：

路人指高柳，谓是子云居。客少犹赊酒，童忙为送书。

雨晴验忧乐，闲病自乘除。别有春风在，花藏一亩庐。

则自宽之辞，几于达矣。

1934年6月22日

歗，吟也，从欠肃声。《诗》曰：“其歗也歌。”（许文）“东方生善啸，每一曼声长啸，辄尘落瓦飞。”（《西京杂记》）啸之为技，失其传者久矣。（《段注》口部：以歗为籀文啸）成公绥《啸赋》，《文选》类附洞箫、长笛、琴、笙诸赋之后。嵇康长啸，阮籍善啸，蹙口出声，千里应之。非今之口技者类也。故《啸赋》云：“发妙声于丹唇，激哀音于皓齿。良自然之至音，非丝竹之所拟。”乃知长啸之奇妙，盖亦音声之至极矣。

1934年6月27日

《吕氏家塾读诗记》三十二卷，宋吕祖谦撰。诗有四家，齐鲁韩氏之说不传，毛氏之传独众。诗序有大序小序，大序首句“诗者，志之所之也”，凡数百言。小序分序三百篇，殆亘二卷（山东刻本具载），具说纷緼，为自来说经者门户之分。晦翁少与东莱交，说诗亦相合，后附郑樵之说，谓诗序为妄人所作，昌言排击。此书首载晦翁淳熙壬寅序语，称“少时浅陋之说，伯恭父误有取焉，其后历时既久，自知其说有所未妥，或不免有所更定，则伯恭父反不能不置疑于其间，熹窃惑之，方将相与反复其说，以求真是之归，而伯恭父已下世矣，呜呼，伯恭父已矣，若熹之衰颓，汩没其世，又安能复有所进，以独决此论之是非乎”云云。其异同变迁之陈迹历历可考，晦翁文笔正大沉深，不言文而为文之道具备规模者，穷老尽气，不能至也。《四库书目提要》称“宋人绝重书诗学之详正，未有逾此者”。其第一卷分纲领、诗乐、删次、大小序、六义、风雅颂、章句音韵、卷秩、训诂、传授、条例，皆集经史各家之说而已。朱序称其“兼总众说，首尾该贯，浑然若出一家之言，一事之义亦未尝不谨，其说之所自及，其断以己意，虽或超然，出于前人意虑之表，而谦让退托，未尝敢有轻议前人之心也”。其推许者至矣，版本佳绝，益令人缅想前代文物之盛耳。

1934年6月29日

记爱伯诗云：

山约无与偕，东篱检花事。久客惊流光，寒序媵芳思。朝来霜气清，庭柯尚含翠。南荣陈瓦盆，晴旭若相媚。百劳供一娱，眩艳偿积瘁。

孤芳自赏，它人有心。

《万年山中日记》第二十册

（1934 年 7 月 8 日—8 月 25 日）

1934 年 7 月 8 日

北人常语曰："伏天，有初伏、中伏、末伏之分。"《史记·秦本纪》："德公，二年，初伏。"《正义》云："六月三伏之节，起秦德公为之，故云初伏。伏者。隐伏避盛暑也。"《历忌释》曰："至庚日必伏。庚者金，故曰伏也。"今以夏至后第三庚为初伏（今年七月十八日），四庚为中伏，立秋后初庚为后伏，谓之三伏。爱伯日记云（四十八册四十二页）："盖其传自唐已来，宋人说部中尝谓其无理，因检各籍语以证之。"

1934 年 7 月 10 日

豫人拔贡杜龙彬（卧山）设小肆汴市卖书，余涉足廛肆，始获纳交，不失读书人本色，尝以小楷一箑见馈，距今七年矣。闻卧山亦已殁故，虑斯箑不永存也，因抄入吾记。

原跋云：旧作和渔洋秋柳（录呈）。

秋风客里正销魂，衰柳萧疏映画门。芳革天涯同抱恨，飘蓬远地尚留痕。愁看隋苑乌栖树，恨绕江南黄叶村。万里封侯归也未，楼头幽怨向谁论。

憔悴疏枝不耐霜，残条犹自拂银塘。愁添黛色慵开镜，欲寄寒衣怕启箱。比岁长征孤少妇，回春无计忏空王。年来怕听秋娘曲，莫向吴宫问教坊。

河桥送客拂征衣，回首梁园事事非。处士宅荒归未得，楚王宫冷舞时稀。更无浓荫藏莺住，谁遣斜风送燕飞。莫向离亭再攀折，知音人远素心违。

西风落叶尽堪怜，流水荒堤冷暮烟。金缕歌残情缱绻，玉关人老意缠绵。将军故垒憎惆怅，羁客长途感岁年。我有宫袍待尔染，来时春色正无边。

1934 年 7 月 12 日

报载某校国文考题为"试述我之志学观"，群斥为不通，谓其责士子述试官之志学也。汪中云："扬州通者三人，不通者三人。"恐此公再读三十年书尚在不通之列耳。

1934年7月13日

佛家于三月十二日各称体重，曰："结夏法。"李爱伯称得六十五斤，今不满九十磅，清臞可想。

东坡《和僧守铨》诗云：

但闻烟外钟，不见烟中寺。幽人行未已，草露湿芒屦。唯应山头月，夜夜照来去。

山中清景回绝尘寰，夜半归来时有此想。得铨原作云：

落日寒蝉鸣，独归林下寺。松扉竟未掩，片月随行屦。时闻犬吠声，更入青萝去。

幽深清远，自有一种林下风流。宋人周少隐论诗谓："东坡虽欲回三峡倒流之澜与溪壑争流，终不近也。"

光绪十四年五月二十二日邸钞："命编修张白熙（湖南长沙甲戌）为四川正考官。"按编修按郡南粤，为光绪戊戌，己亥两科。……夜承佑、咏声、实秋互下围棋，余只作壁上诸侯，时以棋史逸话点缀而已。

1934年7月16日

去冬购得《越缦堂日记》，以时复读之，至今日复毕。爱伯自五十岁至六十一岁间，十年笔记，虽不若壮年用力之猛，然老眼无花，言多纯粹，即以书法而论，老而弥妙，一画不苟，误笔讹字几于绝无，神完气清，不惟得天独厚也。

1934年7月18日

刘洞诣金陵献诗百篇后主，其首篇《石城怀古》云：

石城古岸头，一望思悠悠。几许六朝事，不禁江水流。

凄宛欲绝，宜后主为之掩卷动客，不复读其余也。

"千里长江皆渡马，十年养士得何人。"亦马书所载之句。

南唐之朝，有泉州人康仁杰者，少祝发为僧，而喜儒学，马书存其《金陵登升元阁》句云：

云散便凝千里望，日斜长占半城阴。

尝以诗召嘉禾峰僧云：

只在此山宁有意，向来求佛本无心。

时皆称善。

1934年7月29日

“单刀赴会”，事不见《国志》，而演义渲染，伶工扮串，极合人心，有去鲁肃者忽添插科白曰：“军侯今年春秋几何。”去关羽者急切无以应之，只曰：“附耳过来。”鲁肃不能不照办也。去羽者忽曰：“你……”鲁肃挨骂仍须应曰：“原来如此。”挨骂而仍须承认，为之自笑。今日之事，吾恶知其异于古之所云也。

1934年8月2日

《清波杂志》，十二卷二册，宋淮海周煇昭礼撰，自序于绍熙壬子年（光宗三年，一一九二年），因寓居中都清波门之南，故因以名其集云。志中谓其父晚而重听，乃于官次详记见闻以代口禀。此意良可取也。谓“荆公解羊之大者必美”，然“羊大则美”之说实起于徐铉。而所关于北宋南宋之间者至钜，不惟佚闻，实同信史。谓“东坡在海外，虑其不及还中州，乃涤砚焚香，写平生所作‘八赋’，当不脱误一字，以卜之昔人风规，何等气象。及自海外归毗陵，病暑，着小冠，披半臂，坐船中，夹运河随观之者千万人”云。

谓蔡卞之妻七夫人颇知书，能诗词，蔡每有国事，先谋于床第，然后宣之于庙堂。时执政相语曰：“吾辈每日奉行者，皆其咳唾之余也。”若今世更是裙钗政治，都人目为皮裤政府。七夫人者，一日见一行脚僧笠甚重，因叹曰：“都是北珠金箔，能有多少。”欲厚施之。而僧不顾，瓢自瓢，水自水耳。

选诗有“从军有苦乐，但问所从谁”之句，昭礼欲改“从军”为“饮酒”，以同席觞客，客非其人，则四坐欢，不洽而饮易醉，返以应接为苦。可谓深于觞政者之言矣。

谓唐杜暹家书，末自题云：“清俸买来手自校，子孙读之知圣道，鬻及借人为不孝。”今藏明钱氏手抄陆氏《南唐书》景本，有钤记云：“卖衣买书志亦迂，爱护不异随侯珠，有假不返遭神诛，子孙鬻之何其愚。”皆失忠厚气象。近人身后遗书，有举赠图书馆者，则学术为公矣。

滕子京守巴陵修岳阳楼，或赞其落成，答以：“落甚成，只待凭栏大恸数场。”今人常语，如体操云“体么操”，哲学云“哲么学”，骤闻之，殊为不经，然却有来历。

谓东坡在黄冈，每用官奴侑觞，群姬持纸乞歌词，不违其意而予之。有李琦者，独未蒙赐，一日有请，坡乘醉书“东坡五载黄州住，何事无言赠李琦”。移时，乃以“却似城南杜工部，海棠虽好不吟诗”，足之奖饰乃出诸人右，其人自此声贾增重。殆类“子美诗中黄四娘”。

谓元祐诸公皆有日记，凡前奏对语及朝廷政事、所历官簿、一时人材贤否，书之惟详。

谓范鲁公（质）暑中执扇偶书“大暑去酷吏，清风来故人”两句，以大暑去酷吏，大暑亦猛于虎矣，然未悉去字用例。

唐柳氏自公绰以来，世以孝悌礼法为士大夫所宗。玭常戒其子弟曰：“凡门地高，可畏不可恃也。立身行己，一事有失，则得罪重于它人，无以见先人于地下。此其所以可畏也。门高则骄心易生，族盛则为人所嫉。懿行实才，人未之信，小有疵颣，众皆指之。此其所以不可恃也。故膏粱子弟，学宜加勤，行宜加俭，仅得比众人耳。”古今家诫，深切著明，孰逾于此云云。

钱南园手书“柳玭戒其弟子书”八幅，字大方四寸，余尝对临一遍于夷门，今悬家庙中。

1934年8月7日

《北山小集》，宋程俱致道著，诗文凡四十卷，景宋写本，字法欧虞，深得宋椠遗意，而仍不免误字。北山气节，著于东都南渡之间，史称其制诰典雅闳奥，其《祭江仲嘉褒》一文，尤铿訇有序，为之节存之：

“呜乎，事莫之致，则归之天，夭善穷仁，天岂其然，如仲嘉甫有美其质，完其所受，养之以直，平生色词，莫为利屈，翛然往来，皎皎独立，其达似豪，其真似懒，其淳似疏，其静似简……我行四方，阴察士友，或持于初，而丧于久，或违其心，而诵于口……维仲嘉甫以表知实，躬行不言，终始若一，求之古人，百不六七……言念丙子，识君京师，语未及再，君以忧归……大涤之天，焦先之庐，荆溪之流，离墨之徂。”

1934年8月22日

《幽怪录》云：“巴邛人家，橘园有大橘，如三斗盎，剖开有二叟对弈，一叟曰：‘橘中之乐，不减商山，恨不能深根固蒂，为愚人摘下耳。’”此语耐人寻味，《橘中秘》弈谱命名本此。

苏东坡《观棋》诗序云：“司空表圣有‘棋声花院闭’之句，吾尝独游五老峰，入白鹤观，松荫满地，不见一人，古松流水间，唯闻棋声，然后知此句之妙也。”追理日前华峰之麓，松荫蔽空，只一小亭，容吾等数人，或焉坐隐，或焉手谈，鸡犬无闻，理乱不与，钩心斗角，悦目怡情。时于不语之中，寄其交流之悟，不必有声而后可闻，然此景惟有中心藏之耳。

《张蜕庵诗集》四卷，元潞国张仲举遗稿，释大杍、北山编集之。昔梁高僧慧约《哭友诗》曰：“我有两行泪，不落三十年。今日为君尽，并洒秋风前。”高义逸情，不害于道者也。

诗之轻妙者如三山郑汝昂寄诗广东令某云："三尺儿童事未谙，饥来强扯我襕衫。老妻牵住轻轻语，爷正修书去岭南。"其人得诗因厚赠之。

又如江南某贵子以五千金上公车挥霍，病归，其父检行箧中有句云："比来一病轻于燕，扶上雕鞍马不知。"翁且怜且喜曰："得此诗二句，抵金五千矣。"（以上二则见梁晋竹《两般秋雨盦随笔》）

又如《咏蝉》云："莫倚高枝纵繁响，也应回首顾螳螂。"诵之惕息。

《咏瀑布》云："流到前溪无一语，在山作得许多声。"

《咏铁马》诗云："底事丁冬时作响，在人檐下不平鸣。"皆言浅而旨深者。

1934 年 8 月 23 日

北戏有《时迁偷鸡》一出，所见惟王长林为最，《秋雨盦》云："吾杭清泰门有时迁庙，凡行窃者多祭之，是数典不忘祖者。"报载巴黎破一机关，一皤然老者，类大学教授，方高据皋比，授徒为人致用之方，曰："衣冠须整齐也，言语须温和也，态度须温重也，举止须安详也。要之，必如是而后可以接近巨绅贵人，必如是而后可肆其探囊胠箧。"盗亦有道，此容甫《狐父之盗颂》所为作也。

苏子瞻，代笔丹阳人高述；赵松雪，代笔京口人郭天锡；董华亭，代笔门下士吴楚侯。山舟学士书名噪海内，而从无代笔。（《秋雨盦随笔》，梁晋竹称山舟为曾伯祖）余斋中悬山舟一轴，极意追董，而转捩处伤于纤弱，自署七十七（山舟享年九十三，夫妇齐眉。汉叔云），未敢以为信也。际遇在汴中所书特多，有面请者，辄以勿用代笔为词，实未达此资格耳。

宋玉《招魂》，虽有"菎蔽象棋，有六博些"之语，象棋是博具，以象牙为之而已。刘向《说苑》云："雍门周谓孟尝君曰：'足下闲居好象棋，亦战争之事。'"则似七国已有此戏。《太平御览》又谓："象棋乃周武帝所造。"此世传武王作象棋，以象战斗之所误本也。（详《庾子山集·象戏赋》题注）

京师人海酬酢之地，每苦客约之难，有请客诗曰："华堂灯烛喜筵开，不道诸公个个来。夹菜都从头上过，提壶却向耳边筛。可怜矮子无长臂，更恨肥猪占半台。门外又报车声响，主人倚坐半边陪。"每逢宴会，辄忆而不便为主人诵之。

有传赵瓯北构文批卷，随问随答，夫人室中詈骂，复还应之，盖五官并用者。实为毛西河事，见《秋雨盦随笔》。

黄酒或曰陈酒、曰绍酒、曰绍兴酒，稍雅者曰花雕，绍兴人曰女儿酒，市贾每斤二角以上，陈者可直数金。问其命名，则绍人于女子初生之年便酿此酒，或举以为贺酒，昙以花彩之，迨嫁女时出以飨客，或举以助妆奁也。此酒盛行国中，它非其敌，日人谋我无微不至，闻且鸠巨资作仿造之计云。

梁同书父诗正出为伯后，有《频罗庵集》，释氏呼木瓜曰："频罗。"梁氏家有一株，晋竹谓为前代之树。山舟学士因自号"频罗庵主"，性淡荣利，自以鲠介，不合于俗，丁艰后遂引病不出，室中所悬学士中堂文云：“李太仆云：‘士人外形骸而以性天为适；澹肥甘而以泉茗为味；远姬侍而以松石为娱；寡田宅而以经籍为富；薄功利而以翰墨为能。即无钟鼎建树，亦自有千秋不朽，下神仙一等人也。’”语未详所出，然可以见学士志矣。（魏晋六朝始置官，唐置学士院，清内阁翰林院皆有学士之官）平生俭于自奉，一冠数十年不易，不好内，不喜饮宴，故陈园老人赠诗有“一饭矜严常选客，半生孤冷不宜花”之句。九十诞辰，张岐山问莱寿联云：“人近百年犹赤子；天教二老看玄孙。”配汪恭人，先二年卒，学士挽联云：“一百年弹指光阴，天胡靳此；九十载齐眉夫妇，我独何堪。”嘉庆乙亥七月十五日卒，年九十三，殇前手书讣稿，遗命不治丧，不刻行状。所传《频罗庵挽联》，犹如挽汤画人妹夫（辛未庶常甲戌未及散馆，没于京师，年四十，母犹在堂）：

“四十年生有自来，身到蓬瀛天遽召；三千里殁而犹视，心伤桑梓母何依。”

挽钱箨石侍郎云：

“青宫授几，洛社图形，官府神仙皆慧业；备达尊三，擅绝诣四，儒林文苑并传人。”

挽庄对樵师云：

“孝思尽宦海，家园荣亲养亲，一笑生天证佛果；道望齐太山，梁木吾仰吾放，儿人入坐哭春风。”

挽钱竹汀官詹云：

“名在千秋，服郑说经刘杜史；神归一夕，仙人骨相宰官身。”

均以峻峭胜者。

1934年8月24日

长洲李纫兰女史《秋雁》句云：“偶听弓弦惊瘠寐，久疏笺字报平安。筝无急柱宁辞鼓，琴有哀音未忍弹。”不脱不黏，自抒幽怨。

“人生最系恋者过去，最希冀者未来，最悠忽者现在。”孙征君（奇逢）语。

潮州太守黄霁青作乐府十首，一曰《翻金罐》，戒迁葬也。二曰《螟蛉子》，斥乱宗也。三曰《女儿布》，伤乖离也。四曰《打怨家》，惩械斗也。五曰《买输服》，被哀诬也。六曰《宰白鸭》，悯顶凶也。七曰《速吊放》，恶掳赎也。八曰《阿官崽》，讽游冶也。九曰《打花会》，儆赌博也。十曰《莺粟瘴》，叹鸦片也。每首均《弁语》记府志备载之，词尚雅晰，中惟《宰白鸭》最不合人道，然仗义急公，激于一时之义愤，君子犹或哀之。其他亦到处皆然之事。必谓粤俗以潮州为最坏，亦晋竹之不词矣。

方正学偕叶夷仲辈，夜登巾山绝顶，饮酒望月，剧谈千古曰：“昔苏子瞻与王定国诸公登桓山，吹笛饮酒，踏月而归，以为太白死后三百年无此乐矣，斯又子瞻死后三百年无此乐也。”比日高怀，有相似处，弹指之间，南鸿北雁矣。

牛顺风而行速，马逆风而行速，可为“风马牛不相及”作一旁解。

严世蕃建听雨楼于京师半截胡同，藏珍玩书画其门下，汤勤实鉴别之。即《审头刺汤》，北剧所谓“汤裱褙”者。

米元章与人一帖云：“承借剩员，其人不名，自称曰张大伯，是何老物，辄欲为人父之兄，若为大叔犹可也。”今人呼父执概曰“伯”，若吾潮则严伯叔之称，一如本支诸父之称，于分较合。

《秋雨盦》云：“潮州妇女出行，则以皂巾丈余蒙头，自首以下双垂至膝，时或两手翕张其布，以视人状，甚可怪，名曰：‘文公帕’，昌黎遗制也。”按此事早已不行，惟妇女送丧时以麻布为尖冠，笼于头上，下及肩际，名曰：“监头哭丧”，不露面目，今尚服之，无改也。

有于珠江饯衡阳一优之归者，顺德梁枢石痴，工画不诗，因被迫援笔，立就曰：“昔自衡阳来，今往衡阳去。风送衡阳舟，目断衡阳树。”阖坐膛眙，为之阁笔。

“汪尧峰私造典礼，李天生杜撰故实，毛大可割裂经文，贻误后学不浅。”阎百诗语。

世称东坡为长公、为坡老、为眉山，按又字和仲、又字子平。欧阳公《苏明允墓志》云：“生三子，曰景早卒。”则子瞻为仲行可知。又别号之多，当以傅青主为最，《人名辞典》列举五十余号。

四书句备四声，次第者如：“何以报德、康子馈药、天下大悦、君子上达、兄弟既翕、妻子好合、兵刃既接、能者在职。”不知尚有漏举否?

《南史》：“既佳光景，当得剧棋。”一语四双声，与“几架机器，周程朱张”同例。

民国十六年，军围武昌，城中不得食，狗肉一斤直一金，围城以外，尸骸狼藉。时人为之语曰：“城内人食狗，城外狗食人。”描写尽致。

竟日覆阅《两般秋雨盦笔记》，有启发处，札记如上，按梁晋竹钱塘人，名绍壬，字应来，道光举人，官内阁中书，祖履绳（记中有《先大父夬庵传》，卢抱经学士撰），父祖恩（记中有《重建始兴文庙碑记》），随父官客粤，足迹尝至潮州者（见《致赵秋舲书》），书尚可备稽古征俗之助，惟不免好录浮词，至以妒律（见《昭代丛书》）入记，尤为自秽耳。

七月十五日道家谓为中元，正月望日为上元，十月望日为下元。自唐已然。今潮俗于端午、中秋、冬至三节之外，逢三元日亦立三节，上元闹灯、中元祀鬼、下元供祭。五谷主即后稷亦不废祀先，故俗曰“八节”，并除夕清明数之也。

1934 年 8 月 25 日

早凉，卯正七十六度。重阴，午见日，七十八度，夜月兼光。

《雍熙乐府》，二十卷二十册，景明本，无撰人姓氏，有嘉靖丙寅《春山序》一首，谓仍其旧名。曰《雍熙乐府》可知其来已旧。“雍熙”云者，采唐虞时雍咸熙之语，以昭盛世之治和也。词多清响，少杂方言，断代而言，当在至元之后。《四库提要》云：“旧题海西广氏编，存目著录十三卷，则非今之足本也。”又谓“有凡例”云云，而今本则无之，是又亡逸而成罕秘者矣。

午作二十一册日记序。柬波。

夜罢读，招君复坐谈九局，又校勘旧谱数事。毅伯来。

《万年山中日记》第二十一册

（1934 年 8 月 28—30 日）

1934 年 8 月 28 日

《人名辞典》成于民国十年，不载王先谦，例不列生存者也。先谦，字益吾，号葵园，官国子祭酒，李爱伯乙榜出其门下，而年辈实相若，《越缦堂日记》述其过从者甚详。爱伯殇于光绪二十年，享年六十六岁（甲午十一月二十四日，平步上目《李慈铭传》），则祭酒若至民国十年健在，为九十岁以上，然其同邑（长沙）门下士黄山所为《后汉书集解·附续志集解校补跋》，署年癸亥（民国十二年）。且云："蔡园先生刊所著集解共百二十卷，未毕两卷卒。"则祭酒之殇确在癸亥之前。祭酒自序其书，署乙卯仲秋月朔（民国四年），卷首复有"乙卯秋中长沙王氏校刊"字样，则《后书集解》开雕之年也。其副室曰："宋大家者克承遗志，奉理董未完书，属黄山总校之（具见黄跋）。"抑亦贤而勤矣。祭酒晚岁日力全耗于编纂此书，病不少休，今考其书，自为《后汉书集解》述略一卷，汲古阁本卷首《目录》一卷（各卷多附子目志目尤详）。官本《目录》一卷，计《帝纪》十卷，《志》三十卷，《列传》八十卷（与官本、潮本均有出入）。卷中凡王氏所推扩者，概以角弧标明"集解"二字，每卷既终，附以校补。于原文及章注，皆有堪比，信宪文章献之儒也，而大家与黄山尤有足多者，因思东汉一百九十五年间事，自《东观汉记》以下，无虑数十家，《范书》之出更后于《陈志》，则其褒尚学术，表章节义，可以轹今迈古也。"至于比类精彩，属词丽密，欲方马班"（蔚宗语），何论华袁（集解述略语其后意）。五百年而章怀太子为之注，又历千年而惠栋为之补注，更二百年王氏集解纂述焉。穹远之迹，荒寒之区，于此有人焉，芟夷蕴祟，勿使侵伐，岂非豪杰之士哉。

1934 年 8 月 29 日

卯正七十一度，晴昳八十度，夜月隐曜。

寂寞阙里，冠盖陡集，兖州传出国民政府祭孔，祝词曰：

恭维先师，万世仪型。明德新民，知化穷神。折衷六艺，譬如北辰。天下为公，大同仰止。货力致用，不必为已。唯我国父，弘喻此旨。心乎诸夏，左衽是惧。明愚强柔，民族之矩。亲亲仁民，示以义方。选贤与能，民权用张。既庶何加，日富与教。患在不均，民生策效。凡斯微言，合德相告。百世损益，斡此洪造。邦家多难，民思威仪。崇德辨惑，礼以致辞。只陈芳馨，宫墙在兹。同觉天民，神其格斯。

此真“满纸荒唐语，谁解其中味”者矣。文中第二联用俳语，第三联忽又改步，“折衷六艺”句下接以“譬如北辰”，北辰何尝折衷六艺也，直是文法未通。“亲亲仁民”“明德新民”并非孔子之语，又用《礼运篇》铺缀数联，直是张冠李戴。末段尤不词之甚，辽金之朝，无此奇作也，廊庙典章，以若辈出之，今天下溺矣，独不畏百世之清议乎？

1934年8月30日

见清季秘折有梁鼎芬劾袁世凯一折，中云：“臣常读史，见汉晋已事，往往流涕。如汉末曹操一世之雄，当其为汉臣，有大功于天下，孰知篡汉者操也。晋末刘裕，当其北伐时，亦有大功于天下，不知篡晋者即裕也。袁世凯之雄，不及刘裕，就今日疆臣而论，其办事之才，恐无出其上者，如此之人，乃令狼抗朝列，虎步京师，臣窃忧之”云云。岂非列炬然犀，谋皮于虎者哉。而先见之明，纳言之忠，事已过往，无待论定。

民国初年，玉步初改，星海蹀躞燕市，袁之辣不下于曹，然未敢加害也。曾刚甫蛰处绳匠胡同，忍饥不出，非有怼于新国，实疾首于项城。一闻星海先生至门，倒屣而出，躬自扶将，星海长须鬑裁，五十许人耳，义节所同，显晦不异。目击心仪，并存于此。

“回思广雅师承，晚节不惭梁太傅。”（吴梦秋挽刚甫联语）知右丞者其梦秋乎。

《万年山中日记》第二十二册

（1934 年 10 月 3—5 日）

1934 年 10 月 3 日

元封三年春作角抵戏，六年夏京师民观角抵于上林平乐馆。按角抵即今之贯跤或曰摔跤，日本存此风，谓之相扑，推为国技之一，与柔道不同，举行比艺时观者如堵墙，君相常临观焉。《龙威秘书·武帝内传》（采自《汉魏丛书》），署班固撰，至有"哥哥"字样（大酉山房本，页十五上），亦固之不幸也。

1934 年 10 月 5 日

爱伯身后未闻传人，盖礼堂无写定者矣。闻其所读书有鬻于北海图书馆者，闻所读两汉书，书眉殆遍枕葄所在，尚未锢诸废井，或用以覆瓿，可悲复可幸矣。其门下士王重民手录如干条，参看《越缦堂日记》，为《汉书札记》七卷，《后汉书札记》七卷，《三国志札记》一卷，其采入王氏《汉书补注》者什之一二，其已见前人考订者亦什之二三。考爱伯日记，以光绪辛巳、壬午间与益吾交从最密，所记以注汉书，信使往还者亦数起（如三十六册，三十四页、九十八页），尔后益吾督学江苏、归田岳麓，无复从容商榷之会矣。今日校读《武帝纪》数条，深叹昔人一行十目无所苟而已矣。……

卧阅《人间世》，有郁达夫《青岛杂事诗》，其一云："邓家姊妹似神仙，一爱楼居一爱颠。握手凄然伤老大，垂髫我尚记当年。"达夫以颓废文学名家者。

《万年山中日记》第二十三册

(1934年11月5—15日)

1934年11月5日

辰正五十三度，晴间阴，加戌有急雨。

《四部丛刊续编》续到：

《春秋胡氏传》三十卷四册，宋胡安国撰，景宋本。

《吴越备史》四卷二册，吴越范坰、林禹撰，景手抄本。

《图书见闻志》六卷一册，景宋本，宋郭若虚撰。

《法书考》八卷一册，元盛熙明撰。

《郑守愚文集》三卷一册，唐郑谷撰（宋刊本，四库未收，按集中所载全属诗篇）。

《先天集》十卷附录二卷（二册），宋许月卿撰（明嘉靖刊本，四未收，月卿字太空，宋亡衰服深居三年不言，卒年七十）。

《吴骚合编》四卷四册，明张楚叔辑（景明刊本，吴骚昆曲也，体皆侧艳，图亦精雅）。

新购各类书（《嘉庆重修一统志》、《辞通》、开明本《二十五史》等），诸索引多用王云五“四角号码检字法”，按之几为喷饭，然亦便于不识字者，虽蛮貊之邦行矣，虽有举之莫敢废也，录之以谂来者：

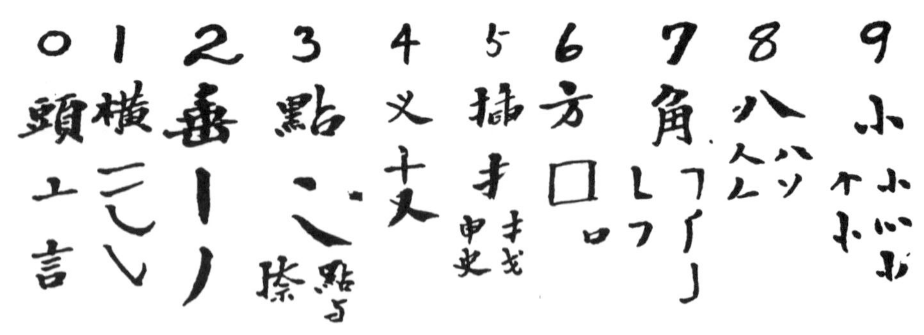

例如：頑 0128、截 4325、隳 6789、十 4000、車 5000、時 6404、因 6043 等。仓颉造字而鬼哭，想当然耳。……夜忽因羊函述及文儿遗雏，怅然于怀，几至罢读，伤哉女也。

1934年11月15日

读《食货志》为《字说》数则。

太侔今晨自南都回……太侔归馈，以石榴、佛手柑，香盈篚筐。为作《木疏》，以当谢启。

楉榴即石榴。按《说文》无“榴”字。《尔雅·释木》云：“刘，刘杙。”郭注：“刘子，生山中，实如梨。酢甜核坚，出交趾。”郝《疏》云：“《初学记》引《埤苍》云：‘石榴奈属，则与此异。’”《广雅·释木》：“楉榴（石榴），奈也。”《文选·蜀南都赋》：“若榴竞裂。”《南都赋》作“若留”。又楟枣若榴。王疏：“若、石声相近，故若榴又谓之石榴。”按郑樵《草木略》云：“石榴，《本草》谓之安石榴。《尔雅》云：‘刘，刘杙。’刘与榴通用故也，一名丹若，一名若榴。”按《广韵》榴下云：“石榴果名。”《博物志》：“张骞使西域回所得此。”据陆机《与弟书》：“张骞为汉使外国十八年，得涂林，安石榴而言。”蔡邕《翠鸟诗》云：“庭陬有若榴，绿叶含丹荣。”则自汉以来，不但见之歌咏，且滋为庭树矣。今南方旧宅荒园，榴树秋后结实累累，卅年于役，不获亲见矣。

佛手柑，按俗呼香黄者，实香橼，亦称佛指香橼然也。《说文》无“橼”字。《广韵》橼下引《埤苍》云：“果名，似橘。”又云：“枸橼树皮可作粽。”雷浚《说文外编》橼下云：“尹全切，枸橼出交趾，今自安南来者最多，闽粤果园往往有之，形香俱绝。”

《万年山中日记》第二十四册

（1934 年 11 月 28 日—12 月 31 日）

1934 年 11 月 28 日

《三字经》："昔仲尼，师项橐"。语本《秦策》："甘罗曰：'夫项橐生七岁而为孔子师，今臣十二岁于兹矣！君其试臣，奚以遽言叱也？"《续史记》作"大项橐"，而黄丕烈（嘉庆吴县）据姚本（绍兴颍川姚宏）作橐，音义各殊，《新序》《论衡》并见此说。《淮南子》高诱注曰："项讬七岁，穷难孔子而为之师。"孟康《董仲舒传》则云："即达巷党人，要非互乡童子耳。"

1934 年 11 月 29 日

辰初三十九度，校室始炉。晴和不胜炙迫。

晨授三课，课余剪发剃面。小儿非饴不受剃，余则呼剃必挟书，畏默坐之枯窘也，今日借此温课，亦复自得。

鬀，已非古，俗又简易之作剃，是犹恶嚏而误涕也。"鬀"与"涕"并新附字。剃之事不知始于何时，古惟有髡耳。而部曰罪不至髡。完其而鬓，曰耐。《急就篇》曰："鬼薪白粲，钳钛髡，皆以刑威者。"鬀下云："大人曰髡，小人曰鬀，尽及身毛曰鬄，此徐氏附益之耳。"菉友云："尽鬄身毛，惟回纥俗有之。古无此事，岂当有此字。"按惟小人乃鬀。鬀，鬄也。《韩非子》："婴儿不鬄（字应作'狄'）首则腹痛。"至髡者乃施于罪人，或自髡以请罪。《后汉书·冯鲂传》："褒等闻帝至，皆自髡鬄。"更稽之往古，东夷乃断发文身。下洎胜清，顺民乃剃发，罪系者反不令鬀发。至剃须尤非古矣，男子本以须眉为美也，世传孟德割须弃袍。《王莽传》："莽欲外视自安，乃染其须发。"周寿昌曰："染须发见于书者自莽始。今者三日不剃，面生荆棘，几不可一日立于士女之侧者。"然吾则恐其今茅塞子之心也。

1934 年 12 月 1 日

李义山"锦瑟无端五十弦""昨夜星辰昨夜风"，诸律以其无题也，遂群附为悼亡绝作。纪晓岚谓《兰亭序》后段自"夫人之相与，俯仰一世"句起，把"夫人”二字重读便成一篇鼓盆[①]绝文。言者无行，闻者改容。今日见《天和阁联话》所录诸联，清脆可诵，如云：“永喜王仲兰诗词清丽”。悼亡联云：“三十年罗隐未成名，身贱更谁怜我独；六七夜荀郎空熨体，家贫不免误卿多。”溧水濮青士作云：“此别不多时，但未知世界三千，待我在天还在地；深情无不报，难再得俸钱十万，与君营奠复营斋”。（元稹《遣悲怀》诗亦悼亡之作）张鹤谛作云：“夫妇道苦，我亦谓然，十五年草草因缘，除却忧患别离，有几日开怀言笑；儿女情长，卿犹未免，百八杵声声透澈，唤醒贪嗔痴爱，到此时于意云何。”（注：其夫人生前礼佛）

【注释】

①鼓盆：本意即敲瓦罐子（瓦缶，古代乐器）。代指丧妻。

1934年12月12日

叶名澧《桥西杂记》云：“五代时，蒋维东隐居衡岳。受业者号曰山长。”《元史·顺帝纪》：“至正三年监察御史成遵等言，用终场下第举人充学正、山长。”乾隆三十年初八日上谕：“各省书院，延师训课，向有山长之称，名义殊为未协。即曰书院，则主讲席者自应举为院长。著于各省督抚奏事之便，传谕知之。”关于“山长”“院长”掌故，所见者如此。

1934年12月21日

关于“发”之故实多矣，太平天国策士金凌男状元某，蓄发檄警句云：“发肤受父母之遗，无剪无伐；须眉乃丈夫之气，全受全归。”留东某生与其父辩诘云：“泰伯断发文身，孔子称其至德。墨子一毛不拔，孟氏谓其无君。发之存亡，何关轻重。”又传端方之子留学米利坚，为剪辮一事，与公使施肇基往来电报达三千余金，电稿中可传之句如：“我生只此子，只此发，此发亡即我子亡，我子亡即我亡。”如此大事，恐世渐无知者矣。

1934年12月29日

今日《大公报》济南专电，“鲁曹州宦家子孙德福，因报父叔仇，流落济南行乞、拉地排车为生。其未晤面订婚妻韩桂卿在陕充任教员，父母强嫁不从，探访八年，始知孙在济行乞，昨到济与孙结婚。节孝一门，轰动社会”云云。此其可记者耳。

《晨报》载朱仙镇通信，一瞥殊动旧游之感，忆民国十九年正月元日，假御张伯英偕吕子修率陈甥、器儿前往，地在开封城南四十五里，为中国四大镇之一，南北商旅舟车凑集之所，且为岳武穆大破金兵之地，庙观六十余处，关、岳崇祀更属大典，今则河流淤塞，工商弱敝，即香火之缘亦为之改观，岳庙丰碑尽毁于十六年之役，所目见者唯武穆书《送张子岩先生北伐碑》一碑，诗曰：“号令风雷迅，惊天动北陬。长驱渡河洛，直捣向幽燕。马蹀阏氏血，旗枭克汗头。归来报明主，恢复旧神州！”最后十字，至今不能去诸怀也。（忠武原诗见《陔余丛考》卷二十二，文章忌假借条下今据此正之。）

1934 年 12 月 31 日

宣统庚戌，假馆津沽，岁莫南旋，俟舟秦皇岛时，津浦尚未通车，而白河已冻冰数尺也。山海关相去三十余里，与诸少年各雇驴车，疾驰荒漠积雪间，犹记关上悬匾一方，曰“天下第一关”。相传严嵩手笔。今日报载胡永年题诗，极推为擘窠书，最合矩度者，与萧何所书“苍龙”“白虎”二关，鲁公之“虎邱剑池”同一凝整（而无书名，或云明萧显，亦无据）。吾意所记，却以中州鼓楼“声震中天”一额最雄厚，且署有米襄阳印，字高六尺，今存博物馆，盖几废矣。

《万年山中日记》第二十五册

（1935 年 1 月 14 日—3 月 26 日）

1935 年 1 月 14 日

阴雾。午甫见日，日昃复阴，及亥始见天有月。

早起并奕侣不可得，竟日读《寿恺堂集》。舟行不辨百武，有闻无见。……

最爱彦升《感事》一首，以所感者同也。诗云："读书无所得，且欲平意气。当境难强制，回思却有味。独有毁誉间，淡忘殊未易。誉果无所欣，毁亦何怨怼。惟其入耳时，终觉顺逆异。自顾何轻重，乃尔劳物议。道高谤乃至，此亦何敢冀。但肯挂齿颊，固知未遽弃。奄忽百年后，恩怨谁得记。毁我复何人，誉我复何地。"

在史镔处见于右任所书立轴，有"簑笠"二字，并作"蓑苙"。按簑本同蓑（《康熙字典》簑在竹部，十一画。蓑在草部，十画。画之多少本非通人所屑言，但何可自相歧互如此）。而苙决不能通笠。《扬子方言》："苙，圂也。"《孟子》："既入其苙，又从而招之。"力入切，音立。音义俱悬殊，不识字而好写字者众矣，於于与何诛。

又按蓑，草雨衣，秦谓之萆，从衣象形。《小雅》："何蓑何笠。"《传》曰："蓑，所以备雨。笠，所以御暑。"段云："俗从草作蓑。而衰遂专为等衰、衰绖字。"按越语"辟诸如衰笠，时雨既至，必求之。"潘弈隽《说文解字通正》云："是古者雨衣，止作衰。"（此说据泽丞言，而信。）

1935 年 1 月 19 日

象棋之名，当以《楚辞·招魂篇》："菎蔽象棋，有六博些。"刘向《说苑·善说篇》："今若足下千乘之君也，居则广厦邃房，下罗帏，来清风，倡优侏儒处前迭进而谄谀；燕则斗象棋而舞郑女，《激楚》之功风，彩色以淫目，流声以娱耳。"二说为最古。《杨升庵集》称《隋·经籍志》内列《象经》一卷，周武帝撰，有王褒注、王裕注、何妥注，而章宗源《隋经籍志考证》未见箸录，据《事物原始》，象棋乃周武帝所造，有日月星辰，象则沿革，至今变化多矣。西昌程允升《幼学故事琼林·制作篇》："武王作象棋以像战斗。"则周武帝之误。（昔巳邱人不知其姓，家有二大橘，剖开每橘有二叟，相对围棋，谈笑自若。幼学注：《橘中秘》一书名自此。）

1935年1月20日

夜阅完《幼学琼林》，分类比词，为助记诵，增补者邹梧冈附序于乾隆二十五年，较原作更涩晦，科举盛时此书颇盛行蒙塾间也。

1935年1月21日

谜，即古人之隐语。《左传》（哀十三年）：公孙有山曰："若登首山以呼，曰'庚癸乎！'则诺。"其滥觞也，亦曰廋词。《国语》："秦客为廋词。"楚庄、齐威俱好隐语。东方朔好射覆。《七略》则有《隐书》十八篇矣，今不传。惟"卯金刀""千里草"等出自风谣耳。东汉末谓之"离合体"，蔡中郎书曹娥碑阴是也。谜之名始于曹魏，《文心雕龙》曰："魏代以来，君子嘲隐，化为谜语。谜者回互其词，使昏迷也。魏文、陈思约而密之，高贵乡公，又博举品物。"六朝以后益盛行。明有《谜社便览》。又贺从善编一书曰《千文虎》（按周栎园有《折字》一卷），曹雪芹《石头记》有春灯谜，俞曲园《春在堂集》中有《灯谜》（名不记确）一卷。太落书卷气，如曰："字打四书二句，不连。""若由也，直在其中矣。"土阝，打四书二句。"城郭不完，为其不成享也"之类。潮语行于童妪间者曰命，即谜之转语也。

汤若士谱《牡丹亭》，石道姑开场白全用周《千字文》语，打诨至百余句，极尽诙谐。瓯北谓其有所本（《陔余丛考》卷三），盖《太平广记》引《启颜录》祭社语"社官、三老等，切闻政本于农，当须务兹稼穑"云云。临川仿为之，而出篮远甚。

1935年1月24日

辰初五十三度，晴。夜人定月明。

温经，授《左氏传》及《孟子》，阅《日知录》。

古时以二字姓改为一字者，如马宫，本姓马矢，改为马（"二字姓改一字"条）。又《章丘志》言洪武初撰《千家姓》，得姓一千九百六十八。按俗传《百家姓》实四百四十余。《通志·姓氏略》及《姓觿皆》二千余姓。《名人辞典》则有名人可稽者一千四百余。

《颜氏家训》曰："古者，名以正体，字以表德，名终则讳之，字乃可以为。"宁人云："古人敬其名，则无有不称字者。"

1935年1月26日

赌博条，《辽史》："穆宗应历十九年正月甲午，与群臣为叶格戏。"解曰："宋钱僖公家有叶子揭格之戏。此不祥之物，而士大夫终日执之。"按此应即今之纸牌。又云："至天启中，始行马吊之戏。今之朝士，若江南山东，几于无人不为。"按此应即今之马将。

广东、广西，广南东路、广南西路之省文也。《文献通考》："太宗至道三年，分天下为十五路。其后又增三路，其十七曰广南东路，其十八曰广南西路。"

1935年1月27日

辰三刻五十一度，阴，日入小雨。

芜湖县西南七里大江蟂矶，相传昭烈孙夫人自沉于此，有庙在焉。余十年前泊舟芜湖，尝渡江一叩庙塑。《日知录》"蟂矶"条下据《蜀志》及裴松之注，皆云："孙夫人还吴。"则蟂矶之传殆妄。

1935年2月8日

辰初五十八度，晴。

早发示二儿。柬周英耀，辞其招往开会也。梦秋今日出汕卖医来面。英耀来。

跋王虚舟楷书《积书岩记》尾（潮安林舜阶藏）。虚舟尝引张彦远《法书要录》"长豪秋劲，素体霜研。摧锋剑折，落点星悬"四语自跋其书（隶书千文）。其所服膺，即是所由折肱之道也。自唐人以法胜意，壁垒严整，只知将军。香光崛兴，上追典午，稍变唐法，贻讥妩媚。谷口未谷以降，又尽废唐贤方整义法，竖易汉帜，终清之世，风乡靡然，书虽小道，率无足与明人分抗者。梦楼遒健，犹不足也。虚舟生赵、董书法披昌之世，独能刻意视模率，更善用侧毫，间以瘦笔，折刀截股，啄掠皆雄，信可谓豪杰之士矣。此卷用笔横入勒出，如吾腹中所欲言，方笔之极则也，舜阶藏此，何止雄视一隅已哉。卷中黑丝栏断，非原楮之旧，且多有浅人加墨之笔，断雁续凫为悲，何愿后之人共宝诸（按：王澍，金坛人，字若林，号虚舟，康熙壬辰进士，官吏部员外郎。《望溪集》有《送王若林南归序》，可以知其人也）。

1935年2月17日

晴。辰初六十度。

寄示器儿清理家务。陈镐臣、吴梦秋来谈。

夜独对纱灯，游侣绝迹，入此室处，陪室人竹林之戏。中夜望月，皓洁如秋（《唐书·严挺之传》："睿宗先天二年正月望夜，胡人婆陀请燃百千灯，因弛门禁，帝于延熹、安福门纵观。此天子御楼观灯之始也。"《事物纪原》卷八）。

1935年3月6日

辰初四十九度。晴霭。

新到书开明本《二十五史》第二、第三两巨册，字模虽小，尚明晰可观。《四库全书》珍本初集，第二期五十四种四百五十五册，其子部中《六艺之一录》一书为特巨，先签记之。

《六艺之一录》，清倪涛撰（钱塘人，字岷渠，笃志嗜学，年几百岁，犹著书不辍，贫不能得人缮写，皆手录或家人助成之），四百六卷，续编十四卷（一百八十册），凡分六集：

一曰金石款识，卷一至卷二十四，册一至十二。

二曰石刻文字，卷二十五至卷一百三十，册十二至册五十八。

三曰法帖论述，卷一百三十一至卷一百六十八，册五十八至册七十四。

四曰古今书体，卷一百六十九至卷二百七十，册七十五至册百十三。

五曰历朝书论，卷二百七十一至卷三百十，册百十三至册百二十八。

六曰历朝书谱，卷三百十一至卷四百六，册百二十八至册百七十六。

续编，卷一至卷十四，册百七十七至册百八十。

如此巨帙，不为编目，当年侈尘乙览（眉批：唐文宗曰："甲夜视事，乙夜观书。"世称天子观书为乙览也），徒为颂词耳。《提要》称："自古论书者，唐以前张彦远《法书要录》为详。唐以后未有赅备，于是者（按《佩文斋画谱》成于康熙四十七年）不必以榛苦勿剪为病也。"末署"乾隆四十六年十二年恭校"。上未知与《佩文斋》孰先，然以匹夫抗衡天子之业，已足为稽古之荣矣。惜移录校勘者，未能悉心合法，令编中各书，不知原著者谁何，几什而四五，骤观者依原抄读之曰"钱塘倪涛撰"。则诬古人者甚矣。今日先排次其要目，又抽第四集一一眉签，更阑未辍，略记其大凡于此。（卷二百六十四录汪重闿《训子小学》，末署乾隆庚申五年晴岚孙璧记。则断倪氏成书在《佩文斋》之后也。）……

卧阅汪重闿《训子小学偶拈》。

1935年3月10日

报载苏主席陈果夫通饬崇奉各业创始人物，如纸业蔡伦，旅馆业项羽，木业杨四将军，建筑业张斑，衣业、布业、缝纫等轩辕黄帝，书业、印刷业均文昌公，酒酱业杜康，米业、药业均神农，笔业蒙恬，茶业陆羽，钱业玄坛，砚业子路，瓦木业公输子，说书业崔仲达、柳敬亭。内除轩黄、神农教民衣食，蔡伦、蒙恬明见史书外，多属不经不典之谈。禹王已早恶旨酒，杜康何得擅首造之名。茹茶即后代之茶，陆康不过传耆茶之事。何不如以韩信为乞食之王，管仲作平康之祢，反为差有事实乎。（柳敬亭，明秦州人，自称学技于云间莫后光，以养气、定词、审音、辨物为揣摩，使闻者欢哈嗢噱，久而忘倦）《事物纪原》（卷八）"墨砚"条下曰："后汉李尤《墨砚铭》曰：'书契即造，墨砚乃陈。'则是兹二物者与文字同兴于黄帝之代也。"其说亦不足为确据。

1935年3月20日

《容斋随笔》（卷一）云："白公云：'已开第七秩，饱食仍安眠。'又云'年开第七秩，屈指几多人。'"是时年六十二，《元日诗》也。又一篇云"行开第八秩，可谓尽天年"。注曰："时俗谓七十以上为开第八秩，盖以十年为一秩云。"按今人颂寿多用几秩开几之语，自宋前然矣。

1935年3月22日

汉宣帝子东平思王宇上疏，求诸子及《太史公书》，上以大将军王凤言，而不与。欧阳修自言："吾昔贬官夷陵，方壮年，未厌学，欲求《史》《汉》一观，公私无有也。"（《容斋随笔》第四《张浮休书》语）古人得书之难，以储贰、卿辅之尊，犹有如此。今以寒家所有计之，《史记》有汲古阁本，有仿殿本，有归本，有吴本，有开明本，有评林本；《汉书》有汲古阁本，有评林本，有韩江书局仿汲古阁本，有开明本，有补注本，有集解本，有石斋石印本。几寡有发书而观者，有凭借而无成材，宝狗马，毁周鼎。世运苟如此，时还读我书。

1935年3月23日

上元张灯见于《太平御览》所载，《史记·乐书》曰："汉家祀太一，以昏时祠到明。今人正月望日夜游观灯是其遗事。"《容斋三笔》（卷一）曰："今《史记》

无此文。”唐韦述《两京新记》曰：“正月十五日夜，敕金吾弛禁，前后各一日以看灯。”张祐《咏正月十五夜灯》诗云：“千门开锁万灯明，正月中旬动帝京。三百内人连袖舞，一时天子著词声。”开元、天宝文物之盛事也。容斋又云：“本朝（南京）京师增为五夜。”今澄俗仍循五夜之例，唯游人不若昔年之盛，固难强为点缀也。……

移鼎必先迁都，以去顽民故国之思。董卓以山东兵起，谋徙都长安，驱民数百万口，更相蹈藉①，悉烧宫庙、官府、居家，二百里内无复鸡犬。高欢自洛阳迁魏于邺，四十万户狼狈就道。朱全忠自长安迁唐于洛，驱徙士民，毁宫室百司，及民间庐舍，长安自是丘墟。

汪容甫云：“一世皆欲杀中。”淳熙蜀士郭明复《琵琶亭》诗云：“不管时人皆欲杀，夜深江上听琵琶。”想此语又有所本。杜诗：“世人皆欲杀，吾意独怜才。”

丹朱之不肖，舜之子亦不肖。合谚语“外甥多似舅”，宋语已有之，余改为灯谜一则，亦语妙。

坐椅之制应在南宋以后。东坡在儋耳，作《观棋》诗记庐山白鹤观，观中人皆阖户昼寝，独闻棋声，云：“五老峰前，白鹤遗址，长松荫庭，风日清美，我时独游，不逢一士，谁欤棋者，户外屦二。不闻人声，时闻落子。”是东坡时犹席地而坐，置屦寝门之外。如今东夷之人也落寞幽冷，有至味焉。令人忆历下佛峪之游，劳山华严之宿不置。

《尔雅·释亲》曰：“妇称夫之兄为兄公。”《陈平传》：“称兄伯。”《玉篇》有妐字，音钟。注云：“夫之兄也。其音应从兄公反切而出。”俗呼夫之兄为伯，于书未见记载。据《容斋三笔》则宋语亦如此。潮人为之解曰：“女子羞于称呼他人，故以其子之称人者称之。”于词未当，于例则几尽合也。

俗人每曰“木易杨”。坐宫唱词有“将杨字劈木易，匹配良缘”句。杨并非木易，然宋时已有此语。《容斋三笔》（卷十五）载左某歇后语曰：“木易已为工部侍，弓长肯作集英修。如今台省无杨叶，豚犬超升卒未休。”可证。

空斋习静，鸡犬无声，披籍当炉，自谓至乐。浴后以衾暖脚，顿感舒畅，入夜兴趣益豪，此乐当从寻友古人得之。

【注释】

①蹈藉：亦作“蹈籍”。践踏；欺凌。

1935年3月24日

陶集《读山海经》诗云：“精卫衔微木，将以填沧海。刑天舞干戚，猛志固常在。”按《山海经》云：“刑天，兽名也。口中好衔干戚而舞。”《容斋》记曾纮云（《四笔》卷二）：“是‘刑天舞干戚’五字皆讹。人皆抚掌，亟取所臧本是正之。”今检箧中景宋本校之，信然。上下二联隔对也。

《说苑》：“孟尝君之客曰：‘狐者人之所攻也，鼠者人之所熏也。臣尝见稷狐见攻，社鼠见熏。何则，所托者然也。’”（《说苑》二十篇，汉刘向撰）古语均作“城狐社鼠”（《晋书》王敦谓谢鲲语），稷狐奇而新（《魏书·齐王芳纪》：“譬之社鼠；考其昏明，所积以然。”）

举措脱略，触事乖忤者。宋语谓之“厥拨”。（《四笔》卷一）今潮州方言曰：“鬼拨。”按《曲礼》：“衣毋拨，足毋蹶。”郑氏注云：“拨，发扬貌。蹶，行遽貌。”指其荒率之意。则土语中犹存古语，非仅偶合也。

《容斋四笔》（卷五）记赵德甫《金石录》，据“龙舒郡库刻本”无易安居士《后序》，后获见原稿于王顺伯处，因撮述大概存于篇。末断云：“易安年五十二矣。”自叙如此，与鄙见相同。（见二四〇、三〇四日记，又见二四〇、四〇一日记）……

元丰初，东坡谪齐安，子由贬监筠酒税，张文定别，以诗曰：

“可怜萍梗飘蓬客，自叹匏瓜老病身。从此空斋挂尘榻，不知重扫待何人？”

张薨，子由追和之曰：

“少年便识成都尹，中岁仍为幕下宾。待我江西徐孺子，一生知己有斯人。”

一生一死乃见交情，知己感深，哀而不怨，前人和诗，应其意不必步其韵也。

晚唐律赋之擅名者，如黄滔（文江）《明皇回驾经马嵬坡隔句》云：“日惨风悲，到玉颜之死处；花愁露泣，认朱脸之啼痕。”“褒云万叠，断肠新出于啼猿；秦树千层，比翼不如于飞鸟。”《陈皇后因赋复宠》云：“已为无雨之期，空悬梦寐；终自凌云之赋，能致烟霄。”《秋色》云：“空三楚之暮天，楼中历历；满六朝之故地，草际悠悠。”调妍而格已卑。当时之体已是如此，洎宋而所扇益广，一联之制，播诵寰区，伯厚《纪闻》，移录不少。《容斋三笔》有四六名对，如范文正微时，尝冒姓朱（实随出母），后归本宗，作启曰：“志在逃秦，入境遂称于张禄；名非霸越，乘舟偶效于陶朱。”（《困学纪闻》示录此）东坡《慰国哀表》曰：“大哉孔子之仁，泫然流涕；至矣显宗之孝，梦若平生。”《谢赐带马表》曰：“枯羸之质，非伊垂之而带有余；敛退之心，非敢后也而马不进。”

知越州日，擅发常平仓米救荒降官，谢表曰：“敢效秦人，坐视越人之瘠；既安刘氏，理知晁氏之危。”汪彦章为中书舍人试潭州，进士何烈卷子内称臣及圣，问不举觉，坐罢职，谢表曰：“谓子路使门人为臣，虽诚悖理；而徐邈云酒中有圣，初亦何心？”又曰：“书马者与尾而五，常负谴忧；网禽而去面之三，永衔生赐。”宋齐愈知徽州，其乡郡也，谢启曰：“城郭重来，疑千载去家之鹤；交游半在，或一时同队之鱼。”容斋之先《谢生日诗词启》曰：“五十当贵，适买臣治越之年；八千为秋，辱庄子大椿之誉。”容斋草制曰：“既从有北之投，亟下居东之召。有欲为王留者，孰明去就之忠；无以我公归兮，大慰瞻仪之望。”

东坡雪堂既毁，绍兴初，黄州一道士自捐钱粟再营建，士人何颉斯举作上梁文，一联云：“前身化鹤，曾陪赤壁之游；故事换鹅，无复黄庭之字。”盖李白诗云：“山阴道士如相见，应写黄庭换白鹅。”或议之曰：“逸少写《道德经》，道士举鹅群以赠之。”黄庭者，误也。

梁灏雍熙二年以八十二岁状元及第，其谢启曰：“白首穷经，少伏生之八岁。青云得路，多太公之二年。”虽非上乘，并皆佳，抄杂书之以为笑乐耳。又如白乐天《甲乙判》，亦多趣词（《续笔》卷十二）。

“久旱逢甘雨，他乡见故知。洞房花烛夜，金榜题名时。”得意诗也。“寡妇携儿泣，将军被敌擒。失恩官人面，下第举人心。”失意极矣。流俗所传，早见于《容斋四笔》（卷八）。有转其意曰：“久旱逢甘雨，下雹；他乡见故知，债主；洞房花烛夜，石女；金榜题名时，贴出。”（乡试三场，末终有违试者，贴出之除其名。）失意极矣。予仿其转之曰：“寡妇携儿泣，双官诰（即三娘教子后本，三娘虽非寡妇，然讹夫死者二十年）；将军被敌擒，虹霓关；失恩官人面，和番（王嫱和番，诗人怜之，然实为单于阏氏）；下第举人心，左宗棠。”投军斯何如快意哉。（宗棠两试春宫不第，即弃举子业，自署其门“隆中别署”，陶文毅入湘见左联云：“春殿语从容，万里家山印心石在；大江流日夜，八千子弟翘首公归。”“印心石屋”，文毅微时读书处，宣宗赐翰。）

1935年3月25日

南宋三洪，适、遵、迈（鄱阳人），先后中词科，文名满天下。迈字景庐，绍兴十五年进士，所著《容斋随笔》，五种七十四卷，《自序》称作《随笔》首尾十八年，《续笔》十三年，《三笔》五年，而《四笔》之成不费一岁（《四笔》自序语庆元二年），《五笔》中有“逾七望八”一语。则始作《随笔》之时已在三十五以后，四十年间甕甕不券，不以使节吏事，缀其稽古之勤，非野客丛书诸说部所能比其淹洽博通也。《四笔》《五笔》之成，标为课儿之作，自是老年娱景之谈，不及中岁锐攻之力。提要揭其“史家本末”及“小学字体”二条，谓为无所发明，不复别择。论虽苛而实当。亭林自言《日知》一录，岁不过十余则，审谛三十年方以问世。成之容易却艰辛，信夫。

1935年3月26日

辰初四十六度，风未息，晨霭旋阴，竟晚风。（怡荃来谈。）

授课，温课，读校《魏书·武帝纪》。

汪钝翁长子筠卒，以幼子穀诒为之后。按《宋文鉴》“刘原父为兄后一议。”“以春秋之义，有常有变。僖公以兄继弟，春秋谓之子。婴齐以弟继兄，春秋亦谓之子。”阎百诗《与江辰六书》深斥之，谓：“春秋惟公羊家多异说，姑勿论。”即以《僖公元年传》：“此非子也，其称子何？臣子一例也。”今钝翁非诸侯也，子筠不过一士庶人耳，而敢援古大夫之例乎，此亦礼不下庶人乎。

《畴人传》论郑玄曰："康成于天文数术，尤究极微眇。"又云："然则治经之士，固不可不知数学矣。"澧谓："国朝治经者阎百诗、江慎修、钱辛楣、戴东原（不数亭林者，不欲溷之于清儒也）皆知数学，其后知数学者尤多。"（《东塾读书记》卷十五）数学之语早有所见，周公问于商高曰："窃闻夫大夫善数也。"（《商高传》）则其来尤旧。

《庄子》云："知士无思虑之变则不乐，辩士无谈说之序则不乐，察士无凌谇之事则不乐。"（徐无鬼）滔滔皆是，吾亦不免身心交病，大道信多歧哉。

曾涤生原名曾武城，字子居，某试官以曾子居武城下，文意不善，故改名。（啸咸云："忘所本。"）

"骑青牛过函谷关老子李，斩白蛇到丰西泽高祖刘。"传为李、刘二人相谑之辞，与《俞楼杂纂》（四十八卷）所记"孙姓者应祖姓者，不过君祖我孙，我孙君祖而已"一词同科。国人好以行辈相夸之习如此。

《万年山中日记》第二十六册

（1935 年 4 月 2 日—5 月 2 日）

1935 年 4 月 2 日

顺德谈溶（月色）著《壶雅》《说罍文》二首（《国学论衡》第三期），古雅可爱，自跋注云："坐对瓶花，考释古器，乐可忘饥。亭午主君归饭，始知瓮已绝粒，相顾大笑。口占四句，信笔题之，使后之览者，知毷氉之世，竟有好古乐道如此。《食贫之夫妇》诗云：'闲居玩古共安贫，负戴夫妻乐更真。无米无炊非巧事，移来纸上任生尘。'"其主君寒琼，尝客宣南访袁云，于文中知之曰"负戴夫妻"，则并为斑白者，亦奇女子也。

又其《南汉铁花盆诗序》引《南汉书》云："后主于三月斗花内殿，负者献要金要银买宴，自称萧闲大夫。有宫人离非女子能作大篆。"此昨日所记萧道管笔记名《萧闲室》之所本也。其题《朱伯姬画桃花燕雏扇子诗序》云："伯姬名美瑶，九江先生次琦之女，许字张氏，未婚张没，守贞数十年，抚嗣子廷鸾成立，乡人敬之，入嗣贞节祠，自题山水云：'曳杖过平桥，幽闲便自了。更有绝尘人，扁舟独垂钓。'工诗画，殊矜持，不轻予人，故流传绝鲜。"

主君寒琼，于府东学之冷摊，以千钱获诗云："童身贞节重儒林（自注：九江称儒林乡），绘事流传抵万金。绝艳讵知同雪冷，哺雏想像抚孤心。法书秀劲如名父，迥句幽闲入雅吟。府学墙东冷摊上，竟随桐爨遇知音。"斯则其事其人，并可入记者也。（寒琼顺德蔡守）

1935 年 4 月 3 日

辰初五十一度，晴。

授课，习课。阅《俞楼杂纂》，读经。夜，菽明啸闲来谈报访也。

董子曰："君子甚爱气而谨于房。"亭林与人书尝深戒之。太炎《疑年拾遗》有云："帝王多不寿，皆以嫔御过多，自伐其性。唯梁武帝、宋高宗过八十，由武帝五十即断房室，高宗以疾熏腐故也。其次如汉武帝、唐玄宗虽逾七十，盖以求仙为名，实授房中之术矣（按汉武自戾太子伏诛后终于无子）。"曲园作《枕上三字诀》，以为安神闺房之助，一曰塑，二曰锁，三曰梳。塑者，庄子所云"其形可使如槁木也"。锁者，老子所云"塞其兑，闭其门，终身不勤"，今人谓之调息也。

梳者，庄子所曰“众人之息以喉，真人之息以踵”，养气之术也。粗而言之，养心其善于寡欲；精而言之，吾养吾浩然之气。二语尽之矣。所谓欲者，凡可欲之物而心欲之皆是，澹泊自甘为第一要义。所谓气者，凡心有所动，性不能忍，皆为无以养之明证。

《魏书·武宣卞皇后传》：“怒不失容，喜不失节，故是最为难。”予外舅蔡丈梦阶先生温和沈毅，侍侧四十年，不测丈所恶者为何人。真汪汪之量，澄之不清，扰之不浊也。

1935年4月6日

《俞楼杂纂》五十卷，曲园晚作也。然亦太不甘割爱，茅苇皆货矣。如卷四十八《一笑篇》，列谐谈十五则，类多市井所共知者，充其类可以旬日书出千数百条，何取乎？每条之下皆注谈者主名，益形其隘矣。人云曲园著书成癖，限月成卷，信然。

1935年4月8日

晴。

《述今古源流及其异同》一篇，太炎先生（《国学论衡》二期）最称简赅，而持论不偏者。

无屋漏工夫，做不得宇宙事业。一念收敛，则万善来同；一念放恣，则百邪乘衅。把意念沉潜得下，何理不可得？把志气奋发得起，何事不可做？未有甘心快意而不殃身者。唯礼仪之悦我心，却步步是安乐境。自家好处掩藏几分，这是涵蓄以养深；别人不好处掩藏几分，这是浑厚以养大。皆吕语之粹者。

此心时未能安顿下去，看书亦同陌生，空谈操存，不堪一阵风雨，可叹也。

1935年4月9日

“仆持客刺入，主人怒其仆。何不为我辞，劳我具冠服。出乃握客手，若恨来不数。相对笑嘻嘻，谁知真面目。”江弢叔《拟寒山诗》也，不知描写何人，但觉其入木三分而已。

渊明为彭泽令，岁终会郡遣督邮至县，吏请曰：“应束带见之。”渊明叹曰：“我岂能为五斗米折腰向乡里小儿。”即日解印绶去职（据昭明太子撰传）。按：五斗米，日奉也。《归去来兮辞序》云：“亲故多劝余为长吏。”《前书·百官公卿表》云：“秩四百石至二百石，是为长吏。”《后书·百官志五》云：“四百石奉，月四十斛。二百石奉，月三十斛。凡诸受奉皆半钱半谷。”（按两汉奉给相同）荀绰

《晋百官表注》曰："四百石月钱二千五百，米十五斛。"《说文》："斛，十斗也。"以日计之适当五斗，亦斗食之秩也。（《南史·何胤传》："月食四斗米不尽，何容复有宦情?"自与五斗事无涉。）

夜阅《梅亭四六标准》，自遣亦佳。

1935年4月11日

《白华绛柎阁诗集》十卷（越缦堂类稿本），王继香校刊，起道光甲辰，终同治甲戌，分甲、乙、丙、丁四集。《越缦堂诗续集》十卷，姚安由云龙从日记中编录，自光绪乙亥至甲申（商务印书馆本），门下士常熟孙雄为注，明年樊增祥作序，云："先生之学，原本经术而于三通，廿四史致力尤深。又天贸高亮，记诵精博，故于词无所不有，而剔其纤者、琐者、妖者、亵者；于体无所不工，而去其塞者、僻者、晦者、犷者。盖不知几经亨炼，而始成此玉晶日洁之至文也。"孙雄为《同光两朝别集提要》，自云："所抄未付梓，但录樊序中要语，以津梁后学"云。

1935年4月19日

读《昌黎诗集》。夏曰校，殷曰序，周曰庠，学则三代共之。清改书院为学堂，入民国为学校。按学堂始见于韩诗："学堂日无事，驱马适所愿。（《秋怀诗》）"

夜凭几阅《北江诗话》四卷至四更方抛书，明月入帘，衾裯皆白，迟莫交感，酣梦为艰。《北江诗话》中多非诗话，如科名人事数十条，几三之一，盖杂记类也。因定集时无可类从，自负必传，不忍割爱耳。自来诗人不删风怀之什，北江与适程氏龚表姊丱角之交，葭莩之爱，垂老难忘，其《机声灯影集》中《云溪春词》四十首，燕婉好逑之思，旖旎怀旧之情，委曲道出，因不慊于程氏，至老犹形于楮墨间，宜爱伯之有微词矣。

1935年4月23日

假得明监本（北监敖文祯校刊，万历二十八年）比勘之，大字粉楮可爱也。其"陈寿"字样，及"曹"字"操"字，"诸葛恪""桥玄"等字样，多用指甲挑破，盖有读者深恶之也。午食方为器儿述先大夫之言，谓有读《国志》者见"曹操"等字样，辄剔去之以泄愤，未终卷而狼藉矣。儿辈以为想当然耳。晚食忽得此证之而巧合，为之大笑，天下固有如此笨伯哉。

晚近士夫毁冠裂冕，侮圣辱先，谓其为快意之举，毋宁为猎名之梯。报载（四月廿一日北平晨报）吴稚晖在蓉与报界谈话有云："孟子常言何必曰利，亦有仁义而已矣。"然而后来又常露狐尾曰："救死尚不足，奚暇以治礼义哉。"（照原文抄）

若以此请胡适之先生翻译，便是肚子饿那能不做事（此译语已不通）。此老亦仅知仁义道德于人事物质毫无益处也。又云“第三便是头等顶呱呱，古代梅兰芳之孔二先生也曾适卫”云云。吴氏已得名于当世矣，又不是缺着面包者，其猖狂无人性至于如此，此何足以污我记，但念时序迁移，后之人不论如何设想，必万不料民国建元之朝，几希之不存至于此极者。行非而不坚，言非而不辩，哀今之人逢此百凶。

1935 年 4 月 25 日

读北江《籍岭授经集诗》一卷，四鼓不释手，此更生五十七岁馆于洋川书院时所作也。晚景婆娑，言皆已出，无媚世之念，有传经之志，故所言多率直而有味。“于世已疑成弃物，此经未愧号功臣”（自题《左传诂》七律第二联）。北江之自负可见，我爱古人，实获我心。

1935 年 5 月 1 日

文帝《与吴质书》：“徐、陈、应、刘，一时俱逝。”《赵俨传》：“辛、陈、杜、赵，同郡知名。”（俨与同郡辛毗、陈群、杜袭并知名，号曰辛、陈、杜、赵云）自可成对。陈字虽重，却是不同人，无害也。

1935 年 5 月 2 日

《四库全书》珍本初集第三期书五十八种九十五册，漕运转车，邪许于道而来。未及退食，已有见于途而相告者。此身不轻事北面，落荒书府作南王。刘邦溲溺儒冠惯，亦解嗟乎尊帝皇。庭无人焉，聊自睥睨。

《万年山中日记》第二十七册

（1935 年 6 月 12 日—7 月 10 日）

1935 年 6 月 12 日

汲古阁本《十七史》（明季常熟毛晋藏书阁名）藏之家塾，今所朱勘之本，仅携“四史”随身，素认为字体之近正者。爱伯指摘（日记第十一册二十二页）“其《汉书》则去其卷首之小颜《叙例》（按今韩江书局本已补入）。《后汉书》则没司马彪续志之名，概题范蔚宗撰（所用韩江书局仿毛本题‘李注’‘刘注’，不及撰人）。《三国志》则以‘裴注’双行细书等之它注。《晋书》则不附刻何超《音义》。《隋书》则不分别其志为《五代史志》而混称《隋志》。欧阳《新五代史》，则不知其名本为《五代史记》，而但题《五代史》。此虽监本已误，亦足见毛氏父子绝不加考核，于目录之学尚属茫然”云云。然爱伯为当日拟欲仿刻而言，毛本之行密字精，自不可及也。

1935 年 6 月 14 日

《史通·申左篇》：“譬犹近世，汉之太史，晋之著作，撰成国典，时号正书。既而《先贤》《耆旧》《语林》《世说》，竞造异端，强书它事。夫以传自委巷，而将册府（原作‘班马’二字，浦氏改之，谓与班马无涉）抗衡；访诸古老，而与同时（浦云：此二字旧作子孙，更谬）并列。斯则难矣。”爱伯谓（日记第十五册七十二页）：“不知‘班马’字承上‘汉之太史’句；‘子孙’当作‘干、孙’，谓晋之干宝撰《晋纪》，孙盛撰《晋阳秋》也；承上‘晋之著作’句，马班干孙皆系以当代人居史职而撰当代史，故为可信，干与子字形近而误。”录此以为读书之法，予以浦氏犹存原文，合乎存疑之旨，视乎信手勾去者尚为将慎耳。

1935 年 6 月 16 日

梅儒宝（黄冈）诗不知世有存本否，兹自爱伯所记者（十八册八十三页），最其断句如“铁骑千屯蟠赤嗅，扁舟五月渡黄河”（赠别）。“千里关河双鬓影，半生著述家一言”（别二兄）。“九十日中春雨雪，二千里外晋山河”（送人之阳城）。皆有振贻之响、峭特之骨。儒宝字瑞，以咸同间山西典史未补官而死云。

1935 年 6 月 17 日

爱伯云（二十四册十六页）："《养新录》中有珠算所起一条。"言之未详。近儒有详考之者，记在凌次仲氏《校礼堂集》中《算法统宗跋》。按此《跋》，今所藏佛山同墨堂板《算法统宗》（新安程大位汝思编，一五九三年著）中无之。珠算事始见于甄鸾《周髀注则》最后，亦起于北齐。美利坚人 F. Cajori 所著数学史（页五十二）谓 Abacus 所由来之民族不一，时亦不同，而中国人用之最广。此外尚未得左证。

予之学算由程氏《算法统宗》，时年十二岁，出麻疹禁锢一月，日以此书为伴。翌年学笔算，由同邑陈茂才德（育卿）启之。育卿先生操守粹然，诲人有法，不以童子视余，忘年下交。洎余游学江户习算学以归，饮水思源，实先生灌溉之也，入陋巷视之，则已殗殜不能言，指程书为赠，以志弗谖而已。忽忽二十许年，今之后生鲜能举其名者矣，因附志而存之。

1935 年 6 月 18 日

爱伯谓子偲本绩学之士，入曾文正幕府，江南平后为文正收书，颇得秘籍。又备见上海郁氏及近日丰顺、钱塘两丁氏（日昌、松生），新得之本，故袖然可观，二丁皆俗吏伧夫，必不能久有，它日可因地因人以求之者也（日记三十一册十二页）。

丁雨生爰居揭阳县城，自营园亭菟裘终老，园成自题联云："居然钓水采山，暂借此为居游地；看到桑田沧海，几多人作感怀诗。"未尝不自为达观之言。其子侄叔雅（惠康）、讷盦（惠謦）、静斋（惠钊）辈，亦为一时知名之士。而枝庶众多，再传不肖，墓木未拱，庭燕已飞，丁园蔚为刍牧之场（赁为养鸡公司），藏书流入贩竖之手。余少时已见有京沪书侩，度海买丁家书者。爱伯之言，何其中也，然亦刻而毒矣，殊失君子敦厚立言之旨。即予记此，亦非存吾乡文献之道也。

1935 年 6 月 21 日

是日六一先生生日。……

在菽明案头见吴荣光（荷屋）《历代名人年谱》，以纪年大事为纲，名人生卒为目。书刻于道光之末。菽明又附注数十条。此急宜存庋之书也。

1935 年 6 月 23 日

"携手河梁，日莫何之。嗟老伤离，人生至此。不必死别，始为魂销。"爱伯于潘孺初之归文昌，既送之以序，又饯之以诗，一往情深，茫茫千古，分属老友，别当大归，人孰无情，但苦言之无文耳。不知此序何以《王选十家》《越缦文集》并皆刊落。

北窗习竫，栀蕊喷香，手录雅歌，躬为笺注。眉端蝇楷，累千余言。一掬瓣香之诚，几番绿波之泪。今夕何夕，谁共烛光，可为怅黯者矣。其集《崇效寺饯诗》末有云：

大雄慈力亦何有，今日一尊落吾手。眼看身世如浮烟，只有青山未哀朽。

染须大半事后生，那有虎贲忍典型。草木摇落鸟兽怨，雨雪将至天地冥。

送君且尽此中酒，时事不须复开口。斜阳肯为吾辈留，旷莽郊原一回首。

琼海万里鲸涛程，楼船带甲南交行。祝君安归长子孙，长为王人输税耕。

月落乌啼，不堪卒读。

津沽本旧游之地（自庚戌至乙卯），辽金入疆胡之虚。枕漳卫之长流，倚芦白之重阻。六年假馆，一卧沧江，邑乘茫然水经高，有违居邦友仁之懿训，惭对登高能赋之大夫。忽忽二十年，胸中泥爪，不外酒食之游，胜地风光，但忆艘樯之盛。负郭无山，三百里而遥入关，有约十一国之辱，余此非所知矣。爱伯晚长三取、问津两书院，往来白河葛沽之间，寻脉逆源，补郦经卫白之注，骚文诗史，寄严生濠濮之思。野老荒畴，胥入歌咏。橹声树影，谱为画图。蒿目河山，增誉掌故。甲申春记，百六劫灰。一样伤心，无涯浩叹。

1935 年 6 月 24 日

《西垣诗抄》（巴陵毛贵铭彦翔，道光庚子顺天举人），胎息殊远，乏烟火气，采其断句，寄思江湖，如《蓟门秋感》：

空庭下黄页，独客在高楼。

感喟辞长剑，凋零惜敝裘。

《北江小睡归途遇雨》：

山随云起断，天共树低无。

《还乡河》（注云：在今丰润城外，宋徽宗过此有还乡之叹）：

千年花石留残魄，一笛牛羊归晚风。

《开平出郭夜归》：

寺钟敲冷月，戍鼓落流星。

《党峪投宿》：

万家黄叶溷阳树。一剑青天党峪山。

诵之如服清凉散也。

世界书局交来《资治通鉴》一部，《定盦文集》一部。

1935 年 6 月 26 日

晴。七十六度。

阅恽子居（敬）《大云山房集》，其《潮州韩文公庙碑文》，首谓庙有二，其一在城南，宋元祐中知军州王涤始建，苏文忠铭之，今城南书院是也。其一淳熙中知军州丁允元迁城南庙于城西，即忠祐庙也。按今韩庙所在称曰韩山，旧有韩山书院，其山长由惠潮嘉按察使观察聘之（南海吴道镕玉臣太史尝长此院），三州人士之所肄业，非海阳一邑所得而私。苏文所云："卜地于州城之南七里。"正当其地，庙址负山锁江，为一州形胜之冠。至城南书院者，隶于首邑，令院址在邑治内，非韩庙也。子居足迹未经，因海阳县韩异之请（嘉庆二年），远邮此文，故不能挥写人地之胜。但即昌黎《谏佛》一表，纵笔发论，与庙在潮州竖碑记文之意，渺不相涉，况昌黎莫年崎岖儋耳，往来禅宗，而功及潮民，自有所在。苏文在前，可以无作矣。因爱伯指子居此篇为奇作，但议论有过当处（日记四十九册二十七页），誉之不称，其情令人如鲠在喉耳。

1935 年 6 月 27 日

"清香飞过小桥东，半在垂杨隐约中。问遍渔家三十六，无人知是藕花风。"

婉约空灵，飘飘欲仙，有人梦中所见句也，只今诵之，余波剩黛，仿佛衣袂间稍纵即逝耳。……

称人以君，用之极广。《汉书》中君之呼臣时有不名而君之者。《列女传》周郁妻、袁隗妻皆君其夫若。汪容甫江都县学增广生员先考"灵表"，中称其父为曰君者二十见。爱伯已讥其好奇之过。而《东皋子集》存王无功答人三书，末皆有"王君曰"三字。爱伯谓"无功虽高诞，亦不至是，盖文章无此体也，其后人刻家集者讳其名，而但曰名遂误为君耳"云云，此事夙疑之，以此服李说之辩，亦以见予之读书不能深入也。

1935 年 6 月 28 日

晨霭，旋阴。昏时急雨，淅淅有声，夜星河在天。

早行吟定枕上拟句，昔人所谓"为改一个字，捻断数茎须"也。竟日笺注《湖塘林馆骈文》，郭嵩焘《序》王选一文，度人金针，不失为当家之作，其言所谓古文者，末流之敝，云舍铅华以求倩盼，去纂组而刁委它，劳逸差分，丰约殊旨，可谓正得祖意，如祖腹中所欲言也已。

夜审读《越缦堂文集》（北平图书馆本）第四、第五两卷，最录书简，略依时代为序则，最后致王弢甫三书，先后适相倒置，此可因书中辞旨与《越缦日记》订定之。其《答沈晓湖》一书达三千言，信奇作也。

1935 年 6 月 29 日

晨校爱伯《答沈晓湖》一书。字句与手写日记不同者至十余见，如“束身绳墨”之为“束身名教”也，“差无所恨”之为“了无所恨”也，“下皆置床北窗开牖”之为“窗皆可开”也，“一艺瓜蔬”之为“一艺园蔬”也，“毕生严事”之为“平生严事”也，“去俎”之为“去俎豆”也，书末“贤子以贾折阅”以下四十二字之脱夺也。此明非书手偶然之误，而为北平图书馆员王式通、王重文不学之辈，缘假编录之会，肆笔削之权，以彼私心僭改名作，其罪不容于死矣。

昔洪亮吉《与毕侍郎笺》曰：“此君（黄仲则）平生与亮吉雅故，唯持论不同，尝戏谓亮吉曰：‘予不幸早死，集经君定，必乖余之指趣矣。省其遗言，为之堕泪。今不敢辄加朱墨，皆封送阁下”云云。以稚存所学，与仲则之交情，当不敢辄加朱墨，诚以著者指趣自有所托也。即王益吾祭酒选刻《湖塘林馆骈文》于爱伯生前（光绪十五年），爱伯又尝出其门下，亦未易其一字。如二王之为，是亦妄人也已矣。

此书妙在以梦境写柯山湖塘景物之胜，以意象构堂寝庖湢居游之图，幻楼阁于空中，卧家山于旅梦，遂令读者起乡愁荡漾贫贱可哀之思。

忆曩年在都，见曾刚甫所藏图籍，一一签明藏湖楼第几栋，问刚甫“湖楼何处?”曰：“在揭阳棉湖之陂。”“然则楼已落乎?”曰：“在腔子里，构宿有年矣。”追理此言，不自知其感喟之无穷也。

故爱伯书曰：“苟得白金之为两者二千，即可集事（银曰一两，本是近制，故变其句法而借用之）。”盖已自量其必不可得矣，余情不尽，文心之妙如此。全书都三千余言，皆从无从中生有，而不感其词之烦；皆以散文行之，而但觉其语之丽。

分而言之，首叙京馆之难，家居之胜。中思祭祀之重，庙寝之仪。终摅思古之情、释菜之典雅。似一时快意纵谈，借简牍以抒发，而寄托特深，词旨并远，凡立身治学之金针，则古称先之精意，荦荦备焉。

崇奉宣圣，配以子思、孟子、汉郑君、宋朱子。仓颉配以沮诵、史籀、子夏、汉许君。率子弟上学释菜，朔望斋香，主人读书之处奉周左氏、荀子，汉高堂生、伏生、后苍、毛享、毛苌、孔安国、戴德、史迁、刘向、杜子春、郑兴、郑众、贾逵、班固，晋陶渊明，唐陆德明、孔颖达、贾公彦、杜甫、韩愈、杜佑，宋欧阳修、司马光、苏轼、陆游、王应麟、马端临，国朝黄宗羲、顾炎武、阎若璩、全祖望、惠栋、江永、江声、钱大昕、戴震、孔广森、邵晋涵、洪亮吉、孙星衍、段玉裁、王念孙、阮元、江中、凌廷堪、桂馥、张惠言、郝懿行、王引之、陈寿祺、焦循、胡承珙、胡培翚五十五儒，焚香酌醴，毕生严事，所谓读其书思其人也。观乎此，于师儒承授之际思过半矣。参诸湘乡所记《圣哲画像》曰：“文、周、孙、孟，班、马、左、庄，葛、陆、范、马，周、程、朱、张，韩、柳、欧、曾、李、杜、苏、黄，许、郑、杜、马、顾、秦、姚、王。”爱伯所未列者十四人。曾氏举文章、政礼、义理之大者言之耳。然推及姬传，难免阿好，非予小子之私言也。

以王选《骈文类纂》子目校“吴选八家”，王仅取简斋五首，荀慈二首，圃三一首，谷人七首，龔轩六首，伯渊六首，宾谷二首，什九在吴选之中。唯稚存文多至百三十一首（吴选十九首），则《卷施阁》两集，《更生阁》甲集之为文几皆入录矣。益吾自序目本云：“洪李之作，无间然焉（光绪二十七年，在爱伯殇后六年，稚存后九十二年）。”爱伯亦常云：“独喜容甫、北江之文。”所藏《卷施阁》（授经堂光绪三年本）无子目，夜为逐篇标出于各卷之前，灯下朱书字小，于绳结习可欣然，是亦治心之助也。

1935 年 7 月 2 日

温《后汉书》，并以《文选》较《两都赋》，其异文至数十起也，均眉存家藏仿明刻《文选》本。是日客间来，口耳之学，讽诵而已，此事非真键户潜思，不易得间也。

《三国演义》书名乃有所本。《范书・逸民・周党传》：“博士范升奏毁……党等文不能演义，武不能死君也。”

逸民高凤持竿诵经，潦水流麦而不知。其后遂为名儒。事似騃痴，读书深入时，确有此竟，亦日月至焉而已矣。

王霸、井丹、韩康、戴良、法真诸工传，皆著其以寿终，只以章见乱世自全之难也。班固之下狱也，徒以固奴干洛阳令种兢。车骑大将军事发，窦氏宾客皆逮考，兢遂以此捕击固耳。一奴之祸乃至于此，悲夫。

1935 年 7 月 4 日

阅《缦雅堂文集》尽四卷。眉叔之文，囿于唐律清赋格局，偶有至者，亦极意摹子山、孝穆之声调于字面间耳。足迹科名之限人也，旧矣。足迹不广则见闻隘，科名不达则交游啬。黄仲则忍穷出游京华作客，又欲登华涉汉以博山川之奇，年虽不永，志气卓然。汪容甫则竟能奋乎百世之下，上友古人。邓石如禀气弥清，浪迹半世，书品尤绝，文行斐然，皆非偶然之遭逢，谬窃一时之夸誉者。直木先伐，甘泉先竭，固昔人所共伤。醴水无源，芝草无根，亦励人以有志而已。

1935年7月6日

程长庚轶闻一则。馆鄂时闻之宜昌陈梅生者，以其得之口传也，爰笔存之，以励风节焉。

长庚以皮簧鸣盛清华，旧都之人及见及闻之者，皆程老板之，而不名，固以其造艺之特高，亦以其操行有卓绝处也。闻长庚之师某之垂死也，呼之前而泣告之曰："园中子弟多粥粥无能，我死汝其善遇之。"园者前门外大栅栏三庆园，长庚伎之所自出也，于是终长庚之世，鬻伎不出兹园，一切堂会，誓不以身许之，所以坚嗜程伎者，非亲莅园不办力。顾挟一伎之长者，往往有奇癖，名伶多耆痂，又谬为有益其术之说，以是长庚愈自矜惰，所贴戏码如约登台者不逮三之一，然报程剧则以满座为常，园子弟衣食实利赖之，都人一聆其音，则退而绕梁三日，偶爽其约亦不责。咸同之时，博贾京钱不及千，一千者铜币十枚也，演戏以日及昏继以烛，行头复极劣，长安之后多好闲，八旗贵胄尤以游手闻，相率以习歌为风雅，亦一时风会然也。一日盛传长庚奏名剧，而风雨飙至，皆料其必不登台矣，上坐不及百，而长庚独至，精彩倍于曩日，曲终对客言曰："长庚之懒，唯今日惠顾诸爷，能曲谅之耳"。最难者风雨之来，无憾者知己之得，今日唯诸爷所命，遂极展其伎以报焉。予入都询之人言，而信人有相知，沦于骨髓，非为悦己者容者类也。优未列于方伎，行无愧于独行，风义所存，不必衣冠者矣。

1935年7月9日

阅《越缦日记》节本，原题曰："日记之模范。"分日采缀，凡百页直一金，声言仅印百部，以其发自上海书局也。念丁福保尚粗谙剿袭，今日得之，则二十二年六月所印者，区区百部，尚有余积，为之失笑。书剪于曰余幕之者之手，其序绝劣，中谓爱伯"中日战起，忧愤以卒。"则并甲午为光绪二十年，而爱伯已殁于光绪十五年，尚懵然无知，其它则又何说。自云往岁友人有以此书二十余册相送者，观其所由，则□□后至□□之《荀学斋日记》也，自元旦至除夕按日剪而贴之，去逐日之干枝而不拘何年，忽焉在问津书院，忽焉应礼部春官，今日已赋悼亡，逾日又接内子，移枝就叶，非马非驴，断句续行，不学无术。爱惜纸贾，悉去论学之篇；割裂古人，几成点卯鬼簿。昔有作伯夷叔齐者八比者，分"伯"字"夷"字等逐字各作二比，阅文者状孤竹君口气，批其尾曰："儿呵，可怜我的儿呵，那来的糊涂东西，把我儿身首分段碎尸……吾无以名之。"署曰：上海人所为而已。

1935年7月10日

晴丽。在“海利”舟，夜望海上月昙。

起已八时，盥湢毕登艛樐远眺，海天俱丽，一目无际，不及见成劳诸胜矣。二等室仅予一人，释书无可语者，仍时读汪文。

容甫之文以俪体，行者骎骎，正始之音，雅骚之胤，而数不盈十首，世人多能成诵之矣。顾其以散体行者，亦殊佳善，句法参伍，不事排对，杀字顺而安，常留不尽之意于言外，读之觉其音调铿锵，节奏应拍，盖深得孟坚史笔，枕葄魏晋，醰味者如《内篇》之《先考灵表》《邹孺人墓表》《洪监生妻蒋氏墓志序铭》。《外篇》之《冯贡士墓铭序》《李知县铭序》《沈椒园状冯按察碑铭序》，诸篇皆卓然，作者之言，可令人诵味。其文蹶然兴起者，百余年来，操选政者胥避之若浼，真赏难得，辨音无人，文章遇合之事，诚未而无足数矣。

夜作不其山馆之铭并序，舟中不检一书，成数百偶言，舟人喧聒，不碍文思，颇自喜也。稿成扣舷歌之，波浪不兴，明月相照。

《不其山馆日记》第一册

（1935 年 10 月 10 日—11 月 9 日）

1935 年 10 月 10 日

阅《复堂类集》文四卷，诗九卷，词二卷（目云：《金石跋》三卷，《日记》六卷，《文余》三卷，均未刻），凡四册，不著刻书处（光绪乙卯）。今《复堂日记》已有刻本，予已有阅记（二三年三月二九日，又四月初七日）。昨夜枕上读此，耽其俪词，而王选仅最其《梦辞叙》一首也。

《类集》自叙十数语耳，叙曰："年将六十，学未通一经。七叶为儒，读未破万卷。皮骨奔走，游未涉五岳。一行作吏，名未挂朝籍。山鸡之舞，候虫之鸣，尚足以言文哉。生有微尚，出有良师友。哀乐所寄，繁于语言。丛残之本，何必无隙穴之明。发箧写定，留此过箫之风而已。"

陆务观云："文章在眼每森然，力弱才疏挽不前。前辈不生吾辈老，恐留遗恨又千年。"固如吾意中之言也，婉妙之极。

吴学士遗文叙云："献童年篆刻，夙愧子云。三日坐卧，不忘索靖。一行作吏之日，贤者通德之里。平泉华木，同梓泽之邱墟，蓬莱文章，亦羽陵之坠简。"盖仲修尝一令山椒也。又云："学士定八家之文，逸二汪之作（存南、容甫）。"未知其一汪者何人，辞中议慰农师六十寿言，由平生历溯甘苦略同二语，振开篇局，放三同四异之言，亦一时千秋佳话，东山无墅人间之儿女，苍生西笑何心同学之少年。白首俊句也，骈体诸作类列第四卷，覆读一遍，自以《梦辞叙》为最高。

1935 年 10 月 11 日

阅《吴挚甫日记》（戊辰五月莲池书社印）。自同治五年至光绪廿九年正月临终前六日，前后三十八年所记，多不标日月者，经其子闿生类抄为十二类，曰经学、曰史学、曰文艺、曰考艺、曰时政、曰外事、曰西学、曰教育、曰制行、曰游览、曰品藻、曰纂录，十六卷四十余万言。其记读《通鉴》，自同治丁卯（六年）十月八日起至己亥（光绪二十八年），方记读《通鉴》九十九卷，一条中或数日或数年不记，可见其精读。而以论史事之得失为多，其记《五代史》之文字佳者，篇目已移录前记。文艺一卷寥寥数十则。而纂录三卷中，从《惜抱尺牍》录论文章之语，亦数十则，孰读精思，善学善变四语尽之。躬闻北人云"先生掌教深州时，真能诲人不券，以故士论，爱戴至今。”士夫立身，致力于为之诲之二途而已，最不可欺人者莫如日记，欲欺也，宁勿为。

1935 年 10 月 12 日

太安二年张昌之乱，及于荆、江、徐、兖、豫五州之境。后有张邦昌（赐死潭州）、张昌宗、张宗昌（腰铳济南）者。张之云昌邦，国殄瘁如是夫。永宁四月癸亥改元大酺三日，今双十节广州市易词曰“狂欢三日”。

1935 年 10 月 19 日

蒙塾时，童子口传事，由后而思，别饶意境，云“有一善忘者赴友宴约，路上因避道，竟折回家而不自知，抵门登堂，见床几罗列，以为其友假其家具以飨客也。其妻出而迎之，则又诧曰：‘吾友速客，施及夫人乎?’”向者以此为过于不经，而不知亦有底本，《隋书·文学·刘臻传》谓“臻性恍惚，终日覃思，至于世事多所遗忘。尝欲寻刘讷，从者误谓臻欲还家，引之而去。既叩门，臻尚未悟，谓至讷家，乃据案大呼曰：‘刘仪同可出矣。’其子迎门，臻惊曰：‘汝亦来耶。’其子答曰：‘此是大人家。’于是顾盼久之。”录而存之，以见天地之大也。

1935 年 10 月 24 日

《烟屿楼读书志》十六卷，笔记八卷，鄞徐时栋同叔著。时同叔道光举人，卒于同治十二年，年六十，其县人董沛为作墓表，称为谢山之后东南一老。家居不出，登楼读书，对湖居，人恒以五鼓，望先生灯火，侯晨旦，云早坐堂皇，笔记八卷，披览略遍，觉时不免学究气耳。其第八卷述楹帖事二十九则，如何子贞集《争坐位帖》“如知者行其所无事；故君子名之必可信”，“纵横百家才大如海；安坐一室意古于天”，“意之所忽过从此长；众有同欲功不可居”，“力排众论乃谓独是；心思古人自成一家”，“见人之过如己有失；于礼既得即心所安”。如自己出，无愧名言。又如“止谤莫若自修；读书不求甚解”，“澹无为而自得；独好修以为常”，亦集成语之佳者。“小窗多明为我鼓瑟；芳花当齿使君延年”，易林之佳者。“传书定有佳儿跨；听易何妨老子踞”，祀灶联也。“重九日庚寅以降；六十载甲子初周”，寿以庚寅重九日生者六十周甲也。（按《离骚》“降”协平声）“白发满头雪；黄金何处台”，某医士断句。“久不相逢，闻寂寞荒江久成药隐；脱然作别，算解离诸相只剩诗名”，某挽联也。此道难于不纤不俗。“始余拜外舅姑来，君方丱角童耳；有弟从先父母去，我亦伤心人哉”。“自雕椿树，旋折荆枝，谓老马识途，二十年酒后灯前，何事不尽情商榷；幸托婚姻，皆同骨肉，忽浮生若梦，千万种凄端恨绪，无言慰群季悲酸”，不用古典一句，自然入木三分，时人见之应无不说好者。

截取龙门语为诗，如：“壮士行何畏，游子悲古邑。涕泣交横下，为鼓一再行”。“风从西北来，仙人好楼居。彷徨不能去，强为我著书。”“卮酒安足辞，饮可五六斗。此其家不贫，有田三十亩。”“山居耕田苦，辍耕之垄上。与时转货赀，继踵取卿相。”别成奇格。

梁茝林云：“四六文虽不必专家，然奏御所需，应试所尚，有非此不可者。纯用六朝体格亦非所宜，唯有分唐四六、宋四六两派，各就性之所近而学之。唐四六，又当分为两层，有初唐之四六，王子安为之首，以雄博为宗，陈维崧似之。有中唐以后之四六，李义山为之首，以流丽为胜，吴绮似之。宋四六无专家，各以新为工，章藻功似之。今欲为四六专家，则当先读《萧选》及徐、庾二集，而参以初唐四杰集，李义山《樊南甲乙集》，彭文勤《宋四六选》，以及陈检讨《四六林蕙堂集》《思绮堂集》，则源流正变自可了然。若曾燠之《骈体正宗》、吴鼒之《八家四六》，虽为时流所喜，而所选体格未纯，但资博览可也”云云。极为初学者说法，究亦未自见其深。“而徐同叔宋四六清空一气，胸中无万卷书，而性灵又不能运用之者，断不能造其精微。若六朝、初唐，则但须费数月光阴，剽掠字句作摘本，便可一生吃著不尽，改头换面，施粉涂朱，不可断之句，不可识之字，不可解之意，高古奥折，自欺欺人而已”云云。则亦太易其言矣。

1935 年 10 月 25 日

杂阅四月来《青鹤杂志·何蝯叟日记》一种，逐日只数字至二三十字，所及者又限于金石。其实子贞书学不但不足谈金，并未足谈石。卷中记事多属赏鉴，即过眼录耳。旋观小序，则谭泽闿所摘录者，据云凡三十余册，散缺已多，随手摘抄，都未诠次，不能如曾王翁李诸记印行为一编，然则应标出摘录之意，于署题少为何叟招谤耳。《洪稚存集》有《伊犁日记》一卷，爰伯犹或讥之实应曰“遣戍伊犁日记”也。

记中“于芸台则师之云”，寿其八十，赐寿联曰：“如日星河岳在天下，合望奭伏郑为一身。”后挽之曰：“大清二百年来，更谁儒术事功包罗万有；夫子自千古矣，从此经生才士景仰何人。”阮元生死题目不小，稠众睽睽，此种笔墨，断无立锥之地下。又记云：“阮世兄来为阮师神道碑事，阮氏欲余撰书而署汤祁两协揆款。与吾师十年，前面托语意不符，且予不能为人代笔，故力辞，以心绪烦杂无能为也。”代笔事人所同恶，虽子贞犹不肯为也。

1935 年 10 月 26 日

辰初五十九度。（早报云：“昨日海潮极急，坏舟溺人，傍岸旋救。”）霁丽。

《散原精舍文》存载《先府君行状》一文，长亘五千五百余言，其人、其事、其文皆足以相举也。首称府君姓陈氏，讳宝箴，字右铭，江西义宁州竹堠里人（“堠”字书所无字），其先自闽上杭来迁，是为府君曾祖云云。忆当年师曾言其原籍嘉应，固不足据，以其尊人之文然，可见其远祖事已属失传，可征者及于“行状”中人之曾祖而止，且又不详行谊，接笔方云：“祖曰克绳公，学者称韶亭先生也。”“状”中但详列当官施事，不及修学，综曰：“府君生平所自得盖非不孝所能测矣。”深得纵勒之法，所述湖南巡抚任内事尤酣肆，当时散原以公子参预戎幕，左右之力为多，故不觉言之深切耳，独往往深夜孤灯，父子相语，仰屋欷叹而已。此可以想见也。

丁叔雅户部惠康己酉卒于都门，年四十九，遗篇零落，收拾无从，陈诗《静照轩笔记》存其报书云：“子言贤兄足下，康里并浮沉，形骸颓放，兴思旧雨，寥若晨星，庄子云：‘居空谷者，闻人足音，则跫然而喜。’况重之以玉札，辱之以珠玑者哉。连旬苦潦，小楼篝灯，细绎尊作，飘飘乎如御寇乘风而游也，泠泠乎如成连海上之移人情也。若其超然孤往，无迹可寻，则又中盛之逸轨，而兴会之标举者也。近人诗录鉴裁，精审以言其体，则瀺洋感旧集之类，而搜择过之，传信于后可无疑矣。”陈诗记云：“此书峻洁，琳瑀之俦。”又未免阿好耳。其答诗云：

“十日相逢惊太瘦，纷纷车盖等闲看。高天厚地孟东野，索句闭门陈后山。

挦撦文章遭鬼笑，商量齑臼到儒酸。老夫便欲长焚砚，政恐磨人未应闲。”

《乙巳京师杂诗》云：

“犹是长条踠地垂，不堪攀折负芳时。故家池馆今何在，月上空梁燕子知。”

比来词人竞为宋诗，嗟穷伤乱，君兼有之，不胜文献之爱矣。

落叶满阶，径无人迹。小窗多明，役书于人。佳楮良辰，为逢小劫。申眉展纸，求无足轻重之是非于人，总觉得是多事。

1935年10月29日

《四库全书》珍本初集，今日收到第四箱（前三箱已运回家塾），凡五百八十四册，书毕收矣。是书景印经始于去年一月，今如告成，计经部（六十种五百十七册）、史部（十九种二百七十二册）、子部（三十四种四百一册）、集部（一百十七种七百七十册）二百余种。夙为中秘书（《汉书》：“光禄大夫刘向校中秘书”）、今亦尝其一脔焉。问庶人之富数畜以对，问士之富数书以对可也。

丛书之兴也，钱竹汀云：“始于左禹锡之《百川学海》（宋咸淳癸酉），而俞鼎孙之《儒学警悟》（宋嘉泰间）又在其前数十年。”降及胜清，愈多愈精，南海伍氏之《粤雅堂子目》及百卷数逾千，以予去夏聚录大学图书馆丛书至二百部之多，断非私人之力所能有之矣。洎今夏商务印书馆之丛书集成之问至预约亦五百金，心乎爱之，旋复以新闻纸印书，杀贾二百八十金，今日商定八折，由上海宝大号付二百二十四金自向取书（省邮费六十金），计普通丛书八十部（宋二，明二十一，清五十七），专科丛书十二部（经二，小学三，史地二，目录学一，医学二，艺术一，军事一），地方丛书八部（省区四，郡邑四），原约六千种，汰重出者，存四千余种共二万卷四千册（午适由家中转来目录一册），而著作之林略备矣。东观、石渠、孔壁、汲冢，环百城而南面，萃千古于吾庐。消此老来余年，不问人间何世。岂不懿哉，然而何易言也。熄灯已交丑初。

1935 年 10 月 30 日

《辛亥殉难记》四卷，有王先谦序，存其序焉，其序曰："《辛亥殉难记》者，吴自修提学搜访是年殉难文武一百五十余人，为之考实者也。推肇事之由，自学校至军屯创立制度，一以不教之民，慶之到省，拳行糜余钱无数（算），其出洋游学者复不加约束，以致流言朋兴，莽戎潜伏，谋国不臧，上焉者忽而不察。及难发，大局已成瓦解之势，讵不痛与我朝教忠之典备矣。又恩泽素厚天下，臣庶皆有忠义激发之思，而临时董戒之方，尤列朝所讽讲，所谓董戒者何，曰赏罚是已。咸丰初，以粤匪陷鄂，诛遁走之，巡抚青麟，一时官吏，咸懔然于王章之不可犯。辛亥岁湖北新军之变，总督瑞澂弃城登舟，御史台衡请拿问，摄政未允。由是长沙、江宁督抚相率遁走，势不能再下严诏，徇一己之私心，废祖宗之成法，与自弃其国何异。光绪中，国病亟矣，而度支之困，虐不及民，威柄犹存，人心未去，得其首而御之，诚臣谊士，方将引而俞出，用而不穷，如咸同时可决也。何止如提学所记百数十人也哉。"记中如陆巡抚之一门节义，谢总兵之忠愤捐躯，皆第一流人物，其余舍生取义，足光史册。当兹时事推移，斯文垂丧，洵不可少之书也，后之人观于人才与世运相维系之故，亦不能无感慨夫。

1935 年 11 月 2 日

王济谓王湛："家有名士，三十年而不知。"山简叹："吾年三十，而不为家父所知!"骨肉中知己尚不易得如此。百诗云："予独怪以涛之鉴拔，而不能识其子。以湛之痴名而独为父所异。知与不知，似有执因，不可强也。"

朽布衣吴先生自诵其诗曰："游客倦怀如晚醉，老人新句似秋花（将出京作）。心栽檗树春仍苦，泪滚春光夜亦明（参禅未得手作）。"哀而不伤之旨也。

杜于皇诗云："交道看童仆，迎余有好颜。"千古未发之嗤也。匹夫而为百世师，一言而为天下法。相传为破子曰二字绝唱。潜邱云（《札记》卷一）："平凉赵公时春年九岁时作也。平揖古贤，气吞时辈。"潜邱集"咏歌帝载，黼藻王言"成联。

1935年11月3日

报载太原存文会电教育部，反对简体字，略谓“如此则学生除通俗教科文字外，皆感困难，又所颁各字体例不一，如堇旁作又，然则难易与雉犬不分，歎惜与欢欣无别，盧旁皆作户，然而沪渎与何以与瀘水同流，盧氏岂可以‘户’字为姓，去古俞远，治丝而棼”云云。此推其用言之耳，谁秉国钧可与之言本体乎（闻此会江亢虎所主持，君子固不以人废言，然斯人未尝不以人废己）。

1935年11月4日

脚疾是大事，可对心病，最难医。《南史·文学传》丘灵鞠曰：“脚疾亦是大事，公为一代鼎臣，不可复为覆竦。”（对褚彦回语）《传灯录》有“莫教心病最难医”之语。有以丘传语对韩句者曰：“丘公仕既不进，才亦退矣，韩子动而得谤，名亦随之。”但原语作“仕宦不进。”曾涤生挽汤海秋联云：“著书得成二十万言，才未尽也；得谤遍九州四海，名亦随之。”此脱胎而特善运气。

三十年不亲说部矣，佳者不失其为佳，而世人不尽知者，有《品花宝鉴》，书中高品，即陈森书常州名士，道光季年青简末杀，陈挟其抄本，持京师贵人介柬，遍游江浙诸大吏间，每至一处作十日留，赠以二十金，犹以为薄。其书专写征歌断袖琐事，极京朝士夫冶游之状，而毕沅、随园辈亦分身插科，少时窃阅一遍，今尚记述如新也。

又《浮生六记》卷（逸二），曰《闺房记乐》，曰《闲情记趣》，曰《坎坷记愁》，曰《浪游记快》，曰《山中记历》，曰《养生记道》，后二卷佚，乾隆时苏州沈三白著（名逸），笔端隽丽绝伦，可奇冒辟疆《影梅盦忆语》之席，《李笠翁一家言》不足当其轝隶也。客有询及此者，因札记谂之。

1935年11月6日

栖霞人牟庭陌人著《诗切》卷，仅传抄本。太学图书馆费百余金雇书手抄之，太侔前晚谈及，何不为之刻行。晨入馆索第一册阅之，其《周南国》十一篇目下曰：“周召皆畿内，国名也。畿内之国谓之南，南犹男也。”以下皆杂抄旧说成之，每章疏证之后，逐附一诗，如“关关雎鸠”章下曰：“双鸟关关相对鸣，一雌一雄雎鸠声。闻声不见在何许，依蔽河中之州渚。”比如“男女有欢宴，深宫无人见。”“窈窕深居曲，房幽有女淑。”“慎自姱修，君子所赖。”“有嘉耦仇匹，得此岂不好。”此复成何话，世间有如是之著述者乎，比之后人有诗为证尚远不如耳。啸咸云：“李爱伯见过此本，其日记已痛斥之。”愧予视若无睹也。

1935年11月9日

记《七修类稿》，明仁和郎瑛（仁宝）述（广州翰墨园光绪庚辰重刊本），凡五十一卷，续稿七卷，分天地、国事、义理、辩证、事物、诗文、奇谑七门。殊嫌芜杂，论诗文尤谬，记笔多有不成句处，如类记三“福建人事”，标其题曰“三福建”（卷四十七），已属不词，记云：“韩世忠扬子江战，兀术已破胆矣。闽人王姓者教以土实舟射火箭，遂得脱去，至今人恨之矣。德祐降表无人肯任（宋恭帝德祐凡二年），闽人刘褒然为之。继此行省称贺表，文实难于措笔也，亦闽人陆威文曰：‘禹贡之别九州，冀为中国。春秋之大一统，宋亦称臣。’辞若可听，意或有乖乎？不怜宋而甘心于元，事诚可恶，特亦偶然皆闽人也。”所载故实可补史乘之遗，其文则去不通者不能以寸矣。书未见《四库存目》（《浙江通志》称五十三卷），不知何以颇得藉藉之名，书淫痂嗜，古人不免，亦撮录之以永冬日尔。……

“历代尺数”条下云：“《礼记》以手布为尺，《淮南子》以十二粟为一寸，《说苑》以一粟为一分，其源之来也莫适从。《玉海》诸书，俱起自周尺为主。夏十寸为尺，商周八寸为尺，（自注云：‘《通鉴外纪》十二寸为尺，蔡邕独断九寸为尺，商周八寸为尺，《外纪》独断皆同，但郑注犹以十寸为尺，而《通考》谓之未详。’）秦比周七寸四分，汉官尺比周一尺三分七毫，刘歆铜斛尺，后汉建武铜尺与周同；三国吴、蜀同周、魏比周一尺四分七毫，后魏前尺比周一尺二寸七厘，中尺比周一尺二寸一分一厘，后尺比周一尺二寸八分一厘，晋田父玉尺（《世说》：田父于野中得周时玉尺）与梁法尺比周一尺七厘，后晋比周一尺六分二厘，宋、齐比周一尺六分四厘，梁表尺比周一尺二分，陈尺同后晋、东魏比周一尺五寸八毫，后玉尺比周一尺五分八厘，市尺与后魏后尺同；隋开皇官尺同上（后周市尺、开皇官尺皆铁尺也），万宝常所造水尺，比周一尺一寸八分六厘（以前多铜为之，至此用木），唐尺与古玉尺同，开元尺度以十寸为尺，尺二寸为大尺，五代世短，多相因袭，志亦无考也，惟周王朴所定尺，比周一尺二分有奇；及宋宋璟表尺，比周一尺六分有奇，胡瑗《乐书》黍尺，比周一尺七分，司马光布帛尺，比周一尺三寸五分（已上宋之三尺出《二器》《图义》诸书，皆泛论，似当时未有一定之制），元尺传闻至大，志无考焉。”录之以俟考定。

历代帝王建都。伏羲都陈（今河南开封府）。神农都陈或曰曲阜。（《晋志》曰：“都陈而别营于曲阜。”）黄帝都涿鹿（顺天涿州）。少昊都曲阜。颛都帝邱（山东濮州）。帝喾都亳（偃师）。唐尧平阳（山西平阳府）。虞舜蒲坂（平阳府）。夏安邑（今山西平阳府夏县，《春秋疏》曰：“尧治平阳，舜治蒲坂，禹治安邑。”三都相去各二百里，俱在冀州，盖九州之冀也）。盘庚迁都（书曰：“不常厥邑，于今五邦。”盖自汤至盘庚五迁也）。祖乙迁景（盘庚复迁于亳）。周都丰镐，（陕西西安府长安县关中。徐广曰：“丰镐相去二十五里，皆在长安南。”）又曰：“都洛阳，至平王乃迁洛。”秦都咸阳（西安府咸阳县）。西汉洛阳（五年，困娄敬之说），迁都长安。东汉都洛阳。魏都洛阳。（诸书或曰长安，曰谯、曰许昌、曰邺者。《水经注》曰：“魏因汉祚，复都洛阳；以谯为先人本国，许昌为汉之封居，长安为西京遗迹，邺为王业本基，故号五都，时一幸焉耳。”）吴初居镇江，都武昌，后迁建业（南京应天府）。蜀成都。西晋洛阳。东晋建康（元帝东渡，避愍帝讳，改建业为建康）。宋、齐、梁、陈并都建康。魏初居云中（山西大同府怀仁县），后迁洛阳。北齐都邺（彰德府）。西魏长安。后魏同隋始都长安（以城狭小、水咸，与苏威，高颎共议，移城北三十里龙首山都焉）；炀帝常徙都洛阳（为巡幸故也）。唐长安，梁汴。唐、晋、汉、周、宋同。南宋临安（杭州府）。元大都（顺天府），时至上都（宣府之外之地）。明都建康，永乐间迁都燕京云。又《本朝定都条》云：“太祖建都南京，和尚金碧峰启之。”（见《客座新闻》）成祖迁都北京，尚书李至刚启之（见《野记》）。

“安南建废考”条首云：“安南即古骆越之地，秦属象郡，在历代俱为郡县。至梁贞明中，土豪田承美据土，始为化外。”先记之以待考。

“天妃显应”条首云：“天妃，莆田林氏都巡君之季女，幼契玄理，预知祸福，在室三十年，宋元祐间，遂有显应，立祠于州里。至正元中，显圣于海，护海运，万户马合法忽鲁循等奉立庙，号天妃，赐太牢。”以下杂记显应事。（互见翌日记）

折扇由成化初高丽贡物，然东坡云：“高丽白松扇展之广尺余，合之只两指。”正谓是也。

以上因郎仁宝《类稿》，存其十数则而略加注考，其分类漫无家法，论诗肤浅，不值一评，而居然谓王伯厚不知诗矣，明人考据之疏，尤令人不敢遽信也。

《不其山馆日记》第二册

（1935年11月19日—12月30日）

1935年11月19日

比日多借图馆之书，所欲者十九在焉。小学、骈文二汇名书，若久待予者，然嗜好自与人殊，无以自解。呜乎，秋草独寻人去后，寒林空见日斜时。天意难知，吾生多感。

1935年11月20日

晨四十二度，霭煦。

《炳烛室杂文》一卷，甘泉江藩郑堂著（存徐乃乾积（余《积学斋丛书》，光绪十九年刊，二十种，《丛书集成》未收），藩字子屏，监生，少受学于元和惠栋、吴县余萧客、江声。阮元督漕淮安时，礼为丽正书院山长。为文自言无八家气，笃守汉儒家法，所著《汉学师承记》最行于时，室名炳烛，考“烛”字不见《说文》，《幽风》：“蜎蜎者烛。”（雷以为即蜀字。盖蜀，葵中蚕也。从虫，上目象蜀头形，中象其身蜎蜎。《诗》曰：“蜎蜎者蜀。”实作蜀。郑笺：“烛蜎蜎然特行。”）《古诗十九首》：“何不秉烛游?”江意取萤照特行之义也。

其《行状》说及《与阮侍郎书》，均言古人居丧不文，所以《行状》与述，或求之达官长者，或乞之门生故吏，无子状父者，至典午始有之。然为综述行迹，上之于朝以请谥。故《文心雕龙》：“以状为表谥。”曰状者，貌也。六一《泷冈阡表》则自为之，然作于既葬六十年之后，非在三年之中，盖以规芸台自为亲墓表之失也。至书中谓亲家之称，见诸史传由来已久，引出《汝南记》，见《后书·应奉传》。《旧唐书·萧嵩传》：“嵩子衡尚新昌公主，嵩夫人入观拜席，元宗呼为亲家母。”然《履园丛话》谓：“今人呼姻家为亲家，始见于《后书·礼志》，则此称汉实有之。”又《称谓录》引《荀子·非相篇》：“弃其亲家而欲有之。”则非此意（卢纶《王驸马花烛诗》：“人主人臣是亲家。”是亲家呼仄声。今人有呼去声者是也）。

《汪先生墓表》者，徇汪五世孙喜孙之请，为《镐京表》也，考《容甫先考灵表》仅曰：“祖曰镐京，工诗，喜篆、籀。名人通士多所交接，始迁江都。”则此表尤详矣。

《亨年室铭序》中谓：“汉之经师，年齿见于史传者，伏生之年九十，张苍百有余岁，夏侯胜九十，申公九十余，孔光九十，杨雄七十一，桓谭七十，苏竟七十，杨厚八十二，贾达七十二，子楷亦七十，桓荣八十余，任安七十九，周防七十八，包咸七十一，寒朗八十四，王允七十，伏恭九十，郑元七十四，楼望八十，如董仲舒、卢植、丁鸿、周泽诸儒史虽未著卒年，然有为三老五更者，有书乞骸骨者，则其年可知矣。”盖潜心于学，则心不外役，而神明不衰也。按爱伯亦云：“自古经儒多致寿考。”然亦非寿考难以跻经儒之诣耳。

1935 年 12 月 2 日

方彦闻《邓完白先生墓表》，专述山人书法，而不及其志行，推为盘盂之秘，蕴翰牍之圣功。慎伯亦称其五年篆书成，三年分书成。予所见山人篆书，不乏不合篆谱之处，固缘信笔之误，亦属贤者之污。当日钱献之已摭其不合“六书”，以为诋良，有授人以柄者在也。而其行书之妙，文辞之雅，世或少知之。其《致某太守索回武贤关寄鹤》一书，亘数千言，以文而论，复骈散兼工之作，选家无知之者（《邓传密日记》原稿谓：“失汉阳之乱（咸丰二年）。余犹及见，有正书局景印本，今藏塾中”）。墓表谓其少罹孤悴，未专诵习，殊重诬山人也。唯谓“有迈往不屑之均，贞确难拔之情，进不随俗以贸名，退不饰奇以惊众”四语，犹能传山人之品性耳。方天下英雄，尽入囊中之秋，自顾、李诸公远逃山谷，而后曾有几人，不应举试而复能卓然自立者哉。山人以布衣下辑诸侯，传子传密。又以白屋跻身山长（其曾孙初仲纯云），可为逸群振翮，山高流长者矣。

传山人者，《艺舟双楫》之完白山人一传也。顾彦闻所表，亦有足资记诵者，为笺存之示小子耳。如云：“顾欢之家世既寒，高允之担笈不怠（《萧齐·顾欢传》：‘乡中有学舍，欢贫，无以受业，于舍壁后倚听，无遗亡者。笃志好学，母年老，躬耕诵书，夜则然糠自照。闲居养心，不应征辟，母亡叹早孤，诵诗饮泣，学者为废《蓼莪》之章。’此事三见。魏收《北魏书·高允传》：‘少孤，性好文学，担笈负书，千里就业。还家教授就业者千余人’）。孟皇、伯玉（梁鹄，卫瓘），已易前模；幼安（索靖）、元常（钟繇），各标新致。但师赵壹之非，岂识陈遵之妙（赵壹与书道无涉，此取其《穷鸟赋》所系鲁生，歌意‘被褐怀金玉，兰惠化为刍。贤虽独悟，所困在群愚也。’《陈遵传》：‘性善书，与人尺牍，主皆藏去以为荣。’师古曰：‘去亦藏也。丘吕反，又音举。’盖即‘弆’字）。”

1935 年 12 月 3 日

方彦闻《邓氏隶书赞叙》（节注）：完白先生四体书俱足绝世，而分隶尤美。先生自云：“吾篆不迨阳冰，而分隶不减梁鹄。夫逊德少温，乃其㧑抑，比纵孟皇，庶为有征，悲风微绡，之咏斯人，已亡落霞，浮浦之文，明穹所秘，肩吾《书品》，欲永其传，中郎隶势，伫思其奥（肩吾，子山父，有《书品》。蔡邕有《篆势赋》）。庶几求遗珠者，尚知赤水之津；窥积玉者，不虚元圃之望（《庄子》：‘黄帝游乎赤水之北，登乎昆仑之邱而南望，还归遗其玄珠。’张籍诗：‘赤水今何处，遗珍已缈然。’玄圃，指仙人所居地也，相传在昆仑山上有五城十二楼，亦作县圃。《水经注》：‘昆仑之山三级。二曰玄圃，又名阆风。”世说陆平原（机）之文如玄圃积玉，无非夜光）。蕺山扇影，犹在人间，抱犊笔经，未归壤室。”（蕺，在今绍兴县东北，山产蕺。晋王羲之宅在此。）

以上二首，可与张皋文《邓石如篆势并序》，洪子龄（齮孙，亮吉次子。少孤，刻苦自励，精舆地之学，有《补梁疆域志》《战国地名备》《考骈体文古近体诗》。以上据《人名辞典》。所云次子者五子之讹也，北江《戒子书》有云：“饴孙年过三十，今符孙弱冠已过，涉笔便讹，其余幼子弱孙则尚争梨栗。”寻《北江年谱》，先生四十七岁（乾隆五十七年）次子盼孙殇。六十岁三子符孙娶妇。五十九岁五月初七日五子齮孙生。六十三岁卒，是齮孙方五岁也）《方彦闻先生隶书楹贴跋》等连类齐观也。

1935 年 12 月 4 日

《汉武纪》：“（元封）三年春，作角抵戏，三百里内皆来观。”小颜摭文颖说，曰：“两两相当角力，角技艺射御，故曰角抵。”王先谦曰：“今人谓之贯跤。”按今北人谓之摔跤（摔，《字汇》云“弃于地也。”《集韵》诸书不载此字）。《隋书》：“郡邑百姓每至正月十五日，作角抵戏。戴兽面，男为女服，柳彧请禁断之。（彧，字幼文）。”益吾采“柳奏”入《骈文类纂》，有“高棚跨路，广幕陵云。袨服靓妆，车马嗔咽。肴醑肆陈，丝竹繁会。竭赀破产，竞此一时。尽室并孥，无问贵贱。男女混杂，缁素不分。秽行由此而生，盗贼由斯而起。”可以见当年风尚。少时吾乡虽无此盛，然大率粗具，俗谓之玩土戏，编氓游手，朋聚冶装，脂首弄姿，博人欢笑，事固无赖，亦角抵杂戏之遗也。今则物力告竭，是区区者已不可见矣。

1935 年 12 月 11 日

《家在江南黄叶村赋》（录全首）：“甘泉江春南村，历宰江西之万载，进贤善属文兼工赋，出此图索题，因为小赋以质之：烟水迢迢，秋林欲凋。地占幽僻，天澄泬寥。远峰北固，旧宅南朝。爰有词客，于焉逍遥。尔其荒径诛茅，短篱编竹。一亩半亩之园，三椽两椽之屋。邗沟环绕而波通，蜀冈逦迤而云矗。瑟瑟凉飔，萧萧落木。饶清景兮盈眸，入画图之一幅。则见孤村暗暧，万叶茏蒙。色斗衰草，影迷冷枫。夺众芳之夏绿，掩百卉之春红。君徜徉兮徙倚，寄遥情乎太空。荫修梧兮坐磐石，睇浮云兮吟清风。何襟怀之洒落兮，宛似乎坡仙与放翁。嗟从宦兮累年，抗尘容兮章江边。羌鸣琴于龙山之麓兮，又飞舄乎三台之巅。课桑麻之滋茂兮，种桃李之鲜妍。望江南而不见兮，阻长路兮逾千。挂此心于广陵之树兮，念故居而凄然。遂乃粉墨描摹，楮毫点缀。顾、陆神传，荆、关妙绝。薄霭笼连，斜阳明灭。瓜步兮微茫，萸湾兮纡折。山呈态而如妆，泉含声而若咽。纷千秋之陨黄兮，惹乡思其弥切。仆亦羁孤，浮沉仕途。久辞南国，小住东湖。荒元亮之松菊，忆季鹰之莼鲈。展斯图兮抚玩，增余怀兮感吁，傥归田兮遂愿，与君兮耕钓以游娱。”

1935 年 12 月 13 日

啸咸偶谈近代学者年谁过八十者，据所记者为孙奇逢（九十四），方灵皋（八十二），王圆照（八十），傅青主（八十），江慎修（八十二），卢弨弓（七十九），袁子才（八十二），姚姬传（八十五），赵瓯北（八十六），纪晓岚（八十七），钱献之（九十三），包慎伯（八十一），方东树（八十），王壬秋（八十四），王益吾、俞曲园（八十六）。

1935 年 12 月 15 日

晚赴邓仲纯酒约，见《邓氏宗谱》末卷载录遗文，关于完白山人仍仅索《鹤书》一篇，已见前记。有诗稿甫完一卷，可补录者如：

《上寄鹤书后，太守樊公晋仍以鹤送归僧院，诗以志喜》：

黄堂画阁丽三台，稀羽修翎亦快哉。底事樊笼关不住，空庭又见尔归来。

阆苑蓬莱漫起予，且随鹿豕度诸居。丁宁莫更重千禄，免使山翁又上书。

又如《雪堂书屋月夜同宁君庸五小酌》云：

年来从迹倦征尘，每向天涯惜此身。今夜高斋共清酌，暂分风月作闲人。

《晓起访友》云：

晓起犹残月，柴扉破雾开。呼童扫花径，梦有故人来。

一向迷幽径，因之问耦耕。只言山坞里，听得有书声。

皆称山人之作，谱中存其《昭穆诗稿》可百余首。及少白（即传密）《乞住惜金阴书舍四松别业博山园启》（骈文）有云：“凿隧抱瓮，久师汉阴之丈人；负笈受经，曾列西河之小子。”存其一联焉尔，少饮辄醉，伏案颓然。明朝有早课，数问夜如何。

1935 年 12 月 27 日

斋静如寺，夜永于昼，录文一首，以为肄业及之也。

吴汉槎《孙赤崖诗叙》（《清史·文苑传》略云：吴兆骞，吴江人，童时作《胆赋》五千余言，其师计名诧曰："此子异时有盛名，然不免于祸矣。"顺治十四年举于乡，以科场事戍宁古塔，居塞上二十三年，侘傺不自，聊一发之于诗，作《长白山赋》数千言，词极瑰丽，圣祖见之动容，二十年赦还，逾三年卒，年五十四。兆骞骈体文惊才绝艳，诗风骨遒上，出塞后尤工）：

"盖闻缠绵湘吹，以去故而增凄；慷慨燕歌，由送离而结叹。是以旧山既远，促管流音，异国无归，繁弦萦臆。房陵一去，君王有山木之讴；军府长羁，伶官有土风之操。执珪怀越，尚藉悲吟，公子留秦，亦传哀唱。由来志士，遘此穷途，未有不凭柔翰以消忧，托长歌而申恨者也。况金河转徙，银碛羁孤，水千里而断肠，塞万重而绝脉。陈子公戍边不返，空望长安；移中监还汉何年，伤心遥海。慨其叹矣，能不涟而，孙子赤崖，弱年擢秀，盛齿知名，才为谈士之宗，人擅艺林之俊。江东二陆，共识清河，邺下双丁，先推敬礼。乃以拾尘之惑，遽从栖火之嗟。灵琐难陈，遐陬遂谪，飘零皂帽，辽海空来，离裭（山宜切）素衣，吴关长谢。土思迢遰，托黄鹄以俱飞；客梦徘徊，指白狼而难越。然而兰山箭尽，篇什编工，桃馆尊空，风流未沫。刘越以栖遑于河朔，诗体清刚；庾子山留滞于关中，赋才宏丽。虽丁年坐老，而子夜堪歌。于是娱志缥缃，寄情啸咏，登高摛藻，揽物扬葩。紫云亭堠，兴乘障之悲思；白雪关山，激从军之壮志。寒鸦睇影，夕雁横天，怨起衣单，魂消笳脆。气沉雄而莫展，心侘傺以谁知。及夫台上瞻乡，山头望远，鹤廛不见，鸾酌徒倾。眷花月于襄游，怆风霜于今别。莫不播之凄响，纬以妍辞。发言而琼树相华，命调而银筝并咽。卷芦清吹，谱为蔡女之文；截竹哀音，缀成邱仲之曲。岂徒伯鸾南迈，惟闻五噫，中郎北迁，愿成十志也哉。仆旧托攀嵇，近同迁贾，黄垆游宴，久限山河，紫塞军侨，更分乡县。揽泪痕于河上，空诉箜篌；郁愁气于杯前，宁消杯酒。北郭之贫已甚，南馆之会徒乖。永念生平，弥憎弦括，却题短引，爰寄沉悲。呜乎！兰忌当门，痛烦冤之何已；蓬悲出塞，怜飘寄之安穷。西气惊商，将听君诗而陨涕；北风干吕，谁披余制而伤神乎。"

拥衾阅《复堂类集·称谓录》，以永今夕，"身行万里半天下，僧卧一（龛）庵初白头"，感怀系之。

1935年12月28日

吴荷屋《吾学录·丧礼》卷载丧服总图，本宗九族五服正服之图，妻为夫族服图，妾为家长族服之图，出嫁女为本宗降服之图，外亲服图，妻亲服图，三父八母服图，为人后者为生亲属降服之图。谓会典、通礼皆未载，据《大清律例》绘入。又谓其"三父八母图"创于《元典章》，自明至今皆因之。然梁茝林《称谓录》（卷二）谓《朱子家礼》"三父八母服制图"有养母云云，则不始于元也。里居时当检朱集订之。今此"八图"载所购会文堂本《幼学琼林》中，通行之书，如

《留青集宦乡要则》，亦礼俗略备，愈在都市愈无人讲求及之。黑纱缠臂，罔极深恩，无不了矣，达者国葬，穷者公葬。有财者一电话之劳，众工毕至，敛之于殡仪馆，葬之于公墓地，主人冢妇，雀戏狐跳（跳舞场最普遍之舞有狐步舞）自若也。礼失而求诸野，民间陇畔今尚存。甫记仪式之人，为人襄助丧葬等事，其由来亦已旧。《史记·陈丞相世家》："邑中有丧，平贫，侍丧，以先往后罢为助。张负既见之丧所，独视伟平，平亦以故后去。"（《汉书》云："邑中有大丧，平家贫，侍丧。"下同）此事居然可以得妇起家。

1935年12月30日

旧京修绠堂邮来二书，《结一宧骈体文诗》一册（七角），《悔余庵全集》十一册（二元八角）。

《悔余庵文稿》九卷，《乐府》二卷，《集苏句楹联》二卷，《诗稿》十二卷，江阴何栻著。栻，字廉访，悔余其号也，道光进士，官吉安知府。少时诵清人律赋，断以栻所为赋最婉丽可口，如《齐姜醉遣晋公子赋》《梁夫人桴鼓助战赋》《南齐拔刀断指赋》，在李次青选《赋学正鹄》中，家弦户诵之作也，比始闻其有集，决其余诗文之善不止此，先存目及之。

《结一宧骈体文诗》二卷，《诗》三卷，武进屠寄著。屠先生字敬山，史学地理学知名于光宣庠序之间，予与其次子仲慎（名密）交厚，因知其家世甚悉，遂称通家子，闻晚岁闭户饮酒著《蒙古》，虽子侄辈亦少接见，尝蒙赐手书楹帖云："才名远过王昙首，文体清于叶水心（署云：屠寄集，张神渊字）。"久存向日之愿，己未冬一至武进晤童伯章、周伊耕，皆先生门下士，而仍不得一面。

今与仲慎一别二十年，更邈然若山河，前日读其《国朝常州骈体文录·叙录》一首，已慰葵城，今日得刻集恣观之，喜可知也。计文二卷，凡二十二首，皆玮丽博赡之作，《火轮船赋》一首，亘四千五百言，称物之详，谈芝之微，如数家珍，不假重译。《游香港记》一首，绘海上岛夷之创物，于宗邦华胄之奇文，此皆予辈自髫龄时亲见身历之物之境，试令着之纸上，恐不满数十字而饮墨矣，即令逞诸语言，不限夷夏雅俗，亦必数十词而止。乃叹宇宙间固有此丽文，九千文并非死物，脱令有好事者更移译为万邦语，文字亦当载誉而归耳。

刻集无叙跋，仅有陶濬宣光绪庚寅（十六年）十月刻于广州数字之署检而已。而《游香港记》文中明云："予以摄提之岁，季冬之月，乘番舶北归。"道出其地，则光绪庚寅十二月也（《文选》："摄提贞于孟陬兮。"李注："太岁在寅曰摄提"）。《诗》卷一自注光绪元年至四年，卷二自五年至九年，卷三自十年至十八年，且卷三中有《常州骈体文录刻成率题》一首（吾郡文章盛，高才共发舒。乱离耆旧尽，收拾劫灰余。派别何须论，沉思总不如。裁量定无当，此事向来疏）。《十二月二十八日阻风淀山湖》四首，首云："月既望始发南海，下弦始入黄歇江。淀山湖宽不百里，一风三日颠吴双。”末首云：“今年明日日小除，归程计里四百余。醉司命后期定误，广州不应与妇书。”则益明为庚寅岁尽，自羊城司铎而归。不知刻集之年月何以署检反在其前，此亦署而不检，无足深论，但借此抄入先生诗耳。

忆越缦堂晚年日记，有“屠生来见”字样数起。今集中有《送李户部慈铭赴天津》诗，云：“辞官向沧海，临别会长安。老去忧风雅，深谈出肺肝。帝城春色近，岛日夜光寒。莫倚珊瑚树，浮云直北看。”即爰伯都讲问津、三取两书院时也。又别内二首，云：“念子早孤露，归予仍食贫。凤雏怜自乳，雅鬓惯生尘。亲老恃中馈，天寒犹负薪。东家新种竹，抽筍已过人。”“金翠殊非好，文章讵疗饥。亦知羞狗监（《汉书·司马相如传》：“蜀人杨得意为狗监，侍上。上读《子虚赋》而善之，得意曰：‘臣邑人’”云云），不敢怨牛衣。别汝长安去，经冬雨雪飞。早寒高阁上，几度盼征骓。”戍客闺人，同此天涯之感。

《不其山馆日记》第四册

（1936年1月1日—2月9日）

1936年1月1日

本市近日之严寒，为数年来稀有之现象——观象台发表致此原因：

本市观象台发表通例，青岛因地滨黄海，受海温之调节，每年温度最低时期约在一月下旬与二月上旬之间，即与同纬度之内陆相较，约迟半月，惟民国二十年一月最低温度为摄氏表零下十六度以下，但在十二月，则曰民国五年以来，从未有如本年之冷者，（三十日）上午最低温度达摄氏表零下十二度一。查自民国十三年至二十二年十个月间，十二月之平均最低温度为零下一度七，去年之最低温度为零下三度，互为比较，相差悬殊，且自本月七日后，多数日期，最低温度之纪录，大都自零下六度乃至九度，尤为数年来稀有之现象。今考其致此之由，大约其主要原因有三，即一为西北大陆高气压之非常发展，往年俄属西伯利亚伊尔古斯克一带，十二月中之最高气压，大都在七百八十公里，本年则在七百九十公里以上，温度低至零下四十度余，寒威影响可及于华北各地域。二为上述之高气压在通常之例由日西北大陆出现后经过长江流域，再折而东行时，黄海滨地之风向，往往由北转南，即南北风互相交递，以之调节寒暖。本年则是种高气压之一部分，迳由东三省一带，而再南东行，于是青岛多北风时日，几绝少南风，因而寒气较形强烈。三为华北各地，月中降雪区域较广，而积雪面之蒸发，邻近地带之温度，每受其影响，而使降低，且经过该蒸发面之气候风，亦较寻常为凛冽焉。此三点之外，尚有海流等各现象，亦与滨海地温度有直接关系，但因无实测材料，此处姑从省略。

1936年1月2日

有可存者灯谜数则，如：

“生员和尚”射人名一（伍奢）；

“不着一字”射字一（丕）；

“临去秋波那一转”射书名一（《离骚》）；

“无人同姓名”射人名一（伊尹）；

“一大一小一跑一跳一食肉一食草”射字一（骚）。

除末则久极传诵，余数则有新出研者。

1936年1月5日

何栻《悔余庵集》，稿已存目，昨记（乙亥十二月三十日）所云《楹联》二卷，在悔余实自题为《衲苏集》（壬戌五月），有《自序》一首，签题者不达其意，而改为《楹联》耳。即其文稿而观之，自卷一至卷六赋序记传等六十余首，为四十以前及少年应制之作，而《江风集》《焦桐集》《剑光集》，《真气》《文波》两集，《余辛集》皆有《自序》。

今丛稿中幸而存者唯《江风集》之乐府耳。其末季之作，列七、八、九诸卷之中，卷七（自题《我愧之集》）弁首载（咸丰戊午八年）平江李元度一《序》，首笔云："侯不愿乎，万户恨少，韩荆州识面之缘；人可赎兮，百身怕读，庾开府伤心之赋。"结联云："物不得其平则鸣，君漫唱武夷君可哀之曲；义以舍其生而取，我特书郭有道无愧之碑。"中间历叙悔余之文才宦迹，尤特其妻女侄从死节之烈，如云："又况火珠之诗，四十字一星之谶；终孤昌黎之祭，十二郎两世之韩。"惟此是次青为何太守作碑，不知编者谁何，而石碑作序也。然篇首亦有"盖尝读廉舫太守悔余庵稿"等句，则次青文例之不纯，实分负其咎耳。此文署年咸丰戊午，而悔余《自序》署年丁巳，又自题乐府后一篇，署年丁巳岁除，则其殁年即为戊午。

再其《孝烈夫人传》中"道光丙申岁予年二十有一"，推之则得年四十三岁，及读《孝烈夫人墓表》有"同治六年十一月十九日葬于邑黄山之阳"等语，始恍然于予所推论之，全非事实，而次青《郭有道之碑》直非人间世语矣。至其文大抵轨范随园，而多未脱律赋格言。散文靡曼尤甚，不出明人气习。犹如焉得此稿，附而刻之，以饷世之目不雀鼻不鹳者（《秦氏姑妇诗词序》），然后知吾辈诗心之不朽，而皇天老眼之难瞒也夫（《冯太守诗词序》），则更遁入魔道，插以诨科。要为忠烈节义中人，不必斤斤论其文事，但未能忘者，古人韵学精于今人，"音谐而不必谐，意对而词不必对"，二语能窥古人之奥耳。

1936年1月8日

昨逢人日，怊怅归鸿。

薛道衡人日诗云：

"入春才七日，离家已二年。人归落雁后，思发在花前。"

为之永叹。

民间至俗之事，往往其来甚古。元旦相戒箕扫，忌出财也。《广事类赋》引《搜神记》云："有商人瓯明，过青草湖，湖神邀归，问所须？有一人私语曰：'君但求如愿，不必余物。'明依其语，湖君许之，及出乃呼如愿，是一少婢也。至家数年遂大富。后岁旦，如愿起晏，明鞭之，如愿钻入畚扫，明家渐贫。令岁旦畚扫不出户，恐如愿在其中也。”

山桃欲红，书此将助家人张目。

1936 年 1 月 11 日

三元日终是起于唐时，北江《释岁篇》十五日谓之望日，又谓之上元，引《白六帖》正月十五日为上元。

按云上元、中元、下元，本道家之语，始见于《白六帖》。而《广事赋·上元篇》引及《史记·乐书》：“汉家以望日祀太乙，从昏时到明。”（所引如此，注应是华希闵自注）今人正月望日夜游观灯是其遗迹，则所引所注皆谬悠之言也。《史记·乐书》本云：“汉家常以正月上辛祠太一甘泉，以昏时夜祠到明而终。”不知所引为何代麻沙之本。又上辛云者，如云：“上丁上巳礼。上丁命乐正习舞释菜。”韩诗薛君章句：“郑国之俗，三月上巳，之溱、洧两水之上，招魂续魄，秉兰草祓除不祥。”皆指月之第一丁日（今祭丁之日）巳日也（有谓上巳，‘巳’字疑作天干之巳，不然则朔逢午未，上旬遂无巳日，夫又何必上旬也）。上辛日谓之郊日礼，《郊特牲》：“郊之用辛也。”《释名》：“辛，新也。”《说文》：“辛，秋时万物成而孰[1]。”语出《史记·律书》：“辛者，言万物之辛生。”又《春秋·哀公元年》：“四月辛巳，郊。”《谷梁传》：“郊自正月至于三月郊之时也。我以十二月下辛卜正月上辛。如不从，则以正月下辛卜二月上辛。如不从，则以二月下辛卜三月上辛。如不从，则不郊矣。”（范宁集解云：“有变乃志，无事不书”）上辛并非望日，华氏自引自注之谬如此。

【注释】

①孰：通“熟”。

1936 年 1 月 14 日

华亭董氏，乡曲之誉，大有遗行矣。《权斋老人笔记》云（归安沈炳巽著）有“定陵纪略董氏焚劫始末”一则，以起家中秘，列籍清华之词臣，至为里人纵火烧房，几于阖门俱烬，其凌虐之罪从可想见。炳巽自述先世有与文敏同季，文敏因避难其家，则为讳言者当在不少，蒋瑞藻《小说考证》“黑白传”条下引《说梦》所载全文，则知当时狱犴牵连者广矣。炳巽，雍正时人，其笔记谈怪为多（沈炳巽，《清史·文苑传》有附《赵昱传》）。

1936 年 1 月 16 日

古来口吃人：韩非、司马相如、杨雄、周昌、鲁恭王、魏明帝、邓艾、宋孔觊、后周卢柔、郑伟、隋卢楚、唐李固言、南唐孙盛、明宪宗皇帝，又《宋书》王微。（《本传》云：“常从博士读小小章句，竟无可得，口吃不能剧读。”）

1936年1月18日

郑端简《古言》云：“欧阳永叔毁系辞，司马君实诋孟子，王荆公非春秋，程子改古大学，朱子不用子夏诗序。皆不可解（《权斋笔记》）。望溪素不喜班史及柳文，条举所短而诋之，人或以为过，而公守其说弥笃（李次青《方先生事略》）。望溪尝谓自南宋以来古文义法不讲久矣，吴越间遗老尤放恣无一雅洁者，古文不可入语录中语，魏晋六朝人藻丽俳语，汉赋中板重字法，诗歌中隽语，南北史佻巧语”云云。此承其流者，所以束书而不观者众也。

今日报载：“去惠来县治二十里有乡蔗园者，尚出没食人之土番，近受其害者以十数。”未可遽信，然率兽食人，何必土番，何独蔗园哉。又云：“申上某银行家已为四匪劫持其车，其御者故驶车与无轨电车撞突，车中人大哗，匪见车不可行，而人又众，急而舍去。”慧哉，御者也。

1936年1月19日

《望溪集》阅略遍，漠然无所动于中，即少年至今略存记忆诸篇，以今观之，复不知当年何以心折如此，岂予之老将至而知不及之邪？尤不解者，所《与孙以宁书》极言其为孙征君（奇逢）作传，意旨谓古之晰于文律者，所载之事必与其人规模相称，且举史公传陆贾若留侯世家，以示缀文之士虚实详略之权度而记石斋黄公也，则缕述妓顾侍寝不及于乱，此何足为黄公书哉，然犹曰轶事也。其《亡妻蔡氏哀辞》，稍稍记闺房床笫私好，几乎欲尽以告人。夫男女居室，人之大伦，何足登诸笔墨，方先生诚卓然守礼之士，此其意亦只于礼意传之耳，异哉，乃以居丧侍疾不御内之言，强衢人而聒聒也。后之论者，列先生于文苑首席，不必厕儒林末僚。以为桐人之爰，其乡者告余谓先生之分定不苟，卫道不渝，真是读书中人，可传于后世，其他则吾不知也。

1936年1月23日

忆爰伯三十五岁时留滞京师，“谱金缕曲戏送灶”云云（同治癸亥），亦得吾心之同然者也：

“爆竹阗填起。又家家，花饧秸马，郭禅行矣。局促春明常寄食，五载一瓢而已。总不见，釜鱼甑米。绝倒平津成久客，只阑干苜蓿频料理。弹铗送，为君礼。　　　年时最忆家园里。簇团栾，生盆彩胜，母妻兄弟。钉座汤圆同拜祝，百岁清门风味。蓦回首，烽飞乡里。指日定携如愿返，结山厨小赁梅花地。亲压酒，君须醉。”

1936 年 1 月 26 日

《朴学斋笔记》八卷，盛大士著。大士，太仓人，字子履，号逸云，又号兰畦道人，嘉庆（庚申五年）举人，官山阳教谕，工诗善画，得娄东正派（按指王时敏），有《蕴愫阁集》，此集（吴兴刘嘉业堂刊）首有大士《自序》，署道光十六年，盖晚年自定之稿矣。尝游王兰泉（昶）、钱竹汀之门，所记不失立言家法。第一卷论修身端于小学；第二卷谓丧服葬祭，所谓人本于祖；第三卷论取多之道；第四卷论科举之弊；第五卷论治平要略，戒党祸；第六卷论学派紫阳，而正余姚；第七卷论诗文流别，入以载道之言；第八卷校正经史佚文讹字，昔吾家太冲先生教学者，说经则宗汉儒，立身则宗宋学，余风遗教首及东南。如大士者亦瓣香以永其传者也，然而薄矣。

1936 年 1 月 27 日

中央政治委员会二十三日第六次会议六案之一云：“由行政院转教育部，简体字停止推行，再定办法。”按教育部于去年八月二十一日以部令公布《简体字表》第一批三百二十四文，令各省市教育行政机关转饬各校及出版机关遵用，并定自本年七月起一律实行，至关于文告公牍两方面，亦曾由部呈经行政院转经国府各机关采用也。事经陕西某文会，湖南主席何键等通电反对，邢太史被书有“先生领袖群伦，独能忍而与之终古邪”之言，经为书奉，覆以明贱子之志，诸公自问视吴皓、武曌之势力何若，一手掩尽天下目，能乎不能。又问今日狂流，视七百年八股之势力何若，天下英雄入彀中，已做到否？放下屠刀，其过也，人皆见之欤。，本来文字是一种符号，多几笔少几笔干卿甚事，愧诸公不十年读书，未有造字之力耳。所难忍者民国十六年蔡元培长教育部明令废孔，亦经何键等反对，旋又下令尊孔，岂惟狐搰狐埋之害，直是亡国灭种之灾。若敖氏之鬼不其馁而已焉哉，天实为之邪。

夜阅完《朴学斋笔记》，益习理学家文笔尤萎，薾其不振处乃等于《劝世文》第八卷，涉及训诂而已，斋名朴学，挂羊头也。

1936 年 1 月 28 日

浙人黄某署湖南某县地方法院长事，受理一案已定谳矣，卒由一妇告白而案始得平反。先是妇道田间遗襦道左，一肩者拾而蹑其后，妇觉而索之，且曰："妾姑厉而忍，失襦，则不可安于室。"肩者因更胁以为欢，不得已而苟合于桑下焉。妇既忍辱，已而殊感负重，力脱，视之，则奄奄出气仅属矣，得襦，急脱不敢声也。乡农某利路旁之有弃货也，担而归为己有。洎尸臭案发，就僵尸之桑田而迹其主，则某农实耕之，发其室而赃俱在，罪有攸归。虽化验陈骨不获𢧵据，而爰书已定，农亦屈服无词，往复申详，去执死刑三日耳。妇闻之挺身诉于姑，语未毕姑捽妇投诸法院，欲令抵罪而甘心也。依律农得减死，妇亦以无罪判云。直哉妇也，法官黄绍兴周学圃里友，其言可信，此可以传奇者也，为作《直妇行》：

"孔雀东南飞，行行不得归。有家归未得，失我旧襦衣。衣敝犹可缝，衣失欲何词。一衣奚足惜，妾家妇难为。学步犹被纨，甫笄学织布。未织云锦裳，家风本儒素。女贵有所归，去去为君妇。起早失夫欢，起迟恼阿母。针线罢回文，婢子奉箕帚。非无膏为沐，难涤心中垢。妇道夙所闻，逆来姑顺受。三载始归宁，授妾嫁时襦。濒行言絮絮，莫谓是区区。久不当明镜，背人问罗敷。一步一徘徊，修短入时无。丽质本天然，未许铅华污。及家方拜母，速归如催租。维时已向莫，不及车而徒。岂无打头风，尚可辨津途。在山泉水清，难为立斯须。搴裳急我足，揽臂披我襦。似有尾相及，云盍不徐徐。返躬若有失，失之在东隅。黠者肩李过，拾之比明珠。持此来相胁，出口非吾图。其言甘于荠，茹之苦如荼。妾命苟如此，忍敢及威姑。俟我于桑中，天地一葫芦。忍辱兮负重，人鬼判须臾。倾尽西江水，漫云收桑榆。造物戒好还，临财贯苟得。力农不逢岁，艰难惟稼穑。路旁有苦李，匍匐往将食。累累傥来物，胡为在吾侧。取之庸伤廉，弃之殊可惜。无力负以趋，一担肩入室。攘羊为父隐，吾党斯谓直。哀哉拙老农，祸至已无日。胥吏下乡来，叫嚣复隳突。如何桑田间，而有陈死骨。桑者翳何人，蚕姑言已泄。只在此村中，陷阱若为设。杀人不见血，食李犹余核。絷此见县官，农汝复何说。谳岂周内成，冤遂沈埋结。决囚不待秋，冬深久不雪。天道自恢恢，岂不大谬哉。立碑颂当道，含石悲奇灾。杜鹃声声啼，一步一徘徊。妾身沾泥絮，人命比尘埃。命与名孰重，义与利交催。长跽前致词，百身矢自媒。抵死为安宅，百折不复回。直道在天壤，此妇不蒿莱。乃姑甫闻言，得情如有喜。口呼杀人者，在此不在彼。劫持入公门，气投之有庳。夫情丝未断，母怒发已指。讵少美妇人，而曰姑舍是。涕泣谢夫君，母不谅人只。夫恩江水长，妾心枯井水。汨罗流汤汤，衡阳雁归不?"

1936年1月29日

读《清史·文苑传》。

陈师道年三十一，见黄鲁直尽焚其槁而学焉。郑梁见黄宗羲时年亦三十一，以父密命师事之。故诗文皆以见黄槁为冠（事见《清史·文苑传·郑梁本传》）。段玉裁少于戴震四岁，执贽年亦三十一岁（未记所本），谦焉执弟子礼，虽耄或称震必垂手拱立，朔望必庄震手札一通（《清史·本传》）。黄侃师刘师培计在丙辰五年，时侃年亦三十一也。古今人事之一揆者有如此（郑梁晚年右体不遂，以左笔驱染如平时）。

1936年1月30日

《清史·文苑传》广东诸乡先达：

陈布衣恭尹元孝（顺德），附陈布衣子升乔生（南海）。

屈布衣大均翁山（番禺）。

梁庶吉士佩兰芝五（南海），以诗鸣粤东。附程会元可则周量（南海）、方进士殿元蒙章（番禺）、王布衣隼蒲衣（番禺）、吴孝廉文炜山带（南海）。

车征君腾芳图南（番禺），官海丰教谕兼主惠阳书院，有道德，能文章。吴鸿视学至惠，从容问儿孙应试者几人，腾芳以失学对，吴赠诗有“眼青敢谓因吾辈，头白何期识此翁”之语，著有《萤照阁集》十六卷。附许孝廉遂扬云（番禺）、韩进士海伟五（番禺）。

何进士梦瑶报之（南海），通律尤以诗名，传谓国朝二百年来，粤人论撰之富，博极群书，精通艺术，未有逾梦瑶者。附劳拔贡孝舆阮斋（南海）、罗孝廉天尺履先（顺德）、苏孝廉珥瑞一（顺德）。

冯编修敏修伯求（钦州）。附赵孝廉希潢渭川（长宁）、李孝廉符清仲节（合浦）、莫孝廉元伯台可（高要）。

黎拔贡简简民（顺德），足不逾领海内，词人想望之。附张编修锦芳粲光（顺德）、弟孝廉锦麟瑞芳、黄孝廉丹书廷授（顺德）、胡孝廉亦常同谦（顺德）、吕岁贡坚介卿（番禺）、李拔贡士桢广成（番禺，工骈体文，有《青梅巢外集》）。

宋编修湘焕襄（嘉应），粤诗自黎简、冯敏昌后推湘为巨擘。附吴孝廉兰修石华（嘉应），以桑梓之邦数典宜核，撰《南汉纪》五卷（家藏《学海堂课》，时兰修监校），温贡生承恭靖闻（德庆州）。

谢庶吉士兰生佩士（南海）。附凌茂才扬藻誉钊（番禺，兰生嘉庆壬戌进士入词馆，乞养归，善诗文及画，兼工六法，笔法雄俊云）。

张进士维屏子树（番禺）。附谭进士敬昭子晋（阳春）、黄副贡培芳子宾（香山）、彭拔贡泰来子大（高要）、倪进士济远秋槎（南海）、邵优贡咏子言（电白）。

梁侍读廷枏章冉（顺德），官澄海县训导，著《南汉书》十八卷，论者谓足与马令陆游《南唐书》并传，附杨孝廉廷桂天馥（南海）、李进士光廷恢恒（番禺，抄辑《榕园丛书》，附《何秋涛传》）。

谭孝廉莹玉生（南海），与康景星、仪克中、黄子高同为学海堂学长，博考粤中文献，凡粤人著述，搜罗而尽读之，其罕见者告其友伍崇曜汇刻之，曰《岭南遗书》五十九种，曰《粤十三家集》一百八十二卷，选刻近人诗曰《楚庭耆旧遗诗》

七十四卷。复博采海内群籍罕见者汇刻之，曰《粤雅堂丛书》一百八十种，凡为跋尾二百余篇，其考据淹博如此。又工骈体文，沈博绝丽，奄有众长，粤东二百年来论骈体必推莹无异辞者。诗初以华赡胜，晚年为激壮凄切之音，著有《乐志堂诗集》十二卷，《续集》一卷，《文集》十八卷，《续集》一卷，卒年七十二。子宗浚。附熊孝廉景星伯晴（南海）、徐进士荣铁孙汉旗、仪孝廉克中墨农（番禺）。黄优贡子高叔立（番禺），少以辞章擅名，留心掌故考证，金石藏书甚富，多异本，尤精小篆，人得片纸争藏弆焉，卒年四十六，著有《石溪文集》二卷，《知稼轩诗集钞》九卷，《续三十五举》一卷，《粤诗搜逸》四卷（今予不其山馆中犹悬子高小篆《幽风篇》文四帧，七年前得于汴市者，玉箸匀净可爱也。王选《骈文类纂》录南海谭莹玉生《温伊初梧溪诗画册·后序》一首，粤文见选者他尚未见）。

而书其后曰《清史·文苑列传》，首乎都魏氏兄弟一门，终以吴观礼（同治十年进士）。光绪四年，疏上九事，寻卒，云："则亦为未完备之卷也。"如盱眙傅桐（字味琴，安徽泗州人，道光丁酉拔贡）、会稽李慈铭（爱伯，光绪庚辰进士）、秀水赵铭（桐孙，同治庚午举人）、仁和谭献（仲修，同治举人）等皆未为立传，无以为一代文苑之殿。朴学中以经学小学鸣者概入《儒林传》下篇，算学家闻亦附焉（如李善兰等）。自余非达官显宦概入文苑，如史学家之章学诚、钱林、龚自珍、赵翼、周寿昌，地理学家之齐召南、张穆、何秋涛，金石学家之叶弈苞，校勘学家之朱彝尊、何焯、黄丕烈，治事学家之包世臣、冯桂芬，历算学家之丁取忠、吴嘉善等。固类多文章尔雅，有功士林，然所治之功朴学为多，何去何从，宜别商榷。传中论诗多以王渔洋一言为重，论文则桐城较为晚出。

杂记数则：

赵执信娶王士祯甥女，初犹相重，以求作《观海集》诗序，士祯屡愆其期，遂诟厉。尝问古诗声调于士祯，士祯靳之。执信乃发唐人诸集，排比钩稽，竟得其法，为《声调谱》一卷。

刘岩大山（江浦）以善弈名，同里左文戒之曰："子诚此聪慧，用之读书，何书不可读?"遂发愤为学。

顾嗣立侠君（长洲）文采风流，照映一时，素豪饮，家有古酒器三，仿刘景升三雅（池名，在四川阆中县，《春渚纪闻》："古有修此池者，得三铜器，状如酒杯，各有二篆，曰伯雅、仲雅、季雅。或谓刘表二子好酒，尝制三爵，大曰伯雅，受一斗，次曰仲雅，受七升，小曰季雅，受三升，池因而以得名"），受十三斤而赢，余各递杀，尝署门曰："凡酒客过门，延入与三雅，诘朝相见。"盖终其身无与抗者，尤善诗。

黄与坚庭表（太仓州）三岁能识字，五岁能诵诗，十四岁慨然有志于古学，欲遍读周秦以下书。甫三年，读周末诸子及六朝以上者几尽。

姚鼐同时袁枚、纪昀颇诋宋儒，鼐尝直斥其非。翁方纲向鼐乞言，鼐曰："诸君皆欲读人间未见书，鼐则愿读人间所常见书耳。"

王益吾《续古文辞类纂》三十九家（光绪八年），不见《清史》者彭绩（秋士，长洲，布衣，有《秋士遗集》）、彭昱尧（子穆，广西平南，举人，有《致翼堂文集》）、王拯元（定甫，广西马平人，道光二十一年进士，有《龙壁山房文集》）三人。

《骈文类纂》清代六十五家（光绪二十七年），未见《清史》者徐嵩（朗斋，金匮）、胡浚（祖香，会稽）、汪瑔（彀盦，山阴）、傅桐（味琴，盱眙）、郭嵩焘（筠仙，湘阴）、李慈铭（爱伯，会稽）、谭献（仲修，仁和）、王闿运（壬秋，湘潭）、缪荃孙（筱珊，江阴）、蔡枝功（与循，湘潭）、缪祐孙（抽岑，江阴）、皮锡瑞（鹿门，善化）、苏舆（原康，平江）二十人。郭李姜等较晚出，王缪则革鼎后犹存。

又，两《类纂》俱见者惟梅曾亮、管同二家，兼工之难如此。

黎选有爱伯《答仆诮文》一首，究与欧、曾义法殊科（光绪十五年）。遵义之选后出者七年，意或欲以博雅闳赡之文，救末流枵响之失。然而斋戒之堂，大陈鼎俎，恐惹居士欧嗽耳。（恽子居《大庚戴文端碑文》，爱伯（日记二册五十六页）推为近世奇作，王不选，黎选之而谓文非绝至，三家之不同如此。按文端名衢亨，余家藏明人笔墨来自朱氏者有其题跋。）

1936年2月1日

赵味辛（《亦有生斋文集》）“碑铭传状”数十首，十九为常产，想见一时人物之盛。

其与北江《劝速葬书》深以其人都为非，有云：“是月中正，为足下又期之期，祥禫之祭，既不可不归寻间传之义，大祥后素缟麻衣，倘游经师，恐无能以礼相处者。读《伐樱桃》之赋，可为三太息也。”

因忆际遇遭吾母之丧，未及百日卒哭之期，逼迫上道，腼颜见矧（《曲礼》：“笑不至矧。”郑注：“齿本曰矧，大笑则见。”《说文》：“断，齿本也。”《说文》无矧字），污此皋皮，借口饥来，举世谅无以为非者。黄粹伯且面揭三年之丧为汉儒谬制，粹伯椿萱并茂，且所以授徒者，今谓之国文，不知所读何书，胡为而出此言也。

1936年2月2日

又按湘乡侪惜抱于三十二哲之列，不无阿其所好之讥。平心论之，必于近代求一人焉，其文可范天下士，中材者可勉而几，不至画虎类狗者，恐仍非桐城莫属耳。

历城周永年《清史本传》言其为学观，大义不雠章句，自谓文拙不存稿，而“天下文章其在桐城乎”一语，著曾文而遂永其传，立言之不朽如此。

爱伯有志集录论学骈文，此事有成，洵学苑之粲花、儒林之鸿宝也。私承其意，拟列下诸篇而以时增益之：牛里仁《请开献书之路表》、孙过庭《书谱》（窦臮《述书赋》，见《佩文斋书画谱》）、纪晓岚《四库全书告成恭进表》、汪容甫《广陵对》、孔㢸轩《戴氏遗书总序》、刘孟涂《论骈体书》（附拙作《哀学篇》），江河万古流，斯文间世出耳。

1936 年 2 月 4 日

王氏说文何以名“句读”也。《清史・筠本传》曰：“句读云者，用张尔岐《仪礼郑注句读》之名，谓汉人经说率名章句，此书疏解许说，无章可言，故曰句读也。”

京钱一千亦曰一吊，实抵铜元十枚，合制钱百也。宣统庚辛之际，予初抵春明时（《唐六典》：“京城东面三门，中曰春明。”后人称京城曰春明），银一两换钱十五千，银圆一番约十一千有奇。据爱伯同治三年（七月十二日）日记：“取馆脩十二金换得钱百十一千。”则一番金仅得九千有畸零耳。然洎清末垂四十年迄无大异，此时爱伯月脩只有六金，而颇溺歌郎，自罗缚茧，难绝藕丝之痛，猥惜金缕之衣，明月无香，桃花度影。快意倾家买君顾，愿君玉颜暂时驻。可为痴绝者也（篆作“癡”）。

江慎修《群经补义》云：“周礼虽尚文，然犹有俗沿太古，近于夷而不能革者。如祭祀用尸，席地而坐，食饭食肉以手，食酱以指，酱用蚳子，行礼偏袒肉袒，脱屦升堂，跣足而燕，皆今人所不宜者，而古人安之。”爱伯谓“席地而坐以下，皆历代相仍，古人质朴之风，未为近夷。惟祭之用尸，则夏商所未见，而事又颇可骇怪，疑是公刘迁豳以先习于甲翟之俗，而不能改也。”

1936 年 2 月 7 日

爱伯贺一徐姓得乡举联云：“孝穆文章宜在台阁；伯进年齿早与公车。”

盖《后书・左雄传》：“雄请自今孝廉年不满四十，不得察举。”有广陵孝廉徐淑（字伯进）年未及举。用以切合姓氏，非我用我法也。而其受人不情之请，不堪其扰之言有云：“固知闭户，乃是大难，既污元规之尘，又厌宣明之面。”（元规，晋庾亮字。《晋书》：“亮美姿容，善谈论，性好庄老，风格峻整，动由礼节，闺门之内不肃而成，时人或以为夏侯泰初，陈长文之伦也。”）

胡母张橐反诬不疑以盗金，赵壹通书乃累杜密以请托。（《后书》：“杜密去官还家，每谒守令，多所陈托。同郡刘胜，亦自蜀郡告归乡里，闭门扫轨，无所干及。”）名纸作束甚烦仆夫，面糊累盆亦苦灶婢。此殆人间之地狱，林下之孽海矣。美其名曰归田，实有此苦。惟胡母张橐非直不疑传中事，赵元叔自与弘农太守皇甫规有通书，杜周甫请托各为一事，比而书之，偶有此法，而非遣事有用典之正则也。

1936年2月9日

陈寿《三国志》，毛本、殿本皆分冠《魏书》《吴书》《蜀书》之称，寿并未自为此名，《晋书·寿本传》《宋书·裴松之本传》亦但云《三国志》。爱伯日记（七册下，十页）云："陈氏概题为志，后人误以标目，刻十七史、廿一史者遂皆沿之，流俗所当正者也。"然后记（十册下，二十页）又云"然《陆士龙集·与兄平原书》有陈寿《吴书》"云云，则当时已有此称，非后之刻国志者所增题也（记尚见于它书，先录存之）。

《因树山馆日记》第一册

（1936 年 2 月 21 日—4 月 27 日）

1936 年 2 月 21 日

粗检第一期丛书集成秘笈，佳篇往而在，痴贪聚首未暇遍及，《札记》一二云尔。《历代地理沿革表》四十七卷（目误为四十六卷），虞山陈芳绩自序于康熙丁未年（“史学丛书”本），自云：“甲申后弃举子业，究心于天文地理之书，著成此表。分三等，曰部表、郡表、县表。”则亦与亭林后先骖靳者也，其《郡表》“潮州”条下，谓“立郡始于晋，曰义安郡（义熙九年，分东官立，治海阳，领县五，属广州。一作五年），南北朝（宋仍齐领县六，梁陈置东阳州，寻改潮州，陈改潮州），隋（初曰潮州），唐（曰潮州，亦曰潮阳）”云云。校之府志，置义安郡为义熙九年，无五年又词。

《履斋示儿编》（二十三卷），开禧元祀卢陵孙奕自序（“知不足斋丛书”本），末六卷为字说、辨书之形声，实可益于初学（卢文弨《跋》语），人之通小学者，余亦可资闻见，录一则如下：“世传北狄来《祭皇太后文》，杨大年捧读空纸无一字。即自撰曰：‘惟灵巫山一朵云，阆苑一团雪，桃园一枝花，秋空一轮月。岂期云散、雪消、花残、月缺，伏惟尚享。’时仁皇深嘉其敏速云：‘文心之灵无之不可也。’”

《今世说》，仁和王晫撰，凡八卷，有记周栎园在闽，有赵十五、陈叔度皆工诗，没不能葬。周出俸金，葬之西郊，题曰，“词人赵十五、陈叔度墓”。寥落无所之之士，时渍酒其下。并有注数百言。

1936 年 2 月 25 日

何义门曰：“偶骑驴行田畔，野风忽来，顾见田中麦浪，其光油然。因悟天地之文皆从一动生出。”

黄鲁直于相国寺得宋子京《唐史稿》，归而熟视之，自是文章日进，茝林云：“此无它，见其窜易字句与初造意时不同，而识其用意之浅深也。”按此等语皆授人以致思，作文之法，良工不示人以璞，大匠无轻弃之材，其机在一“活”字，其用在一“巧”字。

1936年3月8日

周公谓鲁公曰，开讲下出题云："不见周公乎？不见鲁公乎？不见周公谓鲁公曰乎？"迫出题字层累而下，本有此法，而文则谬悠甚矣。

有徒每用"而"字必不通，其师批其额曰："不当而而而（句），当而而不而（句），而今而后已而已而。"斯真妙用"而"字者。

某举子得关节密约于破题"安一字四见"，临场题为"子谓子夏曰：'女为君子儒，无为小人儒。'"仓皇无措，以重金货诸邻舍，得句云："品一而儒不一，圣人一勉之，一戒之也。"邻舍生刺获肯窍，复袭用之。衡文者两得暗合，摸索无从，隽其较佳者，而某仅中副车云。

邱嫂兄蔡弼臣习于官家子弟口吻，馆师陈伯陶先生命题"孔子行至孔子行"，蔡破题云："圣人之仆仆于行。"都是一样也，其介弟隽卿上舍为予述之。语录不能入文，不然倒是绝好破题，语法逼合。……

益阳郭都贤些庵先生，明京陷，祝发为僧，见洪承畴经略时，故作目眯状，经略惊问何时得目疾，先生曰："始识公时目故有疾。"洪默然。司马懿伪为重听以玩曹真，先生故示不明以风承畴，而风格远矣。论者谓先生门下史忠正之节义，魏叔子之文章，得一已足不朽，可想见师友渊源之盛也。

1936年3月9日

晨五十七度，阴，洎晚不见月，偕王、林二子行山后，有曰："得无有伏虎乎？"遂折返。

早授课后始得食，诸生听讲渐获佳趣，然偶坐池畔，改题习课，尚为求诸己不求诸人之业也。达夫遣急足以柬至，午即复之，并书寄内子。学海书院熊君来问所课。仲诚及刺于门。（本侨来谈。）

《先正事略遗逸传》凡四卷，自徐俟斋先生（枋）以下三十三传，附传者二十九人，并明末士夫不仕新朝者。

日阴欲莫，灯下怯对小字本，乃快读完之，于我心有戚戚焉。王伦表先生（大经，江苏东台人）授徒不出传中，最其《巢父许由论》，首曰："乱生于求，求生于欲，多所欲则多所求。"又曰："自世道渐降，大朴渐漓，而耆欲日开，营求日甚，膺时遘会者，乘便邀利而无真事功，授徒讲学者，希荣稽古而无真学术，砥饬高行者，世味日深而无真名节"数语，令人汗下。

黄冈杜于皇（濬）先生自言有绝粮无绝茶，卒于扬州。丧归，故人谋卜兆，子世济曰："吾有亲，而以葬事辱二三君子？是谓我非人也。"亡何，世济亦卒。陈苍洲来守金陵，始葬诸蒋山北梅花村。亡友黄季刚尝以《登杜公墓诗》见寄（癸巳四月日记），今日始悉先正行谊，乃谨识之。……

《八家四六文选·有正味斋·书类》九首，原凡十八首，其《寄两广制府长牧庵同年书》指数西南史实，如数家珍，真丽制也。寄书之体为之者众矣，今夕阅毕一卷，始叹此体亦不易，以俭腹从事圣徵之作，无不按切所寄书之人，儤直何官（《唐志》：新到官府并上直，谓之儤。儤直一作豹直，亦曰伏豹，取不出之义，旧规有儤宿例），爰居何地，丝丝切叩，息息相关，移地易人，便成套语，取精用宏，深人无浅语也。肄业及之，爰就其致，长刊府书，而作《断句图》焉。

荔枝饱啖，借以输丹，箐竹交森，状其立铁。窃念荆扬远跨，尽属岩疆，岭海交联，无非重镇。扼滇黔之要害，据衡湘之上游。在昔津亭，绩纪平陆，生巷路歌，腾乎贾父（《后书·贾悰传》："悰为交州刺史。巷路为之歌曰：'贾父来晚，使我先反；今见清平，吏不敢犯。'"）。固康时之矩券，拯世之明符也。至于闻笛而奠六泷（《广东通志》："周昕，下邳人，桓帝时举孝廉，守桂阳。乐昌县西一百八十里为武溪，惊湍激石，奔流数百里。马援南征，吹笛歌之名《武溪深》。昕至郡，督夫徙盘石六泷，悉奠行旅，无舟楫忧。"），投蒱而勤百甓（《晋书》："陶侃至广州。取参佐酒器、蒱摴之具，悉投之于江。"）。贪泉不易，食仅菹鱼（《晋书》："吴隐之为广州刺史，都督交广二州军事。行次贪泉，酌饮赋诗曰：'古人云此水，一歃怀千金。试使夷齐饮，终当不易心。'及莅州，清操逾厉，常食不过菜及鱼而已。"），长风可乘，装惟栉刷（《南史·宗慤传》："被枕栉刷，此外萧然。"）。又莫不削心约志，砥节首公，可追留犊之风，不愧留珠之政。故能维娄炎徼，葆就南方（《公羊传》："系马曰维，系牛曰娄。"）。然而漓水城边，舜梧易尽（《水经注》："漓水出阳海山，南过苍梧荔浦县。"），衡阳峰外，禹步难周。或其凿空无人，开荒少力，或职方之遴弃，或偏霸之周陆。歌舞冈头（《广东通志》："越秀山在城内正北耸拔三十余丈，上有越王台故址，即歌舞冈"），老闭关之大长（《汉书·南越传》："佗自称蛮夷大长。"）；楼罗历上，迟执梃之降王。则亦无预华风，任通蛮语已耳。即至瘴乡拓宇，黎母开疆，而别东西之交地，如设蓰判南北之界，山亦分茅（原注：分茅岭在广州西交趾界山顶，茅草南北异向，马援立铜柱于此）。知旁午之无忧，尚夷庚之易治。今则黄垆荡荡，章亥难稽，黔首莘莘，乘除莫计。蓼头茅夹遮道，而献宾钱（《后汉书·南蛮传》："高祖为汉王，发夷人还伐三秦。秦地既定，乃遣还巴中，复其渠帅罗、朴、督、鄂、度、文、龚七姓，不输租赋，余户乃岁入賨钱，口四千。"），蚬妹鱼姑，比屋而居，蛋户（《广东通志》："其种不可考。蛋家女大者曰鱼姊，小者曰蚬妹。"）固已三俗势殊于汉载（《史记·货殖传》："越、楚则有三俗。"），二男数异于周官，而况险极诸边，剧怜两省。皮服尽附庸之国，友闾多款塞之臣也乎。

然则移舰扶胥（韩文《南海神庙碑》，庙今在广州治之东，南海道八十里扶胥之口黄水之湾），驻旌独秀，（《广西通志》："独秀山在桂林，今入靖江王邸。"）揽二禺之形胜，（《南海古迹》记番禺山在番禺东，近城两山相属，高丈余。《山海经》："黄帝生禺号，禺号生禺京。处南海一曰二禺山。"）测群峒之险巇。清咏楼高，郁林石古，文成驱鳄，集著骖鸾。蚕蛊蛇妖，永靖太平之日；刀耕火种，悉驯有道之民。镌陶瓦以代谕蒙（《广东通志》：“李复，教民陶瓦为屋，以免飓风之患”），断大藤而歌如砥固，宜操掌中而不失，叩囊底而有余。特是木蛋板徭，来原荒忽，姎徒郎火，旧只羁縻。半皆烙跖之徒，古号穿镶之俗。短襕缚锦，高髻簪花。击铜鼓以椎牛，吹壶笙而跳月。播琴无效，掉磬何讥。夫山南之叛易平，而何以珠涯弃郡；越嶲之区可复，而何以玉斧画河。虽其狃习而苟安，亦虑革心之乏术。圣朝招携以礼，抚字同仁，提孺如归，计妻可算。一旦烛龙衔照，英荡宣风，使盘獠六十三山，诸黎千二百峒，来者黄筒而输布，去者青箬而裹盐，则九真常诵，任延千载，咸知新息，岂不伟哉，岂不伟哉。

全书亘二千言，兹撮其多涉岭外事者，复以《汉书》校读之。夜未分电灯忽灭。

1936年3月10日

辰刻五十六度，重阴，午稍薄，黄昏雨微于丝。

昨夜灯陡息，早起竟昨日读记。授课后午食，甚念友朋家室，仍阅书自淬。（夜与同乡戴君对两局。）……

粤人奢华善食谱，《吴隐之传》：“元典初，诏曰：‘夫处可欲之地，而能不改其操，飨惟错之富，而家人不易其服，革奢务啬，南域改观。”又“潮俗执丧。吊客至，则鸣鼓举哀，亲族助之。”《士丧礼》：“代哭不以官，则使亲者更迭而哭。”《周官·挈壶氏》：“悬壶以代哭者（《癸巳类稿》有哭为礼仪说）。”《吴隐之传》：“事母孝谨，及其执丧，哀毁过礼。家贫，无人鸣鼓，每至哭临之时，恒有双鹤警叫。”《南史·王秀之传》：“世人以仆妾直灵助哭，魂而有灵，吾当笑之。”老氏已云：“礼者，忠信之薄。”秀之殆，老氏之徒与。

1936年3月11日

《有正味斋·送宣兰溪同年出宰增城序》（曾选未及），复多紧切粤域之语，如中一段云：“斯地也，福奥之凑，水陆所储，饮景含霞，有双峰之离合焉；渟膏蓄黛，有三江之会同焉（《广东通志》：自肇庆而来曰西江，自清远而来曰北江，凡二水也。达于省城，入流经流又一水也，故曰三江。双峰：鹤峰，龟峰）。羽觞春浮，钓石秋耸（曲水池在增城东二里，南山在城南二里）。莲花访君子之寨，竹叶佩仙人之符。一旦来暮歌成，退衙鼓罢，印床云锁，油幕霞张。舞么凤之一双，啖荔枝之三百。不开利孔，不峻罪梯（《盐铁论》：‘是开利孔为民罪梯者也’）。旧水苦而新水甘，小弦风而大弦雅。”

佳哉，吏也，君其仙乎？《增城史志》：“寡在人口者。”复极意渲濡之如此。

1936年3月12日

午六十四度，蒸润础珠[①]，南中深春常态也，北人最苦之。（植树节，休沐，晚载鞭来奕。）

早读《缦雅堂文》数首，午归石牌，为青蝇昼袭，补睡不成，补作日记，改正残局一，存谢集。

晡习题之较难者数则，阅吴选《西溪渔隐》文一卷。

“文生乎情，情生乎文。”读之令人凄然增伉俪之重者。犹如《北史·齐冯淑妃》（名小怜）：“后主遇害，周以淑妃赐代王达。妃因弹琵琶弦断，作诗曰：‘虽蒙今日宠，犹忆昔时怜。欲知心弦绝，应看膝上弦。’”凄婉欲绝。

因附谐谈一则：“某妇哭扫前夫之墓，后夫偕焉，感于妇哭之哀，曰：‘不可以哭也。’而苦于称呼之难，忽爽然有悟曰：‘称为老前辈可也。’”朋聆此语，后遂相戒称人老前辈焉。

王梦楼题勾容骆女史（绮兰）《秋灯课女图绝句》云：“一灯双影瘦伶俜，窗外秋声不可听。儿命苦于慈母处，当年有父为传经。”信曲而能达者。

【注释】

①础珠：同“础润”。柱子的基石润湿了，就是要下雨的征候。比喻见到一点迹象，就能知道它的发展方向。

1936年3月13日

午六十四度，蒸湿，早课遇小雨，昏时陡密。（略数学习题）

商诸二年级生自加一小时，以授微分方程式。器儿禀来。姚万所来（偕潮阳郑君，百子横路十四号）约明晚之饮。

某科殿试题为“伯夷隘”，有因方望溪有“欲以天地逼出隘字”一语，反先成文曰：“甲子以前有天，甲子以后无天，谓天盖高，不敢不局；首阳之内有地，首阳之外无地，谓地盖厚，不敢不蹐。”甲子为纣十八年，越二年而周纪元。《南史·陶潜传》所著文章皆题其年月，自永初以来唯云甲子而已，古以干枝纪日，如《周书》“惟十有一年武王伐殷，一月戊午”是也（纣以甲子日亡，周武以甲子日兴。宋孙奕《履斋示儿编》卷六引魏王珪说）。

温《南史·隐逸传》，废，《蓼莪》诗史书记凡三见，《晋书》王裒事最脍人口。《南史·顾欢传》：“欢早孤，读《诗》至‘哀哀父母’，辄执书恸泣，由是受学者废《蓼莪篇》不复讲焉。”（其一待查。）

《杜京产传》：“建武二年，剡县有小儿，八岁，与母得赤斑病。”应即今之猩红热。

1936年3月19日

阅《七十家赋钞》边韶《塞赋》（录自《艺文类聚》），所赋者疑即童戏之六马直，曰："可以代博弈者。"曰："塞。"曰："四道交正，时之则也。棋有十二，律吕极也。人操厥半，六爻列也。赤白色者，分阴阳也。乍亡乍存，像日月也。行必正直，合道中也。趋偶方折，礼之容也。迭往迭来，刚柔通也。周则复始，乾行健也。局平以正，坤道顺也。"与今所行六马直者，赤白各六，用四纵四横方格，以二子之直杀一子者。正同《庄子·骈拇篇》："问穀何事？则博塞以游。"其来旧矣（注：孺子曰縠牧）。

1936年4月6日

午六十六度，逾午日见七十二度。

《郴行录》（张舜民《画墁集》）一则，其人其事并可存也："辛亥同辛大观游杨氏园紫极宫，皆山阳之胜。是日见徐积先辈。积，山阳人，为学志古，养母尽力，不置仆妾。年四十，不婚不仕，食饮洗浣，力役之事皆身为之。不婚，恐异姓不能尽心于母也；不求仕，恐一日去其亲也。久之，乡人敦迫使之就举。及应贡入京师，以双轮载母，躬自行推，葛衫草屦，行道之人不能辨也。治平四年许，安世榜下及第，未调官，母亡，遂不复仕，穷居山阳，衣食不给。凡市买，楚人不肯受其直，积亦不取，至有信宿不食者，淮南学者宗之。至路振通判楚州，始为娶妻生子，小名路儿云。"

1936年4月17日

晴，时阴。午八十度，南风殊紧。

力尽于课徒，自课之功殊疏矣。午陈海湖来索为题书、画二事，手券[①]腹饥，不能即应也。

王应麟《小学绀珠》十卷，盖取唐张燕公患多读小记，得绀碧大珠一颗，握以自照，平生所读所记，了了不忘故事。以名其集，以天道、地理、人伦、艺文、历代氏族、职官制度、器用分类各冠以数目，真记事珠也。

子丑十二时配鼠牛十二属，本之王充《论衡·物势论》十二时："日中（午）、食时（辰）、平旦（寅）、鸡鸣（丑）、夜半（子）、人定（亥）、黄昏（戌）、日入（酉）、晡时（申）、日昳（未）、隅中（巳）、日出（卯）。"而《左传》故云："日之数十，故有十时，亦当十位也。"关于七者，晋刘毅有七子，各授一经，一子授《太史公》（按此时尚未称《史记》），一子授《汉书》，一门之内七业俱兴。陆微兄弟七人，崔徵兄弟七人，世皆号"七龙"。

【注释】

①券：古同"倦"。

1936年4月22日

晴，八十四度。

早起饮牛酪，盘中面包二片，居然服御拟于王侯。连授三课，尚可与立。傍午越阜入室，道中犹吟哦昨句，捻须窜字也。

家塾残书，间检得《广东考古辑要》一帙，简蠹欲断，儿时手购跗题之物也。自“郡县”迄“物产”，都四十六卷，湖南周广，郑业崇，郑业煌，魏恒辑刊于光绪十九年，游幕之余，集此以备征数典者耳。

《广东得名考》录自江藩《炳烛室文集》，谓广者指广信言之也。司马彪续《汉书·郡国志》：“苍梧郡广信。刘昭注：‘汉官曰：刺史治。’则县名广信者，谓初开粤地宜广布恩信也，是可知交州刺史治广信县矣。至孙吴黄武七年，割南海、苍梧、郁林、高梁四郡立广州；交趾、日南、九真、合浦四郡为交州。广州之名实始于此。宋时分广东路、广西路。汉之广信，今之封川县。交州刺史治广信，统领三郡，今分三郡之地为二省，封川以西，广西也；封川以东，广东也。”

均据史书言之，其名宦、谪宦、人物、流寓、耆寿、方伎、释老诸门，皆断至明代而止。可知辑书者，本为场屋短檐下士于挦扯之用，了无精意行乎其间。而当年对策贵古贱今，不令人知本朝掌故，其锢蔽一至于此。

澄海析封于嘉靖四十二年，故《人物志》仅著邑人唐伯元（仁卿）一人，所著有《礼编》《易注》《太乙堂》《采芳亭》诸稿，不知世间尚有传本否。《山川志》列澄海皇子殿山（县北，旧名龟山，一名覆盆山，又名北殿山，相传宋太子过此设行宫，故名）、莲花山鸣洋（即大洋，声起若雷，东风西雨，海人候之）、飞钱港（县北相传有钱飞水上，故名），今此诸名多不传矣。《释老志》：“韩湘字清夫，愈之犹子，学道成仙，少时落魄不羁，愈强之婚，宦不听，勉之学乃笑。”今潮剧《送寒衣》即铺演此事，俗剧亦有所本也。

1936年4月27日

霁，午八十二度。

辨色而起，治课洎午，村中独居，时有遐想，来今去古，不过尔尔。

贾幼隣（《送李兵曹往江外序》）云：“千里之马，维而不驭，则意在空谷，而远思丰草；累鸷之鹗，鞲而不搏，则心在穷徼，而愈怀云霄。”此古之人有行之者耳。伏枥甘脱粟之槽，暴鬐于碣石之上。臣之所为，世之所弃者也。

比日非意有所牵，实缘心无所寄，不愿形诸物象，遂终隐于橘中，区区小技，亦限于精力，不克精进，其他更又何说。一尘齐刘生以近诗贽见。今士之嚣甚矣，而犹见姁姁执礼者。

《因树山馆日记》第二册

（1936年5月6日—6月26日）

1936年5月6日

晴。午霁，八十八度，望月皎圆，风清江白。

毕三课体力尚可继，久坐则髀肉生之也。与子春小谈，退而治书。几小群籍闠闠[①]，无可置茗盌[②]处。

杜牧句云："一骑红尘妃子笑，无人知是荔枝来。"语意本《后书·和帝纪》："旧南海献龙眼、荔枝，十里一置，五里一候，奔腾阻险，死者继路。"信哉，"不学《诗》，无以言"也。《广雅·释诂》："四置驿也。"《孟子》："速于置邮而传命。"《史记·孝文纪》："余皆给以置传。"《汉·刘屈牦传》："乘疾置以闻。"则三史并用之。

《抱经堂文集》三十四卷，东里卢文弨著，首录段玉裁所为《翰林院侍读学士卢公墓碑》，叙而不议，吉蠲无溢词，学人之文与藻缋者殊科。全书殿以《祭汪容甫文》，枹鼓之孚，山钟之应，东南硕彦，最系人思。集中评跋群书之篇，什而七八曾经我目，亦盈二三。间尝窃取其意以补之，重雕经典，释文缘起，谓宋本影抄讹脱更甚。今之所贵于宋本者，谓经娄写则必不逮前时也。然书之失真，亦每由于宋人，宋人每好逞臆见而改旧文。

《重校方言·序》云："刘歆求《方言》入录，子云不与，故《艺文志》无之。"

段若膺《说文解字》读序无跋尾年月，段书此序署乾隆五十有一年。按段文："学士卒于乾隆乙卯年（六十年），年七十有九。"则此序作于七十岁时也，故有"文弨老矣"之语（今段本作文"弨年七十"）。

《史记索隐校本·序》谓："小司马初意欲改史公体例自成一书，后以此书传世既久，忽加穿凿，难允物情，遂辍不为，而但为之注。"

鲍氏《知不足斋丛书·序》："但见其目而序之。"

《戴氏遗书·序》云："学朴知希，不知则不爱。"

《广韵·跋》云："此书锓板年月不可考。观其独避宋孝、光、宁三帝讳，慎、惇字皆缺笔，十九铎内有廓字，无扩字。疑在宁、理二朝所刊也。"

《书〈徐霞客游记〉后》云："大约类形家言者为多。"

《书录解题·跋》，是书曾一见于青岛。《跋》云："四库馆新从《永乐大典》

中抄出以行，如《颜氏家训》以崇尚释氏之故，不列于儒家。”又“以前志取《乐府》《教坊》《琵琶》《羯鼓》等书，皆充乐类，与圣经并列为非，当入于子录杂艺之前。”识见大有过人者，不独甄综之富考订之勤也（陈振孙，字伯玉，湖之安吉县人）。

释梦英《篆说文偏旁字》，原《跋》谓：“英书多缪体。”

校孙奕《示儿编》讫，因书其后云：“此书辨书之形声，可益初学。”余亦以资闻见（予札记见五月二十八日）。

《徐常侍文集·跋》云：“唐旧臣，后入于宋。前二十卷在南唐所作，后十卷入宋所作。其文俪体为多，冲融演迤，自能成家，李文正称其为文敏速，不乐豫作，临事立挥草云。”速则意思壮敏，缓则体势疏漫。今观集中之文，则其言也信，亦惟其如是，故亦无潆洄停蓄之趣，崩云裂石之势，此殆由人之才力，各有偏胜。虽使自知之，而固无能相易者乎。

偶节数则以资劘切，此真以读书为性命者，卒于常州龙城书院，时传有挽联最所心折，予前记已录之：“当代经师郑东海，马扶风抗前贤为伍；此间旅殡荀兰陵，苏玉局得夫子而三。”惜不辨出谁手笔。

卢学士《答钱辛楣詹事书》有云：“古一字有数体，如绂、韍、芾，三者实一也，而《易》《书》《诗》各异。”予尝辨南宫手轴印篆作“芾”之非，三希堂法帖实作“韍”，而《说文》无芾字也（见《菜根录》）。其《与金天来书》中有一段云：“冬寒日短，从玉牒馆抵家，大率已曛黑矣。饭讫，稍处分家事，即取旧所读书，就灯下读，聊温故，使不遗忘而已。妇抱幼女在旁，女半岁，略识眉目，向予婴娩[3]欲语。予取置诸膝，女似喜读书声，谓若予与之语者。然久之渐不耐，跳跃转侧，不可抑按，乃抱之徐徐行。复诵所读，书有不接续处，即开卷正之。腕力倦，即还其母。儿早睡，予读书至寝，以儿醒索乳为候，则夜已过中矣。偶有所见，随笔记之，惜良朋在远，不能是正耳。”

描写闺斋夜读，左顾右弄，私昵之状，颊上添毫，此自寻常事耳。而自予望之，已如在天上，半生孤馆，攀裙息允，鲜及膝下者。忆甲子鄂渚殇女，嬉已成隔世，月明水逝，谓之何哉。

晚饭后随诸馆人北登丘垅水田茶圃。荒碣废墟，凭吊无端，墨然意尽。印首岭表，一轮涌出。殷如旭日，浑若铜盘。驻足以观，恍挂树杪。山中风月，日日年年。一落尘寰，何止坐井。往往经月，未及望天。性不亲人，独驰遥想。窗际夜坐，月来昵就。灯红云净，茶熟墨香。一样凄清，万端踯躅。抱经相尉[4]，心史犹明。

【注释】

①闟闟：缤纷。繁多杂乱貌。

②盌：同“碗”。

③婴娩：婴儿。

④尉：“慰”的本字。安慰。

1936年5月11日

邑先正姚文登遵《佩文诗均》噫字下，支均恨声，卦均气也，平侧音义俱别（《广韵》如此）是也。前作瞿茀章妻挽词结句："折翼正当三月莫，赁春谁和五噫歌。"正以平声叶之。《香祖笔记》举："明秦人赵统伯一《骊山集》，云韵书'五噫'，噫本平声；杨眉庵'莫解梁鸿五噫歌'，赵大洲'梁君五噫令安否'，皆作去声，误。"渔洋但云："按字书，依音为是。"未明指何书，清初人往往如此。

《古事比》，桐山方中德田伯辑著。中德以智子隐居不仕，年八十犹读书不辍，此著亦类书之属，引摭群籍，以史乘杂记为主，比事而已，属辞实疏。又时不著，自出亦康熙前风会然也。首录《序例》及《答阎百诗书》，文殊尔劣。

1936年5月12日

《东轩笔录》谓："宋人书问，自尊与卑曰不具，以卑上尊曰不备，朋友交驰曰不宣。"今人不辨此，要亦相习之语耳。公文行于下曰仰，则以《北齐・昭帝纪》："诏定三恪礼仪体式，亦仰议之。"为最早。

《岭海见闻》云："蚌闻雷而孕，望月而胎珠。"事早见《吕氏春秋・精通篇》："月也者，群阴之本也。月望则蚌蛤实，群阴盈；月晦蚌蛤虚，群阴亏。"《吴都赋》："蚌蛤珠胎，与月亏全。"

《香祖笔记》（卷七）云："吕宋国所产烟草，本名淡巴菰，又名金丝薰。近京师又有制为鼻烟者，云可明目，尤有辟疫之功。以玻璃为瓶贮之。"则此风自清初始也。今京朝士夫已少办此，惟吾乡人耆此者独众，以十三太保大金花为最昂重，一两可直数十金，民生凋敝，物力亦日竭矣。后之人即兹小事度，无复知之者。昔人有《淡巴菰赋》，予略识酸咸，将以其暇为《鼻烟赋》乎。

1936年5月14日

薄阴。

晨尚感被酒甚，节食缓步以舒之。入公室读书，颇有悟入，午早退。

温丹铭先生特自通志馆来访。先生名廷敬，年六十八，辛丑岭东同文学堂襄教，治岭东文献尤力，自我不见三十六年矣。忘年下交，谈文移晷，送之及门，坚约再晤。夜自订谱，不嫌玩物。（器儿仲儿禀来。）

朱校《司马相如传》，以《史记》《汉书》互证之，奇字间出，仅得卒读。

阅毕《春在堂随笔》，总觉其下笔太易，不负"随笔"题名。

𥫗，鸟笼也。《楚辞・怀沙》："凤皇在笯兮，鸡鹜翔舞。"曲园题《随园纪游册》云：“天生原是不羁才，未免难将礼法该。可笑篗鸾囚凤处，先生亦为看花来。”巧而滑矣。

1936年5月27日

零雨其濛，凉不胜葛，午七十四度。

又撞半日钟，退已日中。惟今日未汗，午休少顷。自定小文，别纸副稿走使送秋老。数日绝奕事，他务未遑也。晡稍一为之。旋与士略谈文至二更。补阅王仲瞿《烟霞万古楼集》，犷狠极矣。

秋老前日评予文“不患才少而患才多”，深愧何足以当此语，以之转赠良士乃至当耳。如《报工侍吴先生第三书》云：“先生以晏婴之望，阮籍之旷，陆机非好游权门，杜预岂喜事朝贵。彼将师郑元以重诸侯，交张华以光薰灼。班固燕然之铭，马融西第之颂。务观南园之记，潘勖锡命之辞（《魏志·王粲传注》）。先生皆无有也。而犹恐卢仝终累于王涯，令狐或伤于元稹者，嵇叔夜之形交未绝，郑当时之请谢难辞耳（《本传》‘尝置驿马长安诸郊，请谢宾客，夜以继日’）。使事未化，又好直言，宜书中称示书谓，暨艳盛明臧否，陆子璋戒其必倾，张温清浊太分，诸葛公知其有祸（‘暨艳，性狷厉，好为清议，见时郎署混浊淆杂，多非其人，欲臧否区别。’语在《吴志·张温传》）。”是亦当日之国武子也。

其《告妒妇津神文》至有“子能白日现形，割势操刃乎，我男子也，丰富伟岸，谁似朕下体洪壮，创汝甚”等语，视《子不语》中记则天遗事同为秽德彰闻。才人之笔何施不可。在随园犹假稗官之言以行之（《李笠翁一家言》更不足道，比日贾贵洛阳，世风如此）。此则何以云哉，仲瞿之集无藉藉之名，文固不醇，尤多自累之语，弃捐勿道可也。

1936年5月31日

有清一代，以第一人及第，而不负鼎甲之名者，寥落可数（《越缦日记》尝胪列而比数之）。取之者，但以折卷书法，然终以书法成名者，亦不多也，一朝掌故，姑撮抄之：

顺治魁元：傅以渐、吕宫、刘子壮、邹忠倚、史大成、孙承恩、徐元文、马士侯。

康熙：严我斯、缪彤、蔡启僔、韩菼、彭定求、归元肃、蔡升元、陆肎堂、沈廷文、戴有祺、胡任舆、李蟠、汪绎、王式丹、王云锦、赵诏、王世琛、王敬铭、徐陶章、汪应铃、邓锺岳。

雍正：于振、陈华、彭启丰、周霖、陈炎。

乾隆：金德瑛、于敏中、庄有恭、金甡、钱维城、戴衢亨、汪如洋、钱棨茹棻、史致光、胡长龄、石韫玉、潘世恩、王以衔。

嘉庆：赵文楷、姚文田、顾皋、吴廷琛、彭浚、吴信中、洪莹、蒋立镛、龙汝言、吴其濬、陈沆、陈继昌。

道光：戴兰芬、林召棠、朱昌颐、李振钧、吴锺骏、汪鸣相、刘绎、林鸿年、钮福保、李承霖、龙啓瑞、孙毓桂、萧锦忠、张之万、陆增祥。

咸丰：孙如仅、翁同龢、孙家鼐、钟骏声。

同治：徐郙、翁曾源、崇绮、洪钧、梁耀枢、陆润祥。

光绪：曹鸿勋、王仁堪、黄思永、陈冕、赵以炯、张建勳、吴鲁、刘福姚、张謇、骆成骧、夏同龢、刘春霖。

并恩科都一百二十科，会廷三试皆魁者钱棨（乾隆辛丑），陈继昌（嘉庆庚辰）。

1936 年 6 月 7 日

早阴，食时日在禺中，南风，到九十一度四分。

比日隐几作书，直成汗简录也。

读《缘督庐日记》竟，因为杂记。

庚辰二月一则访芍兰年文，附来城北书，为大蔡说项，其言秽而且鄙：“呜乎，太史公不如牛马走。”事属刺讥，全以隐语出之，城北徐也，大蔡龟也，鞠裳答人问隐语起于“黄绢幼妇外孙齑臼”者，误也。《左传·哀十三年》：“若登首山以呼，曰‘庚癸乎’，则诺。”注：“军中不得出粮，故为私隐。庚，西方，主谷；癸，北方，主水。”至淳于、东方，其流滋盛，何待中郎哉。

《中庸》曰：“索隐行怪。”后出乃为隐。《文心雕龙》：“讔者，隐也；遁辞以隐意，谲譬以指事也（《谐隐篇》）。”引左氏事多矣。《后书》：“显宗姓褊察，好以耳目隐发为明。”注：“隐，犹私也。”未尽其义。读《鲒埼亭集》云：“谢氏于残明遗老表章之不遗余力，桑海轶事，赖以不坠，不独文章之雄也。”又云：“《有学集》文（按钱著有《初学》《有学》二集）取精用宏，洵一代钜手谢山，全从此出。而诋牧翁不忠不孝，逢蒙之杀羿也。”平情之论。

讥曲园著书之采及《郎潜纪闻》，按为鄞人陈钧堂箸，因此书被刻去官。（张衡《赋》：“尉龙眉而郎潜兮。”注：“谓都尉颜驷，历文景武三世，隐于郎署也。”）

记广雅书院四碑刻：许君《说文解字·序》（孝达书）、郑君《六艺论》（愙斋书）、程子《四箴》（郎亭书）、朱子《白鹿条约》（李仲约书），不胜虎贲之思。

因科场弊事记及蔡学渊（实为瀛）、陈步銮之名，为潮安羞之。

记丁叔雅事，自定交即谓其好目录之学，指为楹书之效。中记叔雅唁其子丧，哭极哀，交情乃见。终记其死，谓海内失一学者，推之者至矣。秋老作《丁徵君传》，论云：“岂知其才，既不用于时，并其学之可以有成者，亦未必终有传于后。”下语极有分寸。

自记“幽栖营篷，以避尹邢。”丹青自图，妍丑何讥焉。携《有学》《梅村》二集，消摇别墅，希祭酒之得晚子，又惭牧斋之耄荒也。怀肉相遗，洗脚自矢，事涉闺房，何所不有，但不知既日记之而能时时深匿之乎。白石假词（《耆旧续闻》：“姜尧章戏调张仲远”，亦见《绝妙好词笺》），东坡召伎，知书室人有不令仲远损面，季常跪池者乎。

后所纳者无出，又不终所事，越缦先生异曲同工。

御史攀桂呈递封奏，写攀作举，有旨询系何字？着明白回奏。

弄獐宰相（苏诗：“甚欲去为汤饼会，惟恐错写弄獐书。”用《李林甫传》事）。

伏猎侍郎（《旧唐书・严挺之传》），何识一丁，彼其之子。

《记西圃师之没》云：“识丘迟在幼童之日，以裴秀为后进之魁。”丘、裴俱以八岁能属文称也。

《记西甘路程》“五里一墩，十里一铺”两语叠见。按潮嘉方言十里曰一铺（仄读如铺），粤语曰十八甫，又曰埠，曰步，曰埔。并音义相近。《杨子・方言》：“铺，止也。”北人打尖之意。趱路者一程一站，必须憩止，市者归之，成集成聚耳。

据按临甘肃至平远，县学额五，应考者亦只有五人，县首无一通顺语，只能舍旃教官以提调命来缓颊，云五人中惟此为回童，回人读书又甚少，未可以工拙论，不得已充之。则所传全场只有三完卷：第一名茶对炭；二名茶对火；三名茶对茶。阅卷者循例不可无批语，曰对仗工稳，曰悟性第一，因茶而思炭也，曰记性第一，因未忘题目之为茶也。闻者以予杜撰，采风及此以见中国之大，无奇不有。

记湘抚岑西林奏进王益吾著书四种（戊申）。赏内阁学士衔，谓以名山之业，为弋取崇衔之具，稽古殊荣，宁独一桓哉（桓宽，治《公羊春秋》，宣帝时举为郎）。其辞若有憾焉，其实舍亭林以外，何往而不为钓弋之具也。

自云：穷力之日写《炳烛斋随笔》，约得二万字，不佞仅有一日写得一万字，而已衰迟，如今少逾三千字矣。度量相越，岂不远哉，固不能以呵冻挥汗解之也。

又综而记之曰：“侍讲终于丁巳之秋。”

其壬子十月十八日记云：“启旧笥，检点日记，自同治戊辰二十岁起，至宣统辛亥十二月岁徐止，共四十册，并是编为四十一册，中间惟壬申一年癸酉十月以前缺。回溯前尘，恍如大梦，其初灯窗，小生弄笔，劣不成字，亦无文理，三十以后发愤治古学，始稍有可纪，四十通籍，见闻渐广。见者知秉质愚钝，闻道之晚，莫如予，恒心苦患，生于忧患亦莫如予。”

呜乎，此其深切著明之自序矣，独惜削简写定，均非其人，割裂支离，所在而有，如前半一诗不录，后半诗篇盈帙。又或记事，明云附录原作，而唱和往往不全，岂惟自乱其例，直是章法不通。写官杂顾而成之，乃以女夫王立勋谨缮印字样，例得附书。

王序云："首允出资，以是缮人有言耳。遗神取貌，失之多矣。要之其少作虽未有家数，而法度谨严，可为坊表。中年所记，金石为多，亦缘人伦道，乖有生趣，尽写经理，咏销其哀愁。通借以还，穷西校士，蚕丛鸟道，翔实不遗，全记之精，首在于此。其记唐子匪难，亦颇以全力为之，此事纪者较多，然所烛见，几无不中，此读书而得经世之道者也。晚岁溷迹春申，易粮校椠，硁硁自守，以待饰巾，不可谓为有误儒冠者矣。"

记中文篇，既不概见，治书札记，略无几条，沾溉后人，殊叹其少耳。而吾于侍讲，三日神交，粗得之矣。记竟，别简谢吾友龙君。

1936 年 6 月 8 日

晴，午八十八度，日入风塞，夜袒而后寐。

起较迟，偶作小文，爰补日课，……夜感闷，阅李选无会心处。

《抚时集》诗序："盖有顾瞻周道，对禾黍而兴凄；宛彼鸣鸠，咏鸱鸮而结叹者矣。废池荒垒，蔓草自春。失群塞鸿，声噍以杀。故乡壮士，望古谱大风之章；易水白衣，只今伤渐离之筑。自来词客，属际衰朝，并有离音，申其牢悃。而况蓬山风急，激抃巨鳌，青冢霜寒，长驱旅雁。何处洒新亭之泪，行见汝荆棘之中。哀我人斯，胡天此醉。王子士略，海频一介，书剑丁年，胸具十万横磨，手障百川东倒。寒笳管短，发为从军之歌，秋士悲来，缀成邱仲之曲（《风俗通》邱仲造笛）。如听白石清角，冷月城空，欲振铁板铜琶，大江东去。庾子山江南赋后，几见宾王；刘越石河朔楼中，独怀士稚。（《晋书》：'刘琨，字越石，魏昌人。在晋阳，为胡骑所困，乘月登叹清啸，常恐祖生先吾着鞭。'）呜乎！虞渊可返，矢共弯后羿之大弓；社鼠未歼，亦永标梅村之诗史。"

1936 年 6 月 12 日

朱乙《南史 · 隐逸传》："以善养吾浩然之气。"而叹毛义奉檄，戴颙干禄。一则往日之喜乃为亲屈（《后书》三十九卷传序），一则兄令疾笃无可营疗，斯皆得禄养之正者。

1936 年 6 月 13 日

晓有小雨，阴霾不开，午急雨即止，东南风急，不感热，八十八度。

周家禄《寿恺堂集》，各体皆工，却轨简出间，诵其诗摘句，图可作也：

木落尚留当户叶，雪深犹作隔年寒。（《题某山人居》）

不知春去如流水，但觉山居得古欢。（同上）

雁声落叶江南路，人语烟波木末楼。（《江阴江上酒楼》）

田家生计忧花事，春夜关心到雨声。（《田家》）

谈谐无俗调，岁月共相疏。（《闲居集陶》）

清讴结心曲，形迹滞江山。（同上）

滴不成声春夜雨，清堪消意野梅香。（《雨宿友人斋》）。

火攻成下策，中热少完人。（《爆竹》）

雨如春梦无时断，潮共愁心近夜生。（《西郕》）

虫语机丝秋后叶，雁声歌管夜来霜。（《赏菊纵饮》）

牢骚入骨翻成达，抗脏挥金未解贫。（《酬戴》）

忧国心深无奈老，读书官好不离乡。（《沈教谕席上》）

传经臣叔泪，种树老亲心。（《题袁新绿轩山斋》）

斯人随草木，百感对江山。（《钱园》）

人归江海成孤影，秋入湖山得瘦诗。欲别更拌三日醉，再来忍待十年迟。（《将之松江留别东湖诸子》）

诗经病后吟难健，酒向愁边醉易消。（《北村寄家》）

南雁北归人作客，东风西上浪淘沙。（《元夕柳西草堂话别》）

草堂秋落叶，游子莫还乡。（《喜张育才至自江宁》）

将心托明月，抵死薄浮云。（同上）

大声吟乞食，信笔赋间情。（《陶公》）

旅迹成孤梗，诗哀满九州。（《杜公》）

半世广居消福尽，一生絮语惹情多。（《春燕》）

市门论价易，沙土托根难。（《兰》）

海内方多事，人间有小楼。（《移居小楼》）

一鳞犹可惜，多刺最堪思。（《鲥鱼》）

来县徐孺榻，归载李膺舟。（《赠王欣甫》）

事从刻论交原厚，毁出求全辨已非。（《感事》）

京洛缁衣余故我，江湖倦眼见斯人。（《和许豫生》）

死生期奉母，贫贱复依人。（《正月初五日出门》）

庇汝不能斵后死，及身未保况他生。（《记恨》）

未到盖棺书且读，偶然卖赋酒堪温。（《次均朱铭盘》）

前贤溪壑垂千古，此意江湖近十年。（《冶溪渔隐图》）

去国荀卿犹祭酒，登楼王粲未还乡。（《次梁星海》）

原集依年为次，起甲乙迄壬寅，四十年陈迹，虽摘句而藕断丝连也。又录其记事一首：

石火心惊动地雷，楼船横海复崔嵬。十千骁骑票姚去，六月戎车吉甫来。诧说妖星动芒角，猝闻野哭起蒿莱。明朝认取招魂处，半向阳侯半劫灰。

真为时事写照。又《品茶》一首：

道逢东粤客，邀我尝苦荈。为言气味珍，务在烹焊善。从容出茶器，诡异炫人眼。汲井选花瓷，通泉联竹笕。罂鼓蟾诸腹，盏剖飞奴卵。纷纷各位置，琐琐劳濯盥。最后出沙壶，郑重比玉碗。操如椰有枋，举笑鼎无铉。芳洁似可珍，眇少见亦罕。宿垢既蠲除，香牙更剔选。婴汤一勺多，文火三分缓。骤试鹤翎风，徐闻鱼眼转。因倾覆掌杯，请注连珠盏。一斟不教多，再斟不令满。三斟始少有，小器终褊浅。鼻觑互嗟赏，口吸戒暴殄。老羌正若渴，不觉笑而莞。多谢一涓滴，难救槁苗旱。

潮人品茶之状跃然纸上，呼之欲出，可悟文辞体物之妙。……

有问清客作何解？曰“帮闲不帮忙。”庶得真谛。清客者，浊客也，“翟公为尉，宾客填门；及废，门外可设雀罗。”此辈似之。托名清高，才能兼擅，中多戏法，巧妙不同。又梅为清客，见《花谱》。

“休辞客路三千远，须念人生七十稀。”余杭洪浩熙，熙宁间游太学，十年不归，其父寄诗云云也（类书）。诵之惕息。

“十一年前南渡客，四千里外北归人。”柳子厚《至灞亭》诗也（《全唐诗话》）。后人多祖其句法。

及闻及见之世，著述可传而年未壮者：康有为著《广艺舟双楫》（光绪十五年）年约三十岁，章炳麟著《訄书》年二十九，谭嗣同著《仁学》年三十二，邹容著《革命军》卒年二十二，支伟成著《清代朴学大师列传》年二十六，皆卓然有所表见者。

夜与王士略久谈。凭栏当风，阅吴华两家事类赋，亦尤贤乎。已者，类也。

1936年6月14日

方中德《古事比》引平津对策六十有二，子云拟经七十有三。然科甲晚成者，莫如《宋史》梁灏年八十有二始以状元及第，其谢启云：“皓首穷经，少伏生之八岁；青云得路，多太公之二年。”谢恩诗云：“看榜已无同辈在，归家惟有子孙迎。”老态可掬。而慈溪姜宸英年七十始成进士，不二年以科场事累瘐死狱中，为尤可悲也。

端午近矣，顾名思义，端，始也，秦避政讳，谓正月为端月。夏正建寅，五月为午月，故五日亦称午日。《类函》引《风土记》曰：“仲夏端午。”《说文》：“午，忤也。五月阴气午逆阳，冒地而出。”《晋书·乐志》：“五月午，午长也，大也。”言物皆长大。五月五日之见于载籍者，当推《大戴礼》：“五月五日蓄兰为沐浴。”然是书与《古文尚书》《论语》《孝经》同出孔子壁中。最可据者《史记》之“田文以五月五日生。”汉《乐书》：“汉令郡国送枭，五月五日为羹赐百官。以恶鸟，故食之。”谢承《后汉书》曰：“陈临为苍梧太守，推诚而治，导人以孝悌。临征去后，本郡以五月五日祠临东城门上，令小童洁服舞之。”其略见于前史者如此，

《荆楚岁时记》以下言之綦详矣。

1936年6月20日

胡展堂之死，传言方临一局，患脑充血而厥。比日过香，见报载所窘之局如上，胡进中卒以攫马，彼方平炮以陷车，一着既差，万劫不复，能和则和，否则敛手而已，何事苦思，致以身殉，亦见其造艺之无足道矣。记之以存野乘也。

1936年6月21日

《尚䌹堂集》（诗五十二卷，词二卷，骈体文二卷，八十三首），阳湖刘嗣绾著，阅其“骈体文”二卷未竟，其蔽也纤，风骨遒峻者十之一二而已。如《与蔡浣霞》一书，其上焉者也。屠敬山文《常州骈体文录·叙录》云：“娟娟之水，曲而善通。濯濯之茎，孅而自葱。罜罜醇甫，杼轴其工。靓妆静节，未羡丰容。”盖先得我心之所同然者。

《四部丛刊》（商务印书馆十四年出版），心乎爱之久矣，贾人以缩本约章来，缩价百五十金，为原贾四之一，而旧椠大小亦只余四之一，道污从污，莫能隆之也。计《经部》二十五种，《史部》二十二种（《资治通鉴》及《考异目录》并用宋刊本），《子部》六十一种，《集部》二百十五种，天下文章在乎是矣，旦日聚粻，以酬夙梦。

1936年6月22日

晴，午八十五度。（置靠椅一对，茶几一，直三十三金，粤东称白桑枝者也。）

《尚䌹堂》句云（蒋啸轩渔樵问答图序）：“洞口船归，但饱桃花之粥；山中柯栏，曾看橘子之棋。”事亦见《水经注》。（卷四十引《东阳记》云：“晋中朝时，有民王质伐木至石室中，见童子四人弹琴而歌，质因留倚柯听之，童子以一物如枣核与质，质含之便不复饥，俄顷童子曰：‘其归。’承声而去，斧柯摧烂尽。既归，质去家已数十年，亲情凋落，无复向时比矣。”）

1936年6月23日

阅《李延平集》四卷，宋李侗（愿中）著。朱文公为作行状及祭文，盖尝师之也。又撰《答问》二卷。有言：“李先生少年豪勇夜醉，弛马数里而归。后来养成徐缓，虽行一二里路，常委蛇缓步，如从容室中也。问：‘李先生如何养?’曰：

‘先生只是潜养思索。’”又曰：“李先生不著书，不作文，颓然如一田夫野老。”录此二则，以见吾儒工夫，有即此便是学问之一条路在。

1936 年 6 月 24 日

和峤有钱癖（《晋书》四十五卷），王济有马癖，杜预有左癖，嵇康好锻，祖生好货，阮孚好屐，米芾好石，茂叔好莲，渊明好菊，陶弘景爱松风（《梁书》“弘景每闻其声，欣然为乐”），何佟之好洁（《南史》“佟之性好洁，时人称为水淫”），李澄有地癖（《旧唐书》），蒙有笑疾（《宋史》“蒙有笑疾，虽上前不自禁”），阮修不喜见俗人（《晋书·太传》），苌一生不笑（《魏书·宗室》），蔡鲁公一日无客则病，蔡元度一日接客则病（叶梦得《石林燕语》）。予督学汴梁时坐客常满，尔后门可罗雀，皆不为病，即此一端已不克自同古人。

谭献评李选《骈体文钞》，谓不应录《过秦论》，不然则应并录《天人策》。按《项氏家说》（宋项安也）“诗赋”条下云：“贾谊之《过秦》，陆机之《辩亡》，皆赋体也。大抵屈、宋以前以赋为文，《庄周》《荀卿子》二书，体义声律，下句用字，无非赋者。”……

北京指洛阳。《张翰传》：“吾亦有事北京。”承上文问循，知其入洛而言。山东，太行山以东也。《庾阐传》：“擢颖山东。”

晡约秋来同践思敬新居酒约，肴酌具有精意，为之纵杯尽量。与黄孝德弈数局。夜热，去铺板，以竹席横红砖上取凉，始得一睡。

1936 年 6 月 26 日

《淮海英灵集》效《遗山中州十集》之体，录江淮间诗篇为甲、乙、丙、丁、戊五集，壬集闺秀，癸集方外，虚己癸辛三集待补。扬州阮元所辑录也（嘉庆三年），时代断自清初，畸士残篇往往而在。尤可贵者，选录几及千人，而皆冠以小传，所以敬恭桑梓，维护献文者莫大于此也。

录其一人一首焉，魏卫（字廓功，仪征人，老于布衣，诗境澄淡，康熙二十四年卒）：“茆茨蔽桑竹，鸡犬相闻声。家家春事田，岁莫得休耕。汲水同一井，山花满紫荆。生儿共嬉戏，至老呼其名。情话在桑麻，饱腹惟藜羹。未见长官贵，宠辱何曾惊。”

又有句云：“不知乡里外，终身无是非。”

集中首录此作，真可以冠冕江淮矣。

《因树山馆日记》第三册

（1936年7月3日—9月19日）

1936年7月3日

《敬斋古今黈》八卷，说部札记体也，经、史、子、集各得二卷，散见于《永乐大典》中者，《拾遗》五卷，未以类从，元李冶（仁卿）所撰也。少时喜读其《测圆海镜》，诧为精彩，此《黈》于训诂异同……可比洪迈、王应麟，其他实未有能过之者（王观国，宋长沙人，绍兴中知宁化县，所著《学林》以详洽精核称）。《学林》未见《示儿编》，尚非其匹，然以侪于洪、王之作，则为过矣。

1936年7月11日

晴，时阴，午八十五度半，夜尚凉。

晓月清胜欲绝，疏钟残照，比诸早枕尤可爱也。比日多彳亍杝落间，偶翻藏书，聊以永日而已。……

《留青新集》三十卷，西泠陈枚选，据《序》刻于康熙戊子，则原集尚在其前，兔园小册，獭祭大观，在官乡要则未出之时，尤为习幕者所奉为鸿宝也。

1936年7月12日

野人馈瓜，系之阶下，侄妇辈生长田间，皮相之已十得八九，手[illegible]之无遁形者，色之朱黄，密之甘淡，种之良否，地之肥硗，以及摘时之早晚，摘后之久暂，百不失一，不待剖刀，而如指诸掌瓜。人擅此术，转鬻市中，赖以牟其微利，吾执此说，知相人之术，许负蒯通辈之言，未可尽废人之智愚，穷达之见，于面盎于背者，或有如此瓜者哉。

1936年7月13日

《凤山文钞》三卷，手抄本。旧臧[1]澄西蔡氏，今归纫秋。所臧本中录明邑人翁万达、王天性、唐伯元、陈元勋（字奇懋，下外都人，万历壬辰进士）、张凤翼、叶芝、李日炜、郑允昇、陈良弼、谢元汴、林佳相十一先生，其翁、王、唐、谢四家已著录，冯选《潮州耆旧集》（见二十五年一月十四日日记），清翁如麟、杨钟岳（有《搴华堂文集》）、郑以勋、佘志贞、陈文蔚、杨之茂（百年，东湖乡人，康熙癸卯举人，有《度岁草》三卷）、黄天佑、蔡檝、戴元冠、黄廷鸿、袁梦祖、黄璧、李嵩德、魏大儒（文学，工书）十四先生，续者陈正运、姚士裘、许谦、杨天省、黄维纲，所录之文或传抄自私家，或自岭南文献等书，今多无传本，则戋戋遗帙，亦征文考献者所倍亲珍弆也，岂止惟桑与梓之意哉，故于文之美恶，不敢赘辞，文章之道，原不能外乎时代风会耳。

节《叶芝历代国邑篇》："黄帝画野分州，得百里之国万区，颛帝置九州。秦始皇（二十七年）分天下为三十六郡，兴师逾江平取百越。又置闽中、南海、桂林、象郡，凡四十郡，郡一守焉。汉兴，分内史为三部，更置郡国二十有三。晋增置郡国二十有二，魏分置州郡三十八州，北齐九十七，梁二十三，陈四十二，隋郡一百九十。唐太宗元年分天下为十道（十曰岭东广南东西二路），玄宗（开元二十一年）分为十五道。宋太宗定天下为十五路。元土宇最广，以燕为大都。明置两京十三省，北京古幽州黄帝都，涿鹿战国燕都，宋名大名曰北京，辽金元都。南京古扬州，春秋吴都，三国吴都，南朝宋、齐、梁、陈都东晋都，宋名应天曰南京（当别立表尽之。又按明郎瑛《七修类稿·历代帝王建都》条倍详，见二十四年十一月初九日日记）。

【注释】

①臧：古同"藏"。

1936 年 7 月 16 日

《孙氏祠堂书目》，孙星衍著（丛书集成据《岱南阁丛书本》）。分部十二曰：经学、小学、诸子、天文、地理、医律、史学、金石、类书、词赋、书画、小说。凡所存目略余三千种，私家收庋之富鲜与京矣。陶濬宣《跋》（光绪十年）指其部居不合者如干则，分类之学早成颛门，不能为兵备讳也。

1936 年 7 月 17 日

《研经室续集》十一卷（文选楼丛书本），阮芸台自序，为六十岁后至七十六岁归田时所集刻者，公以经生来总百粤堂，开学海望若泰山，其《学海堂集序》有云："岭南学术，首开两汉，著作始于孝元，治经肇于黄董，古册虽失，佚文尚存，经学之兴已在二千载上矣。"

按《广东通志·艺文略》云："《陈氏春秋》，汉陈钦撰。佚。"引《汉书·儒林传》云："陈钦字子佚，以《左氏》授王莽，是粤人经学之著作起于汉元帝时也。"又《列传》："汉有黄豪，字子微，南海人，少好学，年十六通《论语》《毛诗》，弱冠诣交趾部刺史，举茂才，因寓广信教授。生徒董正字伯和，番禺人，年十五通《毛诗》《三礼春秋》，孑立躬耕以养父母衣食，暇即讲诗书、陈礼乐，远近多从之游，是治经肇于黄、董也。”

《序》又云：“粤秀山峙广州城北，越王台故址也。山半石岩，古木荫翳，绿榕红棉，交柯接叶，辟莱数丈，学海堂启焉。珠江狮海，云涛飞泛于其前；三城万井，烟霭开阖于其下。茂林暑昃，先来天际之凉；高栏夕风，已生海上之月。六艺于此发其秀辉，百宝所集避其神采。洵文苑之丽区，儒林之古境也。昔何邵公学无不通，进退忠直，聿有学海之誉，与康成并举。惟此山堂，吞吐潮汐，近取诸海，乃见主名。”按邵公，何休字，《后汉书》儒林有传，《拾遗》记云：“何休木讷多智，作《左氏膏肓》《公羊废疾》《谷梁墨守》谓之三阙，郑康成蜂起而攻之，求学者不远千里赢粮而至京师，谓康成为经神，何休为学海。”（“蜂起”句上疑有夺字，阮文但取其意而已）。信矣经生无掠空之作也。（《荀子·议兵》：“赢三日之粮。”《庄子·胠箧》：“赢粮而从之。”）

1936年7月24日

晨微雨霡霂，亘日恒阴，午八十六度，夜雨。

早以作书为课，夜检《四弦秋》，为儿辈说昆曲。《四弦秋》者，铅山蒋士铨《九种曲》之一，分《茶别》《改官》《秋梦》《送客》四出，依白傅《琵琶曲》。傅以开元天宝史事而谱衍之也。江右曲家明汤清、蒋非、笠翁辈所克望，尘然清容、缀辞过伤，于缛毡毹，倚笛难索解人，雅俗之间，调剂良非易事，《秋梦》尾声云：“少年情事堪寻究，泪珠儿把阑干红透。”明改写“夜深忽梦少年事，梦啼妆泪红阑干”二句，而阑干从横也，泪流也。《汉书·息夫躬传》：“涕泣流兮雚澜。”注：“臣瓒曰：‘雚澜涕泣，阑干也。’”自来词人未有作“栏干”解者，是不能诿为小失矣。

辛未春事先妣遗命，买祠东陈姓宅为辖轩第，第之东旧有棋杆石竖于路隅，旧主踣之，始得成券，今日陈云槎来言，乾隆壬子举人陈玉衡所竖也，考之《邑态》而然。

1936年7月30日

读《尔雅·释草》，按经文云：“荷，芙渠。其茎（于耕切）茄，其叶蕸，其本蔤，其华菡萏，其实莲，其根藕，其中的，的中薏。”许文皆据《尔雅》解之，草木之可爱者，信莫荷若矣，自花至薏，无不可用，大而荷池，其香十里（前赁居武昌长湖之畔垂十余年，湖周可十里，一年之藕为数千金），小而盆荷，当窗昵人，寡锄护之劳，饶香色之养，贫家皆得沾溉风骨，不染缁尘，宜乎茂叔之特，寄其爱也，然不以荷名篇，而曰《爱莲说》，莲，荷也，而荷非莲也，周子未之辨矣。

1936 年 8 月 21 日

晴，八十九度，热稍杀，夜无风，新月在屋角。

贪话眠迟，爱晓起早，毕日记后仍手检书，人来作书消闲。纫秋晡来畅叙。玉君函来。《宝祐登科录》：“文天祥一甲一名，年二十。谢枋得二甲一名，年三十。陆秀夫二甲二十七名，年十九。”大忠大节，一榜三焉，岂一时一地所得私之者哉。

夜授读爱伯《致沈晓湖书》，毕四遍，二更报转矣。此书气息，全从子厚致许杨京兆二书脱胎，素友贫交，一书万里，倾怀而出之，不觉言之沉痛，纡回如此，中篇竖以湖楼一栋，则古陶情礼乐咸在，遂以凌轹昔贤，昭流来许，文坛鸣盛，胥潮有声，各选本震其篇幅之富，概从刊落，真寒伧也。

1936 年 8 月 23 日

《遁翁随笔》二卷，祁骏佳著。骏佳山阴人，字季超，卷中有曰：“明天启乙丑之际，士人制义诡诞。”又曰：“《明史》载成祖登极之八月，则为清初人之笔也。”《明史》有《山阴祁彪佳（豸佳）传》，卷中言彪佳中乡试十八岁，按语云：“祁公抗忠殉节，而不冠辈行，则于彪佳为同县之族裔而已，它事迄未考见。”阅竟摭评数则，以寄予之尚友焉。

唐元德秀，字紫芝，事母至孝，以不及父命而婚，遂终身不娶，母亡，庐墓侧，家贫，陶然弹琴以自娱，房琯每见，叹息曰：“见紫芝眉宇，使人名利之心都尽。”此与郭太从叔度累日，曰“叔度之器，汪汪若千顷之波”之事先后同概，然亦只可为知者道也。

牛牢为光武布衣交，尝夜共讲谶文有“刘秀作天子”之语，光武笑曰：“安知非我。若果尔，各言尔志。”（按各字应作盍）牢曰：“大丈夫义，不与帝王为友。”及即位，征之不至。按此事史文缺载，是又与子陵同风者。

古《本草》中不载西瓜。《五代・郃阳令胡峤传》云：“峤于回纥得瓜种之，结实如斗，味甘，名曰西瓜。”是西瓜至五代时方入中国。按桂馥《说文义证》引陈启源说，同。

汉文帝以七月己亥崩，乙巳葬，相去仅七日耳。或曰此乙巳必下甲之乙巳，则去崩时已六十七日矣。此疑所不当疑者。文帝以短丧易天下，遗诏凡三十六日而释服，安有于释服之后始行葬事之理？又《班书》明曰：“七年夏六月己亥，帝崩于未央宫，乙巳，葬霸陵。”假令为易甲子后之乙巳，则不能不明署月令，小颜注曰：“自崩至葬凡七日是也。”

初为师而后为弟子者，李谧也。谧初师璠数年，后璠还请谧就业，时人语曰：“青成蓝，蓝谢青，师何常，在明经。”此事未记有同类者。

向闻汉法有妇人幽闭之刑，及考《吕刑》有“椓窍”二字，刑曹许公言：“女以木槌击其胞腹，即有一物坠而奄其牝户，则人道永不能通。”按《周书·吕刑》“爰始淫为劓、刵、椓、黥。”郑注：“椓破阴，并无椓窍一词。”惟《隋书·元宏嗣传》：“每推鞫囚徒，或椓弋其下窍。”

《周礼》一书，后儒多以为汉人伪笔，引《正义》云：“汉《儒林传序》诸经各有传授，而《周礼》独无，其伪可知。”此说最惬。

今世间所行之事，皆传之于古，而古必有异人创，其始作字者仓颉也，作甲子者大挠也，作历者容成又云空成也，作占日者羲和也，作占月者尚仪也，作占岁者伯益也，作衣者胡曹也，造弧者挥也，作弓矢者夷羿又云牟夷也，作市者祝融也，作酒者仪狄也，作屋室者高元也，作舟者虞姁也，作井者伯益也，作臼杵者赤冀也，作医者巫彭也，作筮者巫咸也，作驾者乘雅也，作御者寒哀也，作服牛者王冰也。《世本》又云：“鲧也。造兵者蚩尤也，造律者伶伦也，造数者隶首也，作图者史皇也。”又杨升庵《丹铅录》：“作城者鲧也，作瓦者桀也。”别当检《事物纪原》诸书辩证之。

1936年9月9日

晨阴，午甚雨，夜凉。

柬陈达夫，思小简惟宋人至善，苏黄之笔率不过三数行，而秋水微波，松风天末，使人意远，几突过晋贤矣。曼支诒所著哲学书二种。

舍人有诡读“民可（逗）使由之（句）不可（逗）使知之（句）”者，此学左氏法也。子产曰：“印也若才（逗）君将任之（句）不才（逗）将朝夕从女（句）女罪之不恤而又何请焉。”（《昭二年传》）

温《左氏传》，阅《说文管见》三卷粗毕[①]，清绩溪胡秉虔箸，既读乾嘉诸老之书，欲建字学未树之业，吾知其难也。胡氏未详，要不失为恪守家法者。

【注释】

①毕：同“毕”。

1936年9月10日

晓阴，午日微见，日映清霭。

文学院设得已成局，柬理学院酌减算学一课。作家报索书并求周孝廉为先兄题遗像。（家书来，万年来。）

爱伯谓北江《与崔礼卿书》为奇作，予观陈文述《仙女庙与姬人湘玉书》，句皆四言，力追四始，其“寒月暧空，霜气流野，灯寒不花，酒冰无味”等句，亦殊有北江之“更复马首断云，千里随梦；雁足飞雨，崇朝洒襟”一联意境，闺情友爱，各寄所思。文述钱塘人（字退盦，号云伯，嘉庆举人，官全椒知县），传其诗文博雅壮丽，惜仅见张公束《续正宗之选》，只此一首也。……

《询刍录》（据《今献汇言》本，未详何人）十余则，不盈一卷，如曰："世以门称丞，户称尉，井曰童，灶曰君、厕曰三姑，皆古戮于门自投井、灶、厕而死者。人遂以为所司之神而图其形焉。"《搜神记》："厕神名郭登，蓬头青衣。"按高诱云："吴回回禄之神，托于灶，故祀之。"《淮南子》："黄帝作灶，死为灶神。"其他付会更荒诞。又一则云："鲳鱼为众鱼所淫，鸨鸟为众鸟所淫，蛇与龟交，雄龟畏避之，故以娼、鸨、龟称优女等。"是又刍荛之所不采者矣。

1936年9月18日

夜热，未亲青灯。忆昨午山中钓任隐坐，未知有如东坡所云"尝独游庐山白鹤观，观中人皆阖户昼寝，独闻棋声于古松流水之间，意欣然喜之"者否。又云："自尔欲学，然终不解也。儿子过乃粗能者，儋中张中日从之戏，予亦偶坐，竟日不以为厌也。因作诗云：'五老峰前，白鹤遗址。长松荫庭，风日清美。我时独游，不逢一士。谁与棋者，户外屦二。不闻人声，时闻落子。纹楸坐对，谁究此味。空钩意钓，岂在鲂鲤。小儿近道，剥啄信指。胜固欣然，败亦可喜。优哉游哉，可以卒岁。'"东坡又云："世间事惟著棋挑粪事不能。"而此诗心会弈旨，高于韦、庾何止一筹。后人且以为北宋时，犹席地而坐之明证也。

1936年9月19日

粤东赌法百出，有曰"围姓"者法，以乡试题名录为据，任写十五姓，买价一元五元或十元不等，窝主乃以类分之，凡一元者汇为一册，余并同册，中每条首五字皆陈李张黄何，以下则或同或不同，榜发视陈姓中几人作为几分，积分多者得彩，其巨姓者自然人所共趋，然争分数高低乃往往在僻姓一二字，以是某僻姓有否能读书可发科者，遂为众人所注目，流弊所砥，至私贿公门，上下其手，或使一字不通者入选，千夫所指者落选，选与不选乃操诸博徒之手，其至尔力也，其中非尔力也，事在当日，何啻脍炙，癸卯一役，遂成尾声，二毛未见之人，闻之无不瞠目者矣，此亦天宝遗事之属矣夫。

《因树山馆日记》第四册

（1936年9月25日—11月12日）

1936年9月25日

晴炎，逾午达九十一度，北风入夜逾劲。温课毕，晤子春，交还代领劳薪。午饭后北堂高卧，手赵怀玉《亦有生斋文》一卷诵之。……

太傅明珠之子侍御成容若，“为友恳侍御救之，未即许。贞观作《金缕曲》二阕，以寄汉槎。侍御见之泣曰：‘山阳思旧之作，都尉河梁之什，并此而三矣。此事三千六百日中弟当以身任之。’贞观曰：‘人寿几何，请以五载为期。’”事久闻诸各家记牍，今日始见顾词，云（《蠡勺编》二十三卷）：

“季子平安否？便归来，平生万事，那堪回首！行路悠悠谁慰藉，母老家贫子幼。记不起，从前杯酒。魑魅择人应见惯，总输他，覆雨翻云手。冰与雪，周旋久。

泪痕莫滴牛衣透。数天涯，依然骨肉，几家能够？比似红颜多命薄，更不如今还有。只绝塞，苦寒难受。廿载包胥承一诺，盼乌头马角终相救。置此札，兄怀袖。”

“我亦飘零久！十年来，深恩负尽，死生师友。宿昔齐名非忝窃，只看杜陵穷瘦。曾不减，夜郎僝僽。薄命长辞知已别，问人生到此凄凉否？千万恨，为兄剖。

兄生辛未吾丁丑。共此时，冰霜摧折，早衰蒲柳。词赋从今须少作，留取心魂相守。但愿得，河清人寿！归日急翻行戍稿，把空名料理传家后。言不尽，观顿首。”（贞观字华峰，号梁汾，康熙壬午举人，著《绩书岩集》、《弹指词》三卷。）

夜舍人相聚而谈。二更后独上高楼，就露灯毕书盈卷。

1936年9月26日

晴，北风犹紧，午后八十七度，夜凉。

星期末日，授课特多。工理已完，复开文馆。古今上下，驰骋万言，退食自公，顽躯犹堪驱第也。门人萧德宣及刺于门，未晤。（仲儿沪禀来。）……

天妃之神不一。毛西河太史《得胜坝天妃宫碑记》言：“神名天妃，旧传秦丞相斯于登封之顷，出玉女于岱山之巅，称神州老姆是也。特以地祇主阴，故妃之。”此一天妃也。三韩张立庵学礼《使琉球记》言：“出海次猴屿，祭天妃。天妃姓蔡氏，此地人，为父投海身亡，后封天妃。”此又一天妃。

今世所传湄州天妃，则莆田林氏女契元典而为水神。西河谓此乃后人附会者。然自宋元祐以后，久载祀典，我朝亦累加封秩，康熙中新城王尚书官侍读时，撰谕祭文云：“惟神钟奇海岳，绥奠闽疆，有宋以来，累昭灵异。”盖亦指湄州言之也。又明以正月十五日、三月二十三日祭天妃。今三月犹然，而知正月者鲜矣。（《蠡勺编》卷二十九）

按天妃事屡采录前记，首二说犹未经见。今海内外所祀者皆云林氏天妃，予足迹所经日本之神户、横滨，美洲之旧金山等处皆然。澄俗三月祭妃之期，香火尤盛，上元节则以灯节行之。予家百年老屋，近记辇毂之下曰“三妃宫”，考《邑志》曰“天妃宫”，前年黄云溪馆予家时，尝以宫名三妃之掌故（宫中塑妃像三）谂诸内子，竟无记忆者矣。

1936年9月27日

南昌彭文勤公元瑞，尝辑宋人四六，为艺林传诵，所著《恩余堂集经进稿》中亦多典重浑成语，如：

天下有三重，议礼、制度、考文；圣人考百王，夏造、殷因、周监。

天子所至曰幸，以德为车，以乐为御，以人情为田；大德之致永年，如月之恒，如日之升，如南山之寿。

是谓太平之世，曰雨而雨，曰旸而旸；则知小人之依，先忧而忧，后乐而乐。

有象之春夏秋冬，孰主张是，孰纲维是，孰居推行是；无形之阴晴雨雪，我润泽之，我渗漉之，我汜布濩之。

十二时不翼而飞，天之所助者顺；千万里如指诸掌，圣不可知谓神。

奉三无私，圣人之所作也如覆载照；致四必得，昊天其予之（有脱字）以保佑申。

国家丰亨豫大，再筹三十年之通；民户朝饔夕飧，或鲜千万斯之积。

富非臧国；和本因民。

矧当太仓之陈陈相因；何如高廪之多多益善。

（《蠡勺编·录松轩随笔》）

1936年9月28日

甲戌夏假，家居检出署名“里甫居士”者所画珠竹，心焉好之，今按为谢兰生，字佩士，号澧甫，又名里甫，嘉庆壬戌进士，入词垣。挥洒翰墨，风致精妙，工书，少负文名云。《清史·文苑传》有传（二五〇一三〇日记），今日粤报影其画迹，因追录之。

1936年10月2日

姓名三字不满十画者得：子人九（周人）、孔山士（齐人）、丁外人、汪子一（梁人）、王一介（宋人）、牛上士（唐人）。

湘绮云："闰月不宜言朔（光绪已卯闰三月）。"不知所本。《说文》："朔，月一日始苏也。"闰月盈亏初无二致。

"古人文无笔不缩，无接不换，乃有往复之致。"（《与廖季平论文》）

讲嵇叔夜《与山巨源书》，言其"以嫚词取祸"，因论古今文人无真隐者。

蜀道旁口占《瘦柳》云："瘦尽柳腰无一把，不胜春处最饶春。风流自是天生与，莫怨当年苦斲[①]人。"为罗婴咏也（《说文》："嫛，美也。从女殹声。苦闲切。"有误作"婴"字处）。夜寝甚适，罗氏侍也，则质言之矣，亦蛸蠕之偶与。

【注释】

①斲：同"折"。

1936年10月4日

终朝阅《湘绮日记》，借书必还，既借必读，人谓法苛，我感其苛，苛可以促我不孅[①]也。

与易郎谈"华才非成器之道（当是易顺鼎），然其先不可少。东坡六十而犹弄聪明，故终无一成。佛家以敏悟为狂慧，圣人所以约礼（光绪壬午八月）。"此时湘绮年五十矣，穆然见道之言。

又云（甲申四月）："近日意趣言论，皆不合俗，旧友皆失欢矣。余学不及之年，与之齐而所遇亦相吝，可见无入而不自得，君子之不得已者也。"祔食三献，利成乃馂，用仪礼语。《仪礼·特牲礼》："利洗散，献于尸。"注："利，佐食也。"祝东西告利成。注："利，犹养也。"

湘绮无日不抄经注经，世但以词人知之，文词流传非徒无益。《左传》："怀嬴奉匜，既而挥之。重耳调之也，怒曰"云云，此段琐媟非史法，史记往往学此为句外句，意外意之文，文家之异于史家在此。

又云"《汉书·贡禹传》杷土田百卅亩，直不满万钱。然则汉时亩直数十钱，谷斛三钱，其一钱若今银半两也。（按《本传》禹上书曰：'臣禹年老贫穷，家訾[②]不满万钱，妻子糠豆不赡，裋褐不完。有田百三十亩。'所引改文耳。）《班书》以知足术数诸人，列于名臣之前，迂生之见也，其好采琐鄙事，文人之习也，不得为良史。"此二则不无偏见。

胡稚威文多视为畏途，包世臣好大话，而于稚威文自言不解。湘绮云："至所用典，不知者十之七。然则披寻，了然可知，不足惊嗟，暇日当自课之。"

湘绮有记一段语，学仪礼极庄而极谐者："甲申四月廿七日至蓬溪县郊亭，见有候道旁者，下舁步，进谒者上，谒不敢视，问其主安在，主人立道左，趋而迎，客趋而进，谢曰：'某既固辞矣，请大夫之还城，然后敢过。'主人曰：'某固候送。'客曰：'同请大夫之还城。'主人曰：'愿先生之少须臾也。'客曰：'某不敢过，请大夫之命舆也。'顾谓主人侍者，进主人之舆，主人进客舆，拱手于舆旁，客趋就主人之舆，主人复进客舆于前，客揖，主人揖，登舆揖，主人揖，乃退。为断句之以示吾家小子。

【注释】

①孏：古同"懒"。

②訾：同"赀"。

1936 年 10 月 6 日

"碧湘新雨涨鹅黄，忆凭栏干看锦鸯。盖白满川鱼散子，落红随地蝶寻香。碧桃暗合文窗绿，玉镜明开翠黛长。往日依依今日梦，五年消遣好时光（乙未三月十二日舟中）。"原无题，而有注云："鱼子不宜庄语，故以绮语咏之。"羌无故实，非寓言也。是所为此处无银三十两之故智也。下又记云："此诗虽妖冶而音均沉雄，殊非温、李，正如关西大汉唱'红窗迥底'。"行百卅五里皆帆风，犹嫌空船不胜帆力，宿杜公浦，余势未宁，终夜摆簸，时有雨声。此岂诗云船云哉。

1936 年 10 月 12 日

湘绮诗尤负霸才，亦录存一首，有序无题，序云："叶焕彬送诗来，即和一首，岳云别业为张埜秋祠，因以为其故宅，频宴于此，其后为南横街张孝达所居也。"（甲寅四月）

张侯昔寓南横街，我时布衣徒步来。风尘澒洞四十载，又见新张门馆开。
两公儒官耻儒术，南海先生想踏踤。改更祖法师吕王，误道读书先读律。
六臣骈首九夷来，李相乘时然死灰。倭人和议重兴学，明诏始征天下才。
先从首善立模楷，不比燕昭延郭隗。二张并命定学制，谁料求才空费财。
改院为堂一反手，独饬船山可仍旧。不知新旧何异同，但怪严梁效奔走。
我时作奏言主事，请言倭利非吾利。赵公笑我同葵园，阻遏封章不邮递。
二张同时得发舒，学费流沙取锱铢。舟车榷算无不有，骚然烦费如军需。
学子幡然思革命，一时鼎沸皆枭獍。廿二名城枯朽摧，系组无由依晋郑。
两臣先死不从亡，翻得嘉名谥达襄。共欲铸金思范蠡，居然鸣玉步文昌。
前时台榭皆依旧，今我重来酹杯酒。因君感慨一长吟，北江南海空回首。
南洼芦荻似前时，飞絮漫天春影稀。沉吟对此不能醉，华屋山丘多是非。

1936年10月16日

昨夜阅《律赋衡裁余论》一卷，原六卷，乾隆周鈖等蒐辑。多彩唐宋人作，间及金元朱明，歇响入清，时已有沈归愚《和声集》等，后海先河，藜藿不采。

按律赋之兴，肇自梁陈，唐举进士，其选尤重衡文者，为防剿袭之计，命题之外限以押韵（如《日月如合璧赋》以“天地交泰，日月贞明”为均），八韵不必依此八字次序，每一官韵亦不必押在每韵末联，代降而令滋密。洎乎清末，已成功令赋者之流亚，六艺之附庸，赋而有律，律日以苛，词章至此成恶道矣。而千余年来竭天下知勇辩力之人以事此，章章可传，琅琅可诵者不多得也。

粗阅一过，录其二则而归之，摘句断章，非自隗始。唐人雅善言情，宋人则极讲使事。陈修《四海想中兴之美赋》云：“葱岭金堤，不日复广轮之土；泰山玉牒，何时清封禅之尘。”运用既切，情致亦深，宜其见赏，阜陵读之流涕也。然尚去汪彦章为隆祐太后布告天下手书诸警语三尺之远。李易安《打马赋》云：“绕床大叫，五木皆庐；沥酒一呼，六子尽赤。平生不负，遂成剑阁之师；别墅未输，已破淮肥之赋。”意气豪荡，殊不类巾帼中人语，更又非可限于《衡裁》之下者矣。

1936年11月4日

晴，晨始见阶上盆鞠，午后暑又盛，八十六度，夜景如夏。

比来未尝一日释笔，且未以舟车废也。昨日力已不胜，晨课后方补前二日之记，终日阅《越缦堂日记》，略遍四册，其有待细校者，折角识之。……

录爱伯词一首，《貂裘换酒——京邸被酒感赋》：

百感来杯底。算长安、衣冠物望，如斯而已。扰扰一群乌白颈，妄语便为名士。偏君辈、姓名难记。但是逢人都不识，更天涯、何处寻知己。我与我，周旋耳。

此间无地堪沉醉。便当年、虎贲驺卒，只今余几？紫棘胸中三斗许，触处即生芒刺。揔[1]事事不如人意。绛灌无文随陆武，要何如、铜雀台前妓。谁健者，令公喜。

【注释】

①揔：同“总”。

1936年11月6日

北宋书家称苏、黄、米、蔡。蔡乃蔡京，而人多以君谟当之，岂知君谟时位先于苏、黄，即书法亦在其上，东坡极推奉之，评为宋代第一，贤奸混淆，亦同姓之不幸矣。尝怪当时蔡氏不知何以地灵人杰，一时并起，京与卞兄弟同时执政，而京子攸踵继之，不特交相害于国，且交相害于家。而入相稍先者，复有蔡确奸亦相等，真极盛难继者矣。君谟当英宗初立时，亦以有异言，为当宁所疑，数问近臣以襄为何如人，韩、欧不能为之解。今梨园演戏，有扮襄抹花面，附国戚，陷狄武者，襄为英宗痛骂者，则又不幸之尤者也。（录越缦乙卯六月日记）

1936 年 11 月 10 日

越缦己未春朝日记："恣樊川扬州之梦，寄东坡惠州之睇。鹆首偶泛，芗泽微闻，屧韵闲通，藕丝难断。"

甲寅日记："殿以倚声，春悲十年，秋梦一曲，穷乌之怨，离鹄之悲，切切嘈嘈。"可为凄绝也。

江儿水一阕云：

恁流连，难剖辨，恨缘嗳缘。但愿你呵！从今后，蒲萄莫恨当归倦，蘼芜莫误情痴传，更芙蓉莫结回文怨。且暂返邯郸枕畔。去路茫茫，又独自凄凉消遣。蓬莱清浅无多水，莫作生前泪点看。仆本恨人，门深沧海。伤哉。

1936 年 11 月 12 日

雁晴假①我《戏剧旬刊》十余册，赖以消闲，半日皮黄之兴，数十年间事耳。爱伯日记犹以昆曲为当行，而鄙夷皮黄与秦腔等，光、宣两朝披靡极矣。程、谭伶工，分庭贵胄，颓风俞降，优业弥尊，燕京废都，家习户晓。予以朋好能此者多，近墨近朱，亦效顾误，倚声品艺，浸成结习。曾日月之几何，而弦歌之声，亦有江河日下之势。当年闻曲，已成广陵，白头宫人，徒话天宝。是区区者亦蒙电影侏音之赐，日就陵夷，今之少年，不爱国学，并此倡隶共赏之，京剧则亦心厌而望之然去之。昔有共事武昌一教习，并红脸之为关爷，而未及知其所渐靡者然也。忠孝廉节四事，委诸沐猴，而冠者庸属奢愿。然好尚所在，究与历史国风相去未远，今者舍诲盗诲冶以外何有哉，横序侪于程科令吏，假以颜色，载胥及溺，亦运而已矣。高岸为谷，深谷为陵，吾则不暇为朝宗之痛哭也。（侯方域《壮悔堂文集》有伶官某传）

【注释】

①假：借；贷。

《因树山馆日记》第五册

（1936 年 11 月 16 日—12 月 25 日）

1936 年 11 月 16 日

孟冬行夏令，方冬不寒，蛰虫复出。昏郊外看新月，灯下稍凉。

授课如例，毕而于于，然生来服劳惯矣。久于无事，形既不劳，神亦不振也。（萧锡三来，为丐跋其家藏手牍也，归途晤之。）入馆猎载籍，喟然而叹。

《隋书·经籍志》谢昊《物始》十卷，存目且不可得矣。《四库》所录，以宋高承《事物纪原》为最旧，入清有陈元龙《格致镜原》（一百卷），宫梦仁《读书纪数略》（五十四卷），意皆在原始要终，而事每数典忘祖。又所据之书不无伪出，穷原竟委，正未易言。中如王三聘《古今事物考》，后如瓯北《陔余丛考》，并于此事搜萫綦勤。今日见汪汲（葵田）《事物原会》（四十卷，自序于嘉庆元年），自云检谢昊《物始》，刘孝孙、房德懋《事始》，朱绘《事原》，罗颀《物原》诸籍，汇成帙语云。博闻而强识之次也，然识大识小各有所贤，因翻阅一过而归之，间发举数则以实吾记。

“释奠用四仲上丁。”《隋书》：“隋制，国子寺每岁四仲月上丁，释奠于先圣先师。州县学则以春秋仲月释奠。”此后世春秋二仲月释奠之始。马晞孟曰：“用丁者文明之象也。今世祀先师谓之祭丁本此。”按《夏小正》：“大禹元岁二月。丁亥万用入学注万舞也。”（谨按《月令》郑注引《夏小正》曰：“丁亥，万舞入学。”）此《月令》所谓仲春之月上丁命乐正习舞释菜也。二月不必皆有丁亥，岂以是月释菜，卜日以干取丁或以支取亥与？则仲月丁祭其来远矣。（谨按清例，春秋祭丁皆于仲春仲秋之月初丁行之。民国初犹未废初丁上丁也。）

《吾学编》：“明洪武七年甲寅二月丁酉朔日食，丁未祀孔子。”《宪章录》：“明永乐四年成祖曰：‘见先师礼不可简，必服皮弁行四拜礼。’”（洪武十五年太祖视学释菜，服皮弁诣位再拜，献爵复再拜。）

学宫专祀孔子。唐高宗显庆二年丁巳从长孙无忌等议（周公鸿业宜从王者祭祀）。从祀先贤详略互见，吕善《圣门志》尤详，均未及清制。

著书条下引宋刘器之曰：“孔子年六十八岁，始删诗书，赞周易，作春秋。”际遇谨按：《史记·孔子世家》：“定公十四年，孔子年五十六，由大司寇行摄相事。其年遂适卫。”又云：“孔子之去鲁凡十四岁，而反乎鲁。”（据徐广说）此为哀公十一年事，故《索隐》云：“计至此十三年。”（定公终于十五年）又云：“然鲁终不能用孔子，孔子亦不求仕。追述三代之礼，序书传，删诗。晚而喜易。”刘氏所云“六十八岁不出”。据此推算然亦应为六十九岁也。而下文明云：“孔子年七十三，以鲁哀十六年四月己丑卒。”则卒年又应为七十二。《史记》本文不自圆合有如此者。

斋条下引《说文》云：“斋，洁也。”按许文“[illegible]，戒（王氏读戒字句）洁也。”又引字典“燕居之室”曰：“斋自指《康熙字典》而言。”康熙五十五年制序中有“命曰字典”一语，则尚无不合。《南史》：“庾肩吾为晋安王常侍，与刘孝威等十人号高斋学士。”（汪中《自序》“高斋学士之选”一语本此。）

《急就章》石敢当。注，师古云：“石氏敢当所向无敌也。”据此则“石敢当”乃古人名字，今故于巷陌桥道之冲，立小石镌此三字以厌之。

《中华古今注》：“鞋子自古即有，皆谓之履，絇（音劬）繶（音億）皆画五色。至汉有伏虎头。”

宋史绳祖《学斋占毕》：“古有舄有屦而无靴（“鞾”同），故靴字不见于经，至赵武灵王好戎服，常着短鞠靴。北齐全用戎服长鞠。”《朱子语录》：“隋炀帝数出幸，因令百官以戎服从。后世循袭，遂为朝服。”《纲目》载“变服骑射”，即其事也。

《仪礼·乡射》：“筹八十。”《注》：“筹，算也。”《礼记·投壶》：“正爵既行，请为胜者立马。”是筹与马皆古人所以纪数。今博戏者，以物衡钱，谓之筹马。交易者以铜为比，谓之法马。盖均本于此云。

《古史考》：“公输般作硙。”今以砻谷，山东谓之硙。江浙之间谓之砻，编竹附泥为之，所以破谷出米。

《事物绀珠》：“稍箕，饭具也。始于秦汉。”按今潮人曰：“饭犁（去声）。”眼镜之名前明始有。

《晋书·孟陋传》：“丧母，毁瘠殆于灭性，不饮酒食肉，十有余年，亲族迭劝之，然后从吉。”“从”“吉”二字见此，（按孟陋见《晋书·隐逸传》：“字少孤，少而清立，清操绝伦，布衣蔬食，以文籍自娱。口不及时事，未曾交游，时或钓弋，孤与独师，虽家人亦不知其所之也。”）按《周书·顾命》：“太保、太史、太宗皆麻冕彤裳。”《疏》：“太保、太史有所主者，则纯如祭服，暂从吉也。”《唐律》本云：“居父母丧，释服从吉，徒三年也。”三事皆出唐人手笔，可知“从吉”之名为唐人常语，据律以入经注史文耳。

《知新录》：“世以妒妇比河东狮吼。”《续通考》：“狮子日食醋、酪各一瓶，吃醋之说本此。”

《明会典》：“生员入学，初由巡按御史，布、按两司及府州县官。英宗正统元年丙辰始特设提学官，专使提督学政。”按宋置提举学务司，掌一路州县学政。明时按察分司有提学道。清沿旧制，但改名提督学政，与督、抚平行，其权特重。俗简称学政，亦曰学台或宗师。清光绪三十一年，罢科举，改为提学使，属于督抚。民国改教育司，旋易为厅，设厅长。

谢绰《拾遗》云：“豆腐之术，三代前后未闻有，此物至汉淮南王安始传其术于世。”按《天禄识余》亦载此语。今北人犹庙祀之。巴黎豆腐公司牟利者实繁有徒矣。

剃刀，轩辕制。又轩辕制镊等。虽录《事物纪原》之言，要之不足为据。《商君书》赭绳，即今墨斗。

《事物纪原》：“召公作椅，汉武帝始作交椅。”《风俗通》：“赵武灵王作胡床（即交椅），为高坐之始。至东汉末，始斫木为坐具，其名仍谓之床，又谓之榻。”然皆盘坐无垂脚者，故侯景升殿踞胡床垂脚而坐，《梁书》特记之，以为殊俗骇观。唐穆宗长庆二年壬寅改木榻而穿以绳，名曰绳床。其椅子之名，则自宋初始。至“杌子”“墩子”之名，始于宋，见《宋史·丁谓传》及周必大《玉堂杂记》。《五代史·景延广传》：“延广所进器服、鞍马、茶床、椅榻。”何焯《读书记》谓椅子始见于此。毛西河《经问》：“古人无椅，制布席而坐。”《注》载“宋南渡后，毛晃《增韵》始有坐椅床凳诸字，前此字书与行文俱无有。”据此则坐椅床凳诸字始见于《增韵》一书矣。自有毛晃有《增韵》一书，西河又何从知南渡后始有也，可知事之莫不有始者，皆由书记也。乃《经问》九卷内载骑马所始一则云：“古书不记事始，今人但以书之所见者，便以为权舆于此，此最不通者（按《诗》“胡不承权舆”云：“胚胎未成，亦物之始也，”《天余识录》云：“造衡自权始，造车自舆始。”故以始为权舆）。”夫孔子删《书》，断自唐虞，书之自唐虞始也。亦不足为权舆与。况三代而降，创造日新，诸凡著作，罔不藉书而传，西何不几于菲薄谩骂乎，似非通论也。（因录下一则）

《群碎录》：“孔颖达曰：‘古人不骑马，故经典不见，至赵武灵王服骑射，以教百姓；李牧日杀牛飨士，习骑射，始见于此。’”《正义》曰：“古者服牛乘马，马以驾车，不单骑也。至六国之时始有单骑，苏秦所谓‘车千乘，骑万匹’是也。”《左传·昭公二十五年》：“左师展将以公乘马而归，欲共公单骑而归，此骑马之渐也。（王应麟有《六韬》，言骑战其书当出于周末。又引《公羊传》：“齐侯唁公，以鞍为几。公羊亦周末之书也。”）《日知录》：“《诗》云：‘古公亶父，来朝走马。’古者马以驾车，不可言走，曰走，单骑之称，古公之国邻于戎翟，其习尚有相同者。然则骑射之法不始于赵武灵王。亦不始于春秋也。“汲按，驾者，马驾车也，乘马者，人骑马也。毛西河云：“人多因《易》《书》《诗》无骑字，遂谓古人不骑马，骑字是战国以后之字。然则六经无髭髯字，将谓汉后人始生髭髯乎？”今四子书中如滕文公之驰其马，孟之反之策其马，子华之乘肥马，子路之愿车马等语，历历可证（按：字应作“證”）。古人之骑马，且夫子曰：“吾犹及有马者借人乘之。”是人之骑马，其来尚矣。又况鞍的勒鞝已造于禹时之奚仲。古人若不单骑，何需此鞍的勒鞝为哉。

1936年11月21日

西湖灵隐为杭州四大丛林之一。庚午之夏，卦冠汴梁，与陆皋义游参天万木，罗汉五百，今犹仿佛膜拜时也。报载本月十三日不戒于火，金人涂炭，古刹荡然矣。

《灵隐寺传》又曰："云林寺，远自晋咸和九年，竺僧慧理创建。葛洪书其山门曰'绝觉胜场'。五代后兴废莫考，吴越王时重建，宋景德四年改景德灵隐寺，南渡后高孝翠华娄幸。元明间再毁，万历壬午仿唐式复构，易名大雄宝殿，康熙南游赐名云林寺，咸丰辛酉大殿被毁，民国初年购大木于美国，重建殿阁。戊午予初游杭，尚在庀材之时，其后丹雘精丽，为所见招提之冠矣。高岸深谷，书此以补《洛阳伽蓝记》也。"（铁夫签云："易名大雄宝殿，是殿名，非寺名。"《法华经》曰："善哉，大雄世尊，凡殿供释迦，皆可曰大雄。"各处俱有之，非寺名也。）

1936年12月2日

东坡《答秦太虚书》，有一段几绝人间烟火气者："初到黄，廪入既绝，人口不少，私甚忧之，但痛自节俭，日用不得过百五十。每月朔，便取四千五百钱，断为三十块，挂屋梁上，平旦，用画叉挑取一块，即藏去叉，仍以大竹筒别贮用不尽者，以待宾客，此贾耘老法也。度囊中尚可支一岁有余，至时别作经画，水到渠成，不须预虑，以此胸中都无一事。所居对岸武昌，山水佳绝。有蜀人王生在邑中，往往为风涛所隔，不能即归，则王生能为杀鸡炊黍，致数日不厌。又有潘生者，作酒店樊口，棹小舟径至店下，村酒亦自醇酽。柑橘椑柿极多，大芋长尺余，不减蜀中。外县米斗二十，有水路可致。羊肉如北方，猪牛獐鹿如土，鱼蟹不论钱。岐亭监酒胡定之，载书万卷随行，喜借人看。黄州曹官数人，皆家善庖馔，喜作会。太虚视此数事，吾事岂不既济乎！欲与太虚言者无穷，但纸尽耳。展读至此，想见掀髯一笑也。"

1936年12月5日

午退休，以南窗灼人，避睡萧子东室，床头见大埔温廷敬辑录《茶阳三家文钞》，三家者林太仆达泉（咸丰十一年举人），《国史馆·循吏传》有传。邱太守晋昕（字翰臣，光绪庚辰进士），温明经为之传（以所见者仅下册，其一人未见）。二家文并有家法，大要为私承宁都魏氏之风者，洵岭东文献之犹有存者。林文中《请禁护名臣翁公襄敏墓书》（翁万达，据书：家在揭阳，墓在三河。按：襄敏，澄海鮀江都人，地旧隶揭阳）有云："夫季常守郡，尚标通德之门；秦师入齐，犹表柳下之陇（按字应作垄）。况先生瀛洲之望，他日功名，亦将为本朝第一流人物，实与襄敏公后先同揆。而先朝名茔，为众侵削，此亦先生之责也。”一笔婉而致。《惟答友人问古文书》：“古文莫醇于‘六经’，莫肆于《国策》。亦醇亦肆于东西两汉。自汉氏以来，马、郑以笺注支离之，魏晋六朝以词赋桎梏之，唐以小说溷之，宋以语录杂之。近代时文出，又歧古文而二之，一笔则又不类世间人语，盖当日冬烘之见，确有此一类者。特谬于自倍者敢于辞而出之耳。”此又昌黎诸君子所不及料者也。

1936 年 12 月 6 日

本日报题载王壬秋编为小说，备极诋諆。首即言其无行，以为末铺写周妈事地耳。不矜细行，逢此百罹言行，君子之枢机可不慎哉，中载其莫姬哀词一段，即《湘绮日记》中所常云者也，记中无此哀词，不记见诸《湘绮文集》否，姑录存之，词曰：“嗟子之生，南荒农女。家饶粟帛，拦喧牛马。吕公善相，云丁孤苦。法不人妻，荣于母父。六岁寇兴，焚彼象齿。从姊俱窜，俘于盗垒。姊以赎帛，子幼且敏。见喜盗妻，遂为母子。豺虎难依，盗杀其妻。出坎入阱，愈堕于泥。倡工携子，彼妇居奇。教手总角，不画蛾眉。余赏一言，伤心闻乐。子虽在贱，瞻顾辽廓。要以樵没，众嗤子诺。余果长贫，终身劬作。糟糠命也，执妾而安。余生傲世，何子之欢。来惊七贵，喧动群贤。子无憾余亦缘悭。”《湘绮日记》中有不肯以词人自居之语，此文亦不甚高，似尚不望莼客《祭内子马淑人文》之洒脱也。（潘岳《赋》：“窥七贵于汉庭，畴一姓之或在。”注：“汉庭七贵，吕、霍、上官、丁、赵、傅、王，并后族也。”）

1936 年 12 月 9 日

倚听松风，伫待葵日。

《淮南子》曰：“日出于旸谷，浴于咸池，拂于扶桑，是谓晨明。登于扶桑之上，爰始将行，是谓朏明。至于曲阿，是谓朝明。临于曾泉，是谓早食。次于桑野，是谓晏食。臻于衡阳，是谓禺中。对于昆吾，是谓正中。靡于鸟次，是谓小还。至于悲谷，是谓晡时。且于女纪，是谓大迁。经于隅泉，是谓高舂。顿于连石，是谓下舂。爰止羲和，爰息六螭，是谓悬车。薄于虞泉，是谓黄昏。沦于蒙谷，是谓定昏。日入崦嵫，经细柳入虞泉之地，曙于蒙谷之浦。日西垂景，在于树端，谓之桑榆。”此段《天文训》文句据宋吴淑《事类赋注》（日篇）。与武进庄氏（逵吉）校本不同者至二十余文，而与庄本所引《太平御览》者全同。则吴氏所据之本变易于后人者多矣。自来分一日为六时十时十二时，问日之早莫此为更析矣。

1936年12月25日

晓，重雾霡霂，有春意，午后大霁。

夜山下月特明，入冬第一夕也。雁晴、星笠同行。竹林之下，可以栖迟，板桥之霜，未经人道。夷犹笑敖，积块为消。习经。……

陈觉非投书谓“尝与公宴黄主事，主事询问阁下甚殷，且极力推崇备至”。丐书为推毂也。适从何来，遽集于此，挥简谢之：（覆阅未发，殊无谓之至，别作通用八行投之，原稿又不肯付箴，姑存于此）

某君足下：黄君白：石牌村居，不闻车马，人言市乐，西笑而已。出既无代步之车，门遂乏长者之辙。声尘久歇，驱驰为劳，石头一坐，于焉终日。冠带觞豆，日月至焉。匪我忘世，世亦忘我。谁泥袁闳之室，谁瘖焦先之口。畏行荆棘，欲言嗫嚅。坐令邓禹笑人，翟公摈我耳。重辱麈注，弥切依迟。奉檄之艰，助子累息。承告当道黄侯，谬采虚声。猥蒙倾襟，实未通刺。长安人海，庸别有惊坐之陈遵；临淄齐庭，亦窃笑王前之颜斶。希冀高风，请以异日，至云义宁介弟，并今之第五伦，丱角论交，庶矢车笠。问襜帷之所驻，或巾屦以相从。惟拘阂卅年，府卬一世矣。良觌可期，不方雅命，率复不宣。黄君白。（《说文》无“觌”字，应作儥。）

《因树山馆日记》第七册

（1937 年 3 月 31 日—5 月 8 日）

1937 年 3 月 31 日

校荪篯所抄《完白山民索鹤启》一过，将付手民，聚字付小子诵之也。篆、隶、分、行、狂草，五体兼工，度惟山民足当斯语。此书二千余言，出以行草，茂密飞动，师法古人，益叹鲁公《争坐位》一帖，立行书之极则也。鲁公结体运笔妙合篆学，山民亦手写《说文解》二十本，复旁搜三代钟鼎及秦汉瓦当碑额，五年篆书成（包慎伯《完白山人传》语）。然所作篆书，时见别字，执笔之际，疏于翻检可知。即以书论有岁月。可證作证，卻之作郤，搬兴作搬，带负作負，饮啄作啄，道场作塲。此六字之差，非小失也，不能尽诿为俗书然矣。当日钱献之摭其不合六书处，以为诋諆罅隙招累丸易坠两致之也。

癸丑予得此札于津沽，刚甫适主予家，读罢喟然叹曰："樊太守真蠢才也，得书不知所云。"山民《赋鹤归志喜》二绝云：

黄堂花阁丽三台，饰羽修翎亦快哉。底事樊笼关不住，空庭又见尔归来。

阆苑蓬莱漫起予，且随鹿豕渡居诸。丁宁莫再重干禄，免使山翁又上书。

可笑太守徒为此鹤添一段掌故也。

1937 年 4 月 3 日

朝雾成雨，入晚密集。

晤衍璿，授予新谱（何颐和黄松杆，何醒武胜卢辉），因监考不克立谈。……

阅"南园诗社"专号，卷中如冒鹤亭（广生，如皋）《故秦南海尉任君墓碑》（代□任嚣墓，据宋方信孺《南海百咏》引《番禺县志》称在法性寺前道东四十步，文言法性寺即今光孝寺，五六年前夷将军署为民居，谓郡人汪兆镛子其地得数瓦，一有高乐字，字近《石鼓文》。高乐，秦县，今河北之南皮。它瓦复有"即"字、"园"字、"殿"字、"左""右"字，证园即为嚣墓。又以赵佗为真定人，推知嚣为高乐人。足补《史记·南越传》之缺云）古公愚（直，号层冰，梅县）《莲香集小传》（陈子壮、屈翁山等二十余人），《明南园诗社女侍张丽人传》，《人境庐诗草笺注跋》诸首，皆有系粤南文献，即以文论，亦斐然名家。

公愚挽黄慕松联云：

数面已相亲，荷浦壮谈，梅村乡话；中身成尽瘁，赤松轻赴，黄石长蕹。

1937 年 4 月 18 日

思诘朝馆课繁重，只可归休，甫入荒村，神思一振，晡与曾、李、胡诸子放浪岩壑之际，清言隽语，有可存者，予历举：

“发”话三则：

太平天国开科白下，及第第一人王韬，题为《蓄发檄》，其警句云：“发肤受父母之遗，勿剪勿伐；须眉乃丈夫之气，全受全归。（时魁女榜者傅善祥，题为《讨虏檄》）”

清末少年争剪发，有禀复其父书，云：“泰伯断发文身，孔子称其至德。杨朱一毛不拔，孟氏指为无君。”不意使典狡狯至此。

又端午桥之子，汗漫美洲，势必去发，所与梁公使来往电费达数千金，争一辫也。传其电稿之佳者云：“我生只此子，我子只此发，此发亡即我子亡，我子亡即我亡。”并堪实胜清《世说新语》。

1937 年 4 月 28 日

晨凉，淡阴，有清和之气，八十三度。夜南风扫榻，枕簟生凉。

课毕，衍璿来坐谈一局（存卷末）。午戴淮清来酣战。至日在西隅始展卷，晡至田间，莳田已遍。……

日以贪弈耗精，读书不能深入，割好绝缘之不易也。夜偕黄海章小行陇畔，剧谈京剧，遂心移于氍毹之间，十载死灰，一弹即发，穷老学道，稍纵即逝，可不惧哉。

雁晴阅市，得《芗屿裘书》七种，南城曾廷枚著，嘉庆癸亥自叙七种者《字原征古》《音义辨同》《乐府津逮》《西江诗话》《游戏三昧》《古谚间谭》《香墅漫钞》《香墅续钞》也。假而翻之，可资谭助，《漫钞》以四部，部居钱竹汀有序，中谓“说家之书，莫善于宋世，盖唐以前作者，大都谭神、怪夸、艳冶、荒唐、恣肆，托于子虚乌有之词，绮语妄言，徒增口业，至宋儒乃有考证经史，实事求是，有益于来学者，若洪氏《容斋五笔》、吴氏《改斋漫录》、孙氏《履斋示儿编》，皆西江之前哲也”云云。

意在推崇所序之书，而左唐右宋，轩轾失宜有如此者，以说家统杂记之书，洪、吴、孙诸家所不敢承也，唐以前诚少学记之书，宋以后说部荒唐，口业有让于唐，夫谁信之，竹汀十驾斋诸记，淹雅汪洋，所以自居，当不若是，不料一代通人，而亦有失言之时也。此书尚当分日完之。

1937年5月8日

完白山民《索鹤书》：

完白山民邓石如顿首奉书

大公祖大人（樊）阁下，为启陈寄鹤事。此鹤之在人间有岁月可证者，已百三十有余岁。历公卿之门者四，据宛陵张涵斋太史焘古鹤行诗，滇南中丞孙公曰秉刻之金陵藩署中，叙言鹤先在常熟蒋家，次居吴兴沈家，后归德清徐家。京口农部袁礼堂恭以千金聘归三十六峰山馆中，此百三十余岁可屈指而记者。其前之岁月，则不可得而考矣。山民游于袁公家有年，农部之子廷极以郎中授政京国，命鹤谓山民曰："此尔主也。"谓鹤与山民宜，遂以赠山民。山民年垂耳顺，得此以为老伴，洵旷事也。嘉庆元年秋，舟过金陵，孙中丞悦之，欲聘山民鹤，并以灰鹤二赠山民。此海鹳也，非鹤也。与鹤为奴，鹤不受也。却之，载吾鹤归。元裳缟衣，铁足朱顶，鸣声闻于天。乡里以为异，谓徒闻千岁鸟，今见九皋禽。扶老携幼，日拥户外。山民家徒四壁，食指甚繁，每一砚四方以活妻子。恐鹤遭野人之厄，遂择地而寄鹤于集贤关僧舍中。虽禅室荒陋，而林木蓊郁，竹树交翠。关隘阻固，山石峨嵯。为达天衢之冲要道，又省会龙脉所特起处。僧欲仗佛力刱兴之，以扶持行道，以培护风水，其志诚深远矣！离山居遥不三十里，担粮饲鹤，月有常例。虽待此鹤也，亦隐以待此僧矣。因向僧唤鹤训而祝之曰："尔乃胎禽，浮邱著经。云门鼓翅，华表飞声。常负霄汉凌云之志，恐终非贫家有也。尔有遐心，亦听尔之翱翔寥廓之不尔羁也。今嘱尔寄于僧以修尔龄。僧托于尔，以辅成其名。尔无负山翁寄托之意，以徜徉于此尔。此地有修竹古木，可庇荫尔。有青灯古佛，可忏悔尔。有云幡宝盖，可威仪尔。有法座经坛，可庄严尔。有蹲狮伏象，可护持尔。有萝月松风，可徘徊尔。有山花野卉，可纾尔步。有溪泉潺湲，可濯尔羽。有积石漫山，可厉尔喙。有苔华绣砌，可逞尔狂。有高梧童童，可张尔盖。有苍藤垂垂，可排尔幢。有梵呗鱼板，可醒尔梦。有蛇虺毒物，可充尔粮。有钟鼓镗鞳声，可启尔海峤搏风，盘礴乎青云之志。有风雨草木摇撼声，可触尔引颈高戾。若有扞卫牧圉之任，闻声而遁宵小之潜藏。有山禽鸣噪声，可动尔群下相融，物我熙熙，共乐林泉之度。有车马行迈声，可慨其尘途之仆仆。尔则梳翎戢羽，矫首而盘桓。有冠盖往来，贤士大夫之憩止。可念其干旄东野，载驰载驱。长路迢迢，踌躇日夕。益显尔之清旷劲逸，孑然而孤标。有僧矐然，形同尔瘦。心比尔劳，可称尔之侪偶，尔应惜其志而悯其劳。凡山中时之致，雪月花风之侯，阴晴雷雨之辰，尔皆得默领其常变，尔其钦承吾训语。"又曰："僧归尔伴，僧出尔守。月白风清，听经点首。毋徒饮啄，整饰尔羽。他日太清，衣裳楚楚。岂不尔驾，骑尔遨游。贯无十万，难上扬州。我居不远，于焉卅里。尔若怀归，龙山凤水。尔其谛听吾祝辞。"祝毕，鹤有懊恼意，乃慰之曰："尔其安此，山翁时笠杖踌躇而来，谂尔于此尔。"僧遂香花供佛，盛食于钵，诱鹤参佛，率众僧合十诵佛，鹤遂皈依于佛。虽皈依佛，而仍为山翁之鹤也。僧感余意，拱向余曰："可拟其名。"余曰："此昂藏物，非可以凡名辱之也，既皈依佛，则亦佛物矣，惟佛可使之。"僧曰："然。"遂更其名曰"佛奴"云。寄鹤之地。莫此若也。栖鹤之身，莫此适也。鹤耶僧耶，其相助为理耶。僧名性泰，字兰台。俗姓汪，郡人也。来此八年，一衣一钵，赤手供众。昨岁土木工兴，费用不赀，遂典衣单，以清工匠。如年寒夜，惟以佛号鱼声，坐以待旦，亦奇僧矣。山民家无儋石储，前曾以十金助僧刱寄鹤亭，施茶以济行人。昨秋枯旱，犹以钱十千襄僧架此东轩，今修竹万竿，清荫满座，过者可凭涤烦襟也。凡此之为，岂独与僧守此老鹤以为耳目之玩哉？念此为安省咽喉，地当孔道。车辙马迹，毂击肩摩，有此道场，以息尘劳，亦济世利人事也。因与僧誓曰："有能兴此律院者，山民便以鹤报之。"此院若兴，贤关称雄镇矣。且亦送迎佳地，旌节照耀，木石辉光，使车络绎往来，省城形势亦壮矣。兴此者，其有待于有力者而为之乎？鹤服古鸟官制也，极品也，鹤岂不择有为之人而尊奉之，人之受鹤之注之者，其兆自当有征，应之先见者耳。今闻僧言，大人花骢驻此，鹤舞蹈阶下，从官称庆，以为大人官阶一品之兆，直指日事耳。左右不察，爰遣厮养，卒束缚之，送到署中。僧号于途，鹤厄于卒。不闻轩车之迎，而有囚系之辱。物之报人以嘉祥者，顾身受如此之困乎？从此日长，莲暮宾朋，竞赏云窗不聘之禽，而使冷院枯僧，日赧寄鹤之山翁矣。山民知大人之意万不如是。此不过近侍之吏，图此以要赏赉耳。亦或梅开官阁，暂假娱情。铺琼筵以咏花，命羽觞而醉客。不有异鸟，何畅雅怀。乘兴招之，兴尽挥之，则鹤不日仍归山民。亦或政闲遐赏，睹物怀人，远慕古贤琴鹤之风，以益励其廉清，而光照皖国。山民得为治下之子民，亦与有荣焉，何贵于鹤？夫祥瑞之兴，其机每多触于禽鸟，况于鹤乎，大人若心感此鹤而欲有之，亦易易事耳！不过一珥笔之劳。登高之呼，费可日集，院可日兴。兴此禅关，壮省会之观瞻，息征途之行旅，护国佑民，庄严三宝，为一郡功德主，岂不超越寻常万万哉？鹤鸟仙禽，其献舞于大人马足下者，搢笏垂绅，可预征其先兆也。其得鹤也固宜，亦鹤之遭也。大人若徒手而有之，山民能负袁郎中赠鹤之意乎？亦何以对此鹤也。而外议，且谓太守有夺山人鹤之名，若以草野冒渎尊严而罪之，大人之力可移山，则山民化鹤，鹤化山民，所不辞也。故历陈古鹤之始末，与僧人、山民同此心志事，踵辕缕述上禀，不胜恐惧悚惶之至。山民再顿。（癸亥花朝后五日上）

《因树山馆日记》第八册

（1937 年 6 月 13 日—7 月 6 日）

1937 年 6 月 13 日

容甫《邹孺人灵表》：“重以天属之乖，人事之湮郁。”按天属者，天伦也。《褚渊碑文》：“虽事缘义感，而情均天属。”杜甫《行次昭陵》诗：“天属尊尧典，神功协禹谟。”骆宾王《圣泉诗·序》：“方欲以林壑为天属，琴樽为日月。”侄辈举质，因并记之。

令节当前，倾城可想，院中空寂，阅四杰序文，逸响凡调，瑜瑕互见。如骆宾王《扬州竞渡诗·序》：“便娟舞袖，向绿水以全低；飘扬歌声，得清风而更远。”四六律赋予焉滥觞，格调浸低韩李所慨。

王子安《秋日登洪府滕王阁宴集·序》者，唐书滕王名元婴，高祖少子。韦悫《滕王阁》：“记钟陵郡，有巨阁称滕王者。自永山徽后，滕王作苏州刺史转洪州都督之所营造也。”咸淳八年，阎伯屿为洪州都督，宴集于此，勃远赴交趾省父，为道过此，因为序云。尔序者，序宴集阁中之人物也，非序一阁也，俗本省题为《滕王阁序》，则塾师称说，此文不知如何相题矣。唐书又称四杰，勃才尤高，承亡隋文敝六代余波，而风情振起，清新不匮，此文不无流离迁谪之感，兴到落笔，不嫌过孰。然中如“杨意不逢，抚凌云而自惜”，剪裁杨得意为杨意，以对钟期，不可为法。

1937 年 7 月 5 日

晴。风未全息，中夜有急雨。

《四库全书》珍本第一期，凡二百三十种，一千九百六十册，已整庋因树南轩，今始为理总目如次。按全书三千四百六十种，七万九千三百三十九卷，乾隆壬寅成第一部，存大内之文渊阁。后续成三部，分储奉天文溯阁、圆明园文渊阁、热河文津阁。后又成三部，存扬州文汇阁、镇江文宗阁、杭州文澜阁。文宗、文汇沦于洪杨。文源毁于庚子。文澜劫余不完其半。今存者文渊、文溯、文溯、文津耳。

明《永乐大典》曾写三部。乾隆时已有残阙，犹余二万余卷。庚子之役，官家存者廑[1]数十册慢藏之，可惧也如此。昔曹石仓学士有言“释道两家，皆能集刻藏经，惟我儒家独无此举”。然则此书为儒藏矣。民国二十二年六月教育部命商务印书馆将文渊阁《四库》未刊本缩成小六开本，印一千五百部，每部九万页，寒家所藏其一部也。

计：

经部：易类二十六种，书三种，诗六种，礼三种，春秋十一种，五经总义五种，四书一种，乐一种，小学四种，都六十种五百十七册。

史部：编年类一种，纪事本末类二种，别史类一种，诏令奏议类二种，传记类二种，地理三种，职官三种，政书二种，目录类二种，史评类二种，都十九种二百七十二册。

子部：儒家类四种，兵家一种，医家三种，天文算法三种，术数十二种，艺术二种，谱录一种，杂家五种，类书三种，都三十四种四百又一册。

集部：别集类百有五种，总集十种，诗文评类二种，都一百十七种七百七十册。

是日高祖五母陈忌祭，子姓咸集祠堂共午，洎午利成。晡与镐臣小谈。夜授文。枕上听雨。

【注释】

①廲：同“廛”。

1937 年 7 月 6 日

晴，午后有急雨，南风转北，砂石欲飞，旋息。入夜尚凉。

晨起，方得检杨铁老所为諟正最近日记四册七十余则，分条眉存原处之上，可友可师，深拜风义。

关于武王生子之年（《因树山馆日记》六册二十七页），签云：“陈霆《两山墨谈》：《礼记》‘武王九十三而终’。《竹书纪年》则云：‘武王五十四。’”仁山金氏谓从九十三之说，则文王十五而生武王，前此已生伯邑考。武王应八十一而生，成王后此又生唐叔虞，人情事理，必不然矣。予考之太史公载《逸周书》之言，曰：“惟天不飨殷，自发未生于今六十年。”是殷灭时武之年，应未及六十。《竹书》“五十四”之说然也。又成王即位十二岁，不必需周公襁负意者，古人立朝成王幼堂高廉，远不能令拜堂下者皆见，故负之使高，如袋鼠之负子然，否则周公在前，成王在后，令人见周公不见成王，恐无此理，一笑云云。逐条校竟午矣。

族人润生来为侄孙某盗葬祖茔事道地，正言晓之。林鹤皋有约未来。大学致新课约至。仲儿（家睿）自沪归，亦买“海贞”国轮，途次大风播荡，迟程半日，既来亦佳。温诵《四六法海》一卷。

夜射谱数局，愈属名手者愈易中也。

《因树山馆日记》第九册

（1937 年 8 月 1 日—9 月 16 日）

1937 年 8 月 1 日

大歊热，午升至九十一度，晡未退，夜仍无风。此来始得一日之间，补写日记，挥汗成之。

晡以爱伯日记为伴，其题钱塘蒋霭卿秀才《秋林著书图》二律，不啻为我作也，爱而录之（日记补乙集十八页）：

“尔亦劳劳者，穷年一卷书。抱残生计拙，好学故人疏。吴越谁同调，文章正起予。相怜共无谓，身世老虫鱼。三径家风在，秋心不可寻。乱离商著述，寒饿惜光阴。卷幔碧天远，到门黄叶深。茂凌长卧病，留取对床吟。”

夜与客弈达夜分。长夏过劳，遂不成寐，闻鸡三唱矣。然以得一佳谱为乐，昨日记应炮二平六法，用炮八平五未能曲，当用马八上七大佳，特存卷末。

1937 年 8 月 3 日

晴，午有南风，室温九十一度，晡风息，九十二度，夜又风，睡可即席。（家书来。）

毕三课，会议考试事。时事消息觉稍纾。办公毕，余生来陪谭亦悒[1]。飧后携爱伯日记登上宫当风晤对，殊惬我心，室小固难容，亦以避恶客某也，至今未脱名士习气，甚矣知道之难。

爱伯亟称成容若（德，纳兰太傅明珠之子）词哀怨骚屑，摘其断句，如：“瘦尽灯花又一宵”“雨歇春寒燕子家”“不辨花丛那辨香”“燕蹴风丝上柳条”“雕外寒烟惨不开”。真花间语。又如：“甚日还来，同领略，夜雨空阶滋味。”信性情之有独至者。至其所录《纳兰词》一卷，中有《赠梁汾·金缕曲》二阕，原注云：“简梁汾，时方为吴汉槎作归计。”则梁汾应为顾贞观（华峰）。所谓三千六百日中当以身任之，词坛佳话，已前记，而容若之词，笔意灵动而已，今并录之：

“德也狂生耳。偶然间，缁尘京国，乌衣门第。有酒惟浇赵州土，谁会成生此意。不信道、竟成知己。青眼高歌俱未老，向尊前、拭尽英雄泪。君不见，月如水。　　　共君此夜须沉醉。且由他，蛾眉谣诼，古今同忌。身世悠悠何足问，冷笑置之而已。寻思起、从头翻悔。一日心期千劫在，后身缘、恐结他生里。然诺重，君须记。”

“洒尽无端泪。莫因他、琼楼寂寞，误来人世。信道痴儿多厚福，谁遣偏生明慧。就更著、浮名相累。仕宦何妨如断梗，只那得、声影供群吠。天欲问，且休矣。　　　情深我自拼憔悴。转丁宁、香怜易爇[2]，玉怜轻碎。羡煞软红尘里客，一味醉生梦死。歌与哭、任猜何意。绝塞生还吴季子，算眼前、此外皆闲事。知我者，梁汾耳。”

【注释】

①鬯：通“畅”。

②爇：同“爇”。

1937年8月4日

晴，南风竞，午九十度，晡时反增半度。

专人还曾展鸿弈谱，媵以小简。讲授未终，互传汕军已退，几不终席。报来，截至昨晚汕安，人言稍息。黄迪勋来谈久之。……

纸笔之用大哉，足参天地。而笔刱[1]于秦之武夫，纸仿于汉之宦者。真不可思议。

爱伯记云：“汉朱穆好学不出户庭，人谓其几不知马几足。蔡京尝问诸孙米何出？或曰出血中（血应为皿），或曰出席包裹。”贤愚虽不同，其为懵昧则一也。余生田间又近市，顾谷米外皆不知其贾，比闻市中诸估物稍长，因略记之：“菜常时每斤钱一二文，今每斤九文；酒常时每斤钱百四五十文，今每斗二百文；米最上者，每石至四千七百文，常米亦四千三百文，余物称是，此八十年前浙东物贾，与予幼时尚无大异，一金换铜钱一千为率也，今皆在五倍之数矣。”昔宋真宗宴群臣，忽问唐酒贾几何？丁晋公对曰：“每斤三十。”按杜甫诗：“早来就饮一斗酒，恰有三百青铜钱。”是以知之。

【注释】

①刱：古同“创”。

1937年8月12日

澄海刱县本为防海盗也，《邑志》立“海防”一门，专纪其事，而《府志》无之。林大春曰：“今岭海之患有三：曰山寇；曰海寇；曰倭寇。山寇剽急为祸速，倭寇惨烈为祸显，海寇缠结为祸隐。而毒倭寇非果尽属日本，大抵多漳泉流贼，挟残倭以为酋首，遂因其名号以鼓舞徒众，所至破乡寨，尽收其少壮者而髡之。久之，遂与倭无异”云云。据《邑志·海防志》云：“嘉靖三十七年戊午春正月倭入寇（自漳泉由梧屿趋揭阳，掠蓬洲大井鮀江鳄浦下外苏湾等处，官兵击败之，复至漳州夺船东归），三十八年己未冬倭寇苏湾（自分水关犯黄冈镇，流寇樟林），四十一年壬戌倭入寇（海寇林国显、吴平等导倭入寇，散屯各乡，尽发土民塚）。”又按《沿革志》云：“自嘉靖四十二年海氛不靖，蹂躏七都之地，民无城郭可依，官兵远不及援，因奏割海阳之上中下三都，揭阳之蓬洲、鳄浦、鮀江三都，饶平之苏湾一都，置县焉。”是吾邑斯患相为终始也。久矣，世无失德，民不知兵，而四百年间创痕尚在。方深北辕之衅，且共左衽之忧。用摭旧闻，为邦人兄弟诵之。

陈次宋江来谈。柬林鹤皋。

光绪乙巳丙午间，梁启超主《新民丛报》，汪精卫主《民报》，笔战逾十万言，汪有文曰：“昔孙叔敖见两头蛇，归而犬忧，吾见记者，真不胜孙叔敖之忧也（事出刘向《新序》，《丛书集成》据《汉魏丛书》本）。”使事之妙，令人一见不忘。

吾家邑茂才东铭（序镛），馆于某，某之子少佻达，与邻儿为弓矢之戏，为之伤目，眇其一焉。茂才亦自忧伤，罢馆高卧。予友陈硕友为之语：“长沙为傅，自伤无状。”复极使事之工。

夜宿斋头，微凉需衾，卧阅丛书至柝声三转。

1937年8月13日

《朱子语类》云：“齐梁间之诗，读之使人四肢皆懒慢不收拾。”固哉，晦翁之为迂也，然却爬着痒处。

“香令人幽，酒令人远，石令人隽，琴令人寂，茶令人爽，竹令人冷，月令人孤，棋令人闲，杖令人轻，水令人空，雪令人旷，剑令人悲，蒲团令人枯，美人令人怜，僧令人淡（不如远），花令人韵，金石彝鼎令人古（陈眉公《岩栖幽事》）。”自是明人小品语气，然却有道著处。……

眉公云：“雪者洗欲戒（应是‘界’字）之龌龊，洒火坑之烦恼，填世路之坎坷，唤夜气之清晓。”可作《雪赞》。

明闽人黄东崖云（《屏居十二课》）：“昔有云：‘干支中惟寅申字从臼。寅，高春时也；申，下春时也。’”是明时已有此说。

1937年8月14日

晴，午八十六度，夜上弦正肥。阅彭兆荪《南北朝文钞》。

家藏董诰楷书屏幅十二帧，钤地官司徒董诰二章而不署名，疑是备大内屏风之用，末殿以“节书名园记”五字，应曰《洛阳名园记》也，俗选本（如过商侯《古文评注》）有李格非《洛阳名园记后》一首，实即全记之后论，选者从而为题目耳。

李名廌，华州人，字文叔，少以文为苏轼所知，轼亡，廌哭之恸（予于前记已及之。二十六年四月二十五日）。其记凡四千余言，《丛书集成》据逸史本校印，有绍兴张琰序，所记园自富郑公园以下至吕文穆园十九处，文有师法。于《洛阳伽蓝记》具体而微也。

欧阳修自书《集古录序后》曰："自三君之亡，余亦老且病矣。此叙之作，既无谢（希深）、尹（师鲁）之知音，而《集录》成书，恨圣俞之不见也。悲夫!"数予交好中，交最笃而责望最深者义宁陈师曾，蕲县黄季刚，揭阳曾、姚二老而已。师曾殁几二十年，刚甫旅殡京华复逾十载，而季刚墓草亦已宿矣。自念无似，比来稍有述造，又不得此三友者见之，岂惟既悲逝者而已。……

南海劳孝舆阮齐《春秋诗话》五卷（据《岭南遗书》本），曰赋诗、曰解诗、曰引诗、曰拾诗、曰诗话，深得孟氏所言"诗亡春秋作"也，旨匪惟肄业及之而已。录《拾诗》一卷，评语多从略，劳氏有序曰："传中多轶诗，皆左氏拾而出之者也，虽然风雅之堕地久矣，左氏体圣人之志，传春秋以继诗之亡，则三百十一篇皆拾也。夫岂惟轶诗，余故因左氏之所拾而零拾传中所有之韵语，以畅诗之流，以补诗之阙，而极诗之变焉。盖天籁之发触而成声，凡有韵可歌者皆诗也，其体凡十有一，因传所名而区之。"曰：

赋：

"大隧之中，其乐也融融。""大隧之外，其乐也洩洩。"

"狐裘龙茸，一国三公，吾谁适从?"（三句连韵，是柏梁仿体）

诵：

"原田每每，舍其旧而新是谋。"

"臧之狐裘，败我于狐骀。我君小子，朱儒是使。朱儒！朱儒！使我败于邾。"（臧武仲师败于郑国，人诵之。武仲在鲁，有圣人之目）

"取我衣冠而褚之，取我田畴而伍之。孰杀子产，吾其与之!"

"我有子弟，子产诲之。我有田畴，子产殖之。子产而死，谁其嗣之。"

讴：

"睅其目，皤其腹，于思于思，弃甲复来。"（城者之讴）

"牛则有皮，犀兕尚多，弃甲则那?"（华元使骖乘答讴）

"从其有皮。丹漆若何?"（城者复畣[①]讴）

"泽门之皙，实兴我役。邑中之黔，实慰我心。"（宋筑城者之讴）

歌：

"济洹之水，赠我以琼瑰。归乎归乎，琼瑰盈我怀乎。"（声伯梦中歌）

"恤恤乎，湫乎，攸乎！深思而浅谋，迩身而远志，家臣而君图，有人矣哉。"

又曰"我有圃，生之杞乎！从我者子乎，去我者鄙乎，倍其邻者耻乎！已乎已乎，非吾党之士乎!"（南蒯乡人诗）

"既定尔娄猪，盍归吾艾豭?"（卫太子过宋，听野人之歌）

“景公死兮不与埋，三军之事乎不与谋。师乎师乎，何党之乎?”（莱人之歌，哀群公子之失所也，音调凄绝）

“鲁人之皋，数年不觉。使我高蹈，唯其儒书，以为一国忧。”（齐人责鲁稽首之歌）

谣：

“丙之晨，龙尾伏辰，均服振振，取虢之旂。鹑之贲贲，天策焞焞，火中成军，虢公其奔。”（晋献灭虢之谣）

“鸜之鹆之，公出辱之。鸜鹆之羽，公在外野，往馈之马。鸜鹆跦跦，公在乾侯，征褰与襦。鸜鹆之巢，远哉遥遥；稠父丧劳，宋父以骄。鸜鹆鸜鹆，往歌来哭。”（文武之世童谣）

此谶所自始也，杜元凯曰：“童龀之人，未有念感，而会成嬉戏之言，似有冯之者。其言或中或否，博览之士、能惧思之人，兼而志之，以为鉴戒，以为将来之验，可有益于世教。”孙月峰曰：“荧惑星不见，必下至民间化为童子，即言后来之事，群儿从而传之，圣人屡采之，以志兴亡。不得以左氏为诬矣。”杜言理，孙言气。附记之以备参考。

箴：

“芒芒禹迹，画为九州，经启九道。民有寝庙，兽有茂草；各有攸处，德用不扰。在帝夷羿，冒于原兽，忘其国恤，而思其麀牡，武不可重，用不恢于夏家，兽臣司原，敢告仆夫。”（辛申虞箴）

（此箴最古，风雅先声也。杨子云极力摹仿，仅得其貌，便已雄视余子。）

铭：

“昧旦丕显，后世犹怠。”（谗鼎铭）

“一命而偻，再命而伛，三命而俯。循墙而走，亦莫予敢侮。饘于是，粥于是，以糊余口。”（宋正考父鼎铭）

“余掖杀国子，莫余敢止。”（礼至灭邢而铭其器之词）

投壶词：

“有酒如淮，有肉如坻。寡君中此，为诸侯师。”

“有酒如渑，有肉如陵。寡君中此，与君代兴。”

繇词：

“凤皇于飞，和鸣锵锵，有妫之后，将育于姜。五世其昌，并于正卿。八世之后，莫之与京。”（懿氏卜妻敬仲繇词，俨然正雅之音）

“专之渝，攘公之羭。一薰一莸，十年尚犹有臭。”

（晋献公卜立骊姬繇词，词古奥而理深，遂为焦氏易林滥觞）

“千乘三去，三去之余，获其雄狐。”（秦伐晋卜徒父筮得蛊繇）

“士刲羊，亦无衁也，女承筐，亦无贶也。西邻责言，不可偿也。归妹之睽，犹无相也。震之离亦离之震，为雷，为火，为嬴败姬。车说其輹，火焚其旗，不利行师，败于宗邱。归妹睽孤，寇张之弧，侄其从姑，六年其逋，逃归其国而弃其

家，明年其死于高梁之虚。”（史苏之占）

占验之词，从后观之，拟为傅会，然古人累世守一官，终身名一艺，专积之至，可以通幽，何怪其言之如神也。

“兆如山陵，有夫出征，而丧其雄。”（孙文子卜追郑繇词）

谚：

“山有木工则度之。宾有礼主则择之。”（周谚）

“匹夫无罪，怀璧其罪。”（周谚，此即《易》所谓“负且乘、致寇至”是也）

“心苟无瑕，何恤乎无家。”（晋士蒍引谚）

“辅车相依，唇亡齿寒。”（宫之奇引谚）

“畏首畏尾，身其余几?”（郑子家引古言）

“高下在心，川泽纳污，山薮藏疾，瑾瑜匿瑕，国君含垢。”

“心则不竞，何惮于病。”（齐伐郑，孔叔引此谚）

隐语：

“佩玉蕊兮，余无所系之；旨酒一盛兮，余与褐之父睨之。”（军中隐语）

“梁则无矣，粗则有之，若登首山以呼，曰：‘庚癸乎！’则诺。”（畣词）

右拾诗三十五则，体裁不一，语鲜成章，然其味悠然而长，其色幽然而苍，如鼎彝缺蚀而古色照人者，精彩四射而光芒，日夕晤对，可得古人之气味。

月上树影微动，杂坐假园，各据一石。听书声穿林而来，姑与相忘。传云：“沪战已开也。”

【注释】

①畣：同“答”。

1937年8月15日

荔枝以增城沙贝所产为最，土黄润多沙，潮味不到，故荔枝绝美，其尤者曰：“挂绿。”岁出不盈数十斤，皆为有力者先期订定，邑宰者率五百逻而守之。物产之异，怀柔远人。兰茝之乡，常在幽谷。互市之局日成，陈衒之术日工。物不鬻于产地，而卖于贸场，百货骈罗，在心高下，及时者辇载而去，落解者道傍太息。即以荔枝小物言之，半熟而陈诸肆，折枝以速其枯。皮不久红，则浇沁以润之；肉不知白，则削剥以炫之。本色不具，真味仅存。市既终矣，货滞不行，则渍以盐汤，纳之铁匣，走胡走越，博冀一睐。此亦荔枝之道之穷也。呜乎，予岂为荔枝而发哉。

鹤山吴应逵《岭南荔枝谱》云：“荔字从艹，从劦不从劦。劦音离，割也。劦音協，同力也。荔字固当从劦。今琼州人当荔枝熟，率以刀连枝斫取，使明岁嫩枝复生，其实益美。故汉时皆以为离枝，言离其树之支，子离其枝，枝复离其支也。”按后说亦牵附之词，果树之须去枝，而干益茂者众矣。其析字形尤非，三刀之劦，力脂切，音离是也。然许文无劦有荔，不应以劦为荔之声。《草部》：荔，从草，劦声。古音在十五部。三力之劦，固读胡颊切。段注云："按此字本音戾，力制切。浅人妄谓与恊、勰、協同音，而不知三字皆以劦会意，非以形声也。惟不以劦为声，故三字皆在八部。而劦声之荔、珕，则皆力制切，在十五部"云云。《三字经》云："唐刘晏，方七岁，举神童，作正字（齐秘书省有正书，北齐始置正字。隋唐因之）。"正恐今天下之书生皓首而书，仍生"正字"一官，侧席久矣。

《兰亭集序》，坊本题名亦未正也。晋人谓之《临可序》，唐人称《兰亭诗序》或言《兰亭记》，欧公云《修禊序》，蔡君谟云《曲水序》，东坡云《兰亭文》，山谷云《禊饮序》，清高宗宸翰题曰《禊帖》，据宋桑世昌《兰亭考》曰《兰亭修禊序》（《知不足斋》丛书本），并有后序，世不经见也，文云：

"古人以水喻性，有旨哉，非所以停之则清，淆之则浊耶！故振辔于朝市，则充屈之心生；闲步于林野，则寥落之意兴。仰瞻羲唐，邈然远矣。近咏台阁，愿深增怀。聊于暧昧之中，期乎于莹拂之道。暮春之始，禊于南涧之滨。高岭千寻，长湖万顷，乃借芳草，鉴清流，览卉物，观鱼鸟，具类同荣，资生咸畅。于是和以醇醪，齐以达观，快然兀矣，复觉鹏鷃二物哉！耀灵纵辔，急景西迈，乐与时去，悲亦系之。往复推移，新故相换，今日之迹，明旦陈矣。感诗人之致兴，谅咏歌之有由。文多不载，大略如此，所赋诗亦裁而缀之，如前四言五言焉。"（乾道二年十月二十七日，宏福寺沙门怀仁集写晋王右军书）

文之悠美，远不及前序，不知何故。《玉井山馆笔记》（清上许宗衡著，丛书，二六六七册）云："作后序者孙绰也。"

番禺黄叔立子高先达《粤诗搜逸》四卷，南海伍崇曜《跋》有云："亡友黄君号石溪，道光戊子优贡，博极群书，尤留意乡邦文献，著有《稼轩诗文集》《外集》，《续三十五举》及是书（按元吾丘衍《学古编》首列《三十五举》，清桂馥有《续三十五举》，姚晏有《再续三十五举》，并刻入《咫进斋丛书》）。"

按黄君自序谓每观各选，俱首曲江，一似曲江以前无诗者。观是书，首陈刘删终元陈文瑶，专搜遗逸，非选诗也。吾州有宋陈希伋（字思仲，揭阳人，元丰两冠乡书）一首，刘允（字厚中，海阳人，绍圣四年进士）一首，张夔（字致尧，饶平人，政和八年进士），陈昌言（海阳人，淳祐进士）一首，蓝奎（字秉文，程乡人，第进士）断句二，蔡蒙吉（程乡人，应童子科赐进士。权梅州签事，城手死）一首，元杨宗瑞（揭阳人，泰定四年进士，官至翰林侍读学士。《邑志》无传）一首，戴希文（名昌，以字行，海阳人，博通经史，不乐仕进）断句二。所谓存十一于千百，弥可宝也。

集中有南海刘镇（字叔安，嘉泰二年进士）《八岁女善棋》一首云：

慧黠过男子，娇痴语未真。无心防敌手，有意恼诗人。

得路逢师笑，输机怕父嗔。汝还知世事，一局一回新。

1937 年 8 月 16 日

吕祖谦《古文关键》两卷，望文朴气，开选家楼昉迂斋《崇古文诀》、王霆震（南宋）《古文集成》、唐荆川《文编》、茅鹿门《八家文钞》之先路，其论看文章法有云："韩文简古，一本于经。柳文关键，出于《国语》。欧文平淡，祖述韩子。苏文波澜，出于《战国策》。"亦似是而非之言（据金华丛书本）。

《王无功集》三卷，《补遗》一卷，岱南阁丛书本，与涵芬楼（景明抄本）《东皋子集》出入殊多，孙星衍序云："或为陆淳所删也。《答陈道士书》明抄本'陈'作'程'，莫衷一是。补遗三日赋一首，赞十三首，从《永乐大典》录刊。《与陈叔达书》《重答杜君书》二书，关史实经训之重，已久成逸文"云。

《宋布衣集》三卷（畿俌丛书本），明新河宋登春著。登春《明史》无传，少能诗，善画。年二十余即弃家远游，晚依其兄子，居江陵之天鹅山。梁慎可《玉剑尊闻》云："宋鹅池读书峄山，厌薄交游，乃作一小户，非匍匐不能入，署其户曰：'狗洞。'缙绅先生过访者，辄难之。惟濮上李伯承往来其中。"观集中与乐陵王往复诸书，其峭高可以概见也。

日入读《草堂诗笺》。

1937 年 8 月 18 日

《定香亭笔谈》四卷，阮芸台督学浙署中随笔疏记者，所存投答诗文为多。而阮氏脍炙人口之文篇，如《四六丛话序》《兰亭秋禊诗序》，即成于辎轩之下，其记汪容甫有二则，记有为汪孟慈集录，汪氏丛书中所未经见者，如云："嘉善谢少宰金圃先生（墉）两次督学于江苏。少宰曰：'余前任督学得汪中，此任得阮元，皆学人也。'"江都焦里堂尝撰《少宰遗事》一篇，言"乾隆丁酉值选拔岁，所拔如汪容甫（中）、顾文子（九苞）等，皆一时通经能文之士。时谤容甫者甚多，少宰违众论，特拔之。容甫恶闻炮，每来谒，则戒司炮者，俟其行远而后发声。又尝荐容甫于鹾使者，时值季考安定书院，容甫未与考，鹾使者詢之，容甫怫然去。明日鹾使者以告少宰，少宰曰：'吾之上容甫爵也，如以学，则予于容甫且北面矣，何敢令容甫试。'其不惜自贬以成人名如此，容甫闻之为流涕也。"

又一则云："予校钱溉亭、孔㢸轩、汪容甫三君文成，各为序录云：'汪中，字容甫，江南江都人，乾隆丁酉科拔贡生。孤秀独出，凌轹一时，心贯九流，口敞万卷，鸿文崇论，上拟汉唐。刘焯、刘炫，略同其概。录《述学》二卷。'"

按阮记，写定于钱唐陈云伯，而云伯自言："近体诗抒写性灵不及仁和龚素山。"赏其佳句如：

《送弟》云："贫贱始教身作客，文章终望尔成名。"

《寄友》云："年壮渐悲分手易，家贫才觉读书难。"
《留别》云："人生知已多歧路，客子归心入莫秋。"
《客中除夕》云："残岁来朝成过客，故园今夕亦天涯。"
《谢人招看桃花》云："我缘渔父曾迷棹，说着桃花便转头。"
又云："重来只恐花惆怅，依旧刘郎未得仙。"
皆极缠绵悱恻之致。又"夜从花影转，秋带树声听"十字，殊妙。

1937 年 8 月 19 日

王荆公在钟山与客对棋云："彼亦不敢先，此亦不敢先。惟其不敢先，是以不敢争。惟其不敢争，故能入于不死不生。"客莫晓其意，公曰："此持棋迷也。"（宋曾慥《高斋漫录》）然予仍不晓其意。

董禹川濬长于四六，尝有云："八十日归去来兮；九万里抟扶摇者。"

又云："声闻于天，方类在阴之鹤；时控于地，有同决起之鸠。"

又云："考父再命而偻，靡获循墙；孟轲千里而来，敢云利国。"

有名士作《谢及第启》云："虎士开关，彷徨紫禁；龙章在御，仿佛清光。"

或曰此乃把貌番人也（同上则）。四六之冇如此。

有以"曳白"对"踏青"者。思此类字，尚有"拖紫""落红""硬黄"（宋张世南《游宦纪闻》云："硬黄，谓置纸热熨斗上，以黄蜡涂匀，俨如枕角，毫厘必见"）等。

明陆深《杂记》数种，不无可为多闻之助，如云："天妃宫，江淮间滨海多有之。其神为女子三人，俗传神姓林氏，遂实以为林姓三女。太虚之中，惟天为大，地次之。故制字者谓一大为天，二小为示，故天称皇，地称后。海次于地者，宜称妃耳。其数称三者，亦因一大二小之文。盖所祀者海神也。元用海运，故其祀为重。司马温公则谓水阴类也，其神当为女子。此理或云宋宣和中，遣使高丽，挟闽商以往，中流遭风，赖神以免，使者路允迪上其事于朝，始有祀（丘濬碑）。"

按传说略有所据，惟说解文字，不出明士陋习。一大为天，固也。示非二小，示，天垂象见，吉凶所以示人也。从二（古文上）。三垂日月星也，观乎天文，以察时变，示神事也。（予家三妃宫前。黄云溪曾为儿辈解三妃事，而皆忘之。今录此以释余憾焉。）

后唐明宗长兴三年，令国子监校定九经，雕印卖之。其议出于冯道，此刻书之始也。石林叶少蕴以为雕板印书始冯道，此不然。但监本五经，道为之耳。《柳玭训序》言其"在蜀时，尝阅书肆，云字书小学，率雕板印纸"。则唐固有之矣。（明陆深《金台纪闻》）

1937年8月20日

《茶余客话》十二卷，清阮葵生篹[①]（《艺海珠尘》本，葵生字吾山，江苏山阳人，乾隆壬申举人，官刑部右侍郎），多记清初京华胜事，如“一句四字，具四声。”前有“天子圣哲。”后有“青岛大学。”予已记于《万年山中日记》。今阅阮篹云：“《查浦辑闻》记朱竹垞行酒令，举成语一句，合平上去入者。竹垞举‘康子馈药’‘兵刃既接’二句。查浦思索竟夜不得，心火并发，左耳遂聋。”同人因复举为酒令，予与紫坪即席引数十句，不知查浦何以窘迫至是，而竹垞亦仅思得二句，殊不可解。附录于后：

君子上达。何以报德。妻子好合。兄弟既翕。天下大悦。能者在职。邦有道谷。泾以渭浊。忘我大德。生有圣德。充耳琇实。神保是格。瞻彼旱麓。王道正直。言以道接。沉湎冒色。雷夏既泽。天九地十。咸仰朕德。宏父定辟。天祸郑国。天子建德。端冕搢笏。天子令德。惟彼四国。君子是识。天子建国。公子御说。司马仲达。萌者尽达。寒暖燥湿。毋有障塞。元酒在室。钟鼓既设。天子下席。君子进德。天子视学。天子用八。

按浊上之字，俗呼每与去声相混，吾乡有然，吴鲁之人尤甚。即上诸语中，“道、是、旱、朕、尽”五字皆上，而误为去。又“王道正直”句则读为上，是自寻其例也。“雷夏既泽”之雷夏泽名，“夏”读上误。

五经中所载人物，《易》十三人，《诗》一百四十八人，《礼记》二百四十四人，《春秋》二千四百五十二人，共三千六十人，合而去其重者，约有二千六七百人。

盲女琵琶，元时已有之。元瞿存斋《过汴梁诗》：“陌头盲女无愁恨，能拨琵琶说赵家。”又陆放翁诗：“斜阳古柳赵家庄，负鼓盲翁正作场。”盲女瞽男由来旧矣。阮蔡生云：“江淮尤甚，京师近年亦多。”然则非珠江盲妹独挥五弦也。予少时所见，以为甲于天下，而今更苓[②]落不振耳。

酒令中举唐宋诗人可入篇咏者，予偶依序行举之：宋大少府（杜诗），杜二杜甫，苏二苏辙，裴三裴寂，陈三陈无己，李四李劝，韦五韦虚乙，赵六赵真固，李七李勉，秦七秦少游，柳八柳宗元，陆九陆贽，欧九欧阳修，黄九黄庭坚，元九元稹，潘十潘邠老，侯十一侯喜，张十一张曙，李十二李白，王十三王维，李十四员外布（杜诗），唐十五唐诊，李商隐、温岐、段成式皆曰十六，冯十七冯宿，崔十八崔元亮，韦十九韦应物，李三十李程。亦千古一堂之会也。

【注释】

①篹：同“纂”。

②苓：通“零”。

1937年8月21日

《天禄阁外史》八卷（汉魏丛书本），署黄宪著。按《后书·宪传》论曰："黄宪言论风旨，无所传闻。"可知蔚宗未见此书。玩书中语亦不类汉时人语。明王守溪（鏊）序有云："范晔不立传，是词不达意。"……

冯妇韩娥（古之善歌者）、徐夫人、丁夫人、翠鸳鸯、陈意奴、赵燕奴，皆男子也，而或疑为妇人。许负（高帝封为鸣寿亭侯）、曹丰生、刘贤得、王圣、陈君夫、王伯荥、关别驾，皆妇人也，而或疑为男子（古人姓名条下）。按《张黑女碑》亦多疑黑女为女子。（时人湘章行严妻吴弱男，鄂萧处女亦易，使人冠弁不分，命名一事，又世运升降所关也。）

明鄞余永麟（有《北窗琐语》一卷），嘉靖七年举人，官苏州通判，有句云："只好州苏作判通。"因忆邑人陈某纳粟捐福建巡检，有闽人奉面称为某某迩台，人莫知其解。陈孝廉芷仙曰："刺迩之事父句谀之为父台也，是亦只好福建作检巡耳。"

1937年8月22日

《柳南随笔》四卷，《续笔》四卷，清虞山王东溆应奎撰，有邵齐焘序，其文甚弱（乾隆二十八年），当为荀慈少作。《随笔》所记，微富而精彩者亦不多，札摘数则于左：

改嫁，女子失节事也。而叶水心翁诚之墓志云："女嫁冯遇，遇死，再嫁进士何某。"盖古人尚质，作文务得其实。按贞节之重，南宋后始然。蔡文姬三嫁，范晔殿列女。昌黎女改适李汉，仍列门人。宋以前多不讳言之也。

曹植《美女篇》："罗衣何飘飘，轻裾随风旋。"十字皆平。杜甫《同谷歌》："有客有客。"杜子美七言皆仄。李商隐《韩碑》："封狼生貙貙生罴。"七言皆平。"帝得圣相相曰度。"七言皆仄。然而声未尝不和者，则以其于清浊轻重之律，仍自调协尔。（按《陔余丛考》卷二十三有诗句有全平仄者一则，摘例尤核。）

陈眉公年二十九作《告衣巾》呈云："例请衣巾，以安愚分事：窃惟住世出世，喧寂各别，禄养志养，潜见则同。老亲年望七旬，能甘晚节；而某齿将三十，已厌尘氛。生序如流，功名何物？揣摩一世，真拈对镜之空花；收拾半生，肯做出山之小草。乃禀命于父母，敢告言于师尊。长笑鸡群，永抛蜗角。读书谈道，愿附古人。复命归根，请从今日。形骸既在，天地犹宽。偕我良朋，言迈初服。所虑雄心壮志，或有未隳之时。故于广众大廷，预绝进取之路。伏乞转申"云云。

按此甚茶劣，末联几不成章，小有才未闻君子之大道，斯风谬播，靡靡从之，束书不读，摇笔为文，卓吾、笠翁一流皆是，而陈继儒为最著，《桃花扇》楔子云：

“装点山林大架子，附庸风雅小名家。”为此公咏也。

以杂体文而论，不若所录陈亦韩《别号舍文》，其辞云：“试士之区，围之以棘。矮屋鳞次，百间一式。其名曰号，两廊翼翼。有神尸之，敢告余臆。余入此舍，凡二十四。偏袒徒跣，担囊贮糈。闻呼唱喏，受卷就位。方是之时，或喜或戚。其喜维何？爽垲正直。坐肱可横，立颈不侧。名曰老号，人失我得。如宦善地，欣动颜色。其戚维何？厥途孔多。一曰底号，粪溷之窝。过犹唾之，寝处则那。呕泄昏忳，是为大瘥。谁能逐臭？摇笔而哦。一曰小号，广不容席。檐齐于眉，墙迫于跖。庶为僬侥，不局不脊。一曰席号，上雨旁风。架构绵络，藩篱其中。不戒于火，延烧一空。凡此三号，魑魅所守。余在举场，十遇八九。黑发为白，韶颜变丑。逝将去汝，湖山左右。抗手告别，毋掣予肘。”是能读子云《逐贫》之赋（《古文苑》），韩子《送穷》诸文者。

唐聂夷中“锄禾当日午，汗滴禾下土。谁知盘中餐，粒粒皆辛苦。”东溆谓“意则善矣，而其辞率直又迫切，全失诗体”云云，未为知言也。夷中《田家》诗云：“二月卖新丝，五月粜新谷。医得眼前疮，割却心头肉。我愿君王心，化作光明烛。不照绮罗筵，遍照逃亡屋。”孙光宪谓其有三百篇之旨也。

昌黎之文，字句皆古人悉知，为锤炼而成矣。而不知欧公之平易，亦是锤炼而成者。即如白香山之诗，老妪能解，可谓平易矣。而张文潜以五百金得其稿本，窜改涂乙，几不存一字，盖其苦心锤炼如此。以此例之，则欧公可知，不特“环滁皆山”之句，数易稿而就也。按以际遇所见，太炎先生所著书，如所存《刘永图传》作于江户川矮屋陈几上，寥寥数百言，予以来复，日一往谒，辄见已易数十字，凡五六往而初稿窜涂几不存一字。又见刚甫右丞之作诗也，亦如之苦吟之境，深湛之思，庶有达者，可共喻之。友人陈芒云（龙庆）上舍有句云：“诗不求工希易稿，字因安拙懒挥毫。”才士之言，未可一例。

康熙戊午诏举博学宏词，与荐者：直十九人，苏五十八人，浙四十七人，鲁十二，赣四，豫四，湖广六，陕十，晋十一，黔一。己未试题《璿玑玉衡赋》有序用四六，《省耕诗》五言二十韵。又丁巳开纳粟之途，一时隐逸之士，争趋辇毂，西溟有诗云：“北阙已成输粟尉，西山犹贡采薇人。”施愚山误押旗为微，改置二等云。（此条集录）

冠而字，成人之道也。成人则贵其所以成人，于是乎命以字之，春秋以书字为褒。二百四十二年之间，字而不名者十二人而已。昌黎“墓志”数十篇，标题概称官阀，惟李元宾、柳子厚、樊绍述称字。（此条节录）

1937年8月23日

焦循《忆书》六卷，摭拾琐闻，鲜关问学，著述之余，涉笔忆及之也。录其一则：

汪容甫先生居玉井巷内，邻人数侮之，知先生恶鸡声，故畜雄鸡以譊之（《说文》恚，呼也。徐曰："声高，噪狞也。"杨子法言："譊譊者，天下皆讼也"），且时发不孙之言。先生乃于左卫街别赁一屋避之。余是年假于寿宁之家，去其赁屋不远，遂数往来，余问："何以避？"曰："邻人小人也。送官甚不难，然用昆吾刀切豆腐，殊为无味，故避之耳。"偶因横逆之来，忆及此。按以汪君之学行，能缓谢少宰（墉）之炮声（见二六〇八一八日记），而不能息芳邻之鸡声。斯亦人各有能有不能也。放翁诗云："月明何与浮云事，正向圆时故故生。"慨乎言之。

《桥西杂记》一卷，汉阳叶名沣撰（名琛弟，字润臣，道光举人。《滂喜斋丛书》本），吴县潘祖荫序，刻之桥西者，所居纪文达故宅，当京师虎坊桥之西也。一卷之内，糗糒良多，节来枝衍，却苦夏日之短。

拆字术起于宋时，亦谓之相字。金元好问《续夷坚志》："古无相字法，宋末有相字能知休咎，试之颇验。"按汉末"千里草，何青青，十日卜，不得生"之谣，已开其端。周亮工《字触》则以文士而为之。

《塞上六歌》条下"蒙古棋"云："局从横九线，六十四罫。棋各十六枚：八卒、二车、二马、二象、一炮、一将，别以朱墨，将居中之右，炮居中之左，上于将一罫，车、马、象左右列，卒横于前。此差同乎中国者也。其棋形而不字，将刻塔，崇象教也。象驼或熊，迤北无象也。多卒人众，以为强也。无士，不尚儒生也。棋不列于线而列于罫，置器于安也。马横行六罫，驼横行九罫，以驼疾于马也。满局可行，无河为界，所谓随水草以为畜牧也。卒直行一罫，至底斜角食敌之在前者，去而复返，用同于车，嘉有功也。众棋还击一塔，无路可出始为败北。考象戏始于周武帝，司马温公损益其法，为古局象戏图。蒙古此法，其仿中国或意创，为皆不可知云。"

盛氏百二《柚堂笔谈》，《济阳县志》载有顾亭林闻张稷若《赴一诗集》中不载诗云："历山东望正悽然，忽报先生赴九泉。寄去一诗悬剑后，贻来十袭绝韦前。（原注：君有《仪礼句读》十卷录副畀予）衡门月冷巢雟室，墓道风枯宿草田。从此山东问三礼，康成家法竟谁传。"蒿庵卒于康熙丁巳季冬时，亭林在关中，此诗盖作于次年也。名沣按：近徐星伯文松、张石州穆编《亭林年谱》，此事失载。

古无辑录。钱竹汀云："荟蕞古人之书，并为一部，而以己意名之者，始于左禹锡之《百川学海》。"按《学海》之辑在宋咸淳癸酉，叶记云："唐陆氏龟蒙有《笠泽丛书》。'丛书'二字，始见于此，然仍诗文专集也。宋温陵曾慥，集《穆天子传》以下二百五十种为《类说》，是则后世丛书所由昉。后陶氏宗仪刻《说郛》，所录不下千余种，卷帙虽云繁富，然任意芟削，颇失原书之旧"云云。

《陔余丛考》："《金史》：'明昌中，诏周公、孔子名俱令回避。'又诏有司：'如进士名有犯孔子讳者，避之。著如令。'此近代避圣讳之始。"雍正三年，九卿议以凡系姓氏，俱加'阝'为邱；凡系地名，皆更易他名；书写常用，则从古体

‘丠’字议上。上谕：”今文出于古文，若改用‘丠’字，是未尝回避也。此字本有期音，查《毛诗》古文作期音甚多，嗣后除四书五经外，凡遇此字，并加‘阝’为邱，地名亦不改易，但加‘阝’旁，读作期音，庶乎允协。尊崇先师至圣之意。”谨按顾氏《唐韵正》云“丘（去鸠切），古音‘去其反’”。举《易》“渔有丘”“匪夷所思”，丘与思韵为例。以下十余则，自汉王褒《九怀》“飞翔兮灵丘”始与“萧条蜩嘷留”为韵云云。然则因避讳而改读为“去其”之古音，毋乃弥犯所讳乎。家大人授读时概以某字读之，是或一道也（辛亥而后，邱姓子弟莫不自刵其耳。台湾进士丘逢甲其作俑者也）。又圜丘，出《周礼》“天子冬至祭天”之处，此丘字不因圣讳避。（李爱伯尝因此二字被放，衡文者之陋也。）

“壹贰叁肆伍陆柒捌玖拾阡陌”等字，陆容《菽园杂记》谓始于明初刑部尚书开济，而宋边实《昆山志》已有之。考石刻隋《龙藏寺碑》“劝奖州内士庶壹万人等”，《唐开元寺贞和尚塔铭》书“开元贰拾陆年”，《尉迟恭碑》“粟米壹仟伍佰石”，盖不自宋始。际遇按：秦《绎山碑》“廼今皇帝壹家天下”上蔡书一作壹。《论语》“不贰过。”其所由来也旧矣。

明陆容《菽园杂记》：“吏部门前粘壁有修补门牙法。”梁玉绳《瞥记》云：“今市肆有补齿，一云镶齿。盖宋以来有之。”楼攻媿《赠种牙陈安上文》：“陈生术妙天下，凡齿之有疾者易之以新，才一举手，使人保终身编贝之美。”陆放翁《晚岁幽兴诗》：“染须种齿笑人痴。”自注：“近闻有以补种堕齿为业者。”

1937年8月24日

早有晴兆，禺中云作，四垂皆墨。未午大雨滂沱，洎晚泷泷，仰天而叹，秋潦久渟，秧苗不救者，户限为穿。

《无事为福斋随笔》（清钱塘韩泰华，仁和人，道光）云：“李义山《故处士姑臧李某志文状》：‘以风水为患’松楸不立，‘风水’二字见此。”按晋郭璞《葬经》云：“葬者，乘生气也。丘垅之骨，冈阜之支，气之所随。经曰：‘气乘风则散，界水则止，古人聚之使不散，行之使有止，故谓之风水。风水之法得水为上，藏风次之。”是则风水之说，景纯且远，有所据也。

俗语皆（多）有所本，如“利市”出（见）《易·说卦》，“难为人”出《表记》，“生活”出《孟子》，“家数”出《墨子》，“分付”出《汉·原涉传》，“交代”出《盖宽饶传》，“多谢”出《赵广汉传》，“告示”出《荀子》，“布施”出《周语》，“行头”出《吴语》，“相于”出《晋·后妃传》，“料理”出《王徽之传》，“长进”出《和峤传》，“功夫”出《王肃传》，“手下”出《太史慈传》，“本分”出《荀子》，“本色”出《唐·刘仁恭传》，“商量”出《易·商兑注》，“家公”出《庄子》，谓主人也，“收拾”出《光武纪》，“罢休”出《史记·孙武传》，“惭愧”出《齐语》，“安排”出《庄子》，“见在”出《藁人注》，“孩儿”

出《书·康诰注》，“老境”出《曲礼正义》，“可人”出《杂记》，“主人公”出《史记·范雎传》，“小家子”出《汉·霍光传》，“不中用”出《史记·外戚世家·王尊》，“十八九”出《汉·丙吉传》，“年纪”出《光武纪》，“杂碎”出《仲长统传》，“若干”出《礼记·曲礼》，“冗长”出《陆士衡文赋》，“无状”出《史记·夏本纪》，“熟”出《庄子》，“有瓜葛”出《后汉·礼仪志》，“新鲜”出《太元本》，“贯”出《晋江统论》，“十字街”出《北史·李庶传》，“见钱”出《汉书·王嘉传》。（见胡承谱《只麈谭丛书》二九六八册下）大为数典之助。又按瓯北《陔余丛考》（卷四十三）有成语二百二十三条，自注綦详，予于前记已刺取之（二十三年一月十五日）。

《三鱼堂日记》二卷（平湖陆陇其撰，据指海本丛书二九八四—五册），三鱼堂者，陇其曾祖溥为丰城县丞，尝督运，夜过采石，舟漏，跪祝曰：“舟中一钱非法，愿葬鱼腹。”漏忽止。旦视之，则水荇里三鱼塞其罅。溥子东迁，居吴华亭县泖上，筑堂曰“三鱼”，见《茶余客话》，所为《日记》尚存，分目之旧，而多有缺日，陆著本又有《三鱼堂剩言》各集，此记当为札抄之本也。稼书之学，以居敬穷理为主，力辟姚江为禅学，是信能致吾之知，在即物而穷其理者，故多知道之言也。

亭林力捽枭仆，致罹囹圄。陆记特详，其始末云：“与陆翼王谈言：顾宁人系徐公肃之母舅，而中书顾洪善其嫡侄也。鼎革之初，尝通书于海，使一僧以其书糊于金刚后，挟之以往，其仆知之，以数十金与僧买而藏之，后其仆转靠今济宁道叶方恒，叶颇重托之，宁人有所冀于此仆，仆曰：‘金刚经背上何物也，我藏而不发，乃欲诈吾乎？’宁人大惧而止，遂与徐封翁谋，夜使力士数人入其家杀之，尽取其所有，并叶所托者亦尽焉。叶讼于官，宁人下狱几死，赖钱牧斋等救之。而叶固徐翁之妹夫，公肃兄弟之姑夫也，公肃兄弟亦请罪于叶，乃得免。宁人遂不复往昆山，弃家不顾，历游燕齐秦晋之间，与其博闻之士相往还，如傅山、李因笃皆其好友也，故其学问日以渊博，其它著述尚多，有《十三陵志》。然性不谐俗，故公肃兄弟亦敬而惮之。”

按此段记述，前半节行笔尤嫌阘弱，朴学家本多无意为文也，然稼书亦论人之文矣，曰“偶思近日文人如魏冰、汪苕文、顾宁人，可谓卓然矣，而皆不免傲僻之病，以其原不从程、朱入也，吕晚村从程、朱矣，而亦不免此者，则消融未尽也”云云。傲僻一语，如深夜寒钟。

阅《钝翁类稿》有云：“君子欲进则进，欲退则退，未有不浩然自得者也。今之君子侧身迟回于进退之际，恒皇皇焉不能自主者，何也？非其人为之，其时为之也。古之君子力耕以为食，力蚕以为衣，俯卬身世，无求而皆给。故当其不得志而退也，毕其生可以无闷。今之君子仰无以养其亲，俯无以蓄其妻子，饥寒之患，迫于肌肤，此其时与古异矣。虽不得志，其能遁世长往，浩然于寂寞无人之地哉？吾是以知其难也。”读苕文此一段，不觉为之慨然，令人思许鲁齐“治生为急”一语。

1937年8月25日

《妇人集》一卷，宜兴陈维崧撰，如皋冒褒注（《海山仙馆丛书》本）。首录长平公主（名徽娖），明思宗女，皇后产也。甲申之变，御剑亲裁，伤颊断腕。越五宵旦，复苏。顺治二年，上书世祖，甚有音旨。注书曰："几死臣妾，局蹐高天，髧缁空王，庶申罔极。"按虽未必尽此数言，已觉音辞清辩，旨有清哀（用董祀妻传语）。注又云："先是主议降太仆公子都尉周君名世显，至是诏求故剑，仍馆我周君焉。寻薨。张晨《长平公主诔》曰：'当扶桑上仙之日，距秾李下嫁之年。星燧初开，芳华未歇。'"斯又与《答外秦嘉》之书，《祭夫徐悱》之文，足令闻者坠心，见者阁笔者也。

以下著录，不及百媛，要皆胜国初年，人间淑气，披诵断句，如听三闾大夫姊媭之吟，至若投函枯井，纳槁庳棺，脉脉孤情，悠悠同尽。斯又优昙已空，靳留其香草，卷施既拔，欲绝其缠绵。爱伯所云"不求语言之工，耻入妇人之集"者，弥可悲也。

1937年8月26日

《宜州乙酉家乘》一卷，吾家山谷谪居宜州时（今广西宜山县）日记，记中记对棋者三四则，据范序云："围棋诵书，则不必为象棋也。"蜀郡范寥信中序云："崇宁甲申秋，余客建（康），闻山谷先生谪居岭表，恨不识之，遂溯大江，历湓浦舍，舟于洞庭，取道荆湘以趋八桂，至乙酉三月十四日始达宜州，翌日竭先生于僦舍（按是日记云：'十五日，壬子晴，成都范寥来相访，好学之士也，得相税书'），望之真谪仙人也。自此，日奉杖履，至九月先生忽以疾不起，子弟无一人在侧，独余为经理其后事，先生虽迁谪处，忧患而未尝戚戚也"云云。录之以见古人慕义之风有如此者。予《石牌村中与妇书》中有"竟蒙汉阴上，人远来海外"二语，原用一僧访东坡惠州故事，谓惠州非天上也，因未检得所见何书，迄未定稿，据此序（丛书册二九八三）拟易为"竟蒙蜀郡范生远来岭表"，以与"不图所南心史未函井中"为联。

1937年8月27日

晴，今制以是祀孔。午八十五度，日入东风。（潮谚曰："晚方东，早方北，针子鱼，鲜薄壳。"言得时令也。）

未明而起，晓月正中，自汲清泉，因树趺坐，稚子并起，俟我早行，小步郊垌，归理积籍。（午小书便面二，授二子妇。）

《续后汉书》九十卷（《丛书集成》据《宜稼堂丛书》本），元郝经撰，延祐官刊传本，已绝。今本据《永乐大典》爬剔而成，其全篇完好者可得六七，《四库书目》类之别史，其三致意者，以昭烈绍汉统，黜吴魏为列传，谓蜀亡而汉始亡。经自序云："仍故号曰《三国志》。"其门生苟宗道原注（后附冯良佐按）云："《陵川集》载此序云：'号曰《续后汉书》。'"推经之志，则后名为是。《提要》云："经敦尚气节，学有本原，故所论说，多有裨于世教。且经以行人被执，困苦艰辛（经以中统元年使宋，为贾似道所拘留，居仪真者十六年），不肯少屈其志，故于气节之士，秖徊往复，致意尤深。读其书者，可以想见其为人。又非萧常、谢陛诸家推衍《紫阳绪论》者比也。"

清上海郁松年《续后汉书札记》四卷（道光二十二年）取范、陈书志，李、裴笺注，钩比异同，参校字画、史学、经学，殊途同归，于著者为诤友，导来者以前驱。松年字万枝，筑宜稼堂，校读其间，世称精善也。

午醒，读《樊榭集》，入始释卷，餔食罢酒，举《秋笳集》中《与计甫草书》授小子读之（书中有"若卢之中衔涕推心"句，按《汉书》：若卢，少府属官。有若卢令丞，藏兵器。主弩射兼为诏狱。主受亲戚妇女），俌[①]以顾华峰、纳兰成若各词，呜镝哀笳，凄风苦雨，人生到此凄凉否，何处可问。吴梅村有《悲歌赠吴季子》一首，犹言哀入痛也。诗云：

人生千里与万里，黯然销魂别而已。君独何为至于此，山非山兮水非水，生非生兮死非死。十三学经并学史，生在江南长纨绮。词赋翩翩众莫比，白璧青蝇见排诋。一朝束缚去，上书难自理。绝塞千里断行李，送吏泪不止，流人复何倚。

彼尚愁不归，我行定已矣。八月龙沙雪花起，橐驼垂腰马没耳。白骨皑皑经战垒，黑河无船渡者几。前忧猛虎后苍兕，土穴偷生若蝼蚁。大鱼如山不见尾，张鬐为风沫为雨。日月倒行入海底，白昼相逢半人鬼。噫嘻乎悲哉！生男聪明慎莫喜，仓颉夜哭良有以。受患只从读书始，君不见，吴季子！

汉槎所为文，自以《孙赫崖诗序》为繁弦凄响之作，今夕举上文者，教人知作文入手法也。

【注释】

①俌：同"辅"。

1937年8月28日

《樊榭山房集》，钱唐厉太鸿徵君（鹗）著（康熙壬申五月初二日辰时生，乾隆壬申九月十一日辰时殁。朱朗斋《厉徵君年谱》）。先世本慈溪，徙居钱唐，故行以四明山"樊榭"名其居（《国史·文苑传》）。汤侍郎西崖（右曾）大赏其诗，会报罢，侍郎遣人致意，欲授馆焉。樊榭幞被潜出京。翌日，侍郎迎之，已去矣（全祖望撰《墓碣铭》）。予谐之曰："是不上竿之鱼也。"诗如《秦淮怀古》《悼亡姬》《答�谷移居》等作，皆通体浑成，非独有句可摘而已（吴榕园《浙西四六家诗钞》）。

佳丽江山入暮秋，秦淮从古擅风流。残阳半隔乌衣巷，绿水斜通白鹭洲。

事去兴平空拜爵，天亡归命不成侯。当年大有伤时语，一曲清歌在漏舟。

（《秦淮怀古》四首之一）

无端风信到梅边，谁道蛾眉不复全。双桨来时人似玉，一奁空去月如烟。

第三自比青溪妹，最小相逢白石仙。十二碧阑重倚遍，那堪肠断数华年。

（《悼亡姬》朱氏月上。十二首之一）

燕鸿踪迹十霜余，谁道今来慰索居。蒸术烟深虽隔巷，浇蔬水远亦同渠。

嚣尘以外偏离市，廉让之间稳结庐。何事报章频往返，不过文史当佃渔。

（《答筠谷和移居》四首之一）

南湖结隐八年余，又向东城赋卜居。颇爱平桥通小市，也多乔木映清渠。

杜陵突兀见此屋，韩子辛勤始有庐。笑我天慵俱未遂，不妨随地狎耕渔。

（《移居》四首之一）

生涯仍往日，俗累复今年。半宅从人典，全家冒雨迁。

栽花无隙地，汲井有新泉。差喜东城近，萧疏野趣便。（《移居》）

樊榭以求子故，累买妾而卒不育，最后得一妾颇昵之（扬州刘姬，见赵意林《诗注》），乃不安其室以去，遂以怏怏失志死，是则词人不闻道之过也。且王适不难谩妇翁以博一妻，而樊榭至不能安其妾，则其才之短，又可叹也（全祖望撰《墓碣铭》）。先生没，葬西溪，以从子志黼为嗣，又无子木主，遂祔入湖墅黄文节公祠（汪曾唯《轶事》序），并以其姬人月上之主从焉（钱蕙《窗静存斋诗集》）。有子承祀，无孙绍宗，嫠妇靡依，小姑相迓，栖神何所，载主而行。偕令威以来归，效浮屠而寄宿。分索郎之酿味，叨清闷之桐阴。饱尝墙角之酸风，冷照屋梁之明月。可慨也已（仁和胡敬《栗主移奉交芦庵记》）。秋风十亩，幸不远于芦中；寒食一盂，愿无忘乎绵上（《吴锡麒墓田碑记》）。静存斋诗云："南湖何处问比邻，穗帐飘零五十春。叹息举宗无祏祔，一椽野祭与栖神。"缅挹风徽，为之永叹。其后百余年，浙江之流有越缦，其诗其遇其人其事，子不育妾不安，其揆一也，遗书没入北平图书馆，今或为犬羊窟宅矣。斯人而流落不偶，谁之罪哉。……

夕罢酒既饭，授读王绩、杜之松往复两书。杜刺史信可人也，其技击决不在先手者之下。无功立身所恃者，多读两卷书。之松地位吃亏者，做了一任官，而之松答书"仆虽不敏，颇识前言，道既知尊，荣何足恃。"丝毫不甘示弱，舌锋复极爽利，读之如啖哀梨，如听高筑也。

1937 年 8 月 29 日

《古文苑》二十一卷（《四部丛刊》，据常熟瞿氏藏宋本），四库总集类有提要，唐以前散佚之文，间赖以传，过而存之可也。如汉高祖手敕太子五敕，其一云：“吾生不学书，但读书问字而遂知耳。以此故不大工，然亦足自辞解，今视汝书，犹不如吾，汝可勤学习，每上疏宜自书，勿使人也。”想见豁达大度，马上之余，虽不事诗书，犹解此意，《班书·艺文志》：“高祖传十三篇。”固自注：“高祖与大臣述古语及诏策也。”可知此事尚未遂废，且有责于其允嗣者如此。

据瞿本与李选《骈体文钞》所据《续古文苑》本校《僮约篇》，谭仲修评本云：“此文相传多误，今日再校，尚有不能释然者在也。”

午校书竟，应人写屏幅数帧，那一笔是古人，那一笔是自己，写字亦佳，惟过后旦夕晤之，辄令人局蹐。然对近人所作，其令人不安处或更有甚焉。不其山下几于绝笔，大雅之侧，噤口如喑者，亦有所不得已也。

1937 年 8 月 30 日

小子辈比有好诵长短句，因检《三李词》（谪仙、清真、重光）人所习知者（花庵词客《唐宋诸贤绝妙词选》）各如干阕，传抄习诵之，及宋谦父自逊（《中兴以来绝妙词选》录《渔樵笛谱》）一阕。

《贺新郎·题雪堂》：

“唤起东坡老。问雪堂、几番兴废，斜阳衰草。一月有钱三十块，何苦抽身不早。又底用、北门摛藻。儋雨蛮烟添老色，和陶诗、翻被渊明恼。到底是，忘言好。　　周郎英发人间少。谩依然、乌鹊南飞，山高月小。岁月堂堂留不住，此世何时是了。算不满、英雄一笑。我有丰淮千斗酒，把新愁、旧恨都倾倒。三弄笛，楚天晓。”

东坡本有每月得钱，分为三十块，藏之高阁，日以叉揭其一用之，有余则累以待客云。此词有率直处，故自可喜。

1937 年 8 月 31 日

《词品》六卷，《补遗》一卷，明杨升庵慎著，袢暑不能治经，亘日阅此，不问兵已渡河否也。升庵自叙已穷其原，首云：“诗词同工而异曲，共源而分派，在六朝若陶弘景之《寒夜怨》，梁武帝之《江南弄》，陆琼（陈）之《饮酒乐》，隋炀帝之《望江南》，填辞之体已具矣，故卷一首列。”

《寒夜怨》：“夜云生，夜鸿惊，凄切嘹泪伤夜情。”后世填辞，《梅花引》格韵似之。

《饮酒乐》：“蒲桃四时芳醇，琉璃千钟旧宾。夜饮舞迟销烛，朝醒弦促催人。春风秋月长好，欢醉日月言新。”唐人之《破阵乐》、《何满子》皆祖之。

词名多取诗句，如《蝶恋花》则取梁元帝“翻阶蛱蝶恋花情”，《满庭芳》

则取吴融“满庭芳草易黄昏”等是也。词名曲意相近，如唐人《醉公子》词云：

门外猧儿吠，知是萧郎至。刬袜下香阶，冤家今夜醉。扶得入罗帏，不肯脱罗衣。醉则任它醉，还胜独睡时。

升庵云：“唐辞多缘题所赋，《临江仙》则云水仙，《女冠子》则述道情，《河渎神》则咏祠庙，《巫山一段云》则状巫峡。如此题曰《醉公子》，即咏公子醉也。尔后渐变，与题远矣。此词又名四换头。前辈谓此可以悟诗法。”

“天气殊未佳，汝定成行否？寒食近，且住为佳尔。”此晋无名氏帖中语。辛稼轩融化作《霜天晓角》词云：

吴头楚尾，一棹人千里。休说旧愁新恨，长亭树，今如此！

宦游吾倦矣，玉人留我醉。明月落花寒食，得且住，为佳耳。

晋人语，本入妙，而辞又融化之如此，可谓珠璧相照矣。

《词品》不知何以并未见《四库存目》，而于宋朱淑真《断肠词》下《提要》云：“杨升庵《词品》载其《生查子》一阕（按《词品》卷二，朱淑贞元夕《生查子》云：‘去年元夜时，花市灯如昼。月上柳梢头，人约黄昏后。今年元夜时，月与灯依旧。不见去年人，泪湿春衫袖。’辞则佳矣，岂良人家妇所宜邪），有‘月上柳梢头，人约黄昏后’语。”然此词今载《庐陵集》（一百三十一卷）中，不知何以窜入淑真集内，诬以桑濮之行，慎收入《词品》，为不考。

白石辞极精妙，不减清真乐府，善吹箫自制曲，升庵历举其《玲珑四犯》（轻盈唤马，端正窥户。酒醒明月下，梦逐潮声去）诸词，谓其腔皆自度者，传至今不得其调，难入管弦，只爱其句之奇丽耳。

四声格律入词弥严，清万树《词律》云：“词字平仄，旧谱俱据字而填。然上声入声有时可以代平，而名词转折跌宕处，多用去声。”又“旧谱五七字之句所注可平可仄，多改为诗句。不知古词抑扬顿挫，多在拗字。”《四库提要》云：“树论最为细密，云生不谙音律，据此以解从游者之惑耳。”

1937 年 9 月 1 日

《西塘集耆旧续闻》十卷，宋南阳陈鹄录正（《知不足斋丛书》本），何以曰续闻，曰录正，《四库提要》亦以为言，然所据皆南渡以后诸家遗老之旧闻，故所载多元祐诸人绪论，于诗文宗旨，具有渊源，然子诚宋人也，知欧、苏、王、黄而已矣。

东坡自言读《汉书》三经手抄，初则一段事抄三字为题，次两字，次一字，试举题一字，辄诵数百言。谪仙之才尚如此，何止一行十目哉。《海外谢表》云：“七年远谪，不意自全；万里生还，适有天幸。”用《班史》全句。

1937年9月2日

陆树声《清暑笔谈》云："昔人以理发、搔背、剔耳、刺嚏为四畅，此小安乐法。余所服二丹曰：'咽津纳息，为小还丹；澄心寂照，为夜气丹。既无火候，又免抽添，久之著效。'"可见此四事，明前已有之。

《宋景文公笔记》二卷（据《百川》宋本），所存古语数十则，必有经景文以文语整齐之者，择而录之：

"斛满人概之，人满神概之。圣人其善概欤？大奢概以中，溢欲概以道，寝慢槩以威，由是治身，由是化人。"（按：槩，平斗。斛，木也。今潮人仍存此语。）

"树果得实，树棘得刺，树德得和，树威得怨。"

"鸧鹒鸣春，蟋蟀吟夏，蜩蟧噶秋，蚊子战阴。非有佥之者，气自动。"

"愚不可诈者，民也；贱不可胜者，众也。"

"父慈于棰，家有败子。将砺于铁，士乃忘躯。"

"粥于场者鸡至，嗟于牢者豕集，惠于国者天下来。"

"救乱之世不语儒，求治之世不语战。"

"水渊则回，道衍则圣。"

《新唐书》成于欧、宋之手。刓方为圆，析骈为散。景文之意，笔记尝及之曰："文有属对平侧用事者，供公家一时宣读、施行以便快然，久之，不可施于史传。发修《唐书》，未尝得唐人一诏一令可载于传者，唯舍对偶之文，近高古乃可著于篇。大抵史近古，对偶宜今，以对偶之文入史策，如粉黛饰壮士，笙匏佐鼙鼓，非所施云。"按此论，亦矫四六之敝而言之，自古诏令敕移，率多简整渊穆，何尝不俪偶兼行，特唐代王言，势趋繁缛。《四库提要》云："《唐大诏令》，多至一百三十卷。使尽登《本纪》，天下有是史体乎？祁一例刊除，事非得已"云云。为持平之论也。（陈叔方论，见下日日记。）

释俗一则云："古人写书尽用黄纸，故谓之黄卷。"颜之推曰："读天下书未遍，不得妄下雌黄。"雌黄与纸色类，故用之以灭误。今人用白纸，而好事者多用雌黄灭误，殊不相类，道佛二家写书犹用黄纸。《齐民要术》有治雌黄法，或曰古人何须用黄纸曰蘗，染之可用辟蟫。今台家诏敕用黄，故私家避不敢用。

1937年9月3日

《颍川语小》二卷，宋陈叔方撰（据《守山阁丛书》本）。据《四库提要》云："自《永乐大典》裒录类从，断为……宋陈昉，字叔方，号节斋，温州平阳人，其究事似《容斋随笔》，其论文多辨别经史句法。又颇拟陈骙《文则》也。"昨日记宋景文修《唐书》事，今见叔方论文体云："世以散语为古文，四六为今文。所以

《唐书》不载诏令，以其多四六对偶，不古也。宋景文……固是，但唐人制作自不古耳。若谓四六非古文则不可。文辞之起莫先于《尚书》，柬册号令，论议之宗也。自尧典至咸有一德，率用四六语。……至如立爱惟亲，立敬惟长，奉先思孝，接下思恭，视远惟明，听德惟聪，无轻民事惟难，无安阙位惟危。有言逆于汝心，必求诸道；有言逊于汝志，必求诸非道。克绥先王之禄，永底蒸民之生。七世之庙，可以观德。万夫之长，可以观政。则又谐协通畅，渐有今体。古之四六语，至是稍坦平矣。盘庚一变而为佶屈聱牙，几不可读，此今之所谓古文者也。韩昌黎以此作唐人之气，柳仲涂以此传本朝之脉。文艺家遂指四六为应用之学，愈习愈下，蠹蚀腐烂，非惟不可复古，而又并近世之体失之"云云。此亦可见唐宋两朝詰争之烈已。（柳开，大名人，善射喜弈棋，有《河东集》。在树滋西阁上。宋变骈俪为古文，自开始。惟体近艰涩。柳字仲塗。故清人刘开，字孟塗。）

洪文敏聚诸史经子句目曰："法语未有论文句之长短者，《潘子真诗话》论《檀弓》云：'进使者而问，故一进字约不失一辞。然若丰不余者尤难，如所举于晋国筦库之士，七十有余家。'"（《檀弓》）

"其大夫为之请佥乎天子之使，而作是诗也。"（晋《无衣诗序》）

"徒谓以子之所能，而加之以学问，岂可及乎。"（《家语》）

"江海所以能为百谷王者，以其善下之。"（《老子》）

犹有句读可析也，句法之尤奇者。"非至德，其孰能顺民如此其大者乎！"（《孝经》）

"必求其宽裕、慈惠、温良、恭敬、慎而寡言者使为子师。"（《内则》）

"有若楚公子围弑其兄之子而代之为君者乎？"（昭公四年《谷梁传》）

子曰："鲁国之以众相凌、以兵相暴之日久也。"（《说苑》）

两句俱长之法，《史记》多有之。"则子无几得与长子及诸子旦莫在前者争为太子矣！"（《吕不韦传》）

"然所以为此者，将以愧天下后世之为人臣怀二心以事其君也。"（《豫让传》）

"吾始以君为天下之贤公子也，吾乃今然后知君非天下之贤公子也。"（《鲁仲连传》）

"何不使彼为可几及而日孜孜也？"（《孟子》）

韩文公深达比意，其文雅尚奇崛，《上宰相第三书》颇用长句，如曰："天下之所谓礼乐刑[①]政教化之具，皆已修理。"

又曰："岂复有所计议，能补于周公之化者哉？"

又曰："设使其时辅理承化之功未尽章章如是。"

又曰："山林者，士之所独善自养而不忧天下者，之所能安也。"

又曰："惴惴然惟恐不得出大贤之门下是惧。"

此篇布置宏阔如长江大河，非此句法则不相称，韩之所以为奇也（此段节录叔方所论）。

【注释】

①荆：同“刑”。

1937年9月4日

镊人理发之际，尽宋荆溪吴氏《林下偶谈》三弓（道书以一卷为一弓，音周。陶九成《说郛》用之。见杨慎《谭苑醍醐》），极口水心之文与诗，谓水心诗早已精严，晚尤高远，与少陵争衡者非一，而义理尤过之。姑举其近体成联者：

“花传春色枝枝到，雨递秋声点点分。”此分量不同，周匝无际也。

“江当阔处水新涨，春到极头花倍添。”此地位已到，功力倍进也。

“万卉有情风暖后，一筇[1]无伴月明边。”此惠和夷清气象也。

“包容花竹春留巷，谢遣蒲荷雪满涯。”此阳舒阴惨规模也。

“隔垣孤响度，别井暗泉通。”此感通处无限断也。

“峙严桥畔船辞柁，冷水观边花发枝。”此往而复来也。

“有儿有女后应好，同穴同时今奈何。”此哀而不伤也。

“此日深探应彻底，他时直上自摩空。”此高下本一体，特有等级也。

“蓍蔡羲前识，萧韶舜后音。”此古今同一机，初无起止也。

所谓关于义理者如此。至如“因上茗尧览吴越，遂从开辟数羲皇。”此等襟度，想像无穷极，则惟子美能之。他如：

驿梅吹冻蕊，柁雨逐春声。

绿围斋长柳，红糁半含桃。

听鸡催谒驾，立马待䌷书。

野影晨迷树，天文夜照城。

晒书天象切，浴砚海光翻。

地深湘渚浪，天远桂阳城。

置杜集中何以别，乃若：

遣腊冰千筋，勾春柳一丝。

磷迷王弼宅，蒿长孟郊坟。

帆色挂晓月，橹音穿夕烟。

门邀百客醉，囊讳一金存。

难招古渡外，空老夕阳滨。

又其细者，又云：“铭诗之工者昌黎、六一、水心为最。”而未举其文，但数东坡《表忠观碑》铭云：“仰天誓江，月星晦蒙；强弩射潮，江海为东。”只此四句，便见钱镠忠勇英列之气，闪铄乾坤。《上清储祥宫碑》铭云：“于皇祖宗，在帝左右。风马云车，从帝来狩。阅视深宫，察民之言。佑我文母，及其孝孙。”后人模写，神气索然矣。

《于定国传》："定国食酒至数石不乱。"柳子厚《序饮》："吾病痞，不能食酒，至是醉焉。"今惟潮闽谓之食酒，岭南曰饮酒，中原曰吃酒，北方曰喝酒。

夜以昌黎《祭张署员外文》授读，仅乃上口。五百家注本与坊本有数字出入，自以景宋本为正，惟篇末"铭君之绩，衲石壤下"，坊本"下"作"中"，此字以从坊本为是，一则上四韵已有"走出洛下"句，不应复以下为韵。一则下文紧接"爰及祖考，纪德事功"云云，与功通衷相韵。又以文气而论，"铭君之绩"句起是转笔提句，曾涤生《训子书》屡言"四言句法最难，而渊渊之声、作作之光，更不可于字面求之。"所为《祭汤海秋文》全规模，是篇开篇一转笔"道光初载，君贡京朝"叠用嚣、标、枭、朝、曹、毛、刀、猱为韵，与韩文第二韵"彼婉娈者，实惮吾曹"以下叠协刀、猱、牢、饕、咷诸韵声声宛肖。又韩云："贞元十九，君为御史。余以无能，同诏并跱。君德浑刚，标高揭己。有不吾如，唾犹泥滓。"曾则云："曹司一终，稍迁御史。一鸣惊天，堕落泥滓。"不特习其字法、句法、笔法、意法，且几如步韵矣。一云："侧肩帖耳，有舌如刀。我落阳山，以尹鼯猱。"一云："舐笔枢府，有铦如刀。侪辈力逐，一虎众猱。"又将毋同，古人作文，不废模放，取神遗貌，得韵忘机，吾尝以意得之，而未克以声传之，亦知此事，非力从声音之道求之不可，然哦诵之功，难期诸就衰以后矣。声入心通之妙，吾其遂无望焉矣乎。

【注释】

①笫：同"笫"。

1937年9月5日

是日小建，晴热。午八十九度，夜暑犹存。

升庵学博才肆，明贤鲜与京者。《函海》存其《谭苑醍醐》八卷，自比梵书所云从熟酥出醍醐也，要其精义互见，得未曾有，如使者曰信条下引"晋武帝炎《报帖》末云：'故遣信还。'《南史》：'晨起出陌头，属与信会。'是古者谓使者曰：'信也。'陶隐居帖云：'明旦信还，仍过取反。'虞永兴帖云：'事已，信人口具。'古乐府云：'有信数寄书，无信心相忆。莫作瓶坠井，一去无消息。'包佶诗：'去札频逢信，回帆早挂空。'此二诗尤可证"云。按其来尤有前于此者，《史记·韩世家》："陈轸说：'楚王发信臣，多其车，重其币。'"司马相如《谕巴蜀檄》"故遣信使晓谕百姓"等皆是，不知何以数典而忘之。

《浦即步考》条下引韩文"步有新船"，不知者改为"涉"，朱子《考异》已著其谬。盖南方谓水际曰"步"，音义与浦通（按今粤语犹然）。《孔戣墓志》："蕃舶至步，有下碇税。"（按《五百家注》本云："蕃舶之至泊步，有下碇之税。"）柳子厚《铁炉步志》云："凡舟可縻而上下曰步。水经，赣水西岸有盘石，曰石头津，步之处也。"按任昉《述异记》云："水际谓之步。"《康熙字典》集说尚详。亦有取材于杨说者，如“绷”字下云：“姑还切。”引《正字通》“纶”字注“纶巾俗作绷。”杨升庵曰：“绷巾，世误作纶。未知孰是。”此则明言升庵之说所本，见《艺林伐山》（卷十四）云据《说文》绷，注云“青丝绶也。”然《说文》未见绷字。

青赤黄白黑，五方正色也。碧紫红绿黄，五方之间色也。青别为苍；赤别为朱，析朱为非（按此说新），非今作绯；黄别为黇；白别为缟；黑别为玄。此正色之剂别名也。近黑曰弋，今作黓，女嫁服之。𪏮，日出色也；抑，日入色也；葱，瞑色也；壇，妇人注面，赭色也；雔，草色也。间色之中又有间色，若天缥、褪红、浅绛、女贞黄、天水碧之类。

《太平御览》载诸葛孔明语云：“我心如枰，不能为人作低昂。”唐胡曾投人启曰：“推诸葛之枰心，负姜维之斗胆。”其在唐前必非僻书。

1937年9月6日

杨升庵《艺林伐山》二十卷（《函海》本），大匠之侧无轻弃之凡材，瓦砾碱砆，各得其宜。可谓博极群书者矣。然勇于疑古，意过其通，惟贤者不免也。如云：“古人制字皆有义，虽《说文》亦不能尽。”举蟹字为言，谓《说文》但云谐声而已，引《蟹谱》云：“蟹之类，随潮解甲，更生新者，故字从‘解’。又蟹名有望潮者，解甲之征也。”前人未道。

谓纶巾为绷巾。（辨见上）

《岭表录》云：“飓风之作，多在初秋，过白露虽作，不猛矣。”《说文》“从具，谓具，四方之风。盖北人不知南方之候，误以‘貝’为‘具’也”云云。按《说文》并无“飓”字（亦无“颶”字）。《康熙字典》云：“西涯博学，必有所据。然不明云所据者《说文》乎。”

《宋直秘阁任尽言贺汤侍御鹏举启》有云：“忠臣不用而用臣不忠，实事不闻而闻事不实。私富贵之垄断，岂止使子弟为卿；夺造化之垆锤，大不许人主除吏。忠义扼腕，知识寒心。上愧汉臣，初乏朱云之请剑；下惭唐室，未闻林甫之斫棺。遂令存没之间，备极哀荣之典。”信孤峭而有风棱之作也。

续阅升庵《丹铅诸录》，何心世事，担忧古人，逃乱人来，道听途说耳。夜依檠灯肆业。

1937年9月7日

阅《丹铅杂录》《丹铅续录》十八卷，亦升庵所著，考其著书，目录中以丹铅题录者十余种，按韩愈诗：“不如觑文字，丹铅事点勘。”丹铅命名或无深义，李调元《序》：“谓中古犯罪者以丹书其罪。”《魏律》：“缘坐为工乐杂户者，皆用赤纸为籍，以铅为卷轴。”升庵名在赤籍，故寄意于此。然则是书之作，其在先生入滇以后乎？考明世宗立，慎充经筵讲官。大礼议起，慎与同列伏左顺门力谏。帝怒，下诏狱廷杖之，削籍，遣戍云南永昌卫（卒年七十二，妻黄氏，有才情，慎久戍滇中，黄氏两寄诗词，读者伤之。惜未见）。慎之自序亦“天假我以暮龄，逸我以投荒，洛诵之与居，而副墨之为使。蕲以俗悬而逃疑网耳”云云。亦良苦矣。

阅竟斯录，殊有说诗解叵之妙，然失之琐碎，牵强者亦时不免焉。论文之说雅所欲闻，而先生自作之篇，记事之笔，复不能无矫今太过，食古未化之处。在明士空疏灭裂之时，矫然自立，读书得闻者，升庵洵为第一人，而风会所囿，不能尽拔者，亦毋庸为讳也，分而述之，亦以申遥为师友之志云尔。

1937年9月8日

晴。晨又听轧轧声，听而不闻，不辍所业也。是日白露节。

《丹铅杂录》卷十《长杨赋》条下（依样钞识）：

“夫轻万乘之重不以为安，而乐出于万有一危之涂以为娱。”以此二句，为一篇主意。

《书估》曰：“吾恐人不能断句而断句之也。实则书经断句，利市十位市之者，亦以其已经断句，要不必循诵之也。”于是句者不断，断者不句，一卷未终，笑柄百出，人亦有言，我则不暇，举此一例，后不再言矣。此条明曰二句而断之，至于四句，人之健忘，度无过此者，且升庵亦不能免于讥弹也。此二语本出司马相如《谏猎疏》，而标为《长杨赋》（杨子云），博闻强识，临文偶疏，此子瞻所以每成一文，必令子弟遍检出典也。又据《六臣注》本下句作“而乐，出万有一危之涂以为娱”。杨引多一“于”字，记诵偶有出入，不足为病，要可见其自矜闻见失于雠勘处。（言儿曰：“升庵先生意谓《长杨赋》以司马相如此二句为一篇主意也，然则非。”词不达意，则予过矣。）

《三国典略》（原注：三国江南关中邺下也。典略，丘悦撰）曰：“萧（当有渊字）明与王僧辩书：‘凡诸部曲，并使招携，赴投戎行，前后云集。霜戈霜戟，无非武库，龙甲犀渠，皆是云台之仗。’”唐王勃《滕王阁序》“‘紫电清霜，王将军之武库。’正用此事”云云。是已至谓以十四岁之童子云云。升庵亦因讹袭讹耳。序中因有“家君作宰，路出名区，童子何知，躬逢盛饯”之语，童子后生，一例谦辞，未能据以定其作序之岁，而依本传为年二十九。予于前记已详及之。

《古人多譬况》条下云：“《论语》‘为命，裨谌草创之。’左氏遂谓裨谌谋于野则获。盖因草之一字误之也。孔父正色而立朝，左氏遂谓孔父之妻美而艳，盖因色之一字诬之也”云云。不图出言之易一至于此。

子山《哀江南赋》：“声超于系表，道高于河上。”《宏明集》：“道照机前，思超系表”。又“超超而出象理，亹亹而出系表。”升庵引《晋春秋》荀粲曰：“立象以尽意，非通乎象外者也。系辞以尽言，非言乎系表者也。象外之意，系表之言，固蕴而不出矣。”《晋春秋》今亡，仅见类书所引耳。

刘向赋雁云：“顺风而飞，以助气力，衔芦而翔，以避缯缴。”羊祜雁赋云：“排云墟以颉颃，汏弱波以容与。（《释诂》：‘汏，坠也。’《广韵》：‘伏，水也。’）进凌厉乎太清，退嬉游于元渚。鸣则相和，行则接武。前不绝贯，后不越序。齐力不期而自至，同趣不要而自聚。当其赴节，则万里不能足其路。苟泛一壑，则众物不能易其所。凌空不能顿其翼，扬波不能瀸其羽（瀸，渍也，《公羊传·庄十七年》齐人瀸于遂。字如此作）。浮若飘舟乎江之涛，色若委雪乎崖之阿。”升庵云：“辞旨超远，出于词人一等矣。”

宋人四六云：“绨袍赠范叔，犹有故人之情。纨扇遗买臣，终致上客之引（买臣怀绶，匿迹钱勃，劳之曰：‘得无罢乎，遗以纨扇。’事未见本传）。”

洪皓《祭徽宗文》云：“叹马角之不生，魂消雪窖；攀龙髯而莫逮，泪雨冰天。”

奇对，如：

“长者扶义而西；前途倒戈以北。”

“赤子弄兵于潢池（《龚遂传》）；饥民弯弓于豁谷。”（《唐书·崔元传》）

“凉风至，蟋蟀居壁（《月令》）；白露降，蜻蛚上堂。（《易通卦验》）”

“民为邦本，本固邦宁；人生在勤，勤则不匮。”

“众心齐一，江山为城隍（《南史·周山图数》）；君德不修，舟中皆敌国。”

子贡曰：“我不欲人之加诸我也，吾亦欲无加诸人。”升庵云：“吾我一也，古人互用之，于文取其便诵读耳，无二义也。”此说亦是《左传》云：“我张吾三军，而被吾甲兵，彼则惧我谋以协我。”又曰：“我为吾家。”“又曰：“我食吾言。”《庄子》曰：“我丧吾。”又曰：“吾无粮，我无食。”（《史记·货殖传》：“挽近世涂民耳目，则几无行矣。”注：“谓用此以挽近世之俗也，非挽近连用。”胡鸣玉《订讹杂录》云：“案此则挽，与晚古字通用之说。非是。”）

1937年9月9日

西瓜，《尔雅》《本草》《齐民要术》及诸类书并不载（《齐民要术》，后魏贾思勰撰），知昔所无。《草木子》云：“元世祖征西域，中国始有种。”胡侍云：“五代时峤《陷虏记》云：‘真珠寨东行数十里入平川，始吃西瓜。’云：‘契丹破回纥得此种，以牛粪覆棚而种，大如中国冬瓜而味甘。’又云：文山《西瓜吟》云：‘拔出金佩刀，切破苍玉瓶。千点红缨桃，一团黄水晶。’”是不始于元世祖。

1937年9月16日

按《吾学录》祀典门，吴氏附说一以为天神，一以为人鬼。《天官书》："斗魁戴匡六星，六曰司禄。"此天神之说也。在周为张仲，汉张良，晋为凉王吕光，五代为蜀主孟昶，姚秦为巂人张恶子，此人鬼之说也。元之封也，盖兼二说而存祀之。清《通礼》祭文中云："炯列宿之精灵，为人文之主宰。"则又仅主天神而言，亦庶几天只、地鬼、后夔、伯夷之伦辨焉，而不深辨可也。

《南田先生家传》结笔云："先生家甚贫，风雨常闭门饿，以画为生，然非其人不与也。卒年五十四。子念祖不能具丧，王翚葬之。"无愧乎，古文法尽出子长之自言矣。（冰字清于父钟隆，南田先生族曾孙。）

《因树山馆日记》第十册

（1937 年 9 月 22 日—12 月 4 日）

1937 年 9 月 22 日

尧峰自题小像云（五首之二）：

人情穴底争膻蚁，交道灯前扑焰蛾。莫怪杜门常谢客，老来更事比君多。

架上旧书常废读，床头浊酿亦慵尝。欲知此老不凡处，饱享梧窗午荫凉。

块然自得之言。

《尧峰文钞》中骈文只有《反招魂辞》《丑女赋》二首，姚某伯并选入《类苑集》中，均文亦尽此二首，无所谓选，《丑女赋》尤庳苶，盖协以声韵之文，更非尧峰所长也。又集中《陶渊明像赞》《杜少陵像赞》，此何等题目，乃二篇之结句曰：“二苏而后，其孰能和之?”缵言作赞，敬告诗史声色俱不侔也。

1937 年 9 月 29 日

偶翻丙寅馆汴时，篆书四书本中有《论书》一则，可为粲然。

中秋午与同人论时人书法，云：“清道人如小达子之狂喊，有质无学，有气无味。秦树声如留声蜡盘，有袭古之姿，寡自立之骨。康长素如客串。汪笑侬半途下海，虽克树一帜，终非正途。曾农冉如青衣。贾璧云顾影自怜，虽流落海上，尚存矩矱。于右任、郑孝胥如开口跳丑，腾掷之外无能。赵声伯、王维贤如帽儿角色，成就之诣可想。章太炎如善才琴师，亦仅知其意。客问：“子也何如?”曰：“黄任初如顾客，未免见异思迁。”

1937 年 9 月 30 日

夜授黄侃《国故论衡赞》，其笔势颇得师法，而远祢《文心雕龙》者也，持论议礼，尊魏晋之笔，赞中盖自道之中云：“自玄成《治要》，钞疏班志，九流之部，独汰名家。”按魏徵字元成，奉敕撰《群书治要》，抄《汉书·艺文志》儒家、道家、阴阳家、法家、名家、墨家、纵横家、杂家、农家者流，诸叙说并未汏去名家。

1937年10月1日

《十三经集字》四卷，江右彭玉雯辑，道光己酉自序，刊凡五百四十页，页十二字，每字略依《说文》，作一大楷书于方寸格内，凡见《说文》者附以篆书，而简注其音义于下，以蒙诵次序，字不二见，计：

卷一“四子”一百九十六页（《大学》《中庸》七百九十二字，《论语》七百五十六字，《孟子》九百字）。

卷二　《易》《书》六十三页（《易经》三百又二字，《书经》四百五十二字）。

卷三　《诗》《春秋》“三礼”一百七十二页（《诗经》九百五十二字，《春秋》一百二十八字，“三礼”九百六十四字）。

卷四　《传》《孝经》《尔雅》一百一十六页（《左传》三百九十一字，《公羊传》五十四字，《谷梁传》二十四字，《孝经》二字，《尔雅》九百二十一字）。

附韵有经无各字。摘录一卷略四千字（分画便查一卷）。

欲为初学者字课，每日摹四页，十日一换，五六年间毕之。所以为童子谋者，则善矣。《大学》《中庸》本属《小戴记》之二篇，《春秋》则冠于三传上是为十三经，据俞樾叙雷浚《说文外编》云：“《大学》《中庸》宜归《礼记》诸经，以《易》为首，《论语》《孟子》宜列于后，君颇以为然，而以写定，久不能改，然此编次小失，不足论也”云云。彭作本以课蒙，更可不深论，独念王贯山云：“海内识九千余字者不乏其人（《说文释例》）。”王湘潭云：“垂老尚有不识之经字（《湘绮楼日记》）。”不禁啼笑皆非，彷徨周室，“赐也贤乎哉？夫我则不暇。”

1937年10月2日

晴，午八十七度，夜可坐庭院。

课小子检书之法，几按狼藉，求略识字而已，鲜可记述。复呼陈医易方，立驱湿润脾之剂。

《剡源集》三十卷（宜稼堂丛书本），元戴表元撰（奉化人，宋咸淳进士）。《四库提要》称“表元少从王应麟、舒岳祥游，学问渊源具有授受。”《元史》本传谓“至元大德间东南以文章名重者，惟表元而已。门人袁桷最知名。”

其自序谓“自奉化徙剡源之榆林（剡溪，曹娥江之上游，亦名戴溪，即王子猷雪夜访戴逵之所，顾况诗：‘剡溪剡纸生剡藤，喷水捣后为蕉叶。’剡之藤纸得名最旧，今独竹纸名天下矣），丁丑兵定（宋亡），归鄞，至是三十四岁，家素贫，毁劫之余，衣食益绝，乃始专意读书，授徒卖文，以活老稚，鄞居度亦不可久，遂买榆林之地而庐焉，如是垂三十年，执政者知而怜之，荐授一儒学官。”如是则先生之风度概可见矣。文敝之朝，蹶兴匪易，所为散文韵文，或尚非浦城（真）、德兴（汪）之敌，说经析理，大道未闻，特书启翩翩，犹存梅亭标准耳，如《通燕右丞启云表》云："发种种以欲华，迹摇摇而靡止。鼓三作而气绝，已不记于前劳。木再实者伤根，矧敢萌于妄想。家有逾七至八之老，道遇满十除五之穷。耕铁砚以诳饥，纴楮衣而觊暖。取数廉于卜筮，献伎穷于优伶。"（昌黎《送穷文》："子之朋俦，非三非四，在十去五，满七除二。"）斯亦伤贫叹老，别有酸音者矣。

1937 年 10 月 3 日

嗜书三十年，几于断笔，谢酬应者，亦及十载，时乱道阻，扫径而外，尚多暇日，检论书之书吾家所有者，列而次之，苟非其人，不轻论也。

《书品》一卷，梁庾肩吾撰（存《法书要录》中，丛书集成，册一六二六—七）。

《书谱》一卷，唐孙过庭撰。

《书断》三卷，唐张怀瓘撰（存《法书要录》中）。

《述书赋》二卷，唐窦臮撰，窦蒙注（存《法书要录》《佩文斋书画谱》各书中）。

《法书要录》十卷，唐张彦远集（自序云："采掇自古论书凡百篇，勒为十卷，其所采者自后汉赵一非《草书》始也"）。

《续书谱》一卷，宋姜夔撰（存《汉溪书法通解》中）。

《佩文斋书画谱》一百卷。

《六艺之一录》四百六卷，《续编》十二卷，清倪涛撰（《四库全书珍本》中，已见二四〇三〇六日记）。

以上各种俱著录《四库提要》（子部·艺术类）。

《画禅室随笔》明董其昌撰。

《汉溪书法通解》八卷，清撰汉溪戈守智纂（平湖人）。

《艺舟双楫》安吴包世臣著（在《安吴四种》中，思进斋丛书，《安吴论书》一卷，录其论书之语成之）。

《三十五举》一卷，元吾丘衍箸。桂馥《续三十五举》，姚晏《再续三十五举》（并在《思进斋丛书》中）。

《广艺舟双楫》六卷，南海康祖诒著。

祖诒后更名有为，光绪十五年成此书，年约三十岁，自叙云："以十七日脱稿，信异才也，常熟翁同龢为之折节。"此书实为禽犊使笔遣字直早晚，周先秦诸子之所为，才大学博，余杭而外无可鼎峙者。亡友曾刚甫亲见其"公车上书"，客南海馆时，坐客常满之间，口授书手缮奏疏二三本，更仆以进，不沮谈锋。余后阅其晚年所露布《不忍》杂志文，辩才无碍，度亦袭其故智而为之，然不终一篇而复句屡出，非江淹之才尽，实师丹之实忘，欲以坐而言者起而行，毕生不肯须臾忘天下，传食诸侯老而废学，歆教主之名，失素王之实，甚可惜也。

复案，自阮仪征立南北书派、北碑南帖诸论（二首见《研经室》三集），安吴论书尤煽其说，南海广之，哗世之术工矣。夫汉有隶书，原供胥隶之约易。六朝人书更犷犷粗恶，拒人千里之外，搏而跃之，激而行之，适以资不学者之口实，甚无谓也。瑞安孙诒让《题董临禊帖诗》云："北碑南帖久分疆，嫡冢终当属二王。能向怀仁求法乳，莫将姿媚薄香光。"君子以为持平之论已。又包氏《艺舟双楫》原兼论书论，康氏仅论书而踵用其名，亦不思之过也。

1937 年 10 月 4 日

《六艺之一录》四百六卷，清倪涛以一手撰记之，《提要》谓其"年几百岁，犹著书不辍。贫不能得人缮写，皆手自抄录，及其家妇女助成之。"予闻德清俞家子妇抄经亦为常例，春在堂之露溉，儒林者良厚，经儒人家，何等气象也哉。是编犹出倪氏（字岷渠，钱塘）亲稿，曰金器款识，曰石刻文字，曰法帖论述，曰古今书体，曰历朝书论，曰历朝书谱。全书无子目，校录者亦安之，不知乙夜辛勤之余，安从而御览之，是亦当日文学之臣之疏也。今为便于寻诵，先就其第四集《古今书体》（卷一百六十九至二百七十）录目于此：

卷一百六十九至一百七十：宓犧迄宋书体

卷一百七十一至一百七十二：十体书论

卷一百七十四至一百七十五：古今书体序文

卷一百七十六：许氏说文解（未著撰人，其标名亦未当，盖取部首依东均至洽均分别部居，附以许文，然则应曰部首均列）

卷一百七十七：古籀文录

卷一百七十八：宋郭忠恕汗简（来条下附荊、替、东三文，按陳，从阜申声。不宜从东。荊从草，刑声。不知何以亦隶东下）

卷一百七十九：汗简字母

卷一百八十至一百八十一：续古篆均（鲁郡吾衍编集）

卷一百八十二至一百八十六：复古编（宋吴兴张有。《分均摘释联绵字》《形声相类》《形相类二》《形相类》《笔迹小异》《上正下讹》）

卷一百八十七至一百九十一：增修复古编（张有）

卷一百九十二至一百九十三：重续千字文（宋淳祐葛刚正撰并篆）

卷一百九十四：籀史（黄鹤山翟耆年伯寿述。按耆年，宋丹阳人，字伯寿，别号黄鹤山人）

卷一百九十五至一百九十六：说文字原（鄱阳周伯琦编注）

卷一百九十七：六书略（宋郑樵）

卷一百九十八：六书故（宋永嘉戴侗著）

卷一百九十九至二百零九：六书正讹（元鄱阳周伯琦编注）

卷二百零九至二百十一：六书本义（明赵古则）

卷二百十二至二百十五：六书精蕴（不详撰人）

卷二百一十六：六书精蕴举要

卷二百一十七至二百一十八：书体各论

卷二百一十九至二百二十：抚汉碑隶书

卷二百二十一至二百二十二：洪丞相汉碑隶释娄参政碑目编次合抄

卷二百二十三至二百二十七：宋娄机汉隶字原抄

卷二百二十八至二百三十六：清顾蔼吉隶辨

卷二百三十七：古隶怪奇录

卷二百三十八：古录隶文日习

卷二百三十九：顾蔼吉隶八分考

卷二百四十：文献通考经籍考

卷二百四十一：干禄字书（唐颜元孙撰）

卷二百四十二至二百四十三：佩觿（宋郭忠恕）

卷二百四十四至二百四十六：群经音辨（宋贾昌朝撰）

卷二百四十七至二百四十八：正始之音

卷二百四十九至二百五十三：字鉴（吴郡李仲文编）

卷二百五十四：周礼奇字、九经字样、经文杂录、汉书字例、石鼓文记字、隶字假借通用例（汉隶分韵）、穆天子传异字、元仓子奇字、㸦字（孙休，宋子虚，武则天）、古今变体（字学指南）、古字录（回澜字义）

卷二百五十五：康熙字典辨似、一字分书、偏旁类从

卷二百五十六：顾回澜字义总略、朱谦甫字学指南、李元祉字学订讹（原标书法二字未安）

卷二百五十七：朱谦甫六书解义

卷二百五十八：古文转注

卷二百五十九至二百六十二：通雅

卷二百六十三：字始、乃（字别义者）、俗非、改俗、讹误字（节录）、俗讹、加省字、眉文、杜撰字、辨似、心忄各用、两字各音、两字别录、正误举例（考字应系考定之讹，既有节录，字样非倪涛所撰，可知不著所本疏甚）

卷二百六十四：小学偶拈（汪重阆训子二十纸）

卷二百六十五：金源文字（等）

卷二百六十六：辽契丹字（等）

卷二百六十七至二百六十九：杂论

卷二百七十：诸家字书叙例

1937年10月6日

澄属本有“耕三渔七”之语，地狭人众，东、南二面皆海，耕者居其三，而渔者居其七也。《邑志》引旧《志》曰：“邑僻处海濒，号称沃壤，第[①]地狭人众，土田所入，纵大有年不足供三月粮，濒海居民所恃以资生而为常业者，非商贩外洋，即鱼盐本港也”云云。频月构兵，巨鳌掀浪，渔舟设网，横被弋罗，间有忍饿，不得冒险，鼓棹者出，或不获生还，入又指为谍侯。以外砂一乡而论，托海谋生者不下万人，不知其能，槁项黄馘，以老死乎，于沟壑乎，抑将乘桴浮海以俟时也。天下汹汹，虽不尽为吾，两人而楚汉之祸，生民尽矣。

【注释】

①第：同“萬”。

1937年10月10日

比日复热，佳日苦少。午后纳阴内院。

夜坐月下，稍翻韵书，私训诸雏，乐分韵部居之，要而终不得，《广韵》每韵之中，列序次叙是否有成法，自非依据，见溪群疑三十六声母，而诸谈论《广韵》者，惟孙愐《序》中又纽其唇、齿、喉、舌、牙部，件而次之一语而已，以考之又不尽合，如《东韵》“弓”字与“空”“公”各字并属牙音，而前后错见。又取东、董、送、屋四韵横列比较之，声母列文之次序先后，多有不同，然则其中不有列文之定则在乎，特存疑于此。

徐鼎臣《说文解字篆韵谱》则据《广韵》之序，依见于许文者系列之，然原序则明云：“以切韵次之也。”

1937年10月14日

字书字数见诸纪载者：《说文解字》十四篇，九千三百五十三文，重一千一百六十三（许叙）。《字林》（晋弦令吕忱撰）万二千八百余字，说文之流，小篆之工，亦菽重之亚也（张怀瓘《书断》）。《玉篇》诸部不过二万七千七百二十六字。夹漈《六书略》凡二万四千二百三十五字（元熊朋来《论六书》）。《广韵》（隋陆法言撰。其后唐孙愐加字）凡四万二千三百八十三字（晁公武《读书志》）。《集韵》（宋祁、郑戬修定，丁度、李淑典领）字五万三千五百二十五，比旧增二万七千三百三十一（陈氏《解题》），《类篇》（景祐中丁度受诏修，至熙宁中司马光始奏书）文三万一千三百一十九，重音一千八百四十六（晁序志）。张氏（参）《五经文字》凡一百六十部，三千二百三十五字（参自叙）。《十三经集字》（清彭玉雯）六千六百三十八字（二十六年十月一日际遇计字），辽僧（行均）《龙龛手鉴》计二万六千四百三十余字（僧智光序，见《小学考》），《康熙字典》约四万余字。

夜以爱伯文（《三复赵桐孙书》）授读，中云："善和旧第，迎恩故乡，七世藏书，一炬焦土。"善和里，子厚故宅所在。迎恩则见爱伯《与柯山亲友书》，中有"每念吾越，常禧迎恩之郊"一语，是以本集自注之例也。幼闻吾州院试，题为"达巷"二字，一卷尽以潮州巷名实之，如宰辅巷、图训巷等，衡文者不知自出，以之为博也。

1937 年 10 月 15 日

邹弢《三借庐笔谈》云："竹垞《风怀》二百韵，为小姨而作也。夫人冯氏，名寿，其妹或云字霞锦，常依夫人。灵心蕙质，善谑能吟。居之，因目成焉，夫人知之，促妹归嫁。逾年，复来省姊，已抱子矣。得诗甚喜，约夫人卧后谈，夫人已窥其意，佯为不知，明日即送归，笑问先生昨夜事，先生曰：'无他，但怜才心切，小叙深情耳。'夫人终不信，作《洞仙歌》调之，中有'料消息，青鸾真应知，莫又道今番，不曾真个'之句。"按《曝书亭集》不删此诗（卷七），二百韵长诗，阳韵中字几一举尽之，中云："夙拟韩童配，新来卓女孀。"末有云："玉箫通处所，锦瑟最凄凉。"则伤鳌悼逝，诗史毕具。邹弢未详何人，所言多不足信也。以经儒工倚声者，当无出锡鬯之右，《茶烟阁体物》诸阕，耿耿三中（宋张先，字子野，人目之为张三中，谓公词有心中事，眼中泪，意中人也。见《乐府纪闻》），即物言之耳，录二首。

《双双燕・别泪》：

问银海水，有多少层波，敛愁飘怨。含辛欲堕，转自把人凝盼。沾向长亭早晚。定减了、轻尘一半。安排玉箸离筵，伴我樽前肠断。

偷看。夜来枕畔。傍镜影初干，袖痕重按。心心心上，总是别情难惯。纵遣丝垂缕绾。穿不起、南珠盈串。裁得几幅榴裙，点点行行都满。

《金缕曲》（四之一）：

何处无香草。恋晴窗、灵苗抽并，粉蕤开早。梦想西湖归未遂，日日缁尘乌帽。对冷艳、娉娉袅袅。料得芳心应笑我，把风前、黄藕冠欹倒。簪碧玉，袂阿缟。

万花只向春阳闹。惹多情、游丝牵住，曳铃催老。便是秋林攒几簇，也有蝶衔蜂抱。谁似此、幽芬缭绕。绣入罗裙嫌太淡，配山茶、一捻红尤好。还又怕，被花恼。

"望昭君之青草，能不伤心；登秦女之白楼，可无怀古。"（叶舒崇序语）深思红豆，摇落青衫，别绪孔多，间关不少，羊城雁塞，月落乌啼，旧矣。

1937年10月17日

《说文解字》部首五百四十，（《小学考》卷十二）《玉篇》五百四十部，唐林罕《说文偏旁小说》加一部，宋释梦英《字原》减一部，郑樵"以为当作三百三十类，以去、子不能生者二百十，皆为未当。"明赵撝谦《六书本义》又定为三百六十，不能生者附各类后，能生而旧无者，则增入之。作古非古，大非易事，《四库提要》已辨之。

1937年10月18日

论书者众矣，论篆者则不多见。《十体书断》（《法书要录》及《六艺之一录》均采之）云："五代时，南唐伪主李煜割据江南，轻于鸿毛，有一徐铉，篆书高古，人亦为之改观。"宋沈括云："江南徐铉善小篆，映日视之，画之中心有一缕浓墨。屈折处亦无偏侧。锋常在画中。此用笔之法也。"元吾丘衍云："写篆把笔，只须单钩，却伸中指在下夹衬，方圆平直无有不可意矣。"此事不可赶，以心知其意了之也。

林下三月，无一日不木屐苎衣。徐健庵尚书《潮州杂兴》云（《潮州府志》，入《艺文志》）：

蛮女科头足踏尘，丈夫偏裹越罗巾。无分晴雨穿高屐，岂是风流学晋人。

官舍华灯月色深，主人情义比南金。当筵听得蛮歌惯，忘却吴趋白苧音。

俗本如此，而视同倮国，比于巴渝，不若周宏禴之得诗教矣。宏禴字元孚，麻城人，万历进士，为御史直谏澄海典史（详见《潮州府志》），其题《抵澄海》诗云：

层峦尽处海波平，空锁楼船半近城。岛屿绝无田二客，诗书多似鲁诸生。

眼看草木难寻谱，市得鱼虾不辨名。况有荔枝三百颗，流人莫厌岭南行。

处江湖之远，为仁人之言，《志》中并最其《雨中谒陆丞相祠》一首云：

六桥烟柳鹧鸪飞，义士何人赋采薇。身死崖山勤少帝，魂归南澳恋慈闱。

孤帆带雨潮声急，双石摩空树影微。断碣颓垣荒草合，楚臣漂泊泪沾衣。

《府志》云："以疾卒于家。天启初赠太仆少卿。"此又东坡《谢表》所云："八年远谪，不意自全，万里生还，实叨天幸"者也。《邑志》尚有《谒景韩祠》二首，其一云：

蔡州新破鬓毛斑，持节东都甫赐环。肝胆一封排佛骨，姓名千载识韩山。

恶溪水净鱼归海，秦岭云深马度关。五百年来重去国，妙高台下泪潸潸。

去国孤臣，名贤谪官，馨香一瓣，山斗千年，以诗而论，亦非依违于公安、竟陵诸体者。

1937年10月20日

“晋惠帝为人戆骙，尝在华林园闻虾蟆，谓左右曰：‘此鸣者，为官乎，为私乎？’”山阴吴乘权《纲鉴易知录》本注云：“华林园在河南河南府城东北，魏明帝建。”然则今河南大学校地，予馆之五年矣。复按《世说》晋简文帝在华林园曰：“会心处不必在远，翛然林木，便有濠濮间趣。”则为吴宫旧苑，别在今江宁东北。又“孝武帝时有长星见，帝心恶之，于华林园举酒祝之曰：‘长星，劝汝一杯酒，自古何有万岁天子邪！’”

郤正教刘禅曰：“若王复问，宜泣而答曰：‘先人坟墓远在岷蜀，乃心西悲，无心不思。’因闭其目。会昭复问，禅对如前，昭曰：‘何乃似郤正语邪？’禅惊视曰：‘诚如尊命。’”又“孙皓登殿稽颡。武帝谓皓曰：‘朕设此座以待卿久矣。’皓曰：‘臣于南方，亦设此座以待陛下。’”禅之淫暴，诚不若皓。而庸且愚，又远非皓所能及矣。

傅咸上书曰：“抑浮说，简文案，略细苛，宥小失，变常以徼利者，必诛，所谓省事也”云云。今也不然。

1937年10月21日

画像之有赞，素以晋夏侯湛《东方朔画像赞》为最古。陈镐臣举《后汉书·胡广传》云：“熹平六年，灵帝思感旧德，乃图画广及太尉黄琼于省内，诏议郎蔡邕为其颂云。”李注并引谢承书载其颂曰：“岩岩山岳，配天作辅。”十五韵相视则较古矣。《蔡中郎集》中颂体亦止此一首，《陆士龙集》中题曰颂或赞者多矣。赵岐传中亦言“图季札、子产、晏婴、叔向四像居宾位，皆为赞颂”，其文不传，若以画像而言，则《商书》“高宗梦得说，使百工营求诸野”。孔氏传云：“使百官以所梦之形像，经营求之于外野”是为最古。

金石劇序

今傳譜錄成鳩紀錄提綱
緗續閱晉室宋奧棄壤土
深入同游化紿結繩而治
若開元風則未歸正本正
洲不命宿對夾將五量五
權洲不審子穀粗參鬼案
其宋甚號蒼帝之臺禎豈
貽吾鞠猗黃靈之籍天下
相忘于耕鑿吾敢太泯其

識知夥或濬閱禪開拓樓
風變化日常彩參錯自兮
王母舞鸞金甌不缺則未
犧象彝鼎常登清廟明堂
玉冊金函下逮繩樞甕牖
山川之精上評寶氣騰天
圖書之府宗開文光燭手
九柯十匠何斯翊後之留
忍五典三墳諸不識皇初
之宗豈非極緣奇之樂事

慨思古之幽情哉而乃龍
戰玄黃縮爭變觸摩莎金
秋閱幾化之綠沙淒泣銅
仰掎荒庭之荊棘火焚曹
庫爐飛周漢之遺賦劫盡
殘源灑鐘王之蹟九鼎韜
英于泗水八會先傳于西
泐个中辛壬漸迷其世淺
致據秘手摹辨其文章塗
合與今之文已無故物惟

蓋勝盡而外難有遺文是
足悲焉豈可據也則有山
左寓公江南傳吏名高儀
廩望董機雲哲横古尺之
同量手握知珠而昔燭慶
流有載流古曉于驗晨覿
續遺留絲今據於暮夕廠
斷縷錄向摺兄之誣步間
斷陽賤吟優寒碌而奇奪
字博識乃未之所願異見

異聞樂事洎世間所無軼
寶軼含易歐陽之録鋪宣
繇之圖增博物之志著論
書之意是則大篆小篆而
後更有傳入而金商石商
一書見推傑作廿已幾亦
金之難名自古杜皆彫繇
彤緣綫紅刻延中斷小棧
之異名物觀勦囊之味物
久非數百歲鄲相柏寶之

陳器容七八多莫辨因收
之物粤乾德之僭號亦有
四季魏黃初之紀元本無
二刀盤田美王爾辨光豪
粤地邑村鼓鳴東晉上清
重子形作金錢之樂碧雲
儼久采闌咸陽之李已至
滄桑屢變彝鐵雜來匠訣
吉乎名疑弦伯鉞其寶莫
名其器貿其櫝而遺其珠

作迦單三語或有作之者
文微繇縣一名煩後傳之
辭字非精纖枝辭洗煩冗
若木石彩流傳李作賜詰
龍泓虎臥攫丈个丈中之
發椒夐邐鑾翔郎一字一
金石萃編源秦或易殘蘭
紛有清樓有貪曬耕牛譜
踽乎祝融峯下羽陽千歲
雞黍齋廟之自當元豐三

李莫辭王留之鈍筆是叨
雜碑貍帖新銘錄打錦贈
繡灑響雲船畫卯仰今分
不馱石鼓乙歸來者觀畱
銘棠芸江流而激宕頗家
而此東廣徵讀紀李一書
自水而來疾乎山語韓陵
片石也或遺文紛選纔目
誅古字紛窺軌蹤跡正渡
河之文繞草定藏山之業

而我朝海邑來者沖途遠
欒羣聽舞咸為求知渴隸
取不廉衛龍燭之琴易知
服鼎振紀珠之彩自照綴
書流斷亡假賞之舞極斷
喁鶉嘶之地談趣異代之
河山落枯蘚爛之場憑弔
考王之來香耕耘水豎荷
鈕而必筏壇郵魯大傳載
酒而詢奇字牌數十年之

全分勒十二卷之成書已
眾鑽貨之糧財貨見纍富
引眾考古之鏡財古乃得
之一字金堅眾目爭賞片
言鐵鑄巧古皆噤忽蒙大
薈之經須了貴小言而眾
享儀曉惟一孔讀未十年
傳歐日東日之往勞魄目
治之治之未及義銅聖鉄
遊校美產于皇輿貂盪駁

《金石索》十二卷，冯云鹏撰（道光二年自叙）。右徐宗幹序文，颇茂美。吕绍奎篆译之，多搀新附字（搀字，亦新附）。

1937年11月27日

洪容斋文不多见，《升庵集》中存其《汪庄敏铭诗》凡八十句，真可与韩公会合，联句颉颃，今录其首段，云：

“维天生材，万汇倾耸。侯王将相，曾是有种？公家江东，世绎耕垄。桃溪之涘，是播是**稯**（《夏本纪》：“百里赋纳总。”引《说文》：“总，聚束草也”）。孰丰厥培，艺此圭珙。公羁未奋，逸驾思骕（《公羊传·定八年》：“阳越下取策，临南骕马而由乎孟氏”）。沉酣春秋，蹈迪周孔。径策名第，稍辞滦㾯（宂，《广韵》作宂。又作**宂**。同声者有**媷**字，不肖也。一曰偈**媷**。又作毺毾）。横经湘沅，土敬如捧。”

铭词高亢，宋代抗手者少矣。

黄滔律赋如《明皇回驾经马嵬坡》云：“日惨风悲，到玉颜之死处；花愁露泣，认朱脸之啼痕。褒云万叠，断肠新出于啼猿；秦树千层，比翼不如于飞鸟。”

已落恒调，而笔记者多及之。

1937年12月4日

肇庆府汉前同广州府，汉为苍梧郡、南海郡、合浦郡属地，三国吴分属广、交二州，宋永初二年改属南海郡，梁天监中始分置高要郡，隋平陈废郡置端州，大业初改州为信安郡，唐武德初复曰端州，天宝元年复曰高要郡，乾元元年复曰端州，五代属南汉，宋初仍曰端州高要郡，元符三年置兴庆军节度，重和元年升为肇庆府，元曰肇庆路，明复曰府，清因之（《广东考古辑要》），领县高要、四会、新兴、阳春、阳江、高明、恩平、广宁、开平、鹤山、德庆（汉置端溪县）、封川，开建共领州一县十二，府治带山拱江，延袤数千里。据广州之上游，赏贺梧之津要。汉武帝自巴蜀夜郎兵下牂柯江，会番禺即今西江路也。梁大同中交趾李贲作乱，以杨瞟为交州刺史讨之，命定州（今梧州府）刺史萧勃会瞟于西江，萧子显曰："两江川源深远，宋齐以来皆别置督护专征讨之任。陈霸先为西江督护，高要太守是也。"李吉甫曰："端州当西江口入广西之要道，明初廖永忠等奉命平广西，亦由肇庆溯西江而上抵梧州，盖郡为两粤之要膂，东西有事，此其必争之所也。"

高要县城北有定山，一名石室山，唐天宝六年改为嵩台山，《南越志》云："县有石室，自生风烟，南北二门，状如人巧，意者以为神仙之下都，因名为嵩台，山中有石燕，唐李邕有记，镌石存焉，连属有七星岩：一曰石室岩、一曰屏风岩、一曰天柱岩、一曰蟾蜍岩、一曰仙掌岩、一曰阿坡岩、一曰屏风岩，列侍如北斗状。"

七星岩后峰峦连属若屏障，然中一峰，雄峻以比岭名又曰将军岭，盖石室之支阜也，其前为双源洞，有泉自石根出，掬之微温，多败叶流出，旁多怪石，相传银瓮覆其下。

县东南有峰如卓笔，曰烂柯山，一曰腐柯山，又名斧柯山，《郡国志》云："昔有道士入山采桐为琴，遇赤松子安期先生，问答而斧柯烂。"后人镌"烂柯处"三大字于石上，其麓二石岩产端砚之所。

《端溪砚谱》云："肇庆府东有山曰斧柯，在江之南，灵羊峡之对山也。自江湄登山，行三四里为砚岩，先至者曰下岩，岩下有泉出，大旱未尝涸。上曰中岩，又上曰上岩，转山之背曰龙岩，岩乃唐取砚之所，大抵石以下岩为上，中龙岩半边山诸岩次之，上岩又次，半穴最下，岩有两口，其中通为一穴，大者取砚，所自出也水中者，泉中水所自出，陈公密所开也。欲得下岩北壁石者，往往于泉水石屑中得之，若南壁石尚或可采，然自崇观以后亦罕得矣。北壁石泉生其中，非石生泉中，则润可知，岩之上有泉珠，散落如飞甫，石眼正圆，有青绿碧紫白黑晕十数重，中复有眸子。南壁石乃泉水半浸者，稍不及北壁。上岩有三穴，上曰土地岩，中岩曰梅树岩，下穴今石上名中岩者是也。"唐李贺有《端州紫石歌》，宋苏轼有《端石砚铭》。

《因树山馆日记》第十一册

（1937 年 12 月 23 日—1938 年 2 月 14 日）

1937 年 12 月 23 日

抱书图馆，门已闭矣，遇馆人于途，僚属二三，一握而止（领劳薪一月，实半月耳）。凭栏睇望，我马不归，隆隆传声，室庐助震，烂报满床，暂时相与。亦有新语传诸《世说》，有胁衍圣公孔德成（七十七代孙）出膺赤帝者，孔氏家人答云："公未及年，不离阿保之手，四子书未完读，且孔氏嫡裔历二千余年，更七十余姓之君，未有出仕者。"异史氏曰："此它日史臣不可不载笔之微言。"吾粤白沙子姓以耕渔世其家，而读书香不绝，五百余年间，无有出应童子试者，后之过者式其闾焉可也。白沙比日，机亦临之，封墓禁樵，于传有之而已。午甫解警，交子旋闻行人李（行人也）往来车通。薄莫舍人相邀以饭，草草受飧，斗室庋物，不可悉索。键而去之，遂无再来之一日乎。

1938 年 1 月 2 日

晴。

东坡《前赤壁赋》："客有吹洞箫者。"《后赤壁赋》："二客从予，过黄泥之坂。"是毋须明言客为谁者例也。然其黄州《与范子丰书》云："今日李委秀才来相别，因以小舟载酒饮赤壁下。李善吹笛，酒酣作数弄，风起水涌，大鱼皆出。上有栖鹘。坐念孟德、公瑾，如昨日耳。适会范子丰兄弟来，遂书以与之。"则客之姓名具在，可资以互见者，书意与"大江东去"一阕又全相类。

惠州《答范纯夫书》中有次渊明《时运诗》"斯晨斯夕，言息其庐"韵一首：

"我卜我居，居匪一朝。龟不吾欺，食此江郊。废井已塞，乔木干霄。昔我伊何，谁其裔苗。下有澄潭，可漱可濯。江山千里，供我遐瞩。木固无胫，瓦岂有足。陶匠自至，笑歌相乐。我视此邦，如洙如沂。邦人劝我，老我安归。自我幽独，倚门或麾。岂无亲友，云散莫追。旦朝丁丁，谁款我庐。子孙远至，笑语纷如。剪鬃垂结，覆此瓠壶。三年一梦，乃复见予。"

附云："多难畏人，此诗慎勿示人也。"今犹幸于《尺牍》见之。

黄州《与滕达道书》云："鳆鱼三百枚，黑金棋子一副，天麻煎一篰，聊为土物。不罪浼触。"按《说文》"鳆，海鱼也。"郭注三仓曰："鳆似蛤，一偏著石。"

今人谓之鲍鱼，其来亦旧。《札朴》云："登州以鲍鱼为珍品。即指鳆鱼。"然桂氏似就所闻见者言之，未明自出。

东坡黄州日用不得过百五十。每月朔，便取四千五百钱，断为三十块，挂屋梁上。平旦用画叉挑取一块，即藏去叉。仍以大竹筒别贮用不尽者，以待宾客（叉字亦作杈，《说文》："杈，杈枝也。"《广韵》引《方言》云："江东言树枝为丫杈也。"按今潮州方言如此）。见所《答秦太虚书》中，其《与王定国书》亦言此事，且云："每日一肉，盖此间物贱故也"（《答秦书》有"猪獐鹿如土，鱼虾不论钱"语）。东坡指此为贾耘老法。予馆津沽、武汉十余年，戒家人仿行之（每月除一定支出外，以十二金为菜蔬之具，换得铜钱，钱已无孔，分三十包包之），赖以不假贷，特未知宋时百五十钱者奢啬何若，今覆视书中有"外县米斗二十"之语，以例今日米斗二金，东坡侈矣。午浴后一梦及晡。灯下与客坐隐，遂了一日，吾生岂不既济矣乎？

1938 年 1 月 3 日

东坡云（《与王定国书》）："多读书史，仍手自抄为妙。"此稽古见到语。又云："如国手棋，不烦大假用意，终局便须赢也。"却非个中人语。宜东坡自云："世间有二事，轼所未能，棋其一也，予遍观今之所谓国手者，一子之下，凝神副之，国手亦有输时，则往往由于不甚经意，随手应敌，百密一疏，覆辙随之，棋之为道，本有机存焉，得机之时，应手皆妙，然亦必先气固神完，乃有此境，看来似不着力，实则断臂息心之功深矣。搏击一夫之勇，文章千古之事，潜气内转，成似容易却艰难。"为浅见寡闻者道也。

守颍州时书云："自公去后，事尤可骇。平生亲友，言语往还之间，动成坑阱，极纷纷也。不敢复形于纸笔。得颍藏拙，余年之幸也。自是刳心钳口矣。"此乃为渡世途中，酸咸自得之语，以坡老之旷代聪明，亦有待阅历后乃知之者，与太虚言冬至后当入天庆观道堂，不言不笑四十九日乃出，自非废放，安得就此，亦以知闭门者之有过可思矣。

孟德有言："老而能学，惟吾与袁伯业。"东坡云："此事不独今人不能，古人亦自少也。"（惠州《与程正辅书》语）

眉山有巢谷者，字元修，名縠，后改名谷。曾举进士武举，皆无成，笃有风义，七十余矣（儋耳《与郑靖老书》语）。闻东坡谪居海南，徒步万里，相劳问所记，别有一僧曰："惠州岂天上耶。"又是一事。

家人以夜分子刻祭灶，灶者五祀之一，夏所祭也。《说文》："灶，炊灶也。"《周礼》："以灶祠祝融。"灶，或不省作。《论语》："宁媚于灶。"朱注如上二语。按《史记·孝武本纪》索隐补贾逵注："《左传》云：'句芒祀于户，祝融祀于灶，蓐收祀于门，元冥祀于井，土祀于中溜。'"《白虎通·五祀》："灶者，火之主。人所以自养也。”则祀事之兴，其来古矣。例以十二月二十四日行之，亨羊炰羔，亦所谓斗酒自劳也。家禽家畜以共牺牲，时果时羞，有君地所不生者，资诸市中倍而取直，遂各行其是。自腊朔以后，逐夕闻爆竹声，旦日而馈遗遣岁者，旁午于道事，操于主妇，力田之夫，稽古之士，期此卒岁，饫餍其枵肠而已。燃香礼拜，推及众神，吾侪衣冠，不求甚解，予以穷老蹭蹬，羁旅来归，旦夕之安，皆叨天幸，亦助家人，陈其俎豆，相守宵夜，立于阼阶，云答天庥，间展清话，亦以补荆楚岁时之记也。明朝有封事，数问夜如何。（祠字，叶去声，见张衡《东京赋》）

1938年1月10日

东坡《小简》云：“不作一字者，已三年矣。所居临大江，望武山诸山咫尺，时复叶舟纵游其间，风雨云月，阴晴蚤莫，态状千万，恨无一语略写其仿佛（黄州《与上官彝》）。”“吴兴自晋以来贤守风流相望，而不肖独以罪去，垢累溪山（黄州《答刁景纯》）。”“闽中多异人，隐屠钓，得之不为簪组所縻，倘得见斯人乎（黄州《与徐得之》）？”名山何幸，叨作主人，辙辗所经，永留蹊迹。又如（惠州《与周文之》）云：“岭南无甚大寒暑，秋冬之交，勾萌盗发，春夏之际，柯叶潜改，四时之运，默化而不自知。民居其间，衣食之奉，终岁一律，寡求而易安，有足乐者。若吏治不烦，即其所安而与之俱化，岂非牧养之妙手乎？”斯语尤可入吾乡志乘也。

坡公所为《韩庙碑》，可以互证者莫如扬州《答吴子野书》云：“《文公庙碑》，近已寄去。潮州自文公未到，则已有文行之士如赵德者，盖风俗之美，久矣。先伯父与陈文惠公相知，公在政府，未尝一日忘潮也。云潮人虽小民，亦知礼义，信如子野言也，碑中已具论矣。然谓瓦屋始于文公者，则恐不然。尝见文惠公与伯父书云：岭外瓦屋始于宋广平，自尔延及支郡，而潮尤盛。鱼鳞鸟翼，信如张燕公之言也。以文惠书考之，则文公前已有瓦屋也。传莫若实，故碑中不欲书此也。察之”云云。尤足传信。

又《与潮守王朝请涤》云：“承谕欲撰韩公庙碑，万里远意，不敢复以浅陋为词。谨以撰成，付来价，其一已先遁矣。卷中者，乃某手书碑样，止令书史录去，请依碑样，止模刻手书。碑首既有大书十字，碑中不用再写题目，及碑中既有太守姓名，碑后更不用写诸官衔位。此古碑制度，不须徇流俗之意也。但一切依此样，仍不用周回及碑首花草栏界之类，只于净石上模字，不着一物为佳也。若公已替，即告封此简与吴道人勾当也。”按：吴道人者，吴子野也，与王守又一书云：“子野诚有过人，公能礼之甚善。”（据《纪年录》，先生作《韩文公庙碑》文，在元祐七年三月移知扬州后，年五十七岁）

付过云“诗有写物之功。‘桑之未落，其叶沃若’，他木殆不可以当此。”林逋《梅花诗》云：“疏影横斜水清浅，暗香浮动月黄昏。”决非桃李诗也。皮日休《白莲诗》云："无情有恨无人见，月晓风清欲坠时。"决非红莲诗。按：过者，公幼子也。《与王庠书》云："初欲独赴贬所，儿子辈涕泣求行，故与幼子过一人来。余分寓许下、浙中，散就衣食。既不在目前，便与之相忘，如本无有也"云云。公晚年时为此中人语，慧心出口，有如宿根，则亦心喜之矣。身际乱世，或丁阳九，杨墨不作，佛老以兴，韩柳莫年，亦所不讳，道心文境，遂时有出人间烟火气者，道本无端，学亦多术，甫入之而巧佞之，固非未入之而严拒之，亦未为是，生平不开口避佛说者以此也。

1938年1月12日

《东坡纪年录》，仙溪傅藻编纂，仿宋务本堂刊本，集注分类百家诗以为弁首，殊当王十朋状元龟龄《序》有云："昔秦延君注《尧典》二字，至十余万言，而君子饥其繁；丁子襄注《周易》一书，才二三万言，而君子恨其略。训注之学，古今所难。"以予不肖，每读一人之书，常自次其先后经历，是以论其世也，是尚友也，纪年有录，益人不鲜。据《录》"公以景祐三年丙子，十二月十九日卯时，生于眉山县纱縠行私第。建中靖国元年辛巳七月二十八日薨（于毗陵），享年六十六。"其尤可纪者，绍圣三年，公在惠州（年六十一），三月二日，卓契顺至，以诸子书来，得书径还，问其所求，答曰："契顺惟无所求，而后来惠州，若有所求，当走都下矣。"苦问之，乃曰："昔蔡明远鄱阳一校尉耳，颜鲁公绝粮江淮之间，明远载米以赒之，鲁公怜其意，遗以尺书，天下至今知有明远也，今契顺虽无米与公，然区区万里之勤，倘可以援明远之例，得数字乎？"公为书渊明《归去来辞》以遗之。

王庠，子由谓也，《文集》中有《答王庠书》二则（《尺牍五首》），有云："儒者之病，多空文而少实用。贾谊、陆贽之学，殆不传于世。独欲以此教子弟，岂意姻亲中，乃有王郎乎？"此反用"天壤中乃有王郎"语（王凝之妻谢氏）。

李廌字方叔，阳翟人，《集》中有《致书》一首（《尺牍》十余首），有云："读欧阳公志文，司马君实跋尾，益复慨然。"（原注：司马温公跋尾大略云："孙公著此书，甚自重惜，当别缄其稿于笥，必盥手然后启之。谓家人曰：'万一有水火兵刃之患，出财货尽弃之，此笥不可失也。'每公私少间，则增损改易未尝去手。"）

1938年1月15日

《增广注释音辩唐柳先生集》四十三卷，《续别集》二卷，《外集》二卷，《附录》一卷。南城童宗说注释，新安张敦颐音辩，云间潘纬音义，原为夔州刺史刘禹锡所纂（《四部丛刊》缩元印本），宗元刺柳州，五岁不得召归，病且革，留书抵其友中山刘禹锡曰："我不幸卒以谪死，以遗书累故人矣。"禹锡编而序之，吴郡陆之渊云："柳州内外集古文奇字，比韩文不啻倍蓰。非博学多识前言者，未易训释也。"窃惜先生得年才四十七，天假之数年，不知又添几许好文章也。亦幸其奇才远窜，磨光激气而后异彩出焉。姚鼐亦云："子厚在御史礼部时，往往摹效《国语》而蹊径不化，辞颇蹇塞，不及永柳以后所为也。"

1938年1月20日

是日，东坡先生生日。清晨作小柬，速纫秋过小园小集。

东坡生于景祐三年十二月十九日卯时，时在眉山县纱縠行私第，风流文采，畸节至行，上祧彭泽，下开后山。峨眉间气之所钟，杨马以还，衣被百祀，胜朝名士，挹彼芳徽，每于是日及十二月二十九日后山忌日，言招胜流，为吟雪消寒之会，今之后生，谁复能举后山之名者。

陈师道，宋彭城人，字履常，一字无己。少刻苦问学。熙宁中，王氏经学盛行，师道心非其说，遂绝意进取。元祐初，苏轼、傅尧俞辈荐其文行，起为徐州教授。师道高介有节，安贫乐道，尧俞尝怀金赠之，见其词色不敢出。（乙丑入都，介方少峰遗刚甫五十金，少峰审其不肯受，不为致也）与赵挺之友婿，素恶其人，适预郊祀寒甚，衣无绵，挺之去一裘，却之，遂以寒疾死。有《后山集》《后山谈丛》《后山诗话》。

督检《越缦堂日记》，仅得二则，一在光绪二年，云"是日东坡生日，傍晚作书弢夫，并属其招霞芬来以馂余，偕仲彝、梅卿同作小集，至夜二更后散。"一在光绪九年，云"夜竹篔来，云门来，留之小饮，谈至二更散，风犹不止。"翌日有唱酬诗，存其一首云（翌日元月三日再记）：

癸未东坡生日，竹篔、云门见过，夜留小饮，再次云门韵：

鹤飞曲里过冬间，珂伞稀随半仗班。小室瓮香千日酒，寒林灯影一房山。

语参许掾烟霞外，文在樊川伯仲间。故事从容三白饭，琉璃匕箸不相关。

云门原作："不著缁尘腰扇底，小回风气角中间。"一均尤可味。（《说文》只有从月之间。后人乃音别之。）

东坡诗有《生日王郎以诗见庆次其韵》一首，有云："感君生日遥称寿，祝我余年老不枯。"（元丰元年黄州作）

又《除夜野宿常州城外》二首，有云："老去怕看新历日（唐李君虞有《书院无历日诗》），退归拟学旧桃符（汉制大傩，欧除毕立，桃板于门，画神荼、郁垒以御凶）。"所谓"且为一日欢，慰此穷年悲"（东坡《别岁》诗句）者非欤。

1938年2月1日

梦秋博闻强识，多识前言，口述朗朗，笔录一则：

徐洄溪（大椿，字灵胎，吴江人）《山庄耕读图道情词》

祖父儿孙聚首一堂，免不得作一首《道情词》，教汝曹都来听讲：

我是个朴鲁寒儒，有甚么相倚傍。除非是奋志勤修，方能像个男儿样。因此口不厌粗粝糟糠，身不耻敝垢衣裳。打起精神，广求博访。有时敦诗说礼，有时寻耆采药，有时徵宫考律，有时舞剑轮枪。终日皇皇[1]，总没有一时闲荡。严冬雪夜，拥被驼眠，直读到鸡声三唱。到夏月蚊多，还欲隔帐停灯映末光。到如今，目暗神昏，还不肯把笔儿放轻，难道我对女[2]曹说谎。今日里置个山庄，造个书堂，雇几个赤脚长须，种植些米麦高粱。汝若是吃饱饭，东游西荡，定做些败坏自家的勾当。所其无逸，稼穑艰难，这两句载在《尚书》上。怎么不思量？切不可矜才炫智，亦不望汝身显名扬。只欲尔谦恭忠厚人皆敬，节俭辛勤家自昌。才保得几亩稻田，数间茆屋，年年岁岁，徐姓完粮。

吴子诵之如莲花落也，语俚而实，当小子环听而大乐，因为走笔书以授之。吴子亦暗诵予所述趣联二则而去。其一为某名士五十自寿云：

嫖无颜，赌无钱，想做强盗气力如棉，无非可知，检点何劳蘧伯玉；

入过学，补过廪，到了民国摩踵放顶，平心而论，发达早于朱买臣。

其一为某名士贺雅片馆主云：

五十新郎，十五新娘，天数五，地数五；

两三好友，三两好土，益者三，损者三。

相与拊掌也。

【注释】

①皇：古同“遑”。

②女：古同“汝”。

1938年2月3日

庭下妇子，方买大菜渍盐，共终岁助膳之需。此《内则》所云“切葱若韭，实诸醯以柔之”之意也，圣人不撤姜食，亦将毋同，《邑志》云：“大菜即芥也。”《农书》云：“芥，气味辛烈，菜中之介然者。”邑于纳稼后场，圃多莳芜，青名大菜，其叶供菹，其子为芥，一物两用者也。按《说文》“菹，酢菜也。“卖菜买菜，卜雨卜晴，一刻之间，菜贾悬绝（今日百斤直三百，今钱当一元又四之一），日上大明与诸贾矣，洎货入门，乌云油然，游兴阑珊，主馈亦非易易，“谁其尸之，有齐季女”赋也。

梦秋来谈，极口劝予学佛，盖十许年如一日矣，贻我译典，责以晚学，自谓已了然于生死之故，深惜予漠然于浮屠家言，婆心爱人，金针渡我，予应之曰："是君身有仙骨，而愧我之欲换凡骨，无金丹也，遭世之衰，心防告溃。既无从道之德，又不克齐之以刑，并此俗流，因果轮回，最下乘之传说，所赖以补救于编氓之间，亦发覆之，惟恐尽于是乎。生民之祸，伊于胡底王泽之谒，佛说代兴，于传有之，固难幸免。然平生不欲轻诋佛教者，亦甚望其有以济人心之穷也。必以孔子尝问礼于老聃为言，则子入太庙，每事问，博采通人，敏求好古，本如是也。师项橐于七岁，求我师于三人，子何曾比予于是。必谓昌黎、子厚，晚耽禅悦，大颠文畅，赠答累篇，自古贤人才士，挹彼玄理，发为文章者不可胜数，而岂知以彼其才，怨诽不乱，偶托方外，浮游尘埃，前有泉明，后有坡公，兴之所之，泥而不滓。自余文士，类托清谈，及非茂齿之年，借作泽躬之具。治经既苦日短，入世又嫌术疏。别开法门，聊娱莫景已耳。而帝而天，即心即佛，我闻如是，不着边际，一若于弟友子臣而外，更复有竭来治乱之原，吾不敢效袁简斋之曲说也。曰夫既恶生，又复戒杀，则不百年，我佛衣钵不知将传与猪狗乎。吾敢爱孟夫子之好辨也，曰作于其心，害于其事，吾为此惧，闲先圣之道，恐其率兽而食人也。吾但思三百年来，治朴学无以老而废学，无一终身不忠于其学，无一于所学之外又有事于所谓似学非学者。李慈铭云：'古来儒生诗人往往多寿。'际遇窃以为非儒生之多寿，而非寿者之难乎其为儒生也。三献求刖，适成抱璞之玉人；三朝不遇，弥羞自陈之颜驷。是以君子贵自得也。"

1938年2月6日

今日披读剩稿，区区諟正字画之外，无可言者，良负知己。《集》中有《喜晤黄任初即送之中州》一首云：

武昌赋别八年强，几度君归我异乡。忽向萧斋商句法，还从客座接杯觞。

襟怀洒脱王平子，声价飞腾李梦阳。此去登高临广武，英雄竖子漫评量。

忆此丁卯十六年秋事也，君似未示予此诗，此别亦讫成永诀，投荒赤土，终以柩迁（《一统志》云：暹罗相传即隋唐赤土国），永念久要，宁无惭负也哉。

又《吴王台》一首云（自注在武昌西山）：

吴王高台瞰楚荆，绕飞乌鹊嘿无声。地从江汉分南北，天遣英雄作父兄。

豚犬那能论守业，蛟龙曾与助鏖兵。可怜晚节终臣魏，已兆降幡出石城。

亦当年结游陈迹也。签注数字而归之。

1938年2月7日

《后山诗注》（高丽活字本景本）有明杨一清《跋》云："宋文承五季之弊，其诗绮靡刻削，出晚唐下。至永叔始起而变之，逮苏子美、圣俞起，而诗又变，黄山谷、陈后山起，而又一变。黄、陈虽号江西派，而其风骨逼近老杜，宋诗盖自至此极矣。”又云：“自今读后山诗，固惊其雄健清劲，幽邃雅淡，有一尘不染之气，夷考其行，矫厉凌烈，穷饿不悔，则诗又特其绪余耳。”论诗论人，盖两得之。

东坡《答陈履常书》有云：“远承寄贶诗刻，读之洒然，如闻玉音，何幸获此荣观。不独以见作者之格，且足以知风政之多暇，而高躅之难继也。”后山《谢再授徐州教授启》亦曰：“昨缘知旧，出守东南。念一代之数人，而百年之几见。间以重江之阻，莫期再岁之逢。使一有于先颠，为两途之后悔。”又谓：“中山之相，仁于放麑；乱世之之椎，疑于食子（原板雛字作椎，漶字也，即鸱字。《诗·豳风·鸱鸮》：既取我子）。”故《后山集》中《送苏公知杭州》诗云：“平生羊荆州，追送不作远（《晋书·郭奕传》：‘奕送祜过界数百里，坐此免官’）。岂不畏简书，放麑诚不忍。一代不数人，百年能几见。昔为马口衔，今为禁门键。一雨五月凉，中宵大江满。风帆目力短，江空岁年晚。”两贤相与，知非偶然，企仰音尘，师道无已。时因树山馆中正风雨潇潇也。

1938 年 2 月 11 日

自唐人以律赋决科，风格遂无可言矣，降及胜清，绵延千祀，不乏能者，鸣盛和声，平江李元度辑为《赋学正鹄》，专标近体，间存古音，吴锡祺、尤侗、顾元熙、何栻尤合律令，其书具在，然亦非所论于日寻干戈之世矣，败簏之中，劣存兔园小册，撷香小草，摘句丽图（《诗韵全璧》采自《赋学指南》），春水庭空，以当木鱼铙钵也，《吴季子挂剑》云：“任尔化龙飞去，此别何如；怜予控马孤行，怀归岂不。”《王质观棋》云：“落子丁丁，伐木之声宛若；拈棋得得，积薪之势何如。”《黄牡丹》云：“竞夸天下无双，魏应居后；谁占人间第一，姚合称王。”《临邛沽酒》云：“剧怜抱瓮而前，为郎憔悴；莫谓遇人不淑，辱在泥涂。”《无弦琴》云：“岂欲辩已忘，自余真趣；似不求甚解，别有会心。”《庚子拜经》云：“嗤贾岛之祭诗，因劳心血；鄙郗诜之拜笔，但诩科名。”警句立，殊难得。

记陈维崧《看弈轩赋》有云：

“矧复三湘浪骇，六诏烟迷。田园烽火，乡关鼓鼙。嗟巢幕而为燕，叹触藩其类羝。杜老则堂无鹅鸭，于陵则井有螬蛴。于是鲜焉寡欢，悄然不乐。爰葺斯轩，聊云看弈。然而寂寂虚堂，寥寥短几。既无坐隐之宾，复少手谈之器。潜窥而不见烂柯，窃听而谁闻落子。几同庄叟之寓言，莫测醉翁之微意。呜呼噫嘻！我知其旨。世一龙而一蛇，运或流而或峙。彼赌宣城之太守者，公岂其人，而看棋局于长安者，古宁无是耶！先生不应，欠伸而起。亟命传觞，颓然醉矣。”

究竟是律赋家言。

李爱伯《郑司农生日记》有云：“既综述作之，原遂有庚子之拜。”谨按《史记·孔子世家》“鲁襄公二十二年而孔子生。”而《公羊传》云：“襄公二十一年十有一月庚子孔子生（前记谓《史记》中生卒年不符，涉此而误也）也。”《南齐书·臧荣绪传》云：“荣绪惇爱《五经》。乃著《拜五经序论》。尝以宣尼生庚子日，陈《五经》拜之。”李选周系英《庚子日拜五经赋》（以题为韵）其押官韵诸联云：（《说文》无押字，押者，压也。清末律令弥密，押官韵限在每段末联）“怅千余年蠹简之贻，文淆典午；溯五百岁麟书之应，道邕由庚。”（笙诗篇名。《诗·序》：“由庚，万物得由其道也”）“释菜岂上丁之旧，占殊乎后甲先庚；藏书陈二酉之奇，蕴括乎百家诸子。”“弦歌学舍，似躬趋泗水之庭；俎豆先日，宜圣毓尼山之日。”“结绳绵邈，载开绂系之祥；化玉分明，忆下虹流之拜。”“宛似肃将嘉惠，工歌听鸣鹿之三；本来瑞启大文，庭降叶聚星之五。”“故分辰次之刚柔，读宁计日；而肃子衿之薰沐；道在尊经。”“固已禹畴时若，琅函轶宛委之文；奚论鲁殿岿然，杰构侈灵光之赋。”

1938年2月12日

李次青序目《赋学正鹄》，略仿惜抱各家选文，为之分层次、气机、风景、细切、庄雅、沉雄、博大、遒炼、神韵、高古十类。气机类推陈秋舫（沆）天分最高，枯寂题能凭空起浪。神韵类云字里行间，别有一种骚情逸韵，芬芳悱恻，香绝人寰，此妙惟六朝人独擅，本朝谷人先生与之为化（选吴七首，选尤六首），末云：“凡诗赋皆从韵生，大约押官均宜新，押险均宜稳，生均则熟押，熟均则生押，多均则少押，少均则多押。”此即彦和所云“使生事宜熟，使熟事宜生”之故智，然肯一语道破之，亦殊为初学者津逮也。

1938年2月13日

《西京杂记》：“陆贾曰：‘灯火花得钱财，乾鹊噪行人至。’”今南北语犹存此意。吴谷人有《灯花赋》“粲动双葩，嫣含一穗，露深碧之蜻头，罥微赪之蝇鼻。何大喜之莫禁，借幽烛之能媚”云云，亦本此语。

《赋学正鹄》中神韵类十余首，大率劳人思妇，即言情之作。吴（谷人）尤（西堂）二家尤极哀感顽艳，左徒香草，靖节闲情，契契苦心，脉脉绮语。采菱莺脰，寄语意中之人（谷人有《采菱赋》《莺脰湖观鱼赋》）；落花玉斜，痴怀逝者之水（西堂有《落花赋》《玉钩斜赋》。炀帝丛葬宫人处）。或则苹花水外，莲子桥西，待江上之船，觅波心之藕。但见路黑波塘，气凉菰葑。念一棹兮何之，剩白云兮相送。隔浅水兮芦花，愿与子兮同梦。或则潇潇隄柳，猎猎悲风。红心满地宫人草，碧血千年帝子花。蔓草孤青，丛条尽绿，悲别离兮，自古孰能，喻我落花之哀，可为落花依草，游丝飏空，起灭无端，俛仰自失者也。

1938年2月14日

梦秋挟书而至，盖视君家所募寡有者，其书伊何曰《初学记》三十卷，唐徐坚等奉敕撰，自天部以下分二十三部，三百一十三子目（江左书林仿内府刊本），其例前为“叙事”，次为“事对”，末为“诗文”。《四库提要》云：“其叙事虽取群书，而次第若相连属，与他类书独殊。”“在唐人类书中，博不及《艺文类聚》，而精则胜之。”如“文字”条下“叙事”引《易》“结绳”，《帝王世纪》“苍颉造文字”，《说文序》“六书八体”，下逮魏晋以下数十种。“事对”（效奎、六书、悬针、铜隐、垂露、星离、取夬、八体、倒薤、金错、偃波、云布、六义、视龟、秦篆、删旧、秦隶、八法、变鸟、周籀、蠲烦、汉草）。“诗文”如干首。有爱其书者曰：“非止初学，可为终身记也。”

日昳祀先，以上元节祭也，语曰时忌八节，应以元旦、上元、清明、端午、中元、中秋、冬至、除夕为八节，而俗例加正月初二日，十月十五日二节（《左传》：“凡分至启闭，必书云物。”《疏》：“凡春秋分、冬夏至，立春立夏为启，立秋立冬为闭，用此八节之日，必登观台，书其所见云物气色”）。就中正月二日最为无据，《岁华纪丽谱》：“咸通十年正月二日，街坊点灯张乐，昼夜喧阗。盖大中承子之余风。由此言之，则唐时放灯，不止上元。”亦非祀先之节，上元者，《白六帖》云：“正月十五日为上元。”《卷施阁·释岁》云：“按上元、中元、下元，本道家之语，始见于《白六帖》，称《唐明皇实录》云：‘三元日，宜令崇元学士讲道德、南华等经。’”然唐时类书尚无有列及十月朔日者，犹近古也，然则流俗所趋，但存礼意而已。

家庙落成于光绪己卯五年，明年一周甲子矣，成规具在，肯构攸艰，唐柳玭《戒子书》曰：“成立之难如登天，覆坠之易如燎毛。”言之痛心，尔宜刻骨，此子贡所以不敢去告朔之饩羊也。

《因树山馆日记》第十二册

（1938年3月10日—5月10日）

1938年3月10日

有以苏老韩碑文中“匹夫而为百世师，一言而为天下法”二句破子曰“二字者莫与易也。”有以四个一字为破题中关节者，比入矮屋，题为“子谓子夏曰：‘女为君子儒，无为小人儒。’”窘而求诸邻舍生，生援笔与之曰：“品一而儒不一，圣人一勉之一勖之也。”然而春风漏矣。破题之事，由来已旧，汤稼堂《律赋衡裁》云：“唐人试赋，极重破题。”韦象《画狗马难为功赋》云：“有丹青二人：一则矜能于狗马，一则夸妙于鬼神。”吴学士融方构是题，见之，遂焚所著，其价重一时，迄今观之，亦不过疏解明晰耳。陈佑平《权衡赋》起句云“俾民不迷，兹器维则”，八字典重而浑成，殆欲与“日华天鉴”之句并驱中原矣。

按宋人律赋，起手亦极重制题，宋祁《王畿千里赋》云：“测圭于地，考极于天。风雨之所交者，道里之必均焉。”

郑獬《圜丘象天赋》起句云：“礼大必简，丘圜自然。”（丘字以宣圣讳，避作𠀉。惟圜丘字样不避。李慈铭会试如此作，考官不知此事。又落解。）语极浑括而肃穆。滕甫破题亦云：“大礼必简，圜丘自然。”以第一人自命，见郑句为之心折。及唱名，郑果第一，滕次之。当时以“比德重天鉴，祥开日华”，但通篇未见出色处，不逮《日五色赋》远矣。

李易安《打马赋》（打马，弹棋之类，易安《打马图》）云：“绕床大叫，五木皆卢；沥酒一呼，六子尽赤。平生不负，遂成剑阁之师；别墅未输，已破淮淝之贼。”意气豪放，殊不类巾帼中人语。

苏轼《通其变使民不倦赋》云：“制器者皆出于先圣，泥古者盖生于俗儒。”则敦穆之风已替，开后来制义之习矣。接云：“昔之然今或以否，昔之有今或以无。将何以鼓舞民志，周流化区？王莽之复井田，世滋以惑；房琯之用车战，众病其拘。”寓议论于排偶之中，自是坡公一派才气，排傲而率易之诮，在所不免。

清何栻《齐姜醉遣晋公子赋》以“新人燕笑，故国乌啼。心寒金玦，梦熟璇闺”十六言开局，敦琢辞藻，笼盖全篇，当日馆阁，有口皆碑，作文之法，何不如此。

《喜雨亭记》首句“亭以雨名”破题字，次句“志喜也”并破题意。《昼锦堂记》首四句亦破题法也。

《兰亭诗集序》首四句是序中之序，第三四句“会于山阴之兰亭，修禊事也。”亦一句破题字，一句破题意。五尺之童所耳熟者。

《岳武穆奉诏班师试帖》首二韵云：“十二金牌去，班师一日中。将军方破敌，宰相竟和戎。”一韵破题字，一韵破题意。以及奏折呈状首数句主语，何尝不如此。千金之方，不值一语，道破此类是也。

1938年3月17日

裴度《铸剑戟为农器赋》开篇云：“皇帝嗣位之十三载，寰海镜清，方隅砥平，驱域中尽归力穑，示天下不复用兵。”是何等开国气象。

韩愈《明水赋》中段正写一笔云：“寂寂天清，烟消气明，桂华吐耀，兔影腾精。聊设监以取水，伊不注而能盈。”从空处着笔，光华四映，尤极典重。

李远《题桥赋》云：“昔蜀郡之司马相如，指长安兮将离所居。”用直起法。末云：“追寻往迹，先知今日之荣；拂拭轻尘，宛是昔时之字。”清新可喜，而古意渐失矣。《蝉蜕赋》云：“擘肌分理，有谢于昔时；露胆披肝，请从于今日。”又云：“便有凌空之意，还生去故之思。”借题寄意，科目取士后然矣。

林滋《小雪赋》云：“边城一望，龙山之净色犹稀；上苑再瞻，凤阙之清光未遍。”又云：“微交月影，天边之孤雁应迷；稍助山明，松际之浮烟已失。”四七句法，子山开之，唐赋中常见，波涛壮阔处，非宋人所及也。

白敏中《息夫人不言赋》结云：“势异丝萝，徒新婚而非偶；华如桃李，虽结子而无言。”每诵“李答苏书”，倾倒而出，愤懑于中，触而即发，及至“然陵不死”者一转，笔力顿弱，气馁为之也，呜呼，千古艰难惟一死，伤心岂独息夫人。

蒋防《姮娥奔月赋》结云：“闺中结恨，感予于三五之时；笛里传情，听我于关山之曲。”从题外回视别人意中，一着想而得，说似废话，而恰是人情细腻，风光挹注不尽。

宋言《敦鸡鸣度关赋》“念秦关之百二，难启狼心；笑齐客之三千，不如鸡口”一联，已为王伯厚所激赏。“回瞻满坐，皆默默以无言；散入荒村，渐胶胶而不已”，以无声衬有声，与《息夫人不言赋》同一机轴也。《渔父辞剑赋》云：“酬仁报惠，诚多公子之心；害义伤廉，且异老夫之意。”圆转如环，其失也流。

贾餗《蜘蛛赋》结联云：“睹在户之呈妍，尔功既就；惭闭门而守拙，吾道如何。”亦善于附丽者。

黄滔《送君南浦赋》入手从空中荡漾而出：“南浦风烟，伤心渺然。春山历历，春草绵绵。那堪送行，客起离筵。”

王棨《沛父老留汉高祖赋》正写一笔云：“隆准龙颜，昔是故乡之子；捧觞献寿，今为率土之人。”婉致动人。

1938年3月21日

王勃《九成宫东台山池赋序》云："侍郎张公，雅思沉郁，永怀梓匠，式侔仙造，聿构灵台。仙波成止水之源，卷石俨干霄之状。虽流波覆篑，俯藉人机，而布叶攒花，妙同天绘。"运笔流动，真有脱手弹丸之致。

赋中炼字精腻铮响，学之不尽也。如"骤冲情于月道，飞峻赏于烟墟"之"骤"字、"飞"字，今文法家分隶自动词，此作他动词用，便觉栩栩欲动。"复嶂烟回，攒溪雾错"之"回"字、"错"字，用以形容"烟"字、"雾"字，便非常语。

宋之问诗"江回云壁转，天小雾峰攒。"从"回"字炼出"转"字，从"小"字炼出"攒"字。中唐人所擅场也。

"规叠巘于盘龙，宪飞泉于挂鹤"之"规"字、"宪"字，用作拟度之意。"岫蕴玉而虹惊，浦涵珠而星落"之"惊"字、"落"字，并经洗炼工夫。"尔其危岑漏影，曲渚留寒。高松偃鹤，清筱吟鸾。"四个动词。"若乃岭横鸡秀，波连凤液。花鸟萦红，蘋鱼漾碧。"四个腰字皆是。末段"峰深夜久，潭静秋新。荷抽水盖，薜引山茵。雪芝献液，露菊倾津"六句，尤极意锤铸，金钢百炼之后，乃有绕指之柔，非可与妙手偶得者同科而语。

1938年3月23日

附报一纸，为《湘人赵恒惕劝吴佩孚善保晚节》一书，亘二千言，录其末段，云：

"嗟乎，玉公流芳遗臭，定于寸衷。泰山鸿毛，争于一瞬。潭西之威，未可降西山之节。吞纵之强，岂能反蹈海之志。苏武励冰节之操，而蛮貊犹嘉。李陵受毡裘之宫，而神魂亦苦。公之生平，不尝以关、岳自命乎。壮缪芳踵，坚谢魏封。武穆悲吟，思餐胡虏。高风亮节，千古凛然。汉宋虽亡，而二公不泯。伏望循兹良彩，争烈前徽。昔之三不誓言，中外传为美谈。愿崇笃斯义，扩而宏之成三不朽，为天下后世范也。"（署三月十四日）

1938年4月12日

"桓玄性苛细，好自矜伐。主者奏奏事，或一字不体，或片辞之谬，必加纠擿，以示聪明。尚书答诏误书'春搜'为'春菟'，自左丞王纳之已下，凡所关署，皆被降黜。"（《通鉴·晋纪》卷百十二）史言其为政不识大体也。

"隋初有以华艳之词入章奏者，文帝以付有司治罪。"史许其识大体也。

“桓玄至浔阳，于道自作《起居注》，叙讨刘裕事，自谓经略举无遗策，诸军违节度，以致奔败。专覃覃思著述，不暇与群下议时事。《起居注》既成，宣示远近。”史讥其失轻重也。

今有人于此日日作记，所记者无关大计，亦将毋同之字掾乎。

1938 年 4 月 13 日

古文辞家所言“义法”，语出《史记·十二诸侯年表序》：“孔子明王道，干七十余君，莫能用，故西观周室，论史记旧闻，兴于鲁而次春秋，上至隐，下至哀公之获麟，约其文辞，治其烦重，以制义法，王道备，人事浃。”《易》曰：“言有物，言有序。”《书》曰：“辞尚体要：物即义也，序即法也，体即法也。要即义也。”

僧道潜论杜诗云：“‘楚江巫峡半云雨，清簟疏帘看弈棋’，此句可画，但恐画不就尔。”

《元史》：“姚燧，尝以所作就正许衡，衡赏其词而戒之曰：‘文章先有一世之名，何以应人之见役。非其人而与之，与非其人而拒之，皆罪也。’”

全谢山《文说》云：“子云《美新》贻笑千古。它如退之《上宰相书》《潮州谢上表》《祭裴中丞文》《京兆尹李实墓铭》，放翁《阅古泉南园记》《西山建醮青词》，皆为白圭之玷。”按《南园阅古泉记》为韩侂胄而作，朱晦翁固尝云：“放翁，能太高，迹太近，恐为有力者牵去，不得全其晚节也。”

1938 年 4 月 14 日

“夏主勃勃征隐士韦祖思。祖思既至，恭惧过甚，勃勃怒曰：‘我以国士征汝，汝乃以非类遇我！汝昔不拜姚兴，今何独拜我？我在，汝犹不以我为帝王；我死，汝曹弄笔，当置我于何地邪。’遂杀之。”（《通鉴》一百十八卷）勃勃夏夷，何尚知人世间有史笔事。受书三十年，至丙寅丁卯始悉子谓南容之旨，孙盛《春秋》且托籍国外而后传真。呜乎，自全之难也，旧矣。

曾涤生《复李眉生书》有云：“来函询虚实、譬喻、异诂三门。阁下现读《通鉴》，即就《通鉴》之字偶一抄记，他人视为常语而已。心以为异，则且抄之，或明日视为常语而今日以为异，亦姑抄之。久之多识雅训，不特譬喻、虚实二门可通，即其他各门亦可触类而贯澈矣。”此文正自绳之法，服膺已久，更记于此。

姚惜翁《答鲁絜非书》畅言阴阳刚柔之旨，谓“文者，天地之精英，而阴阳刚柔之发也。”曾氏演之，析而为太阳太阴少阳少阴四象，以气執[①]之类、趣味之类、识度之类、情韵之类当之。盖申姚氏之意，尝选文以实之。而授其目于吴挚父、张廉卿。张又二十字分配阴阳，谓“神气势骨机理意识脉声，阳也；味韵格态情法词度界色，阴也。”又文正与吴南屏书云：“字字若履危石而下，落纸乃迟重绝伦。”此境似亦当属阴柔。近秋园先生课学海书院，多士罕譬多方以传此秘。然亦非好学深思者不能得之。

姚永璞（仲实）云（《文学研究法》）：“唐末繁缛之文，历五代以至宋初而不可革，但繁缛必词胜于理，甚者或流媟黩，或入轻靡，弊视险僻为更甚。故宋之君子多非之，柳开、穆修之徒是也。开之学及身而止，修传与尹洙，洙与永叔为友，永叔始亦工骈俪之体，由洙乃为古文……然永叔与南丰、眉山皆变退之之奇崛而为平易，临川差近退之，要亦不过峭折而已，未能雄浑也。”

陆放翁《壬子九月夜读歌诗稿有感》云：“我昔学诗未有得，残余未免从人乞。力孱气馁心自知，妄取虚名有惭色。四十从戎驻南郑，酣宴军中夜连日。打毬筑场一千步，阅马列厩三百匹。华灯纵博声满楼，宝钗艳舞光照席。琵琶弦急冰雹飞，羯鼓手匀风雨疾。诗家三昧忽见前，屈宋在眼元历历。天机云锦为我用，翦裁妙处非刀尺。世间才杰固不乏，秋毫未合天地隔。放翁老死何足论，广陵散绝还堪惜。”所自道其经历者如此。

老杜云：“新诗改罢自长吟。”山谷长年多定前作。《容斋续笔》云：“荆公绝句‘春风又绿江南岸’，原稿‘绿’作‘到’，圈去，注曰：‘不好。’改‘过’字，复圈去，改为‘入’，旋改‘满’。凡如是十余字，始定为‘绿’。鲁直诗：‘高蝉正用一枝鸣。’初用‘抱’，又改曰‘占’，曰‘在’，曰‘带’，曰‘要’，至‘用’字始定。”可见文不加点，亦妙手偶得时然耳。

【注释】

①埶：古通“势”。

1938年4月19日

《通鉴》（一百二十七卷）：“柳元景以舟舰不坚，惮于水战，乃倍道兼行，丙辰，至江宁步上。”胡注：“江宁县临江渚，然则步者江边也。”任昉《述异记》：“水际谓之步（吴中有瓜步，见史文）。”《青箱杂记》：“岭南谓村市为墟，水津为步。”按今之浦、埠、埔等，皆音近义同。今粤人凡舟抵岸，并曰“到步”。可知魏晋以来吴越常语如此，至今习用之。

今曰“口令”或曰“口号”，刘宋时曰“姓号”，宋纪泰始二年《通鉴》云：“时（王）玄谟未发，前锋凡十军，络绎继至，每夜各立姓号，不相禀受。（沈）攸之谓诸将曰：‘今众军姓号不同，若有耕夫、渔父夜相呵叱，便致骇乱，取败之道也。请就一军取号。’众从之。”是也。

宋明帝中军录事参军周朗一疏，以为：“毒之在体，必割其缓处。”“又三年之丧，天下之达丧。”“又举天下以奉一君，何患不给？一体炫金，不及百两，一岁美衣，不过数袭；而必收宝连椟，集服累笥，目岂常视，身未时亲，是椟带宝、笥著衣也。”“侈丽之源，实先宫闱。又，设官者宜官称事立，人称官置，王侯识未堪务，不应强仕。且帝子未官，人谁谓贱？”“凡无世不有言事，无时不有下令。然升平不至，昏危相继，何哉？设令之本非实故也。”书奏，忤旨，自解去职。

顾美哉此疏也，其有古谏臣之遗乎？明帝诏求直言，而朗表又以忤旨闻，故温公云：“宋之善政于是乎衰。”

1938年4月20日

晴。淡雾，食时七十九度。午课完而澡，南窗之下，万物欣欣。上晡有急雨。……温公善棋，故其言棋尤精辟，《宋明帝纪》一卷之中，其君臣棋者两见（一百三十三卷），“上好围棋，棋甚拙，与第一品彭城丞王抗围棋，抗每假借之，曰：‘皇帝飞棋，臣抗不能断。’上终不悟，好之愈笃。愿又曰：‘尧以此教丹朱，非人主所宜好也。’（上文言：‘上以故第为湘宫寺，备极壮丽。虞愿侍侧，曰：此皆百姓卖儿贴妇钱所为’）上虽怒甚，以愿王国旧臣，每优容之。”又“上疾笃，虑晏驾之后，皇后临朝，江安懿侯王景文以元舅之势，必为宰相，门族强盛，或有异图。己未，遣使赍药赐景文死，手敕（从支束，耻力切）曰：‘与卿周旋，欲全卿门户，故有此处分。’敕至，景文正与客棋，叩函看已，复置局下，神色不变，方与客思行争劫。局竟，敛子内奁毕，徐曰：‘奉敕见赐以死。’方以敕示客。中直兵焦度赵智略愤怒，曰：‘大丈夫安能坐受死！州中文武数百，足以一奋。（王景文时为扬州刺史）’景文曰：‘知卿至心，若见念者，为我百口计。’乃作墨启答敕致谢，饮药而卒”云云。不知明帝不肖何如丹朱，而景文之死，视北海二子尤从容矣。

胡注引胡旦说曰：“以棋为易，则聪明者而或不能。以为难，则愚下小人往往精绝。”以今观之，何独不然。

1938年4月27日

薄黔。

读《杜工部文集》（读书堂本，滏阳张溍评注）。

人各有能有不能，其称能者，必有其独至之处。“夫属碑之体，资乎史才，其序则传，其文则铭。”（《文心雕龙·诔碑篇》）“东坡文章盖世，而碑非所长，足谂此言之信。”（纪晓岚评语）“沈约谓勰书深得文理，常陈诸几案。”（《南史·刘勰传》）“而史事非其当行，史传一篇，文句特烦，约略依稀，无甚高论。”（节纪评语）

工部诗集，万古江河，缀文之士，剪裁一二，往往凌轹常辈，雄视一时。然则公自为之“池塘生春草”之句，宜乎满卷皆然矣。《后村诗话》亦有云：“前人谓杜诗冠古今，而无韵者不可读。”私窃疑之，今存《集》中不盈四十首，惊心动魄，一字一缣之作，不可必得，要其遒丽婉至，高下皆宜，则不能概以诗名掩之也。

如《唐故德仪赠淑妃皇甫氏神道碑》文写殁时之状，云：“月氏使者，空说返魂之香；汉帝夫人，终痛归来之像。”其写玄宗也：“天子悼履綦之芜绝，惜脂粉之凝冷，下麟凤之银床，到梧桐之金井。”其末归到立碑诔后之意曰：“望阙塞之风烟，寻常涕泗；怀伊川之陵谷，恐惧迁移。于是下教邑司，爰度碑版。甫忝郑庄之宾客，游窦主之园林，以白头之嵇、阮，岂独步于崔、蔡？而野老何知，斯文见托；公子泛爱，壮心未已。不论官阀，游、夏人文学之科；兼叙哀伤，颜、谢有后妃之诔。”皆盛唐之音也。

《祭故相国清河房公文》云：“岂无群彦？我心忉忉。不子见君，逝水滔滔。有车爰送，有绋爰操。抚坟日落，脱剑秋高；我公戒子（琯子孺，为刺史），无作尔劳。敛以素帛，付诸蓬蒿；身瘗万里，家无一毫。”末云：“致祭者酒，陈情者文；何当旅榇，得出江云。”盖人遇知己，情笃者文自佳也。

《杜氏墓志》末结云：“甫昔卧病于我诸姑，姑之子又病，问女巫，巫曰：‘处楹之东南隅者吉。’姑遂易子之地以安我，我是用存，而姑之子卒，后乃知之于走使。甫尝有说于人，客将出涕感者久之，相与定谥曰义。君子以为鲁义姑者，遇暴客于郊，抱其所携，弃其所抱，以割私爱（齐攻鲁，至郊，见妇子弃子抱侄，遂回军，曰：‘妇人犹持节行，况朝廷乎’），县君有焉。是以举兹一隅，昭彼百行，铭而不韵，盖情至无文。其词曰：‘呜呼，有唐义姑京兆杜氏之墓。’”尤见语藻气质。

说丑。《说文·鬼部》：“丑，可恶也。”窃以为丑尚未极可恶，而炫其丑者乃极可恶。或美或丑，大率禀之自然，而非人之所能为，以其丑也而恶之，宁得谓人心之平所可恶者。不自藏其丑，不自知其丑，故炫卖于人人之前，以其丑为不丑，而不知人世间有羞耻一事，是殊令人不可终日耳（比有人投其所作，题曰《龟义》，记此则）。晡后招唐秋先瀹茗，且对三局。客去。读《通鉴·齐纪》二卷。

1938年4月28日

《越缦日记》每于日下怪事，辄云“不如此不成为京师也。”《齐高祖纪》（建元元年）：“帝以建康居民舛杂，多奸盗，欲立符伍以相检括，右仆射王俭谏曰：‘京师之地，四方辐凑，必也持符，于事既烦，理成不旷。谢安所谓‘不尔何以为京师’也，乃止。”语有自出者如此。

袁项城称帝洪宪八十一日，湘潭王闿运致电劝进，称引《楚谶》有“衰老余生，重睹天日”之语。刚甫语予曰：“是何为享世之大年乎，倒不如未腊而殇之为愈也。”萧齐废宋顺帝为汝阴王，以褚渊为司徒，宾客贺者满坐，褚炤叹曰：“彦回少立名行，何意披猖至此！门户不幸，乃复有今日之拜。使彦回作中书郎而死，不当是一名士邪？名德不昌，遂有期颐之寿”云云。语意正同。

《齐纪》云：“齐之境内有州二十三，郡三百九十，县千四百八十五。魏分置州郡凡三十八州，二十五在河南，二十三在河北。”齐之境土蹙于宋大明之时矣。

1938年4月29日

晴。晨七十六度，和爽可浴。

早课未竟，闻惊入穴，禺中解铃，又往授业。入图馆假读《湘绮楼文集》，《到广州与妇书》后半所传，此中人语，似是而有非者，文人弄笔，兴到笔随，特借录之，等诸稗乘。书云：

“冬水尽涸，舟楫无利，始以季冬六日至于广州。此州实四宅之南交，荆州之下徼。自汉讫今，繁富有名，往在他方，闻彼土人说其物产，矜炫殊绝，云甲天下。及躬览风物，考之图志，要其土俗，可得而言焉。州为秦南海郡地，《山海经》所谓贲禺。郭景纯云今番禺也。姚文式言：城东南偏有水坑陵，此县人名之为番城，倚其上在番山之隅也，城始筑自越人公孙偶，号曰南武。楚威王时，有五羊衔谷穗之瑞，乃增筑楚亭，城周十里，号五羊城。及任嚣、赵佗始成都会。吴步骘又廓番山之北。及宋筑子城、瓮城，又增两翅以卫居民。明永嘉侯朱亮祖，始连三城为一，即今省城制也。市廛逼窄，第宅坚狭，街衢垢秽，无洁清之容。民言侏儒，贪利好奢，自外中国，别为风气。地性蒸暖，易生疾疫，蚊蝇乘其昏运，蛇鼠充其毒食，瘴厉风淫，尤多盲女，昔人言之详矣。岛夷杂糅，诡服殊形，刀剑火枪，纵横于路。民无正业，习为博盗，白昼攫金，露刃连队，不知其非法也。俗取周兴嗣《千字文》，列字八十，分为一章，四分取一，任人射覆，凡出三钱，许射一条，由一至百千万不限。字数全中，其利千倍，一钱之资，偿以十金。国人若狂，梦想颠倒，号日白鸽标，此敛财之巧术也。意钱掷骰，割肉悬壶，藏钩摩牌，皆供赌输。愚者倾家，智者疲神，古博徒所未闻也。

凡倡女野客，多乐隐蔽，独此邦中，视同商贾。或连房比屋，如诸生斋舍之制；或联舟并舫，仿水师行营之法。卷发高尾，白足着屐，燕支涂颊，上连双眉，当门坐笑，任客择视。家以千计，人以万数，弦唱撮声，尽发鸩音。远游之人，窈窕之性，入于其间，若饱虎狼，斯实男女之一厄乎？

异物恒产，来自番舶，土人所甘，良亦奇诡。菜必生辛，羹必稠甜。若夫槟榔酸涩，蕉子甘烂，薯重十斤，芥高七尺。君迁小柿，新会大橙，不含霜雪，多复皱腐。腌橄榄以盐豉，取蚁粪为奇南。榕树不可爨，木棉不可絮。奇器巧制，则故贱其直；水火菽粟，则尽昂其贾。陆生所记南越之境，五谷无味、百花不香者，信非他方之所取也。冬至初过，桃荣梅落，馀花生红，多不辨名。但有其质，了无其姿，亦何取于长春乎？

邦人市海鲜，别为厨馆，则有鲨鱼之翅、海蛇之皮，章举马甲、鲢鳈天蚝、咸蟹龙虾、雄鸭腊鹑，腥秽于市井，纷错于楼馆者，不可胜计。又俗好烧炙，物喜生割，操刀持叉，千百其徒，乞人待肉食而餐，宾筵以多杀为豪，婚礼烧猪，辄列数百。俗无羞耻，取妇以得女为奇，床笫之私，守宫之验，明告六亲，夸以为荣，知礼之家亦复随俗，'亦既觏止，我心则降'，此尤可笑叹者也。

通商之夷，何止百种。蟠据城府，傲兀大官，屈心事之，唯恐不欢，况敢设备豫乎？外郡土客，仇杀不已，且不受官劝，谁能用武？乡村族居，多建炮台，县官催科，动必发兵，幸而战胜，惧乃纳税。省中录囚，日屠百人，皆无辜之穷老，受钱而代死。子卖其父，如犬羊然，轻命嗜货，三纲绝矣。朝富则为大豪，夕贫则充盗魁。昔南汉刘鋹，奢僭自雄，乐倮逐之戏，制烧煮之刑。今久渐皇风，尤为恶俗，若夫猛厉廉正，贵士贱商，先教礼让，后禁淫盗，则伊川之野不百年而为戎乎？尉佗文理以止斗，陈祖奋武而勤王，彼何人哉！彼何人哉！"

此书首尾尚有千余言，谑浪笑敖，洸漾恣肆，归遗细君，非备信史，书中亦云："比读庄生之文，悟其玄旨（玄本作元），知物论生于是非（按《文心雕龙·论说篇》云：'是以庄周《齐物》，以论为名；不韦《春秋》，六论昭列。'纪评云'物论二字相连，此以为论名，似误。同年钱辛楣云：'自是非彼者物论'），生死累于形骸，颇欲逍遥，以化成亏。"此其徒杨度所以挽之曰"旷代圣人才能以逍摇通世法（下联：平生帝王学只今憔悴愧师门）"也。

记前年秋，节阅完《湘绮日记》起于四十四岁讫于八十四岁，其间无纪粤游事，然则致此书时，方在强仕之前，笔不胜情，文过于质，在所不免，不必过事深论也矣。

又《济南与妇书》云："河洲雁宿，一看思归。舍下蟿鸣，居然萧索。每赏清研之境，适滋离别之情。且已秋愿夏，方怨年长。在莫思朝，又悲岁短。何以遣斯愁疾，聊代萱苏。此亦'元瑜书记翩翩，致足乐也'。"

《与曾侍郎言兵事书》，气概不可一世，笔势袭"赵良说商君法"，排傲甚矣。文四千余言，不可具录。

《上张侍讲启》云："盖闻一言之遇，金石无刊，将归之送，山川变色。况复逢孙阳于邢阪，望庾公于瞿塘。初受深知，便为惨别，使轺星返，远道尘昏。诵蓼莪于律山，寄飘蓬于异县。孝思行怨，悽怆何言，孤咏端忧，排回失据。每询驿使，知寓南昌，虽推靡至之怀，尤望俛贤而就。旅餐溢米，非曰制情，勉顺经言，以保康节。闿运居微守贱，昼察夜观，支废愧于林宗，身世悲于傅燮。常恐吴楚之际，渐益干戈，宛洛之游，徒索冠盖。歌蘩霜之，生我嗟行，国之勿思，逐逐荣名，惧羞知己。但思从郑里，暂避黄巾，庶几雄亭，不求丹毂。末由之慨，劳也如何，斯彦和所谓'敛饬入规，促其音节，辨要轻清，文而不侈'者非邪。"（《奏启篇》语）

春将归矣，尽此一夜。故园孤秀，实怀我心。客馆踽凉，颇乏携手。夕阳欲下，倚树观人。抟鞠儿辈书，言因树山馆培栽方勤，不以无人，郁而不芳。自我不见，云谁之思。夜存对客二局并佳。（让先八十着胜，得先三十二着胜。）

1938 年 4 月 30 日

晴。家书来即复。

是日本有事文院，已戒行矣。轧轧东来，皇皇北遁，不如其已，无可奈何，与木石居诵《湘绮集》，哀吊诸作，尤移我情，湘友交游，半出门下（杨皙子、杨重子昆仲辈），姬息物故，具存记中（前年阅竟《湘绮日记》），心曲情澜，颇能得之，使事遣词，学焉而未至者多矣。

如《莫姬哀词》云：“子虽在贱，顾瞻辽卓。要以樵汲，众歎子诺。余果长贫，终身劬作。糟糠命也，孰妾而安？余生傲世，何子之安？（全段记已节入前年记）”

《帅芳哀词》序云：“钟氏女嫁未逾年，忽然而夭，秋清孤坐，感念生来，詅以悼之，傥知余恸（《康熙字典》引《说文》詅，同吟。按《口部》吟下云訡，吟或从音）。”诔云：“露莲池侧，冰梅院阴。徘徊自赏，欢怨何深。遨嬉能几，葛覃成体。入峡题诗，升堂习礼。”又云：“鹃啼尽血，膏热长煎。既无生理，翻有尘缘。九死不死，承欢暂欢。谁云百世，难周一年。”又云：“哀郢九章，咏怀八二。恨与天长，音随笛吹。湘楼夜夜，秋月皑皑。居子十年，一日千回。看山履屋，折槛攀梅。昔诃尔去，今望魂来。”

《王仲章碣铭》云：“德音若存，黄鸟在桑。灵瞻二亲，魄奠中乡。悲乐所生，于来旁皇。胡不少留，俾我无相。考槃斯丘，养养茫茫（《诗》：“中心养养。”忧不定貌）。”

《黄司使诔》云：“倚闾何见，见子孤柩。素马入门，为君踶踣。昔闻鼓角，震荡江风。今来丘陇，寂寞山松。人寿百年，谁能独久。惟吾与子，念其速朽。知我犹辱，毁我为亲。显晦之迹，盖不在人。”

《罗季子诔》云：“园中之桃，窘雨初蔫。春华必达，霁则皇然。何期之子，未壮而遄。死生阔矣，心望长帽。”又云：“膏明未融，谁谓其煎。粪生之夭，倍徙君年。”信夫辞哀韵长，壹似重有忧者矣。

属者粤讴夷歌，洋洋盈耳，鞮鞋曳屣，冉冉登堂，无怪齐明世祖，辒辌在门，明帝内奏胡伎，鞞铎之声，响震内外，是以先王黈纩塞耳，前旒蔽明，欲其废耳目之近用，推聪明于四远也。

入市畏机，机遁又甘废业，比昏倦矣。自校《竹香斋谱》三集，二更对秋先二局，有一佳者，置新册子存录。

1938 年 5 月 4 日

记京剧绝伎。《打棍出箱》之鞋，《王佐断臂》之臂，潞州城之刎倒。并皆妙绝，学步为难。

事是谭鑫培去范仲禹问樵闹府，描写妻女被掠权门，痴狂欲绝之状，手无寸铁，脱鞋代砖，举足一扬，穿鞋适落头上。后之作者，祖其法而不得其伎，以手脱鞋戴诸顶上者比比矣。

杨瑞亭素以硬脚软腰为武生独步，其去潞州城之陆登也，城破自刎而尸不仆，金兀突搜得遗孤，矢为抚养，盥而抚之，没而犹视，卒易其词曰："敢不戒杀，以全潞州城之民者有如河。"陆目乃瞑，尸徐徐直立僵至过四十五角度时，方一蹶而仆。观者非及此莫肯引退，良以他伶莫或及也。

此遗孤即陆文龙，金兀突负为义子，未冠而善轮铁锤，宋军为之披靡。今传为"八大锤"一出，鄂人王佐用苦肉计，自断左臂，流落金营，貌为丐者，说书打动文龙忠孝之良，迫出陆潞州殉城往事。余叔岩亦鄂人，扮演王佐栩栩如生，方演断臂时，唱流水板三句：袒左臂几上，右手挥力自斫，痛极腾跃，凌空翻一筋斗，挺身横仆，急缩左手，检场者隐于几侧，掷出假臂，适紧接左肩与右手拳曲，左右相称，痛定而觉，乃接唱倒板第四句。予历观三次，不越法度，此检场者亦负绝伎矣。

夫昆乱变而为皮黄，为秦腔。越缦记中三致太息。予生也晚，犹及见皮黄之嫡派，今亦浸替矣，从隆从污，岂独伶官也哉。侯朝宗所为深慨夫"高岸为谷，深谷为凌"，不禁为老伶一哭也。（同席江生能弹飞鸟，述其父能追所投之物，而弹之应响坠地。因各赌说奇伎，此其一则也。）

1938 年 5 月 5 日

记绝伎（二）：

有镊匠方为武生剃，忽挥刀额上，一蝇腰断，头角依然。武生惊，既定，曰："尔以我额展汝伎乎。"乃缚匠于树，扣金射之，矢三发，镞皆摩耿而过（耿，《说文》："耳箸颊也"）。释弓夷然，曰："我伎何若也？"适有卖油者过之，曰："熟耳。"生抚然曰："嘻，熟耳云乎哉。"卖油者两手舁油罍注油油瓶，瓶之口不容食指，而油蜿坠如贯珠，如游丝，问需几何？如量而止，不令一滴濡瓶口，称之适供所求，亦释罍睥睨曰："是亦熟耳。吾卖油三十年矣。"（此事忆经入记，它日检出，可比挈字数多少。）

……

1938 年 5 月 6 日

晴。

自辰达申，举烽未解。抽授馆课，间入兰台，假得镇海姚某伯燮《复庄骈俪文榷》八卷读之，某伯于道咸之际有藉藉名，其操胜朝《骈文类苑》选政，不无高下在心之诮，今观其文，佳者峭丽而时有纤沓之失，《叶仲兰文学诔》可无讥焉：“钟期逝矣，忍后鼓高山之琴；张劭归时，傥及执西门之绋。用抒悁邑，待铭旌幡，其辞曰：天门洞灵，蜷兮烂昭。眇不可眄，矧云梦要。畴宜曼寿，孰云陨彫。瞑瞑旷旷，若息若消。呜乎哀哉！惟我仲兰，研文尚核。智惭挈瓶，道羞寻甓。濬内境通，拓外馗避。胡书未成，而死相迫。呜乎哀哉！惟我仲兰，立行善闲。弗履崖崄，弗堕井眢。尚游近侠，弗沉弗殚。胡志未遂，而死为患。呜乎哀哉！仲兰不死，力堪古抗。树帜一城，扫因提创。胪掌管荀，衡眉谊向。鸾采影兮，今复曷望。呜乎哀哉！仲兰不死，身堪世资。金光珧蔼，玮饰上仪。入隐弢介，出荣翊熙。骥足踠兮，今且曷期。呜乎哀哉！诼嫉扰躬，霜之乘卉。浏栗铄心，火之投水。灭韵瑟敔，放形缁洒。微我仲兰，胡能不死。呜乎哀哉！昔别仲兰，南河之涯。疏林山惨，高城日斜。送我行帆，目沉去鸦。恍如生也，而谓死耶。呜乎哀哉！惊讣遥传，潜魂难指。百念佪偟，气颓神萎。交十六年，离三千里。终予之生，不相见矣。呜乎哀哉！”

记绝伎（三）：

武昌方博泉校官精几何学，善拳善操琴，尤负无敌之伎曰“击台球（Bilyl-lete）”。若予辈以十点对其百点，莫或胜也。法置红白公球二，私球各一，以象牙为之，径三寸，执竿突之，球走台上，仅冲一球，或不中，即失先手，看敌发竿，红球之冲，第一球必欲中红球，被中者展转击中它一球者，作一点计，中二球者三点，中三球者五点，能者可不释竿，顷刻百点矣。但见满盘走动，回荡反射，仅用一投射角等于反射角之定理，而泛应不穷。又例过所限点数，而盈者以朒论，如十二点作八点是也。博泉既艰于遇敌，乃奉其独至之伎二三事，其一并列三球为一横线，中一球向后轻弹之突下一竿，球适切缝而过，正几何所为三球相切也，其旁二球丝毫不动，人皆叹绝，博泉曰：“此无它，适下竿时，竿尻稍高，使球受力冲缝时稍离台面，不过观者不辨之耳。”其二列三球为一直线，斜竖其竿突之，令球曲行绕过中球以击前球，此或号称球手者所能至也。其三则缓冲一球前与它球遇受击者不改其初击之者，折而回行，于是乎叹观止矣。十年不晤，书此怀人也。

1938 年 5 月 9 日

晴。旋黔，午雨渐密，凉意萧森，读书之乐。

姚某伯《复庄骈俪文榷》又曰《大梅山馆集》，刻本字体，颇依许书，其文亦多奇字，所为《仓帝史》《皇氏颂》，尤见其于《凡将》《训纂》诸篇，信乎，有同耆者也。序有曰：“或且以帝为有熊氏臣，与沮诵同官，偕封胡并列，天老，鬼臾区相左右，力墨、大山稽为后先。此其说自王充《论衡》俑之，宋衷《世本注》确之，朱谋㙔《邃古记》剿之，若《后魏书》，若郑樵《志》，弗庸置喙矣。”（按邑北仓颉庙，向以苍颉、沮诵并祀），谨按慎之自序曰：“黄帝之史仓颉。”曰：“仓颉之初作书。”

段注引卫恒《四体书势》云："昔在黄帝，创制造物，有沮诵、仓颉者，始作书契，以代结绳。盖二人皆黄帝史也。"诸书多言仓颉，少言沮诵者，文略也，今录《姚颂》如左：

四太混初，黑头颛愚。含三所朕，可戬可舞（戬音翦，《说文》："灭也"）。九头五龙（《史记》："自人皇以下有五龙。"姚氏原作龍），合雒连逋。钦嚽代令，不设帑觚。（钦，《说文》"幸也"，与凯、几同。嚽，《说文》："野人之言也。"）穆穆帝颉，凌驾顼佶。（《史记·三代世表》帝佶。《集均》均同喾）頵挺如虬，并明丽目。灵宝金钩，受真天篆。演以启传，正形自然。赨溜模象，科斗蜒蜒。（赨，徒冬切。赤虫也。又通雄。）鼆而得敫，十六奎躔。（敫，以灼切。《说文》："光景流也。"）搜舆索纬，明凿聪镌。形领谊包，娩縠而蔓。太极因昷，仪象充万。聿之为书，相札为券。指掌棼胪，君察民宪。宪［章］昭大，察理揆伦。综之蘖屑，外范无垠。瞽用者偾，帝不受冤。讦扬者撰，帝岂任恩？九男拓囿，狟神守图（狟，本作駈）。三一摄道，玉堂阏符。绹闿辰放，知生几蘧。椓蠡兆域，臑曝皮茹。元奄运徂，未劚厥瓠。帝乃圻之，而萌其华夸。中皇结绳，经经纬纬。葛天权天，币综数会。祝诵畴瞰，苍牙易蔚。云媪连山，文昭仪贵。埏埴镜澄，苞仪九翙。惟帝俶之，以揭尔朦昧。邱索既亡，六籍斯举。尧舜文武，有帙有序。于以承之，周筐孔笞。六合灌膏，邕三谐五。实觐帝之光，克缵厥绪。西周以降，諠谎日纷。雕龙炙輠，肆𣃽汩伦（𣃽，《说文》"词之集也"）。破析谊律，曲致深文。擅乱自垔，黷黷猹猹。实惟帝之罪人。畀然阳晶，镌瞢罔蚀。载氿载防，江河胡塞？（氿，涸泉也。）万妙骈罗，帝均其极。于皇铄哉！式而则哉！胥购胥遵，畴能测哉？（购，《说文》："资也。诡伪切。"）

夕阳满山，归雁一阵。时雨正过，首夏清和。刁虽无口腹之殊甘，出不贪视聆之请赏。风尘长谢，寤言皆甜。二更月渐明，乌鹊南飞，虑有谋我者，戒钻燧夹衣之具以待之。

1938年5月10日

阅某伯《大梅山馆集》，可爱者殊多，如黄霁青太守《绿笺词序》云："当其夕，绮搜芬春，小系梦笛。尾涕下烟，心醉慵及。落日帆影，群峦翠横。明霜羸铃，千里沙远。黄河远上，春杨不青。乌鹊南飞，大江皆白。露莼天末，亦有季鹰之思；风絮城头，讵无方回之感。"诸联琢字倚声，并皆佳妙。

《陈孝女碑》接"而姑死矣"句下云："维时庭树未秋，为之陨叶，梁燕将雏，不忍辞垒，路人辍业，邻嫠舍机，视眂所集，曷不叹诵。"文有因境生情者，此则因情生景者也。

《陈处士（佐钧）诔》入后二韵，一写生离，一写死别，死丧之威，况也永叹，文曰："扁舟载幞，我匿我从。贅面虐雪，餐骨饕风。弟甘忍之，以为乐同。

虽旸所煦，彨此悦融。倏啾而蛬（《释虫》蟋蟀。蛬，注：‘今促织也’），倏唳而鸿。倏采而[illegible]（同虹），烂乎彤彤。倏扰而雺，堕乎懵懵。匪我于弟，冩谅弟衷。桦然烛红，醽醁泻空。上无瞰鬼，下有蛰龙。四山一白，明月挂穹。寂夜两影，寸心百春。画城濛濛，胡然晓钟。柳不可折，解珮结胸。此情恒辖，敢投罶蒙。呜乎痛哉！自兹而还，吾饮可辍，吾剑可掷，吾琴可裂。弟有老母，啜餔而泣。弟有孱妻，哀惨而血。弟有稚儿，强抱而绖。弟乃不思，而支而绝，而蚓于垤，而蚁于穴。谁为子朋，而不号咽。矧我与弟，在唇在舌，在磁若铁，在枢若楔。上星芒灭，下壑流竭。使我复来，不孑而孑。巫咸魋魋，王孙捐玦。太虚窅沦，陵穷腑啮。磔神器精，枉吾钩锲。引以苍鸾，祓以桃茢。盥以矩熏，焚以椒烈。珧华未远，来驻旄节。呜乎哀哉！”

《因树山馆日记》第十三册

（1938 年 5 月 12 日—8 月 9 日）

1938 年 5 月 12 日

姚某伯论清代骈文云（《与陈云伯明府书》）："石笥之文以力胜，小仓之文以气胜，卷施之文以度胜，漠觞之文以格胜。纵奇思于八埏，博壮采于万汇，石笥之文也，或间有镌辞石鼓，摹声岣嵝而失之涩者。扬日星之丽晖，揉山川之云物，小仓之文也，或间有獭祭汉唐，藻缋金石而失之夸者。风水激而涟漪生，岩磴回而苔藓折，卷施之文也，或间有流易不修，凡近不汰而失之剽者。彝鼎不争瓦缶，优昙不竞桃李，谟觞之文也，或间有机尚缜密，音鲜疏越而失之滞者。惟兹四家，皆善于学古者也。"

又云："谷人之整缛如延年，叔宀之佚宕如彦升，容父之幽隽如景纯，蓉裳之修洁如休文，皋文之典雅如长卿，奡轩之禯厚如子云，渊如之渊永如伯喈，芙初之通赡如稚川，元淑之华腴如明远，孟涂之闳辨如孟坚，梅史之俊伟如孔璋，方立之沈恻如安仁，仲瞿之恣肆如贾生，频迦之朴茂如孝绰，律芳之豪爽如季重，申耆之清邈如叔夜。而先生则以绵丽如文通者骖靳于其间"云云。所许者容有不如其量，要亦钟嵘《诗品》之遗也。

某伯又云（《前书》）："游猎乎老、庄、荀、列、贾、匡、刘，以逮龙门、扶风之所著。饮息乎屈、宋、班、扬、枚、马、建安七子，以及唐初四杰、燕、许诸公之所撰。"颇能裁其舛驳，辨其精醇，此夫子之自道也。要其枕葄齐梁，胎息萧沉者深矣。

《集》中有《集南朝四史语寄陶存甫隐士笺》可以想见也，《笺》云："相见不数，间以江山。嗟慨满怀，常迟曲写。仆慑性懈，顾影单回。资散石以全身，寄性命以过日。累千载而不悟，怨清香之难留。年世推移，窅窅翳翳。亦不敢苟陈穴管，饰智惊愚。通率任心，志输短效。十旬九饭，动转听人。借路求荣，情哀貌苦。足下澄怀观道，借素为基。绝唱高踪，超然简独。每有会意，高啸闲轩。抚琴动操，赏托清胜。帐春霞于秀濑，席落英于层岨。意眄殊常，而旨态无极。履行所统，非假仆一二谈也。阿五后来秀令，足称佳童。长门上林，卿烟玉露。才调流赡，气韵天成，实天下之奇作。靡颜腻理，与谢朓相次；短歌微吟，乃追步惠连矣。自夜达晓，不觉披尽。蓝田出玉，岂虚也哉。仆性不耐酒，情不耐杂。如轻尘栖弱草，看屋梁而著书。改哀乐于须臾，非雅声为可恨。闭门谢客，傍无交往。流风敛声，自为戆地。栖邱饮谷，已恨其晚。托诗以怨，才亦退矣。年时一辈，零落相仍。随事俯仰，岂成高策。久妨清序，触事历然。延首东云，水与天际。当与足下叙平生旧款，造席舒衿。借访薜萝，采拾空薄。一钱尺布，不以经怀。著《礼捃遗》，无所营尚，差得以栖贫自澹、断割侯迎。我不能为徐干木署纸尾，岂可为张悦作西门客耶。吹唇沸地，捧海浇萤，正应置之度外耳。自尔以来，岁月过淹。秋叶辞条，飞鸿依浦。力作此答，申写所怀。辞择适情，无复剂限。”

1938 年 5 月 17 日

晴。午八十九度，夜半，松间月分外凄清。

授业报最有月考焉，随阅随予以纠正，亦“寡人之于国也”。退食暑热始盛，治谱学至夜分。

偶见馆中有《车书楼汇辑各名公四六争奇》一部，凡八卷。异哉，此书之命名也，书名如此，其为书亦概可知矣。有目无序跋，无以知刊于何处，杀于何年，选者许以忠，更不知先生何许人也。因选有汤显祖（启三首）、袁宏道（启一首），乃知属明季宏词，所选皆小启一门。明士喜小品文字，胥一代之才力为之而不必极工，是又事之无可如何者矣。以汤若士之奇才，所称“移治外之功以治内，粲然经国之猷；推正心之学以正君，卓尔尊朝之望”（《奉太谏仰冈刘公启》）一联，置之八比文中，尚落下乘者，至如“伯吹埙，仲吹篪。”（刻本误作箎）“声亦应哉，步亦步，趋亦趋，瞠乎后矣”（《侯高太史同年启》）等句，调直入魔道，不堪为梅亭四六躬舆台之役矣。

1938 年 6 月 3 日

《汉魏六朝名家集》一百十种，无锡丁福保所辑录。今见其初刻四十家（宣统三年文明书局活字本），计汉四十家：枚乘、司马相如、司马迁、扬雄。后汉十一家：班固、王逸（字叔师，南郡宜城人）、郑玄、蔡邕、刘桢（公干）、应玚（德梿）、孔融、王粲、陈琳、阮瑀（元瑜）、徐干（伟长）。三国五家：魏武帝、文帝、曹植、阮籍、嵇康。晋五家：左思、潘岳、陆机、陆云、陶潜。宋五家：谢灵运、谢惠连（法曹）、谢庄（希逸）、鲍照、颜延之。齐一家：谢朓。梁七家：武帝、简文帝（纲）、元帝（绎）、昭明太子统、沈约、江淹、任昉。陈后主、隋炀帝、曹家父子、萧氏冶弓、陈隋二主，骖驔六代，允矣斯文之盛已。原别集之兴，肇于灵均，葩于炎汉，迨齐梁之间，张融、江淹、王筠、武帝、文帝始自制名集，然隋唐以前别集见于史志者，至宋志已不存十一，盖古集之存者几希矣。

自张燮辑《七十二家》，集汉魏所遗乃萃一编。张溥广之为《六朝一百三家集》，八代之文于焉略备。据丁福保所订，纰缪尚多，严铁桥《全上古六朝文》心焉好之，无因至前。兹编编采诸书，益以《艺文类聚》《西京杂记》《初学记》，及散见于各注家所征引者，单辞只句，不遗录甄，稽古之勤，传古之志，有足多者。

1938年6月13日

晴。热如昨日，无终食之闲，不涔涔下三更稍闲。（刘钧衡丞来。）

阅《枫南山馆文》一卷（阳湖，庄受祺卫生），其《栘华馆集后叙》，就偏者违于自然，激于亢厉，又噍杀之响，促数失中，或失也苶，或失也佹，或失也㮣，或失也倪，可入知言之选。所为文，复法度井然。午苏天雄电邀，晤诸弈人大东，观局而归，无可记者。

1938年6月30日

写手多有低写篇题二格者，既于例未纯，复为相沿最陋之习，在场屋中题文分别而写，只为醒别眉目之计，而以圣哲之言，低首于作文者二格，既无思之者，乃无失笑者耳。坊间古文选本（如《古文评注》《古文观止》《古文析义》《古文范》《古文苑》《古文笔法百篇》）以至各家专集，几莫不如此。二姚（姬传，某伯）、李（申耆）、王（益吾）诸选后出，力匡斯谬，正不能谓为小失也。

1938年7月12日

晴。午八十九度，静坐无暑。（教儿就九龙城官献廷宅，儿云："母嘱汝勿急归家也。"发家书。）

阅《持静斋遗集》，尽四卷，卷首行状，署"李文田状国史馆传"，多所援引，传中最入咸丰八年《条陈时事》一疏，其痛剔捐例也，曰："凡人情于得之不甚艰难者，视之必不甚爱惜。今以自视不甚爱惜之官而令治甚可爱惜之百姓，吏治之不能蒸蒸日上也，亦固其所。"又曰："至于十数年而得署事一年，前此十数年中衣服、饮食、养家、应酬之费，皆须于一年中取偿；后此十数年中衣服、饮食、养家、应酬之费，又须于一年中预蓄。置羊犬于饥虎之前而欲其不搏噬，虽禁以强弓毒矢，势固有所不能。无恒产固无恒心，非独人尽无良，抑亦穷困有以致之也。"他陈举贤、增奉、清吏、筹漕、整武诸事，条畅称是，荆公宣公奏事，深切著明，中丞有之。

公讳日昌，字雨生，别字持静，广东省丰顺人。先世居长乐排岭乡，入清避入汤坑乡，遂家焉。食饩于庠，而穷甚，因佐惠潮嘉道李璋煜幕，坐剿土匪有功，脱颖而出。同治三年授苏松太道，丁卯升任苏抚，乙亥补授福建巡抚兼办船政，壬午直督李相丁内艰，坚乞终制荐以自代，而遗疏适至。生于道光癸未，卒于光绪壬午，享年六十岁。以一海峤书生，致身卿贰，自上将军已下莫不折节纳交。晚岁以病乞休，葺园揭阳城东，海内闻人舟楫络绎。其学以致用，匡时为主，于漕运、水利、管粮、治匪诸大端，坐而言者起而行，岂但为处士一雪虚声之耻也。所《上曾宫保陈江省吏治》一书，四千余言（咸丰十一年），实事求是，而文从字顺，可榜国门，如云："江省用人多喜软熟，夫软熟之人可以悦耳目，而不可以任事功。"又云："且人之聪明材力，止有此数，止有所长，则彼有所短，达于时务者，未必巧于语言，勤于治理者，未必工于奔走。试问江省今日之所谓能员，果何等乎？非必即专心谄媚，而模棱两可其词，但敢顺而不敢逆，非必即处已卑污，而迁就曲从其意，恒在官而不在民，老成者近拙，而忧其繁剧难胜，便给者似才，而信为谙练"云云。言之无不切中时弊者。又如："此毕生拳拳之忠，没而犹视者，尤在深悉与国之情，力图新子之国。"所《上粤抚郭中丞书》有云："同治乙丑日本以西法造船炮，其于我也，朝发夕至，亦足为异日东南北数省之患。"呜乎，子无谓秦无人，吾谋适不用也。此烛之武所为绕朝三策也夫。逾午亲旧在坐，招言女来会，荃侄偕焉。

1938年7月13日

晴。午八十八度。三更登溷，窗棂漏月，居然皓镜，穿牖窥人。（发家书。）

阅持静斋《百兰山馆政书》尽三卷。《集》中"国家事重，千秋事轻"二语，凛然"国尔忘家，忠尔忘身"之言，非一等彻解人不克作是语（同治庚午《致总署书》语），观所《致合肥伯相书》云（癸酉）："某自谂平生所学所行，非惟不求众人之知，抑亦众人所不能知。"则所自信者，早在读书言志之时。书中并云："习凿齿不遇桓公，则襄阳老从事耳。某荷函丈特达之知，自泥涂之中拔而置诸青云之上，自问当时若在湘乡幕中，不过如程、李诸公作东西卫尉已耳，岂能膺国士无双之选，使一军皆惊哉。然自问十数年来，于理财、驭夷、察吏、安民诸大端，无不从根本上做起。"又云："受事不三年而须鬓全白，此其中苟以官为乐，亦何致憔悴若是哉"云云。甚矣，心迹之难明也。

《集》中皆论政救时之书，独此《书》一涉论文，亦复戛戛独造，后有作者，不易斯言，《书》云："本朝古文作家如方如姚，则有理法而无精神。如侯如魏，则有波澜而理法又觉未密。皆由有意为文，言之无物之故。"又云："是以每有所作，辄复糟粕陈言独标的解，将来出而问世，度必讥呵沓集，但百年后，其言必验，而事必行耳"云云。今迹公言，往往而验，耻为文人，又大不类策士经济之学指麾若定哉。

1938年7月14日

晴。午八十八度（报言上海酷热，九十八度），连日东南风，入夜生凉。

九江水急，有撼衡岳胁汉之势，长江天堑与人共之矣。有得汕头电，言“晨拜弹四枚，南澳克复”。晚报言“羊市今日蒙劫，不下前剧”。人自乡来，言“汕头死伤各三百有奇”。报言“各百余”者，谦词也。

杨铁老来，只谈小学。

阅钟泰（钟山）《中国哲学史》，叙述流略，颇用史法，其人因于教授，今率一子读《易》湘之某山下，樵爨自给。近观手札，文质变斐而所以勖其徒者，既爱没世之修名，又虑知尔之无以，吾恐叔孙通之徒，尚有一二人者，不尽与之俱西也。语言所以达意也，时有不能曲达者，则益以书启以疏其情，书启所以将命也。时有更需面致者，则不假置邮，以深其请，撞莛于不响之钟，垂德于不报之所，亦所以存知己于海内，不计其比邻若天涯矣，伤哉。

披阅《百兰山馆政书》，讫十四卷。粗竟公所著，有《诗文全集》《巡沪公牍》《淮鹾公牍》《淮鹾摘要》《藩吴公牍》《抚吴公牍》，《吴闽全稿》手订《法人游探记》《地球图说》《西法兵略》七种，《持静斋书目》各如干卷，藏于家，惟《抚吴公牍》行世，多有称述之者。《政书》十四卷，署门人李凤苞编辑，王韬校字，据公致书，李凤苞者从公治台湾，相依甚密。又王韬者，不知即创香港《华字报》主笔政大魁太平天国者否。据周跋以甲寅，姚跋以乙卯，则静斋写定是书，已在公薨（光绪壬午）几四十年之后，帙间夹抄手某等，清单一纸，凡如干字。每千字二毫，凡五百若干毫（十毫为元）。奇剞以行，恐尚非其时，传诸其人，则无往而非名山，后有思我，则异代亦为知己。在当日不仅为识时务之俊杰，在此后岂无闻伯夷之遗风，信非一州一地所得而私，尤非一传一记所能问其轻重者矣。

1938 年 7 月 15 日

晴如昨日。

起稍阅书，有客（杨）坐久而后言，似欲假子之名，为招徕地者，辞曰“掌教”，是贷之也，争利于朝，争名于市，被此名也，以往天下，其谓子何，婉言谢之。呼镊人理我发。

晡挈三儿、四儿往见静斋主人，斋楼面海朝阳，日在虞渊，斜阳满室，障袖作幕，扬袂当扇，清言娓娓，雅度汪汪，摸之有棱，摇之不浊，竟如坐清风霁月之下，不知复在人间也。夜归，书《政书》后曰：“数中丞捐馆后一年，而有法国甲申之役。又后十年，而有日本甲午之役。又末十年，而有联军庚子之役。当日上下臣民，狃于蒲骚之役，仇洋之果，蔓成媚洋之藤，谋之不臧，国几不国，使孝直若在，虽未必卒能止主上东行，而之奇既行，岂惟假道于虞以伐虢而已。非有与国，不克图存，非有远交，不达近攻。老成谋国之言，先帝盖进之臣，稿椟蒲团，一字一泪，乞休养疴之日，特许随事密奏，所进言者，皆关天下国家兴亡大事。不但军机以下诸臣，莫测高深，幕中旅进诸贤，不豫简牍，即家中群从子弟，直至启手启足之后，不令窥见都俞密勿之情。至使修官史、私著述诸家，无从征诸实录，发为文章，甚为天下后世惜之。当年天津教案，湘乡以强弩之末，鲁缟不穿，功业如此其高，犹启两宫之猜贰。中丞召对颐殿，温谕知无不言，泥首陈词，自卯及已，竭股肱之力，几不能兴，天威不违颜咫尺，其奏对之词，吁咈之实。既朝退，虽在深信左右，莫之语也。洵乎国家为重，千秋为轻者矣。”

条陈稿本，幸多在《百兰政书》中，静斋言中丞亲授之其先君子者。入民国既三年，潮阳林邦杰愿出资刊之，旋不果行，终令举世之人，莫得上测六十年前，有此一老焉，虑远谋深，奋不顾身，求纾国家之难者，之有如此，尤可惜也。桑海余生，幸从公之犹者游，不吝破箧相视。流风未沫，奚啻中郎之虎贲；山雨满楼，吁嗟八公之鹤唳。还书别去，肉味不知。

1938 年 7 月 27 日

宵枕，雨来殊急，洎午多云黔，入夜殊凉，降至八十四度。（九江告失。）

雨中读《梁简文帝集》，正如《集》中所言“零雨送秋，轻寒迎节，江枫晓落，林叶初黄，登舟已积，殊足劳止，解维金阙，定在何日？”（《与萧临川书》）“想征舻而结叹，望挂席而沾衿。”“白云在天，苍波无极，瞻之歧路，眷慨良深。”足使边心啧薄，乡思邅回者矣。所《与湘东王书》辞尤懋美，选家已及之，“譬彼袁绍，畏见子将，同彼盗牛，遥羞王烈。相思不见，我劳如何。思吾子建，一同商榷。”午再对萧汉卿二局，若不自胜者，谬称予能制谱，吾斯之未能信。

1938 年 7 月 28 日

阅《梁简文帝诗》，隶萼清才，天潢贵胄，陈思难为弟，昭明难为兄。虽自伤夫轻艳，曾何惭乎纵逸。《集》中尤多质而不俚之作，如《君子行》云：“君子怀琬琰，不使涅尘淄。从容子云阁，寂寞仲舒帷。多谢悠悠子，管窥良可悲。”犹存敦厚之教。中岁涅槃宝棹，皈渡慧桥，智境休明，法泉清朗。未符文景之治，终罹怀、愍之酷。哀哉。

1938 年 8 月 1 日

晴。午八十八度，浮云过雨，不碍天青。（家书来。）

早起危坐，听户外卖报卖声，似哈桑湖畔，张高峰前，胡马渡山，东风无力，天下之生久矣。一治一乱，而未有乱于此日者也。

《欧阳生文集序》云：“自洪、杨倡乱，东南荼毒，昨时姚先生撰杖讲学之所（按钟山书院），沦为犬羊窟宅，深固而不可拔，桐城亦沦为异域，既克而复失”

云云。顾当日大河之北，庾岭之南，乔木故家，犹有樵苏未及者。抽武成漂杵之策，诵云汉周余之诗，信斯言也。盍收晋尸以为京观，不待楚人而炬阿房。悠悠黄河，吾其济乎。傍午荃来晤谭，涉物理质犹文也。

1938 年 8 月 3 日

雨中，阅《陈后主集》，亡国之音哀以思，沉吟密咏，若不自胜。

《题江总所撰孙瑒墓志铭》后四十字云："秋风动竹，烟水惊波。几人樵径，何处山阿？今时日月，宿昔绮罗。天长路远，地久云多。功臣未勒，此意云何"？（见《陈书·孙瑒本传》）

《改筑孔子庙诏》云："梁季湮微，陵寝忘处，鞠为茂草，三十余年。敬仰如在，永惟忾息。今雅道雍熙，由庚得所（《诗·序》：'由庚，万物得由其道也。'），断琴故履，零落不追，阅笥开书，无因循复。"（见《本纪》）

《与江总书悼陆瑜》云："每清风明月，美景良辰，对群山之参差，望巨波之滉漾。或玩新花，时观落叶，既聑[1]秋雁。未尝不促膝举觞，连情发藻。且代琢磨，间以嘲谑。俱怡耳目，并留情致。自谓百年为速，朝露可伤，岂谓玉折兰摧，遽从短运。为悲为恨，当复奚言。遗迹余文，触目增泫。绝弦恒有酸恨。以卿同志，聊复叙怀。涕之无从，言不写意。"所以悼之者至矣。书中并云："管记陆瑜，奄然殂化，悲悼伤情，此情何已。晚生后学，匪无墙面，卓尔出群，斯人而已。"

又《同管记陆瑜七夕诗》云："河汉言清浅，相望限云霄。云生剑气没，槎还客宿遥。月上仍为镜，星连可作桥。唯当有今夕，一夜不迢迢。"臭味之投，云泥不隔。

史臣曰："后主昔在储宫，早标令德。而朝经堕废，祸生邻国。斯亦运钟百六，鼎玉迁变，非唯人事不昌，盖天意然也。"

【注释】

①聑：同"听"。

1938 年 8 月 5 日

记击鼓和上（《大集经》：恭敬父母师长和上。梵义：亲教师也。谓能教人学戒定慧）。京师和上某，粥粥无所见，独以善鼓闻，每中夜诵经毕，鼓鼓于内，声闻于外（上鼓字动字。许文："鼓，击鼓也。从支壴。壴者鼓之渻。壴亦声。"下鼓字静字。许文："鼓，郭也。从壴从中。又中象垂饰，又象手击之也。"），而秘莫如深，百方以叩其术，不得请也，客乃如猱升木，蛰伏屋角，司其鼓也，属垣而聑之（司，后加人作伺），隆鼓然有声，维虡既植矣（虡，《说文》作**虞**，从虍異。钟鼓之附也）。

1938年8月8日

晴。午八十六度，是日立秋节。晨凉，八十一度，知秋。

阅《陶集》（依广州翰墨园刻本）。馆津时得仿宋《陶集》，今见此本多序跋，后记劣百则（张家藏，丁刻本），弥助风流之幕也。昭明太子作《传》云："陶渊明，字元亮，或云：'潜，字渊明。'"按先生于义熙中《祭程氏妹》称"渊明以少牢之奠，俯而酹之。"至元嘉中对檀道济之言曰："潜也，何敢望贤志不及（见萧《传》）。"故张缜曰："《年谱》云：在晋名渊明，在宋名潜，元亮之字则未尝易。此言得之。"古人临文见宾，义必以名自见，不妄称字也。

刘后山曰："四言，自曹氏父子、王仲宣、陆士衡后，惟陶公最高，《停云》（停云，思亲友也。樽酒新湛，园列初荣，愿言不从，叹息弥襟。高元之曰：'以停云名篇，乃周诗六义。'）《荣木》（荣木，念将老也。日月推迁，已复有夏，总角闻道，白首无成）等篇，殆突过建安矣。"

按后人擅此者弥少，湘乡训子，言之谆谆，非有渊渊之声，作作之光，则气茶体庞，不足厌观者之望。所为《祭汤海秋文》，字句兼工，声容并茂，实全摹拟昌黎《祭张员外》一文，凡为文必自仿古，始湘乡以之教人，未尝讳言之也。

又北江《诫子诗》，复多仿陶公《命子》之作，陶云："悠悠我祖，爰自陶唐。"洪云："伊维我祖，于歙始迁。"陶云："厉夜生子，遂而求火。（《庄子·天地篇》：'厉之人半夜生其子，遽取火而视之，汲汲然惟恐其似已也。'）凡百有心，奚特于我！既见其生，实欲其可。人亦有言，斯情无假。"洪曰："他日筑楼，暑曰生我。"又曰："或有所求，厥惟允嗣。后望百年，上承奕世。坠绪茫茫，勖哉小子。"陶曰："日居月诸，渐免子孩。福不虚至，祸亦易来。夙兴夜寐，愿尔斯才。尔之不才，亦已焉哉！"洪云："九垓之内，人同蛾多。不自僇力，资生则那。"所谓神似者也。

张缜曰："先生高蹈独善，宅志超旷，视世事无一可芥其中。独于诸子拳拳训诲。其后宜有兴者，而六代之际，迄无所闻，此亦先生所谓'天道幽且远，鬼神茫昧然'者也。"杜诗云："有子贤与愚，何其挂怀抱。"予观北江《戒子书》云："夫陶令达者也，不忘于戒子。魏收凉德也，亦眷眷于遗言。"其子符孙、齮孙，并承明著作之才，克附厥考佳传。而陶公训诗云："尚想孔伋，庶其企而！""躬耕非所叹，但愿长如此。"且其《与子俨等疏》云："余尝感孺仲贤妻之言。"则比其妻翟氏于王霸之妻而生斯世也，而又使其子弟为卿邪。

吾乡白沙之后几五百年间，其子孙以世农世读承家，而无一人应童子试者（予友罗文柏言）。今衍圣公孔德成家人犹言孔氏嫡裔二千余年间，未有出仕者。子美云："竹叶于人既无分，菊花从此不须开。"无己云："人事自生今日意，寒花只作去年香。"知此道者，可与读陶诗也已矣。

1938年8月9日

渊明《劝农》诗："熙熙令音（一作德），猗猗原陆。卉木繁荣，和风清穆。纷纷士女，趋时竞逐。桑妇宵征，农夫野宿。""令音"之"音"一作"德"。范仲淹《严先生祠堂记》："先生之风，山高水长。"原文本作"先生之德"，君子之德风，而"先生之风"远胜矣。

东坡曰："俗传书生入官库，见钱不识，或怪而问之，生曰：'固知其为钱，但怪其不在纸里中耳。'予偶读渊明《归去来辞》云：'幼稚盈室，瓶无储粟。'乃知俗传信而有证，使瓶有储粟，亦甚微矣，此粟平生只于瓶中见粟也耶"云云。然蔡京之孙只于布袋中见米，坡公又谓之何？

又瓶，为缾之重文，与罋字相转注（缾，罋也。罋，汲缾也）。段注："罋，俗作瓮。"坡公意谓缾之罄矣，之缾恐近泥耳。

《因树山馆日记》第十四册

（1938 年 8 月 12 日—11 月 4 日）

1938 年 8 月 12 日

晴。午八十九度，屋梁见月。（陈莞父来。）

稍读魏晋人集。徐、陈、应、刘自一时之隽也。《徐幹集》中各文多非全豹，弥不胜吉光片羽之爱也。《齐都赋》：“齐国实坤道之膏腴，而神州之奥府。其川渎则洪河洋洋，发源昆仑。九流分逝，北朝沧渊。惊波沛厉，浮沫扬奔。南望无垠，北顾无鄂。蒹葭苍苍，莞菰沃若。瑰禽异鸟，辟萃乎其间。带华蹈縹，披紫垂丹。应节往来，翕习翩翩。灵芝生乎丹石，发翠华之煌煌。其宝玩则玄蛤抱玑，驳蚌含珰。”（引《艺文类聚》六十一《水经注·水注一》）抱质怀文，如接箕山之志也。

孔璋章表殊健，其善者半入《萧选》，此子为不朽矣，《答张纮书》（《吴志·纮传》注引《吴书》）云：“自仆在河北，与天下隔，此间率少于文章，易为雄伯，故使仆受此过差之谭，非其实也。今景兴在此，足下与子布在彼，所谓小巫见大巫，神气尽矣。”与《为曹洪与魏太子书》入笔云：“前初破贼，情奓意奢，说事颇过其实。得九月二十日书，读之喜笑，把玩无厌。亦欲令陈琳作报，琳顷多事，不能得为。念欲远以为欢，故自竭老夫之思，辞多不可一一，粗举大纲，以当谈笑”一段，同其排调也。

应瑒《西狩赋》云：“既乃拣吉日，练嘉辰。清风矢戒，屏翳收尘。于是魏公乃乘雕辂，驷飞黄，拥箫钲，建九幢。按辔清途，飒沓风翔。属车轇轕，羽骑腾骧（二句从《北堂书钞》十四补）。于是围网周合，雷鼓天震。千乘长罗，万表星陈。双翼伉旌，八校祖分。长燧电举，高烟蔽云。尔乃徒舆并兴，方轨连质。惊飙四骇，冲禽惊溢。骋兽塞野，飞鸟蔽日。尔乃赴玄谷，陵崇峦，俯掣奔猴，仰捷飞猿。云幕被于广野，京燎照乎平原。醴炰充给，洪施普宣。”（《艺文类聚》六十六）其才学信足以著书者哉。

刘桢《遂志赋》云：“牧马于路，役车低昂。怆悢恻切，我独西行。”（《艺文类聚》二十六）《赠五官中郎将》云（其三）：“秋日多悲怀，感慨以长叹。终夜不遑寐，叙意于濡翰。明灯曜闺中，清风凄已寒。白露涂前庭，应门重其关。四节相推斥，岁月忽欲殚。壮士远出征，戎事将独难。涕泣洒衣裳，能不怀所欢。”公干有逸气，其五言诗之善者，妙绝时人，正谓此也。

《西厢》曲本每出之末，附八比文一首，即以《西厢》曲句为题（如“临去秋波那一转”之类），明文士唐某辈乃为此耳。刚甫甲寅岁所为先大夫寿序有云：“年来，予垦田宁河，时主任初家，任初每相见，辄为招致，故乡年少，会乐筝琶，一操土风，一若使羁旅之人，顿忘其侘傺者，是尤可感也。”曾语予曰：“试以潮州土剧唱词‘罢了官人我的夫’为题作八比文。”此自一时恢谐之谈，然“罢了”神气正不易描写。曹子桓书“行矣自爱”。其义止云：“自爱行矣者，用以足其词，允矣君子，终然允藏，薄言采之，於穆文王，粤若稽古，帝尧皆咿嚘摇曳之，以成其词也。”今夕里人聚讴，管弦迭奏丁丁然，应节相和，亦足以抒叙幽情。

《书谱》云：“岂惟驻想流波，将贻啴嗳之奏；驰神睢涣，方思藻绘之文。”（睢，且声者异。《书谱》从目不误。）陈孔璋集书云：“盖闻过高唐者，效王豹之讴；游睢涣者，学藻绘之彩。”（《左传·成十五年》：“出舍于睢上。”水名，在梁郡。）

1938 年 8 月 25 日

日出作记，阅志书。晡与二客坐隐，夕校记之，日入未毕。

《揭阳县人物志》，序文极典正，各志序亦称是通人之笔也。如云：“揭凤负海频邹鲁，人才辈出，宋则陈思仲有广南夫子之称（陈希伋）。黄章卿腾汀洲生佛之誉（黄焕国）。其先乎，明嘉隆而后，如中离之理学，襄敏之事功，子修之忠鲠（薛宗铠因极论冢宰，汪鋐憸邪鞫杖八十），仲常之词翰（郭之奇字仲常，别字菽子，号正夫。俱见本《志》），称翘楚矣。”

《续志》有《艺文志》，列书目计薛侃五种，翁万达三种，郑旻二种，郭之奇三种，郭光四种（《字学拾遗》四卷，《音义千条录》二卷，《宋史评略》十卷，《铎音集》四卷未刊），其他七种先正传书犹见箸录，愈于摭拾空文多矣，此最宜取法者也。

郭之奇本传称其秀骨天成，具有夙慧，馆选后益沉酣载籍，以成一家之言，尤邃于声律。《续志》载黄道周、郭正夫集序，首云：“汉人敦尚文章，慎教令，每一纸书未颁播，必使诸文学奇丽者讨草，然后乃下。朱博武吏也，其所传教虽数行，皆沈踔可观。黄霸以循良入拜，声名少损，疑其文采不逮前人。郭正夫读书东观，以秀颖越其行辈，及在仪曹，综理碎务，与馆伴语，咸博奥条达，为外国之所传诵。又正夫身佐抚军，提一旅西扼杉关七建之上，用有底定乡令，正夫身坐石渠，口嚼藕汁，手弄柔翰，其所成就，岂可令华容青神见之哉，即使朱博在此，劝令持归，俟圣明出，亦嗒然未有对也”云云。漳潮海疆，比邻知己，为时为地，相去如斯其近也，而臭味相孚，风节相劘，维南有箕，维北有斗，所辉映者何等气象哉。

《续志》又补录漳浦《答郭叔子文宗书》，中云：“献赋西埢，全楚欲倾，左师东窥，大江如簸，天下之忧，不在戎马，而在揭竿，担荷世务，全在明胆，每念胜风，即喷墨花为江河，驱文剡为龙豹，犹或可为也。国祚绵延，逾周倍汉，鱼狐之辈，缪谓割据可成，从横复观，当有格臣出而驱之。弟某颓溃之余，百节尽见，归首邱陇，拜赐已多，无繇倚笻，更走虎渡而外，知祖台恕其迂缪也”云云。相与之深，直至它日，见危授命，亦欲携手，含笑如归，今日之蜩螗，何若晚明，金汤之瓯越，何啻思明（郑成功名厦门为思明州）。此又郭黄二公所为，高目相告于九京之下，而无如何者也。

1938 年 8 月 26 日

《揭阳县艺文志》载东坡诗文数首，多及吴子野事，记有未见诸苏《集》者，凡诗四首（《续志》），记一首，书二首，序一首。

《闻吴子野出家》云：

子昔少年日，气盖闾里侠。自言似剧孟，叩门知缓急。千金已散尽，白手空四壁。

烈士叹莫年，老骥悲伏枥。妻孥真敝屣，脱弃何足惜。四大犹幻尘，衣冠矧外物。

一朝发无上，愿老灵山宅。世事了如何，禅心久空寂。世间出世间，此道无两得。

故应入枯槁，习气要除拂。丈夫生岂易，趣舍志匪石。当为师子吼，佛法无南北。

吴子野绝粒不睡，过作诗戏之，要句云：

独鹤有声知半夜，老蚕不食已三眠。

《次子由赠吴子野二首》之二云：

江令苍苔围故宅，谢家语燕集华堂。先生笑说江南事，只有青山绕建康。

斯并坡老南行而后去世出世，骎骎乎见道之言，观所《与吴秀才书》云：“过广州买得檀香数斤，定居之后，杜门烧香，闭目清坐，深念五十九年之非耳。今分其半，非以为往复之礼，但欲昆仲知仆迅扫身心，澡瀹神气，兀然灰槁之大略也。”书中有“又以喜子野之有佳子弟也”一语，并可以知吴秀才矣。

1938 年 8 月 27 日

晴。以是日为宣圣先师诞日，法后王也。报见崇祀祭文曰：“维中华民国二十七年八月二十七日，国民政府主席林森敬荐。”馨香致祭于至圣先师孔子之神曰：维先师道协时中，德参化育。阐礼运大同之义，天下为公。垂春秋一统之经，华风远畅。论政则综兵食信，而民以立。讲学则合知仁勇，而实以全圣域。常新生民，未有属。以（原作忏）邻拘衅，北海扬尘，感洙泗之传烽，望山陵而增怆。仪窸俎豆，响闭金丝。兹当诞降之辰，遥修奠祭之礼。伏冀圣灵，呵护重光禹甸之河山。雱（原缺）澄清永灿中天之日月。尚飨！礼行于巴县，亦西行不到之地也，我爱其礼，何以文为。

1938年8月31日

偶谈京剧。报言：北京伶工杨小楼、王又宸死，从兹曹部一空，如《广陵散》[1]也。咸同之朝，昆剧未衰，奉为正始之音，欲踵开元之盛。皮黄后出，变易新声，入俗娱心，繁声顺耳，拔赵易汉，天下靡然从风矣。同光以还，席盛名者有程长庚（前年尝记程长庚）、汪大头、桂芬梅巧玲辈，都人皆老板之而不名，即以晚生如予所及见者，生有谭鑫培、孙菊仙，老旦龚云甫，青衣陈德霖、王瑶卿、侯俊官（标名十三旦）、崔灵芝，净金秀山，小生朱素云，武旦（亦曰刀马旦）九阵风，丑王长林（萧长华、曹二庚附。曹父心泉以名琴共奉，逾月亦死）、外贾洪林，并外有卓尔之誉，内负独至之伎。式歌且舞，娴辞善书，点缀日边，附庸风雅。

时天下狃于苟安，京师尤为习闲首善之区，点卯退朝，更有何事，一人捧檄，十口攀髯。况又八旗子弟，世禄足以代其耕，口腹之余，群惟耳目视听之娱之是务矣。宫闱之内，储贰之奠，广蓄优伶，征选声色，时时宣召各园脚色，奏艺掖庭，内有供奉，外有采进，酣歌曼舞，粉饰承平，而以历史诸剧，动关兴亡易姓，改玉不无易干忌讳之处。金元已事，载及稗史，往歌来哭，殊伤胜朝，故辇毂传观，遂多诞剧，搜神志怪，谬悠殊不足道，然亦积重之势然也。

时也，或贬宫阙之严，粉墨而登场，博莱舞之名，拟长生之殿，高帝子孙尽隆准，故应天子亦多才。鼓钟于宫，声闻于外，何惑乎商女不知亡国恨，满城争说叫天貌也（庚子《京师竹枝词》句）。当日伶工，以一曲之工，赏累珠宝，半折之善，颁及貂蝉（谭鑫培授四品京堂），名器可以假人，泾渭于焉同浊，名卿贵胄称子称侄于若辈膝下者，所在而有。读东汉、五代、晚明诸朝，宦官、伶官、阉官各传，朝社之屋，窃叹履霜坚冰至之，毋或爽也。鼎湖一去，玉步随更，师挚饭干，朝齐暮楚，自潭龚已下十余辈，犹标其供奉内廷之素誉，深人废池乔木之徘徊。猴子杨小楼最为硕果，今并斯人已矣。高岸为谷，深谷为陵，方域云亡，文驄不作，谁为溅桃花之扇（杨文驄因血点画成桃花一枝），挥老伶之哭也哉。

1938年9月1日

晴。

昨文脱稿，午作篆书。沈大招以弈，荪来校旧记讹笔十余处，为点定近稿一首，规模已具，未敢学刘贡父讥欧九也，续写《许序》二百余字，只是近黄昏。阅所携唐郑广文虔草书《大人赋》（霍邱裴氏藏，无锡珂罗板）。有君謩、子瞻黔记，

《唐书·虞本传》云："常苦无纸，于时慈恩寺储柿叶数屋，遂往日取叶肄书。"此卷末署"于长发寺禅书院，宜其绝少人间烟火气也。"庄诵一遍，飞动矜庄兼而有之。祝允明有其狡狯，无此魄力。智永、怀素而后，遂乏传人矣乎。

比日每论谈书法，此卷有胡璧城《跋》云："细审作字用笔，处处转，处处折，转则篆，折则隶也。"自是古来论书至语。又云："此书妙处，全在用笔，随锋取势一语，道著真际，东坡醉移，无此神笔也（胡《跋》笔作"筆"，纸作"**紙**"。不信通人笔下尚随俗如此）。"夜坐隐至三更。

1938 年 9 月 15 日

阅舒白香《游山日记》竟，亦供人捎闲而已，尚未足为《霞客游记》舆台也，其徒黄有华跋语谓"天池一赋，真欲仆骚。"造语之险至此，敛手真难，师难徒哉。《天池赋》后半特写匡庐之云累千余言，自记成于俄项，尽十数幅长笺以为快，今观其文，忆及八比之朝，有作麒麟之于鸟兽文者，羌无故实，故弄玄虚，其警句如"麒麟也，鸟兽也；鸟兽也，麒麟也"，衡文者特赏其大，得之于二字题神，此《赋》中如云"我随意以行文，云无心而舒卷，云苟千秋而不散，我亦千秋而不归，畅予怀之渺渺，适云性之依依，我书云而忘饿，云学我而忘飞"等句，有若无，实若虚，一笔盘旋，荡漾不绝，以启初学者，枯窘神知，不失敲门一砖，奉为祝尸，丑及巾帼矣。

世衰俗萎，舍靡靡者无以称其情，空谷生风，蜀犬见日，康瓢为宝，汉当易饼，迁流所极，非百数十年间所能转移也。施、罗、邱（毛奇龄据《辍耕录》，《西游记》出邱处机手）、曹辈，诚不自料今日之**皿**食，超耶迈释。即袁（宏道）、陈（继儒）、李（渔）、金诸书，敢自诩其一时之漫笔（如《眉公祕笈》《一家言》等，印行者利市三倍），弥久益彰耶，小说九百，本自虞初（张衡《赋》句），《世说》已亡，厥有新语（《东观余论》谓《世说》之名肇于刘向，其书已亡），其词有神仙之术，所衍亦谲谏者流，黩武穷兵之余，斯文茂草之后，谬悠沉湎，膏之上肓之下矣。邹县已沦，谁为此惧，秀才可作，岂异人任，何当落荒缒幽，与井边之螬争食余之李哉。

1938 年 9 月 18 日

刚甫句云："聊试将心与汝安。"昔人有以"拂几研墨"为定心法者，迩来闲日，以学篆自课，学书无过熟，予于此事熟云乎哉。下笔之际，先计偏旁，区区五百四十部（《玉篇》五百四十二部），其殆庶几乎，若九千三百余文，敢附王贯山所云"海内尽识之者，不乏其人之列"，临楮旁皇，转笔回惶（柳文："回惶无措"），弥叹襄时，读书之不求甚解，至于许君解说十三万三千余言，能成诵者不十一二，遂令执笔下纸，心以为已知之字终身由之，不知其道，人十为斗，止句作苛，迷误不谕，卒用自笑，所以一纸字未终，獭祭殆遍，片纸方就，门雪几深，于传有之，百检仍似曾相识，闻道已晚，及身亦无可如何。

1938年9月26日

周时县大郡小，以县统郡，上大夫受县，下大夫受郡。秦废封建置县郡，郡大县小，以郡统县。汉国郡并置郡，直属于天子，国以分封诸王侯，封王者称王国。封侯者称侯国。县仍隶于郡，后代因之。至宋改郡为府至以道分区者。《后汉书·马援传》："檄到，亟下县道。"唐始分天下为十道（贞观），后析增五道为十五道，犹今之省也。明置十五行省，清初增为十八行省，后又增为二十二行省。入民国为二十八省，改直隶曰河北，奉天曰辽宁，又增置热河、察哈尔、绥远、西康、宁夏、青海六省。清分一省为数道，以布政司领之，民国初亦设道寻废。今则县天下矣。

江苏：省会镇江县，县六十一，市一。

浙江：杭州市，县七十五，市一。

安徽：怀宁县，县六十二。

江西：南昌市，县八十三，市一。

湖北：武昌市，县七十，市二。

湖南：长沙市，县七十五，市一。

四川：成都市，县百四十九，市二（设治局一）。

西康：巴康县，县三十一。

河北：清苑县，县一百三十（设治局一）。

山东：济南市，县百又七，市一。

山西：阳曲县，县百又五。

河南：开封县，县百十一。

陕西：长安县，县九十二。

甘肃：兰州市，县六十六，市一（设治局一）。

青海：西宁县，县十六。

福建：闽侯县，县六十二，市一。

广西：桂林县，县九十九。

云南：昆明市，县百十二，市一（设治局十四）。

贵州：贵阳市，县八十四，市一。

辽宁：沈阳县，县五十九。

吉林：永吉县，县四十一（设治局一）。

黑龙江：龙江县，县四十三（设治局十）。

热河：承德县，县十六（设治局二）。

察哈尔：万全县，县十六（设治局三）。

绥远：归绥县，县十六，市一（设治局一）。

宁夏：宁夏县，县十（设治局三）。

新疆：迪化县，县五十九（设治局六）。

广东：广州市，县九十七，市二。易今名者：广州市、中山（香山）、南海（移县治佛山镇）、台山（新宁）、宝安（新安）、云浮（东安）、郁南（西宁）、惠阳（归善）、汕头市（原隶澄海县）、新丰（长宁）、紫金（永安）、潮安（海阳）、五华（长乐）、蕉岭（镇平）、廉江（石城）、琼东（会同）、万宁（万县）、昌江（昌化），其他州厅并改为县。

1938年10月9日

晴热弥盛，有雨未解。

在澳门。午视松轩疾。偕伯鹏往添男茶居观弈，晡有里人吴、黄数子来问讯共坐，万年招出市饮，谢之，伯鹏家味殊可口也。

阅《谱荔轩笔记》，鹤山吴应逵雁山著，凡二卷，中记丰顺吴顺恪（六奇）事，云："贫甚，为童子师，醉后笞其童，误毙之。因亡命，乞食走江浙间。遇查东山，奇之。"按蒋心余《九种曲》，其《雪中人》一出，即铺演六奇事："查孝廉问一铁丐曰：'能饮乎？'曰：'能。'则饮。人无靳问：'识字乎？'曰：'不识字不至为丐也。'"所传奇未及笞童事。

雁山颇言《古文辞》有《雁山文集》二卷，为文生动朴实，自云："愿学魏叔子，要为吾粤理学宗言。"非廖柴舟《二十七松堂集》疏浪之比也。

其《笔记》有一则云："吾粤言古文者近推吕石帆明经（坚）与药房、二樵、虚舟，齐名有张、黄、黎、吕也。称盖李南涧之言也。而古文则卓然在三公之上，茂密处似孟坚，诙诡处似漆园，附刻于迟删集者，仅十余首，然已足见一斑矣（雁山别字鸿来，乾隆乙卯举人，学海堂学长）。"

《笔记》云："唐人最重庙讳，高祖讳渊。《集》中（《曲江集》）遇'渊'字多易以'泉'或'原'。"按《北江集》中作"泉明"，如《诫子书》云："吾上不敢望泉明，下不至同伯起。"袭唐人避讳成法也。

1938年10月15日

中夜与庄人坐，大谈博经，其精密处可无今人。今博徒之能者亦心知其意，惟是释之以理，宣之以口，乃遂瞠然耳。寻君当年亦尝驰骛雉卢之间，意气之盛何其豪也，而今追维一二，恍惚如昔，余则茫然矣。词锋所及，栩栩生动，伊昔楙堂段君诵其外孙龚瑟人长短句，犹不无技痒之言，亦以见夕阳桃花不碍交映，风流儒雅自是吾师。

晚有毕东来，改从北面。

1938年10月25日

晴和。弃夏口，火作。（羊市东堤一带尽焦，死灰然及西关，市民唯余丐乞者，夏口大智门各廨尽火。）

亘日手《北江集》，如嫩苗为蔬食之动风，令人昏然如醉，亡友曾刚甫最爱彭泽、东坡之诗，会稽李越缦特喜容甫、北江两集，身世遭遇，四异三同，琐尾流离，十羊九牧[①]（《唐书·魏元忠传》语）。或则痛知音之难遇，或则吊三月之无君。生之不辰，何如今日。天胡此厄，地胡此亏。逢兹百六之年，哀赋建亥之月。鼎沸涂炭，先公及私，猿鹤沙虫，无小无大，阿房之炬，庸待楚人，幕上有乌，豫知宵遁，自酖毒无资盗粻，岂瓦之金而玉之碎。名城既堕，寇来又安得上，灌水灭晋，鱼鳖不可胜食。芸芸总总，喁喁盱盱。可使由之，不可使知。安往而非，乐陵永诀之言，掩耳犹闻，山阳哀痛之语。求如姚先生之聪明早达，太平寿考，从容以跻于古之作者，每诵斯语，如听仙乐。天宝江头之哀，祭酒鼎湖之曲。王孙香草，有异代而同悲，枯树伤心，且自哀之不暇耳。

夜辍弈，终日不临一局，亦港居来得未有事，阅《字书》辨似字条，借此不声，于计良得。

【注释】

①十羊九牧：比喻官多民少，赋税剥削很重。也比喻使令不一，无所适从。

1938年10月27日

伯，长也。伯兮叔兮，言兄弟之次也。伯也执殳，称夫兄也。昌黎《祭侄十二郎文》自称季父愈，不言叔也。俗呼伯叔，其来亦有自，工部《醉歌行》（别从侄勤落第归）“汝身已见唾成，汝伯何由发如漆。”则伯父自称伯矣。但昌黎《祭李氏二十九娘文》自称十八叔翁及十八叔婆，则为叔祖父母，李氏于公为侄孙女行也。

1938年10月28日

晴。

间习韵语，又得剧棋。天地沙鸥，飘飘何似。姚万年间关逃出，问：“存书无恙否?”曰：“非所敢知矣。”汕庄函告：“行将歇市。”续告：“稍安。”别有一番滋味在心头。江月照人只数尺，风灯照夜欲三更。

“泥他沽酒拔金钗。”不知一酒一钗轻重几许。工部《逼仄行》句云：“相宜相就饮一斗，恰有三百青铜钱。”《古今诗话》云：“章圣问侍臣：‘唐时酒每斗贾几何?’丁晋公奏曰：‘唐时酒每斗三百文。’举杜诗以证。章圣大喜曰：‘杜甫诗自可为一代之史也。’近来海内无长句，汝与山东李白好。不亦有句乎曰：‘金樽清酒斗十千’。曰：‘斗酒十千恣欢谑。’”又何物之不齐贾之不相若如此。

1938 年 10 月 31 日

魏文帝《与钟繇书》云：“岁往月来，忽复九月九日。九为阳数，而日月并应，俗嘉其名，以为宜于长久，故以享宴高会。是月律中无射，言群木庶草无有射地而生，至于芳菊纷纷然独荣。非夫含乾坤之纯和，体芬芳之淑气，孰能如此。故屈平悲冉冉之将老，思飧秋菊之落英。辅体延年，莫斯之贵。谨奉一束，以助彭祖之术。”按《楚辞・远游》“集重阳入帝宫兮”。后人以此日登高佩茱萸。《续齐谐记》（梁吴均）传桓景事耳。

1938 年 11 月 1 日

爱伯《致秦秋伊书》，中谓“尝云皋南小出，有一雏青，上头可期，封纱待系，奈未渡娥江之楫，已泣马塍之花，微云在山，定增惆怅。”用白石事也，尧章之没，苏泂挽之云：“幸是小红初嫁了；不然啼损马塍花。”《砚北杂志》云：“宋时，花药皆出东西马塍。西马塍，皆名人葬处。小石没后葬此。”

“春水船如天上坐，老年花似雾中看。”“黄落惊山树，呼儿问北风。”写投老聪明之状，令人粲然。

1938 年 11 月 3 日

晴和。

连夕不知月出否，仙人好楼居，度不如是，简荪：“有月相告。”

萧千岩东夫于白石为妇翁（陈直斋《书录解题》云：“东夫识之于年少客游，以其兄之子妻之”），白石诗序屡称曰：“千岩古人不重婚姻，南容、公冶长当随七十子称夫子，李汉于韩公自署门人是也。子贡曰：‘仲尼日月也。’孟子曰：‘仲尼之徒则字之矣。夫字以表德也。’”

白石之号，友字之也，《白石诗序》云：“余居苕溪上，与白石洞天为邻，潘德久字予曰‘白石道人’，且以诗见畀，其词曰：‘人间官爵似樗蒱，采到枯松亦大夫。白石道人新拜号，断无缴驳任称呼。’予以长句报贶，有句云：‘但愁自此长苦饥，囊中只有转庵诗。便当掬水三咽之。'"

叶氏《清代学者象传》二百余家，以钱塘陈裴之汪端俪影殿焉，叶氏作传，言其“能诗而已”，汪氏《明三十家诗选》论诗有曰：“清者，诗之神也。真者，诗之骨也。”又曰：“诗以词为肤，以意为骨。康乐跅驰，故其诗豪迈。元亮高逸，故其诗冲澹。少陵崎岖戎马，故其诗沉郁。青莲乡慕仙灵，故其诗超旷。”数语道得真际，临文学书作画，觉古人之不可及者，不仅伎巧为之也，古人之为人不可及也，其可及者尔力也，其不可及者非尔力也，裴之父文述（云伯）宴客扬州玉树堂，王嘉禄（井赤，长洲）在坐代作《秣陵集》骈体序，援笔立就，竞传其警句云：“李供奉脱裘换酒，百年三万六千场。杜司勋蜡屐寻诗，南朝四百八十寺。”王仲瞿《烟霞万古楼集》中到处是此种腔调，如《祭西楚霸王墓》句云：“如我文章遭鬼击，嗟渠身手竟夭亡。”嘐嘐然未闻大道者。

杜观因傍午仰关而来，伏案未竟，辍笔应之。让先一局，让单马一局，得未尝有之佳局也，中炮之犀利，年来学于松轩者为多。宿草未黄，可写此局，酹诸殡宫，奠而告之。（七〇八及七〇九两局，并附卷末。）

1938年11月4日

午就伯畴老人几侧，畅谈虽回胜母之车，难避朝歌之里，实迫处此，胡为乎来？浩乎，皆能测其津涯；茫乎，不自知其畔岸。眉轩席次，耳振欲聋。字百十而足，共言二三而不一（爱伯本云：“字百十而足，供言千万而如一”）。半山诗云：“休添心上焰，只作耳边风。”亦强作自解之语耳。

“平生之视程不识，不直一钱。汉武不杀司马迁，流为谤书。”司徒特敢于冲口而出，我也喑能效焦先，憨不及仲达（曹爽使人视懿疾，懿伪为重听，误听“并州”之语）。比来妒羡重聑，叹人耳福不浅，正以可入耳之言之少也。旋又有力𦗟撰书挽联，供人刍狗者，殊叹仆与几道十年之相知之未尽也，至此髡髦割耳之为，谅乎。料量十月，欲望五岭正秋，雪堂之月方明，浣花之葩待发。

苏适来校字，不烦觅俦，而互乡之见惑于门人，乘舆之驾，阻于臧仓，江上之数峰自青，松间之残照未歇，借我一箸，让子三先。

《因树山馆日记》第十五册

（1938 年 11 月 10 日—1939 年 3 月 7 日）

1938 年 11 月 10 日

温韩文（五百家音注本）半日，卷中夹残纸《题咏荷》五言四韵，谛视之不知谁何之笔，诗云：

秀出污泥外，如君亦可怜。湖波空淡淡，翠叶自田田。

缟袂因风举，冰姿带露妍。料应避俗客，独隐水云边。

有署于纸尾者曰："沉浸于魏晋六朝，降为近体。"自近唐音，然则非肄业及之者也，诗句自亭亭净植。

1938 年 11 月 13 日

记朝闻二事：

康熙初，某省乡试，榜发，士论大哗，大半以贿成也。主考者按律大辟，减亦从放流，求于宦官某，时上喜怒进退之。此主考者落拓京华时，备受其豢养，既主文衡，宦者实收其利耳。当宁盛怒之下，方穷治此狱，莫敢出言，独此阉叩头称奴才万死，谓"国家定鼎之日，以高爵厚禄羁縻天下士，率多相弃入山去。今未久，人不惜辇巨万之金，博一至其细已甚之秀孝，此天下归心之明效，奴才万死，敢称此为朝廷贺，不宜持此小节，操之过急，以失天下之心。"于是上之色稍霁，狱亦遂解去。

所谓"慈禧端祐康颐昭豫庄诚寿恭钦献"之皇太后七十万寿。时也，张之洞开府两广，南方贡物有象牙合一（合，俗作盒），镶以波离，启而视之，有牙床牙儿，牙轴牙签，满贮牙堂皇，浸有牙童二，执牙笏，清牙尘，捧牙研，吮牙墨、牙笔，申牙缣，既具一牙老人出而书成"万寿无疆"牙字四，乃徐徐退，童子拾文具亦退，而合乃闭。信乎奇伎淫巧矣。李莲英索门贿十万，稍靳之，则曰："是区区者，多乎哉？不多也。"夫机变之巧者无所用心焉脱。一日，老佛爷万几之余亲莅，所称牙人，执牙事挥牙书，一一如所言，独至"万寿无"字之下，卒有不若所言，瞠目阁笔。试问万死之罪，又谁负之，世亦以为知言云。"片言可以折狱，点铁亦有成金，然黠哉宦也。"

1938年11月14日

书家恒例，生纸不书，昌黎《与陈京给事书》云：“并献近所为文《复志赋》已下十首，为一卷，卷有标轴。《送孟郊序》一首，生纸写，不加装饰，皆有揩注字处。急于自解而谢，不能俟更写。阁下取其意。而略其礼可也。”可知以生纸写，非其本意，纸墨不相发也，且亦非礼，坊本不知此，乃窜为乏纸写。《补注》引《邵氏闻见录》云：“唐人有生纸，有熟纸。所谓妍妙辉光者，其法不一。生纸非有丧，故不用。”退之云《送孟郊序》“用生纸，急于自解”，不暇择耳，今人少有知者。

日记上卷“瘖能学焦先，憨不及仲达”句，焦先改用甄济（元稹《与韩郎中书》：“甄济，天宝中隐于卫之青岩山，禄山反状潜兆，虑不能脱，乃伪瘖其口。逾年而禄山叛，即日遣伪节度使蔡希德缄刃逼召，且曰：‘或不可强，斩首来徇。’既而甄生噤闭无言，延颈承刃，气和色定，若甘心然。希德义而舍之，禄山亦不能致”云）。

1938年11月17日

晴。

昌黎祭文，以《祭河南张署员外》及《祭柳子厚》二文为绝。涤生《祭汤海秋文》，篇法句法，声调格律，无一不极意摹仿之，渊渊之声，作作之光，竟莫能及之者。

铭词尤贵铿锵顺耳，《杨燕奇碑铭》云：“烈烈大夫，逢时之虞。感泣辞亲，从难于秦。维兹爰始，遂勤其事。四十余年，或裨或专。攻牢保危，爵位已跻。既明且慎，终老无瑕。鲁陵之冈，蔡河在侧。蒸蒸孝子，思显勋绩。斫石于此，式垂后嗣。”首二句一转韵，其法亦如歌行，顺应自然无定律也。

《李素墓铭》仅一章三句，曰：“高其上而坎其中，以为公之宫。奈何乎公!”亦觉其言有尽而意无穷。

散体之尤可法者，《薛达墓志》云：“补家令主簿，佐凤翔军。军帅武人，君为作书奏，读不识句，传一幕以为笑君，不为变。后九月九日，大会命射，设标的，高出百数十尺，令曰：‘中，酬锦与金若干。’一军尽射，莫能中者。君执弓，腰二矢，挟一矢以兴，揖其帅曰：‘请以为公欢。’遂适射所，一坐起，随之。射三发，连三中，的坏，不可复射。中，辄一军大呼以笑，连三大呼笑，帅益不喜，即自免去。”结句特出意表，文似看山不喜平之法也。

《罗池庙碑》：“宅有新屋，步有新船。”“步”字刊本改作“涉”。《集注》本云：“非也。”今粤人习行此字（前已记及）。任昉《述异记》云：“水际谓之步。

吴人卖瓜于江畔，因名瓜步。吴江中有鱼步龟。湘中有灵妃步。吴楚间谓浦为步。”语讹耳。子厚《永州铁炉步志》云：“江之浒凡舟可縻而上下者，曰步。”

1938 年 11 月 18 日

子厚以元和十四年十月五日卒于柳州。昌黎其月自潮即袁。明年，自袁召为国子祭酒。《集注》云：“此文袁州作也。”盖据刘梦得《祭子厚文》有云：“退之承命，改牧宜阳，亦驰一函，候于便道。”而言其后序《柳集》又云：“凡子厚行己之大方，有退之之志及祭文在。”以此断定《祭柳子厚》及《墓志铭》在元和十五年作。

《柳州罗池庙碑》，据此碑石本署衔为长庆元年。补注考为长庆二年。然则此三首文皆成于期年之内，甫没，则为祭亡灵纳幽，则为累德行为神，则谱其清明正直而壹之德，以咏歌之。斯真可为死友，令人动容沦髓者也。其祭之也，曰：“凡物之生，不愿为材，牺奠青黄，乃木之灾。”其志之也，曰：“又例贬永州司马。居闲，益自刻苦，务记览，为文章，泛滥停蓄，为深博无涯涘，而自肆于山林之间。”呜乎，士君子方困穷时，淬厉濯磨，以求成器。其卒也，百年之木，破而文之，其为失性，均也与夫，杞柳文之为杯棬，亦奚择焉。北方之人兮为侯是非，千秋万岁兮侯无我违。所以永南人之思者如此，荔丹蕉黄，云横雪拥，省二公之遗集，深五百之遥思，然而无有乎尔，则亦无有乎尔。

1938 年 12 月 1 日

黔。

补记甫毕，觅侣寻黄花，人瘦于花，曲终人不见。

杂阅《香祖笔记》凡十二卷，阮亭以其祖象晋尝谓“江南以兰为香祖”，因取以名其书也。有云：“七言律神韵天然，古人亦不多见，如杨用修‘江山平远难为画，云物高寒易得秋。’曹能始：‘春光白下无多日，夜月黄河第几湾。’近人‘节过白露犹余热，秋到黄州始解凉。’‘瓜步江空微有树，秣陵天远不宜秋。’释读彻：‘一夜花开湖上路，半春家在雪中山。’皆神到不可凑泊。陈卧子七言如‘左徒旧宅犹兰圃，中散荒园尚竹林。’‘九龙移帐春无草，万马窥边夜有霜。’‘禹陵风雨思王会，越国山川出霸才。’‘七月星河人出塞，一城砧杵客登楼。’‘四塞山河归汉阙，二陵风雨送秦师。’”诸联沉雄瑰丽，近代无比，一时瑜亮，独有梅村耳。

1938 年 12 月 8 日

晴。宵月皎然，棂间一霎。是日大雪节。

晨踽踽小肆，间吸牛酪，翻《说部》，词赋从今须少作，留取心魂独守尔。

《群碎录》云："书曰帙者，古人书卷外，必用帙藏之，如今裹袱之类。"故其字从巾。

《香祖笔记》云："昔人谓江左禁书疏往来，故右军帖多称死罪，以当时有禁也。然孔庙汉碑鲁相奏记，司徒司空府首具年月日鲁相某等叩头死罪敢言云云，末又云某惶恐叩头死罪。又孔文举、繁钦、陈琳诸人皆用之，则非自右军始矣。"

沈存中《笔谈补》云："前世风俗，卑幼致书，尊者但批纸尾答之，谓之批反，如诏书批答之义。故纸尾多作敬空字，谓空纸尾以候批反耳。"按昔人谓谨空之空，乃九拜也（《周礼·春官·大祝辨·九拜》）。渔洋云："二说互异。"按《书谱》云："安辄题后答之。"

《泊宅编》："欧阳子守滁，作《醉翁亭记》，后四十五年，东坡为大书重刻，改'泉洌而酒甘'为'泉甘而酒洌'。今读之实胜原句。"（家塾藏有榻本）

古来武人能诗如梁曹景宗："去时儿女悲，归来笳鼓竞。借问行路人，何如霍去病?"北齐斛律金："敕勒川，阴山下。天似穹庐盖四野。天苍苍，地茫茫，风吹草低见牛羊。"唐王智兴："三十年前老健儿，刚被郎官遣作诗。江南花柳从君咏，塞北烟霜独我知。"宋曹翰："三十年前学六韬，英名常得预时髦。曾因国难披金甲，不为家贫卖宝刀。臂健尚嫌弓力软，眼明犹识阵云高。堂前昨夜秋风起，羞见盘花旧战袍。"岳鄂王："潭水寒生月，松风夜带秋。"戚武毅继光："画角声传草木哀，云头对起石门开。朔风边酒不成醉，落叶归鸦无数来。但使玄戈销杀气，未妨白发老边才。勒名峰上吾谁与，故李将军舞剑台。"渔洋云："孰谓兜鍪之流只解道'明月赤团团'也。"

1938年12月9日

晴。夜东风作。家书来。有客来峦，万事俱了。

王湾："海日生残夜，江春入旧年。"柳文畅："亭皋木叶下，陇首秋云飞。"马戴："猿啼洞庭树，人在木兰舟。"孟浩然："微云淡河汉，疏雨滴梧桐。"渔洋云："玩此数条，可悟五言三昧。"

《香祖笔记》云："尝欲取唐人陆宣公、李卫公、刘宾客、皇甫湜、杜牧、孙樵、皮日休、陆龟蒙之文，遴而次之，为八家以传。"

唐宋京朝官遇令节放假休沐，又有旬休之例，《文昌杂录》："休假岁凡七十六日，元日、寒食、冬至各七日，天庆节、上元节同；天圣节、夏至、先天节、中元节、下元节、降圣节、腊日各三日；立春、人日、中和节、春分、社日、清明、上巳、天祺节、立夏、端午、天贶节、初伏、中伏、立秋、七夕、末伏、秋社、授衣、重阳、立冬，各二日；上中下旬又各一日。包拯奏言：'每节假七日，废事颇多，请令后只给假五日。'"渔洋云："当时京朝官优游如此，此风至明不复有矣，然宋人犹谓每春花时只于担上见桃李，何也？比者日在休沐之中，担上亦不见黄花，抑又何也。”

1938年12月10日

《香祖笔记》云：“吕宋国所产烟草，本名淡巴菰，又名金丝薰。近京师又有制为鼻烟者，云可明目，尤有辟疫之功，以玻璃为瓶贮之。瓶心形象种种不一，颜色亦具红、紫、黄、白、黑、绿诸色，白如水晶，红如火齐，极可爱玩。以象齿为匙，就鼻嗅之，还纳于瓶，皆内府制造。民间亦或仿而为之，终不及。”

按予乡人品茶、吸鼻烟二事，其精到处妙绝于时。曹雪芹章回小说宝哥哥“品茶栊翠庵”粗明此道而已，写水一笔心知其意，而舌本笔端，犹存隔靴之憾。通州周家禄（《寿恺堂集》）一诗状潮人瀹茶（已录前记），乃见真际。至于鼻烟一事，鲜见各家记述，良以嗜之者希，嗜之而不知其道，知之不能达以言者众矣。

予尝厕览大内所庋，烟壶齿连数阁，部居类别，列匮而陈，凡为玉、为玛瑙、为磁、为玻璃之属各若干，形靡不备，色无不全，使人目眯神越，叹造物之工，人力之巧。又以天下奉一人，秦瓦楚砆，不胫而至，下在齐民，有好之者，得见一斑，雄视一方矣。

鼻烟之制，亦以烟叶研为细末，贮以密瓶，来自西夷，特聚潮汕，斜文少识，妄赋异名：曰十三太保，曰金花，曰六鬼，曰桶烟。缙绅先生亦不难言之，沉溺者众，互炫其侪，一两之烟，易金之为两者，及百其贾之下，率非数金不办，盛以牙勺，厌其嗅官，历历而言，醰醰有味，尝第其品为五等焉，以食指取者不列等，食指之务特繁，恐乱味也，以中指者及格而已，以无名指者为识趣矣，进焉者以拇指满黏之分塞鼻管，最上乘者扑烟牙器上，撮成大小两孤山两孔吸之，闭其目良久乃徐徐吐气，泪夺眶欲出，如此奇癖，它乡之人所未梦见也。（复见翌年三月二十八日日记。）

1938年12月18日

黔。

早自为计，言从之迈，袖书艉船风涛之间，亦尽半卷。《师郑堂骈体文存》者，昭文（今并入常熟）孙同康朴盦著，以李越缦先生鉴定为标榜，是叩门之独后者。首录越缦识语云：“诸作俱精洁简雅，纯乎经籍之光。《居庸关至宣化府行记》《贺曾孟扑新婚序》《读元秘史注书后》《与胡琼修书》，四尤推杰构，余亦渊懿可传”云。录文劣完二卷，规模之迹在在可见，胎息之古尚有难言，或一览未尽也。

1938 年 12 月 19 日

晴。

有光自故乡来，井闾无恙，为丰顺丁氏携来书画各一册，亦眼福也，其一为叔平挽雨生中丞联：政绩张乖崖，学术陈龙川，在吾辈自有公论（雨生吾兄中丞大人灵座）；文字百一廛，武功七二社，问何人具此奇才（愚弟翁同龢顿首恭挽）。

清代学鲁公书享盛名者，诸城、昆明、道州、常熟四家。外润膏泽，内含筋骨，常熟尤为后劲，少时颇酷爱之，又见手笔于荒徼，喜可知也。联语亦有力量，至于鲁公笔法渊源，篆书圆润谨严，渊懿茂密，窃以诸公尚有未臻其至处耳。

其一为焦秉贞《耕织图》二十三开，秉贞济宁人，供候康熙内廷，自署钦天监五官。自浸种、图耕、耙耨、图耖（耖，农器也，所以耖土，使益细者，耕耙后用之。见《农政全书》）、碌碡、布秧、初秧、淤荫、拔秧、插秧、一耘、二耘、三耘、灌溉、收刈、登场、持穗、簸扬、图砻、舂碓、图簏、入仓至祭神。田家作苦，农事播收，咸在乎是，画法精细，设色工丽，深得元明人法，助以西洋写实之法，而不汩没自然画意，信清初去古未远之瑰作也，每帧并有小楷题句，书学衡山，仅得貌似，诗俚俗尤不足言，而已可珍矣。

最其大凡而归之。

1939 年 1 月 6 日

予友（吴楚碧）"致一师授子姓诵读，师一外出，则塾徒嚣然多事矣，法以二童肩而骑，衣以成人之服，长一身有半，以为魌服（《韩诗内传》：'郑交甫逢二女魌服。'注：'鬼服也。音忌'），饰魌头（正字作䫏。字又作倛。慎子曰：'毛廧、西施，天下之至姣也，衣之以皮倛，则见之者皆走也'），居然鬘也。狂童之狂也，且啾啾然聚而咻咻之，为之师者施施自外来，则一哄而散焉。鬘者，析为二，顿足抱首异途而逃，而师中魔矣，口不绝言塾中见鬼，今鬼九尺四寸以长，见其来也，折为首尾二段，上者不见足，下者不见首，奥窔分遁（《释名》：'室中西南隅，曰奥'），是绝物也，如何则可。夫子之病革矣，不可以喻为之徒者，乃讼言于东道，而师之呓语如故，乃如法扮演之（《说文》：'扮，动也。'《广韵》'父吻切。'今用为打扮也），师之疾乃稍瘳"云。楚碧之言如是，有是哉师之为固也。

1939 年 1 月 27 日

阅毕《师郑堂骈体文》二卷，究以《常熟东塘市新建亭林先生讲堂碑记》为最末段，云："矧以先生，大节棱棱，孤忠炯炯。际夫驳登皇极，龙泣煤山，洪图之德，莫宣颠眗之病。方亟先生置酒弦琴，以永独言之趣；陈书发篋，以劬则古之修。涉江逾岭，以察郡国之利病；谢币释绂，以维臣子之纲常。每届春秋，雪涕苍梧旷野；屡更甲子，伤心绛县耆臣。旅拜桥山，悲歌燕市，揖区外而远峙，超天衢而高翔。过关著书，学老氏之知足；伏地行酒，惜康成之被诬。天马难羁，讵受鞭策，神龙见首，丑腾风云。嗟乎，立于今日以观往代，窃见图箓徊徨之会，符珍鼎革之秋，必有洗耳投渊，怀印却玺者。是以夷齐槁饿，匪铭黄钺之恩；绮季茹芝，宁辞赤苻之聘。跱名耸节，自古已然，矫矫先生，殆无愧色。我朝褒忠有典，传列儒林，稽古弥荣，书发秘府。是以匝宇学人，翕然推服，咸叹先生之学，固足以牢落万族，先生之行，尤足以写奕千秋。故论其学，则可与王伯厚、魏鹤山、马贵舆之流颉颃，论其行，则可与陶元亮、谢叠山、郑所南诸公伯仲。此非一人之私言，乃万世之公论也。某等诵法名儒研古训，幸典型之未沬，记杖履之曾游。是用植树四垣，掘沙万丈。观泉度隰，远对鱼濂之泾；命斧催斤，近傍马惊之寺。仲雍古墓，赠以奇姿，尚父澄湖，通兹灵气。庶几圆冠博带，弦诵大鸣，德友仁邻，椎轮有宅，硕士希光而景赴，经生寻声响而臻。大吴巨丽，爰符颂叹于太冲；文学蔚兴，克绍流风于言子云尔。”

1939 年 1 月 28 日

晴。仲儿到青岛禀来。

报见杨云史新词致佳，录而存诸：

《八声甘州・南溟秋望》：

冷斜阳深照海山楼，摇落一身秋。看百蛮烟火，三江关塞，风物都收。胡马何时荡尽，清泪洒沧州。举目无人处，如此神州。

佗也蛮夷大长，正韩彭醢后，猛士难求。让书生掉舌，三寸抵貔貅。算兴亡、非关形胜，换谁家、天下在人谋。依然是、云横古垒，山枕寒流。

《菩萨蛮・题石花林梅花图照》

水村山郭今愁绝。年年笠屐酬风雪。素手进貂裘。江山北固楼。

雕栏催煮酒。玉树围红袖。不必问东坡。朝云欢更多。

其二

兰成北去哀堪赋。天涯更被烽烟误。夜夜梦乡关。雕栏香满山。

飘灯花雪乱。甲煎红衾暖。幽睡觉来时。花怜人起时。

1939 年 1 月 29 日

报端有《天妃考》一首，黏附卷末，所引赵（翼）、方（以智）、全（祖望）、梁（章钜）诸家之说，予大半已征入前记，寒门对宇曰“三妃宫”，各地概曰“天后宫”或“天妃庙”也，三之云者。方以智《通雅》云：“水神属阴，故曰天妃，其女子三人俗称神，姓林氏，遂实以为灵素三女云。”

1939年2月19日

粤人喜放鞭炮，縻金费中人之产，地多瘴气，习爱硫黄烈味，性下急然也。《荆楚岁时记》云：“元旦，爆竹于庭，以辟山臊。”《通俗编·俳优》云：“古时爆竹，皆以真竹箸火爆之，故唐人诗亦称爆竿。后人卷纸为之，称曰爆仗。”《武林旧事》亦言：“西湖有少年竞放爆仗。”则自宋时有之也。

1939年2月28日

苏袖示赵撝叔《勇庐闲诘》一卷，专述鼻烟（前十二月初十日日记），比云：“鲜见各家著述者隘也。”《宣南随笔》云：“乾隆中，纪文达召对。上所用鼻烟壶，刻‘此地有崇山、峻岭、茂林、修竹’十一字，应声对曰：‘若周之赤刀、大训、天球、河图。’上悦，即赐之。”《洋程纪略》云：“李忠毅总统水师，锐意平蔡牵。牵浼人致安南肉桂十束，西洋鼻烟十合缓师。忠毅怒判之曰：‘食汝之肉，劓汝之鼻。’万斧交加，烟销灰灭，荩臣儒将，刚介风流者也。”赵卷中略云：“鼻烟来自大西洋意大利亚国，明万历九年，利玛窦泛海入广东，旋至京师献方物，始通中国。国人多服鼻烟，短衣数重，里为小囊，藏鼻烟壶。至雍正三年，其国教化王伯纳第多贡献方物，始有各色玻璃鼻烟壶、咖什伦鼻烟罐、各宝鼻烟壶、素鼻烟壶、玛瑙鼻烟壶及鼻烟居六十种之六。此后代有共贡，其气静为上，动为下。无尽为上，有尽为下。静与无尽，绵绵若存，上之上矣（潮人谓之味长）。”宝山袁翼《邃怀堂集谢惠玛瑙鼻烟壶启》有云：“嗜好在酸咸之外，君已心知，氤氲通呼吸之方，我非耳食。”赋物细切，原书分原始、正名、释器、缀辞四类，成于光绪六年，辨物正名，觇风明俗，亦博经之一术，故君子犹乐言此也。

1939年3月4日

晴。

坊本（上海广益书局《古今文艺丛书》）有《丁叔雅遗集》一卷，首最姚《序》，录凡五首（《汉儒春秋学征序》《孔子必用墨子墨子必用孔子说》《手谈赋伐玉城璧主韦叔裕诡贺六浑书》《己亥答黄公度书》《再复黄公度书》），多已见者（录《代书》一首，见卷末），《手谈赋》及《代书》二首，骎骎乎典午风度矣。诗录如干首，复大半尝露市报之什（《清议报》《新民丛报》），殁后剩稿，其家人子，讳莫如深，今集中所存《闻胶州近事有感诗序》有云：“海岛五百，特困田横。燕云十六，忽成戎索。黔黎遂湮于异类，邹鲁遽剪为龙荒。种族岌乎，覆亡忽焉。嗟乎，黍离麦秀，忾叹殷郊。匪风下泉，顾瞻周道。闻鼓鼙而思将帅，歌板荡而念镐京。小雅之作，其哀以思乎，而少陵北征之咏，自愍流离，子山江南之哀，终嗟丧乱已。”文尤悽惋可诵也。

予尝于《在山泉诗话》（番禺潘飞声撰）见一则云：丁叔雅户部丰顺中丞公子，以贵介文弱，浏亮中外，大艺辞郎，秩而若浼，弃田园而不居，饥风江湖，卧龙山野，范季才视天下为己任，杜工部因丧乱而益才，文章之美，家国之感也，邱仲阏称为弟二之龚定盦，前年介余，两人抵掌于海阔天空处，四山屹立，万象寂然，广武之叹（刘项对语处），青梅之饮，何以逾此，承题《江湖载酒图四绝》云：

“词人作赋伤骑省，王子搴舟感鄂君。忆得临波弄环佩，南天花雨正缤纷。”

“满地江湖归白发，中年丝竹湿青衫。寻常亦有伤春感，不见题诗纪阿男。”

“松凌韵事最风流，谣落江谭二十秋。但得春衫换佳酿，年年吹笛木兰舟。”

“虚闻打桨同王令，容易成阴怆牧之。一样芬芳与悱恻，贞元全盛不多时。”

1939 年 3 月 7 日

晴。

钱起《送冷朝阳归上元》云：

“落日澄江乌榜外，秋风疏柳白门前。桥通小市家林近，山带平湖野寺连。”

途次所见景物，写来入画。渔洋《秋柳》“残照西风白下门”即脱胎于此。全首亦皆以“秋风疏柳”四字为粉本加以色彩耳（节但植之《观物化斋闲话》）。

梨洲先生为明御史尊素之子，天启时尊素以抗疏劾客魏，死狱中。后魏珰伏诛，先生冒死复仇，袖铁椎击逆党许显仁于刑部堂，又击杀狱卒颜咨、叶仲文，时以忠义孤儿，特宥之。所著《南雷诗历》有《题壁绝句》云：

“倦钩帘幕昼沉沉，难向庸医话病深。不信诗人容易瘦，一春花鸟总关心。”

其诗情乃又婉丽如此。

公度先生自题游艇联云：

“尚欲乘长风破万里浪；不妨处南海弄明月珠。”

番禺潘飞声（兰史）题人境庐二联云：

“药是当归，花宜旋复；虫还无恙，鸟莫奈何。”（其一）

“万象亟归方丈室；四围环列自家山。”（其二）

“著笔荡漾，不卧纸上。”（并见《在山泉诗话》）

报上见李仙根（鄂人）近诗有句云：

“于世几曾伤马食，累人不分到猪肝。”

“马食猪肝，二难两美。”

“每以薄游成久住，漫言归去尚依人。”

“未觉身随闲处贱，为怜秋向乱中新。”

句法柔而韧者。

当涂黄左田（钺）书法峭劲，家藏二帧，颇珍爱之。前年黄敬思同馆，先生曾孙也，询其家宝手泽，舍诗稿外几无有矣。尝遇张裕钊先生文孙孝栘，所藏廉卿墨迹亦不盈箧。予姑丈陈登科明经学公权书，不特邑中无与伦比，今文家所存仅写“柏庐家训”一通而已。抱残守缺，孝慈所难，金石犹摧，况于缣楮。昨见左田《画品》一卷，首气韵迄韶秀二十四则，颍川《诗品》，司空“画图”，并皆息之深深，体之休休者，存其“气均”一则云：“六法之难，气均为最。意居笔先，妙在画外。如音栖弦，如烟成霭。天风冷冷，水波濊濊。体物周流，无小无大。读万卷书，庶几心会。”

晡与里人对双马三局，炊许悉定，兴到子随，得心应手，得未尝有之作也（一二四七至一二四九局）。夜初更，乘舆已驾矣。又折返迎战，不知何故，思路顿塞，技术之道，亦资涵养之功，不堪将浅，遇人深哉。

《因树山馆日记》第十六册

（1939 年 3 月 19 日—7 月 26 日）

1939 年 3 月 19 日

诗钟既盛，格律滋繁，取意命名，多仿灯谜，其嵌字句中，自第一唱至第七唱而分咏之曰凤顶格，如“芦、笑”云：“芦绕宅生迁客感，笑惊缨绝滑稽才。”燕颔格，咏“眼、翻”云：“大眼北朝称健将，虞翻南海作逋臣。”鸢肩格，咏“虎、花”云：“慧远虎溪三笑过，安仁花县一官闲”。蜂腰格，“人、粉”云：“西内铜人应泣露，南朝金粉已成烟”。鹤膝格，“兰、骑”云：“江关萧瑟兰成赋，烽火仓皇骑劫兵。”凫胫格，“楚、宫”云：“巫峡朝云归楚梦，连昌夜月入宫词。”雁足格，“小、东”云：“弹琴羑里忧群小，空杼周原赋大东。”

其分咏二物者，龙阳易实父为巨擘焉，如“五丈原、梅妃”云：“秋风斜谷怀诸葛，春风昭阳吊落花。”咏“衾、蝉”云：“断续秋声千树暝，阑珊春意五更寒。”又有数格，如蝉联格咏“榻、始”云：“台筑千金从隗始，榻穿一木感宁归。”魁斗格咏“仙、姬”云“仙露铜盘怀汉武，秋风纨扇感班姬。”鼎峙格“黄山谷”：“黄河水绕居延塞，青海山连吐谷浑。”碎锦格“大观园”云：“西园客散怀吴质，东观书成赖大家。”斯亦摘句之图，奚咸回文之巧。夷甫自隽，次公何狂者矣。为述支流，以存余韵。

1939 年 3 月 21 日

重黔欲雨。是日春分节。

《桐阴论画》（梁溪秦祖永）云：“方邵村侍御亨咸，博大沈雄，力追古雅，一树一石，一点一拂，无不与古人大家血脉贯通，至设色沉古，取境幽辟，犹其余事，置之东原、完庵间能无愧色，神韵兼备，心向往焉。”又云：“吉偶，桐城人，顺治四年丁亥进士，少年科第为名，执法吏治文章之外，精于八法，旁及绘事，患难后自塞上归，其画更进，侍御足迹几遍天下，故其所见，无非粉本，不规规于古人，所以更胜于古人也”云云。

比日林舜階携示卷轴临海岳《天马赋》一首，文云：

《天马赋》

高君素收古画马，翘举雄杰，余感今无此马，故赋。

方唐牧之至盛，有天骨之超俊，勒四十万之数，而随方以分色焉，此马居其中以为镇。目星角而电发，蹄椀踣以风迅。鬐龙颙以孤起，耳凤耸而双峻。翠华建而□出步，阊阖下而轻喷。低怒群而不嘶，横秋风以独韵。若夫跃溪舒急，冒絮征叛。直突则建德项絷，横驰则世充领断。咸绝材以比德，敢伺蹶而致吝。岂肯浪逐金粟之堆，盖当下视八坊之骏。高标雄跨也狮子攘狞，逸气下衰而照夜矜稳。于是风靡格颓，色妙才骀，入仗不动，终日如杯。乃得玉为衔饰，绣作鞍幪，棘秣粟豢，肉胀筋挥，其报德也。盖不如偷卢噬盗，策蹇升柴。铸黄蜗而吐水，画白泽以除灾。但觉驼垂就节，鼠伏防猜。妒心虽厉，驯号斯谐。誓俯首以毕世，未伏枥以兴怀。嗟乎！所谓英风顿尽，冗伏长排。若不市骏骨致龙媒如此马者，一旦天子巡朔方，升乔岳，扫四夷之尘，校岐阳之猎，则飞黄騕褭，蹑云追电，何所从而遽来？何所从而遽来！

中岳外史米元章致爽轩书

康熙十二年癸丑夏四月，广州客舍，好雨盈庭，茶烟初启，人散手闲，盆兰新馥，偶尔欲书，恰为一合，遂临此以正于长民老年世□。

石城外史方亨咸书

长日对此，犹是谏猎之遗，检《佩文均府》，亦但云"米尝书是文"而已，方书尚未去尽造作痕，要自可宝，知时好雨，布谷催耕，安往结庐，亦问学圃，桑麻琴书，并入画幅哉。

1939年3月22日

雺。

《桐阴论画》称孟津王觉斯工诗古文行草，宗山阴父子，正书出自钟元常，书之关纽透入画中。桐城方密之书作章草亦工，二王诗文词曲甲于东南。甲申后剃发受具，法名宏智，耽耆枯寂，粗衣粝食，有贫士所不能堪者。谢绝一切，兴所至或诗或画，偶一为之，然多作禅语，自喻而已，不期人解也。

予友天津李叔同哀精金石诗及长短句，以画墁授徒西子湖边。戊午七年，尽以其玩好分馈所知，受戒空门，割绝世网，躬为方丈，执盥匜之役，其苦行亦非常人所能堪者，世亦遂无知之者矣。

又称山阴祁止祥豸佳书不在文敏下，画亦入荆、关之室，能歌能弈，尤能图章，以至弈钱、蹴鞠之戏，无不各尽其致，以名孝廉隐于梅市（天启七年丁卯孝廉），盖异人也。予家藏其手迹一帧，草书十四言，飞动骏逸，几为寒门庋书之冠。传其人有所求无不应者，即此一节，已非今人所能几也。《桐阴论画》极称其人，一节之微，推之千古，重气节尚任侠，班陈史法一脉如缕，所谓读其画思其人也，大宙晦冥，名山无色，濡染大笔，徒寄虚褒矣夫。

夜有佳局（一三三七至一三四〇局）。

1939年3月24日

黔。

讲诵字音，自同卜祝 。终日有客，仍咎赐之多言，退而自讼，内疚何似，四更起坐，檐瓦并响，不堪令羁旅之臣听之。（家书来。促归。）

归震川八比名手掩于其古文辞，管缄若古文辞掩于其八比，其最善者如《子在陈曰》一章，中比云（似丙子春归，舟中日记已录）：“昔岂无轻去其乡之感，而年少气盛，虽欲即安而不敢也，送行者自崖而返，与吾党相期于远大，而岂谓离群千里，足撄志士之胸。今犹是斯人，吾与之怀，而车殆马瘏，逆知卒老而无益也。旷游者率野而歌，悔生平多事于风尘，而不禁回首故乡，愿息劳人之驾。”

刘侯赋来谈，坐客有言“顾亭林足迹所至，辄置一妾，且工什一之利，去则委而弃之。”事见于某笔记，云比以诰。静斋则云：“不直，未见且未之前闻也，毋乃太不类宁人先生之所为乎？”

荆公好奇，遇人屡曰：“子亦有异闻乎？”则有往应之曰：“昔唐玄宗朝服花萼楼下，释冠，与人缀其敝处，缀讫，以冠抵其工钱，缀者固辞称‘死罪’，且言‘受之亦无所用也。’玄宗曰：‘闭汝室门而冠之，庸何伤？’”荆公闻之而大悦，以为诚哉异闻，亦不问其何所闻而来也。予曰：“此孔文举所谓‘武王伐纣得妲己（妲，徒遏切。潮人多读多旱切，涉袒字而又误也）以赐周公’，及问之乃曰‘想当然耳’者类也。”

1939年3月30日

潮语状发乱貌曰“鬅松”，非俗语也。姚枢诗：“春风满鬓绿鬅松。”方回诗：“荷锄头白雪荃松。”字或作“鬔”，作“荃”见《广韵》。（陆游诗：“夜分到家趋篝火，稚子惊起头鬅髻。”）

1939年4月5日

氤郁。夹衣不暖，又见御裘者，太平山顶降至四十三度云。

记二绝伎。曰“鞬”也，曰“陀螺”也，几无不童而习之者也，二物具见《帝京景物略》所引谚云：“杨柳儿青，放空钟；杨柳儿死，踢毽子。”惟字作“毽”耳。今都人亦谓之箭子、陀螺，亦曰地黄牛，斯并蹴鞠之遗意欤。

汉皋馆侧，目击二卖艺者，操北音，自鬻于新市场，月各致八十金，昼夜献伎，不盈片刻，然而可记也。鞬人某，年可五十余，已蓄须矣，窄袖短衣布鞋登台，列坐哗之，以其犹有童心乎，考《事物原始》云：“小儿以铅锡为钱，装以鸡羽，呼为箭子。三四小儿走踢，有里外帘、拖枪、耸膝、突肚、佛顶珠、剪刀拐子诸名色。”以予所见，体势尤夥，自顶及踵，使转如意，置诸额则额，准诸鼻则鼻，颐指气使，目到鞬随，心使腕而臂不知，官虽止而神犹行，观者娱心，闻者动色，敛手避席，气宇优闲，意其人必不止精此一伎，或尤深于锤运功夫者。

夫鞬其小焉者也，陀螺之状如空钟，如漏斗，如石磨，作中字形，工字形，南人多截竹为之，急抽卷绳，卓地有声，故又以地黄牛称焉。北地少竹，制以木片，有轴串两空盘，左右手提小棒，贯绳转之，嗡嗡空际，持而转之，急则激荡，发声益亢以厉，操之者什佰，能者无一焉。所见伎人，抱椟陈坐，前启视之，则列为器者三，其一如上所陈，状而不具，两端仅有一盘如丁字状，持绳转之，无倾首之虞，有使指之妙。缓转急转，并有经纶，斜行直行，别成机杼。倏焉而轮出袴下，倏焉而轴在脐中，倏焉而腾空盘旋，呼之欲出，倏焉而横地缭绕，纵而能收，忽焉而横吹棒上，累卵而安，忽焉而侧附绳间，如猱升木。呼之曰止则止，上则上，视所持棒，屹然不动也。其一为酒罍（即五加皮樽），立持之如陀螺，但不作响耳，又其一为瓯盖，盘转之术固可兼通，所尤异者，纵盖转于氍毹之上，势未尽而盖折回，复以绳收之，盖藏于密云，此则不能尽以理通之者矣。

《法言》有云：“通天地而不通人曰伎。”吾又何以云哉，每叹一伎之至，参契于天，一艺之成，炳灵于地。伎艺之微，至斯二者，亦足以糊其口于四方，而君子即物以见道也。昔安吴《记两笔工语》《记两棒师语》，未佚其名，今则亡矣，然亦庶几泰园“牧马童”、柳州“都料匠”之继也夫。

潮人呼陀螺声如述，别有小者一种以木为之，形恰如鱼肫，而肫方言正如述也，以竹为之者曰轰（亦可书为竹訇），呼鞬声如印，或可书为燕，如燕之迅飞乎。

1939 年 4 月 12 日

晴。最高八十一度，最低六十七度。

淡巴菰俗名之多，不让傅青主之自号也（青主自号五十余名），烟草之外，有烟花、烟火、芬、金丝草、反魂烟、相思草、担不归、爱敬草、分别草、庆喜常乐闲友养气香烟。又旧名金丝醺，相传流入中国远自明万历末叶，当时西湖陈淏子所著《花镜》一书，已有烟火字样，云：“原名 Tobacco 化为英语，英人 William H 在一五七三年事。至于 Cigar 在西班牙原文是 Cigaret Cigarret，其义为卷。”《百科全书》（英本）言“吸烟传入欧洲是哥伦布。”自来歌咏不及此，斜倚薰笼坐到明，重帘不卷留香久。陆机《连珠》：“臣闻寻烟染芬，薰息犹芳。”《左氏传》：“一薰一莸。”熏之（俗作燻），以取芳味而已，未以入诸口也。

1939年4月13日

晴。

录谱半日，闻乡吏督移民迁藏，更有何话说。……

《南部新书》云：“有胡钉饺、张打油二人皆能为诗。”《升庵外集》载“唐人张打油《雪》诗云：‘江上一笼统，井上黑窟笼（《宋景文笔记》：孔曰：‘窟笼语本反切。’按《方言·释地》‘凡空窍曰堀，字亦作窟。’今亦作窟窿）。黑狗身上白，白狗身上肿。’斯又‘莫若柳絮因风起’乎。”

记曾右丞（刚甫）尝以京钱二百，易“诗”一卷于宣武门外冷摊上，曰：“某和尚手存之作。”予犹忆得断句云：“有个王秀才说我诗失拈。”又云：“猪食死人肉，人食死猪肠。猪不说人臭，人反道猪香。”虽属打油嫡传，却是佛门没人晓得之至理。

时人冒鹤亭自居遗民，又常攘臂民初，出督瓯海关，其友往送之前门车站，曰：“今天也来送送遗老出山。”冒有惭色，打油解之曰：“文章那有黄金卖，时辈多将白眼看。饿死也知俄顷事，一身容易一家难。”时有俞恪士者，亦打其油答其家人劝改素食以节家用事，云：“清油自比猪油贱，胖子休同瘦子看。吃素也知俄顷事，一家容易一身难。（有《俞恪士笔记》）”又清道人（李某庵瑞清）以耆食螃蟹死生吝为东道之主，一日忽宴客，恪士又套油调之，曰：“鬻书渐有垂青意，请客都能吃白看。上馆也知俄顷事，在家容易出家难。”

里人有称博士者，言其精于博也，是可对书生于书，如陌路上人也。今人几无不能打麻雀者，叩以清一牌，见同色牌皆和者曰“一枝花”，亦名“九莲灯”，即 $1^3 23456789^3$ 之式，人皆知之，它则瞠然矣，不知尚有数种曰“$234^4 567^4 89$”，曰 $23^4 4567^4 89$，曰“$1^3 23456^4 78$”，曰“$234^4 56789^3$”，外此不能再举矣。

1939年4月19日

杂记数则。“乌白头，马生角。”言必无之事也。“梦乘车入鼠穴，捣齑啾铁杵（《说文》作齑。庄骚本多作齑。省作鏊）。”言必无之梦也。

《越缦日记》累见小极字样，按《世说新语》（文学篇）云：“卫玠始度江，见王大将军，因夜坐，大将军命谢幼舆。玠见谢，甚说之，都不复顾王，遂达旦微言，王永夕不得豫。玠体素羸，恒为母所禁。尔夕忽极，于此病笃，遂不起。”又（言语篇）云：“顾司空（和），诣王丞相（导）。丞相小极，对之疲睡。”此爱伯所本处。

当日帖括，每首以三百字以上，七百字以下为限，不则不中程。记张潮所辑《昭代丛书》五百余种，每种必有一首跋尾（《不其山馆日记》已尝及此），其篇幅必以一开又二三行为率，尺有所长，寸有所短，不揣其末而齐其末，翻之令人忍俊，不必逐行细读，其格如此，其实概可知矣。昔桓宣武集诸名胜讲《易》，日说一卦，简文欲听，闻此便还，曰："义当自有难易，其以一卦为限邪？"

今语凡乐竟阕终辄曰"一齣"，人事代谢亦如此云，即传奇中之一回也。"齣"字未经字书著录（今如《辞海》等新书有之），或以"齝"字讹作齣也。《说文》："齝，吐而噍也（丑之切）。"今传奇进而复出，故有取于齝云。按一齣，一出也。《世说新语》云："谢中骑在安西艰中，林道人往就语，将夕乃退。有人道上见者，问云：'公何处来？'答云：'今早与谢孝剧谈一出来。'"

1939年4月20日

作书惟心使臂，臂使指，指使管，不假矫揉，毋助苗长。予于前卷尝记昔贤翦毫挂腕而论其法矣，记云："子能食饭教以右手，人生离乳而学匕箸，毋抟饭毋择手（周前似未用箸，然《史记·十二诸侯年表》云：'纣为象箸，而箕子唏'），饭黍毋以箸，《曲礼》之言不行于汉，故有借箸而筹，闻雷而坠者，其制也极简，而用之曲，当以之攻坚导窾兼弱夹柔，无不悉如人意，岂若西夷之人，刀戟栉比，箝钳骈列，复助以手，而犹弃骨委肉哉。顾胜衣之童，未必胜箸，饔飧十载，奉箸茫然，谋食且如斯之难，而谓易于谋道乎。临池尽墨，面壁九年，不如匿舅三月之楼（张得天事），与君一夕之话，内志正，外体直，相其荡漾空中，下笔以前之蓄势，迹其掉离毫末，一往意深之行云。其转也，方则用翻，圆则用绞。其端也，一波三折，一唱三叹。其入也，直来横受，横来直受。其出也，无发不复，无往不收。其映带也，左凝右盼，仙禽欲下先偷眼。其策应也，击首应尾，雁阵书空一字斜。其燕居也，见尧于羹，见舜于墙，无终食之间无古人。其挥洒也，虱大如轮，目送归鸿，问尔师那一笔是自己，是知八法之传，尽于永字，盈寸之拳，禀命天君（《荀子·天论》：'心居中虚，以治五官，夫是谓天君'），世有不学而能者乎，我无是也，今岂异于古所云邪，子勉乎哉。

又思择术，至于伶工操缦，以要时誉，冀空万人之巷，莫卖明日之花。要亦弦不断不妄更，功不十不易器。原夫丝之于肉，其利断金，鼓之于铙，如声应谷。忆当年孙（佐臣）琴陈（德霖）曲之一奏，令人不辨其是肉是丝。谭工祢鼓之三挝，只今恍闻其如抗如坠，良工云往，斯术寖微，改弦更张，元音荡焉。或则骈标两弦，助其靡靡，或则独操一线，鄙同哇哇（欧阳修诗："儿童助噪声哇哇"）。岂无架琴在盘，借水音以流响，托弦于钹，假金钲之悠声，斯并不登大雅之堂，难枉知音之顾。吾闻弦筝名手，概屏指衣三折肱，乃知良医三日甲，乃弹筝琶。古乐云亡，俗乐亦非，轻改制言书无侣，奏曲更莫对巴人，黯淡江山，苍茫今古，恐君思卧击壤而歌焉乎。

1939年4月21日

晴。是日谷雨节，予乡以时百谷时也。

庄头展几，时复对书，学剑不成，以思无益，长缅题榜下，而头鬓皓然（《世说新语》：“韦仲将能书。魏明帝起殿，欲安榜，使仲将登梯题之。既下，头鬓皓然。因敕儿孙勿复学书”）。神明太俗，由卿世情未尽（庚道季对戴安道语）。欲换凡骨，安觅金丹，坐挹海风，来迟弓月，无客坐隐，有客手谈（王中郎坦之以围棋是坐隐，支公遁以围棋为手谈）。看儿辈破贼，何时问老翁，壶中甚药（《后汉书・费长房传》），即此估侩，村童之所共适，已非复眼前余子所能释。然得失知于寸心，论定敢期，后浮湛人海，饭饮燔间，岂无人乎。鲁缪公之侧，此五尺之所丑，言不得已之景丑氏宿焉。犹公孙窃所未喻，此则深岩镌石，愿终古以长埋（张廉卿有此语），匿橘商山，怨霜后之自剖者矣。嗟乎，杜陵人日，感慨何多，庾信南来，萧瑟逾甚。明朝春过小桃枝，肥水东流无尽期。

1939年4月22日

阴。小雨间之。三月三日天气新，而今正是欢游夕。却怕春寒自掩扉，看了游人缓缓归。三日尚可，四日杀我（《种树书》杭谚）。宾从杂沓，空自结肠。箫管哀吟，久成歇响。自永和癸丑而后，修禊者何人（《说文》无禊字，或以为即絜字也）；丁太乙百六之季，衔碑[1]者有日。漫云锦城之乐，等是有家；盱目蜀道之难，何以为国。华亭鹤泪，岂可复闻（陆机语）。江左尘谈，遂无片席。斯非天时人事，可为悽怆伤心者乎。

弈工不来，里人款见，易马而战，驾轻以驰。不惭冠剑之丁年，未绝鼓音于丙夜。拔蝥孤以先登，余勇犹可贾也。是夕对黄琼楼三局，吴承铿三局（一四九四至一四九九局）。

【注释】

①衔碑：含悲的隐语。碑，音同“悲”。

②漫云：满口胡说。

1939年4月26日

晨小雨闻乡，园得甘雨。

张香涛总督《湖广六十赐寿谢折》有云：“青琐萦沧江之梦，微物亦荷天慈；黄洲咏玉宇之词，受知不在人后。观者咸诧为殊常之遇，此生何以酬高厚之恩。臣惟有履冰以励官常，炳烛而勤老学。抚汉上重来之柳，生意顿增；倾园中向日之葵，愚诚无改。”

又庚子后《谢加太子少保衔》折云：“伏念北畿俶扰（《尚书·胤征》：‘俶扰天纪’），南纪震惊，致两宫之播迁，经一年而始定。臣障川力薄，瞻极神飞，既未能执桴鼓以收京，又不获执羁勒而捍圉。外惭内疚，有罪无功。今者钟簴依然，威仪重睹，既举居行之赏，兼甄薪突之劳。恭逢国是之昭明，岂意官僚之滥附。元祐手书，多难而不忘黎庶；兴元赦诏，责躬而曲奖臣僚。敢贪天以为功，实临谷而滋惧。臣惟有经营筚路，休养穷檐。治兵求效于补牢，兴学图功于炳烛。范文受赏，曾何力于伐齐；管仲纳规，愿无忘于在莒。”盖犹南溪集之遗音也。

又《丁未七月入值军畿谢折》云：“伏念臣早参清从洊典方州，以章句之小儒，领荆襄之重镇。滔滔江汉，曾无文武之威仪；种种弁毛，深愧济时之良彦。岂意纶恩渥焕，鼎鼎叨陪。群吏叹为殊荣，愚臣知其非分。昔向敏中之耐官职、默契朝廷；范希文之镇边陲纡筹军事。方昔贤而有愧，对隆遇以难酬。臣惟有伛偻滋恭敬慎，将事江湖魏阙，交萦报国之忧，诚旧学新知，勉维匡时之良策。”此稿安妥而已，当出僚属手也。

1939年4月28日

潮州有宝塔三，曰急水，曰恶溪（后改意溪），曰玉港。二厄水之关，一踞山之巅，并尚书被放里居时匄工庀材者，明清之交。一州之间，显宦达人，几可车量而斗数，科名之盛，不亚首州。未及中叶，而吾州耆旧之子孙微矣，区区两榜，海（阳）澄（海）二县，落解者百五十年。雍乾以后，刻书入国门者，晨星可数。州犹是也，民犹是也，何昔之盛而后之衰哉。充康熙之朝世罣，日寻干戈，殷室顽民，难读洛诰，蓬莱荒岛，未解秦衣。郑氏燃于思明，东夷煽及海寇。海壖边鄙，荡析离居（翁襄敏本籍蓬洲，以避倭祸移家金石宫，尚书三代子孙入普宁，去三十年后反。今尚留有茔墓云），文物故家，乔木同尽。自是而吾州之文风替矣，历数百年而难复者，逢一二劫而遂无孑遗。成立之难如登天，覆坠之易如燎毛。所为与舜阶言之而有隐痛也。

1939年5月4日

《大唐中兴颂》：

尚书水部员外郎兼殿中侍御史荆南节度判官元结撰

金紫光禄大夫前行抚州刺史上柱国鲁郡开国公颜真卿书

天宝十四年，安禄山陷洛阳，明年陷长安。天子幸蜀，太子即位于灵武。明年，皇帝移军凤翔，其年复两京。上皇还京师。于戏！前代帝王有盛德大业者，必见于歌颂。若令歌颂大业，刻之金石，非老于文学，其谁宜为？颂曰：

噫嘻前朝！孽臣奸骄，为昏为妖。边将骋兵，毒乱国经，群生失宁。大驾南巡，百僚窜身，奉贼称臣。天将昌唐，繄睨我皇，匹马北方。独立一呼，千麾万旟，戎卒前驱。我师其东，储皇抚戎，荡攘群凶。复服指期，曾不逾时，有国无之。事有至难，宗庙再安，二圣重欢。地辟天开，蠲除妖灾，瑞庆大来。凶徒逆俦，涵濡天休，死生堪羞。功劳位尊，忠烈名存，泽流子孙。盛德之兴，山高日升，万福是膺。能令大君，声容沄沄，不在斯文。湘江东西，中直浯溪，石崖天齐。可磨可镌，刊此颂焉，何千万年。

上元二年秋八月撰，大历六年夏六月刻（原碑字大五方寸，无叙跋）

此碑神丰力满，纵肆之极，不失谨严，专当古意，邺巍北风，字里行间，如此其近，苏氏《表忠观碑》，实本平原体势，蔚兹奇观，而亦具正直浩然之气，奔辏腕下，书乐毅则情多怫郁，写画赞则意涉瑰奇。北海眉山，鼎峙鲁郡，秉心正色，魏阙江湖，驰吾头三十里如生，其为气亘百世而下，窃知其意，默喻于怀，苍苍泱泱，云山江水。

附黄际遇手写稿：

大唐中興頌
尚書水部員外郎兼殿中侍御史判南節度判官元結撰
金紫光祿大夫前行撫州刺史上柱國魯郡開國公顏真卿書
天寶十四年安祿山陷洛陽明年陷長安天子幸蜀太子即
位於靈武明年皇帝移軍鳳翔其年復兩京上皇還京師於
戲前代帝王有盛德大業者必見于歌頌若今歌頌大業刻之
金石非老於文學其誰宜爲頌曰
噫嘻前朝孽臣姦驕爲惛爲妖邊將騁兵毒亂國經群生失
寧大駕南巡百寮竄身奉賊稱臣天將昌唐繄睍我皇匹
馬北方獨立一呼千麾万旟戎卒前驅我師其東儲皇撫戎蕩

因樹山館日記

攘羣兇復服指期曾不逾時有國無之事有至難宗廟再安二聖
重歡地闢天開蠲除祆災慶瑞大來凶徒逆儔涵濡天休死生堪羞
功勞位尊忠烈名存澤流子孫盛德之興山高日昇萬福是膺能令
大君聲容沄沄不在斯文湘江東西中直浯溪石崖天齊可磨可鐫
刊此頌焉何千萬年
上元二年秋八月撰大曆六年夏六月刻 原碑字大五方寸無叙跋

1939 年 5 月 8 日

《宣武盛事》云：“戴宏正每得密友一人，则书于编简，焚香告祖考，号为金兰薄（簿，后出字）。”今人呼曰“换帖”，言各以籍贯三代写帖互换之，能者藻文，不能者或但宣誓神前，有渝此盟，明神殛之，伶工剧词常言“八拜之交”，据

《闻见录》云（宋邵伯温著，二十卷为前录，子博续三十卷为后录）：“丰稷谒潞公，公著道服出，语之曰：‘而父吾客也，只八拜。’稷不得已，如数拜之。”有说者曰：“拜天三，地三，交拜二，然也。”

人之耳目心思，究有所限，逾此限者，不曰不可方物，则辄流为幻想。大哉尧之为君也，巍巍乎舜禹之有天下也。嵩高维岳，峻极于天。天从一大，至高无上。其大也，民莫能名，其高也，莫之或上。恒人视崇高伟大之物，拟之何物，斯如所拟，坐井窥天，天亦小也。童眸视月，大劣如皿长焉，则望之如盘，及老则大如车轮。睆而视之，拟之为何物，则何物耳。夫天诚不可阶也，孩提昂首申手欲攀月之远也，大也，已有定数，犹令人寥廓寄思，至于如此不高言天体矣。中州大学北院铁塔浮图十三级，矗立卌仞，自非寻常（皆云晋时建塔，王志刚君考为唐建），相传建塔落成，微偏东北，既实之后，乃成直立。夕阳下时徘徊其前，仰之弥高，忽焉在后（余题联云：“一砖一佛象；三藐三菩提”）。客曰：“若斯伟物，视之为偏于东北，则东北，视之为偏于西南，则西南耳，夫塔何足以为大也。”曾于舟中闻二浙人相与语曰：“我邑金华以火腿名，汝邑余杭何有哉。”有顷乃应之曰：“有章炳麟。”金华之人亦曰：“诚然。然炳麟究何能也。”又徐徐而思佥曰：“彼四子书无过熟，夫章氏今人耳。而自同时人观之，且不能置一词，只可比之于金腿。”吾曰：“君子既不器矣，儗人又何必于其伦哉。”

1939 年 5 月 15 日

见《叶有道碑》，相传有道之孙法善摄北海之魂书之，写至丁字，未完而鸡鸣，结以连点，因亦曰：“丁丁碑。”又有携此幸不覆舟者，故又曰：“定风碑。”梁山舟作《定风碑》，墨榻记据《珊瑚网》《坚瓠》等集为之本末（乾隆四十一年），其书气足神完，虽遒劲略逊《云麾》《岳麓》诸碑，而凭虚御空，韧健雍容，唐贤莫逮，事则颇诞，非入定出定者，不能置一词矣。

山舟《定风碑》记子贞《黑女碑》跋尾中“豎”字皆从立作“竪”，此字蒙馆老师犹羞称之。吾邑棋竿，夹石刻字，殆无不书从豆作“豎”者。《说文》：“豎，立也。”徐曰：“豆器，故为豎立。”《集韵》云：“籀作豎，或作𠈆，俗作竪，非。”甚矣，梁、何二书家之不辨也。子贞之跋又云：“包慎翁豎直平正未窥真髓。即以书学而论，道州尚不足为安吴舆台耳。”

1939 年 6 月 7 日

晴。初热，午八十七度，夜不闭户。

细咏杜集，其第九卷：“天宝之末，乱中陷贼作也。”使用史事，当则名家揭橥，片言囊括全传。汪君《述学》章氏撰联：“百炼金钢，岂止千夫之俊；吾于杜集，尤心折之哀。”集数联，以为小子法焉。

如《投赠哥舒开府》云：“廉颇仍走敌，魏绛已和戎。”“军事留孙楚，行间识吕蒙。”

《赠郑谏议》云：“使者求颜阖，诸公厌祢衡。”

《赠鲜于京兆》云：“不得同晁错，吁嗟后郤诜。”

《赠特进汝阳王》云：“已忝归曹植，何知对李膺。”

能类录之，匪直可资挦扯已也。

1939 年 6 月 28 日

晴。

记酒令。按《韩诗外传》：“齐侯置酒令，后者罚饮一经程。”《诗·雅》云：“人之齐圣，饮酒温恭。”又云：“既立之监，或佐之史。”则行酒之时，设官监酒，古之人有行之者。吴皓不仁，沉酗于酒，饮者不力，则纠劾之，而君臣之道苦矣。夫分棘较胜，击钵藏驱，逸士骚人，兴之所寄，凡夫稗官，外史信笔，侈谈类能，变雅陈风，铺华摛藻，极其敝也。至如《品花宝鉴》之调弄虚文（如调粤赀郎奚十一以四子书为令，自一字奚二字子奚十四字取礼之重者与礼之轻者而比之奚），《镜花缘》之铺张声韵（其说一黑女国貌通声韵，以双声叠均为酒令，重床架屋，涉数卷之多）。或则言之不驯，或则羌无故实。佞同瞽诵，言殊酒箴。然征诸里肆流传，平生闻见，则又言之无物，俗不可医，就中尚可纪者，有三令焉：

一曰“数七法”，自一人司令发轫叫一，或左旋或右转，依次急呼，逢明七（如七十七，二十七等）则停呼，而手轻打桌面。逢暗七（如十四，二十一等）则轻打桌阴，至四十九止。迟误者罚酒，乱令者如之。

一曰“背大学之道一章”，发令者曰大，次曰学，次曰之，其次以手加额而已，以道字从首也，其次不声而以指画逗断句，以下仿此，遇德字从心则扪腹，遇善字从口则掩袂，于是节终则环圈断章递及下节，为法至简而触令者比比也。

一曰“诵诗”，以“一去二三里，乡村四五家。楼台六七坐，八九十枝花”，首唱一，次唱去，次二人连唱二，次三人连唱三。

看来似易，行之维艰，一令既通，列坐抚掌，举杯相属，目眙不禁，维时宇内，犹貌苟安，所至胜流，相从谭艺，梁园雅集，北海倾尊，亦极一时之豪，而不意卒成旷世之乐，感念畴昔所为，缀此小文也夫。

1939 年 7 月 5 日

《万善花室文》中“早畦未翦，菜香袭衣，麦秀成浪（《春莫游陶园叙》）。”一笔体物之工，属辞之隽，非躬处泷亩之间，耦耕垂钩，不能领略其淡远之致也。

词藻家言惟丽以则，文家则往往缺此一种闲适境致，是又非可刻意为之者。昔人逢太平，山林二十年。缓带裼裘，芒鞋竹杖，胸无一事，自挂百钱。礼爱野人之真，思在驴背之上。江湖之远，不梦乘槎，沟浍皆盈，漫劳叱犊。野父搵语，未苦催科，王人之对，但知数畜。树桑余五亩之隙，解组艰数顷之田。老子亦自婆婆，闲者皆为宾主。得秋声于江上，归来可图；追壮游于生平，登高补赋。骈士年登八十，犹手堪劫后之书；衡山晨写千文，乃下楼盥而见客。时有载酒以问字，或且题扇以换鹅。脱粟之饱也甘，菜根之味滋永。临川悟流水之逝，反鲁无匏落之伤。了然去来，忘形尔汝。不复讨人间烟火生活，亦不算吾徒头顶工夫。彼苍生我何为，我亦分所应得。嗟乎！我生之初，于传有之，我生之后，而今何如哉。

1939年7月6日

蒲留仙老隐淄川，授徒为生，鲁人多言其日坐街头，拾稷下谈者缀为志异，适洽世好，名倾东夷。别有文集二册，乳法龙门，而气力不克以举之。去明未远，自拔蓁难，比来无侣，朝起巾佩既毕，辄坐门口，与乡人处，童讴野语，并入奚囊，马勃牛溲，亦资灸艾。言不以人而废，匠无轻弃之材。顾风尚浇漓，溺深胡俗，计利忘谊，成是习非。由今之道无变今之俗，虽与之天下，不能一朝居也。故虽陷溺之可伤，终难涂炭之与坐。自南风不竞，楚多死声，百里逃秦，虞遂不腊。端午辍吊屈之渡，甲戌尽中兴之期。所闻流言，靡非痛史，怯宣诸口，况笔于书，寒泉咽流，秋霜销骨，金石可摧，矧在血气，犹冀言者无罪，传之非真，帝本好生，毋我尔诈耳。

1939年7月11日

晴。午九十度。寄书。

《尚䌹堂文》："使事戛造，隹声远姚。"（《汉书·礼乐志》王注：姚，亦远也。《荀子·茔辱篇》："其功德姚远矣"），如《谢馈小猪肉启》云："彘肩啖我奉，斗酒其敢辞。猪肝累人酬，尺书以为报。"如此小题，竟逢巨制，卷中书问十余首，大半四言为句，清新隽逸，时曳残声，盛暑对此，如服清凉一剂也。

1939年7月14日

阅《崇百药斋文》（阳湖陆继辂祁生）一卷，其从孙申右哀辞一韵三句，各家所不常见者，然三百篇中一章三句，如《麟趾》《甘棠》诸篇，不乏恒例也，最其结篇数韵云："何图不吊，洊丁大故。既哀既孤，甫及蚤鬌。再膺酷罚，殃逮童乌（《曲礼》：'不蚤鬌。'《法言·问神篇》：'苗而不秀者，吾家之童乌也，九岁而与我《玄》文’)。俯仰惨痛，人离鬼神。二竖睢盱，沉疴经年。泉台在望，跛不得趋。恒干委弃，圜扉大开。匪戚而愉，於乎哀哉。死孝死慈，义何足附。而殒而躯，譬草一茎。曷培以茁，孰刈使枯。高高者天，福祸之宰。讵杀不辜，猥以骨肉。不胜大愿，乞观爰书。”

1939年7月15日

洪齮孙（子龄）少孤，北江先生《诫子书》所云“其余幼子弱孙，尚争梨栗，未辨菽麦”者是也。清史例得附传，予记亦屡及之。

《养一斋集》中《岁寒堂课图》记述“断织勖勤之始，补写机声灯影之遗”，诸母孤儿，彤管有炜矣。按记云“先生有侧室”，郑之子曰：“齮孙生四龄，而郑不禄先生命诸母邵为之母。又二年，而先生亦捐馆舍，受赐拜在耳之言，腹我非诸兄之任，而褁诚资身，检押不诿，盖不特护视暖寒，节适饥饱，周密齐栗而已”云。《养一斋》夙名古文，尤严义法，《骈体文抄》之选，文苑宗之，所为骈文，亦以此抄之叙为最高，盖在文家中之善于分析者，以论词华，则有间矣。如《风台上事与绅士书》，颇规摹《难蜀父老》等篇，气格自古，而散文之习，其韵不流，播之管弦，有声无节，义理词章，废一不可，而刚阴柔之难相成也，有如是夫。复观《淳则斋文集》中《祭养一先生文》，则斐然矣，中云：“指春申之故居，缅君山之古麓。乡名郑公，地号愚若，池莲堕红，带草舒绿。”又云：“岁厄龙蛇，咎征鵀鹏（戴胜，《尔雅》作戴鵀）。酒空北海之尊，声惨西州之哭。”末云：“况李郭之世交，仰河汾之师表。提挈孤寒，殷勤古道。识阳元于陋巷，拔孝相于庸保。假倦禽以羽翼，被朽株以文藻。酬德无从，人琴俱杳。谁怜爨下之桐，空草茂陵之稿。”

按子龄得年仅逾强仕，此子不使永年，我生真成食粟也已。（子龄有《拟新乐府》三首，叙为思亲之作，首云“自遭大故”，应是诸母邵之丧。记云：“择之诸母与可者。”诸母，庶母也。）

1939年7月21日

晴。午八十五度。

邑先正黄之骥乔梓（崇祀先贤祠）并登五经魁（乡试榜第一名曰“解元”，首五名曰“五经魁”。填榜最后）。方其父使其兄子下闱，而未遣其子也，乡人或异之，咸多其子之才焉。已而兄子中式，而其子翌科乃高掇云，人方知其所期于子，高一着也。当日有司取士，院长衡文睆而视之，不中不远，邑贤书杨廷科（冠山乡）教授惠州府儒学时也，乡茂才秋闱遄返，道过祯州（五代时南汉置祯州，宋改惠州），莫不怀稿，丐其一语，或售或否，及售者之高低，靡不中也。更就小试者言之，割截为题，以妨剿袭，主文者但抽阅承题，渡下一二要处，不中材者弃之如遗，凡临一题，字面僻巧，搭愈无情，则见售愈有准的。何也？以手法既有一定，而可用之典实亦多也。如清末海阳县己未岁试，覆题为“豹犀”二字（截《孟子》“驱虎豹犀象而远之”句）限三刻钟作开讲及钓下，风檐寸晷之下，有一生开讲，首笔曰：“尝闻大人豹变，君子虎变，至于犀则无变矣。”当日传为笑谈，然亦不能落诸孙山之外。对此小题，诚亦无许多故实可资亨炙，是非去取，顷刻可辨耳。

1939年7月22日

晴。器儿自饶平禀来。

或问《泷岗阡表》“以生以长，俾至于成人”之“以”字作何解，字书不得正例，王氏《释词》记亦未尝及此。予曰：“此文法家所谓表示进行法也，《毛诗》‘以遨以游’是正例，‘式歌且舞’是偏例，《陶集》‘载欣载奔’亦同一文法。”

几有佳札，抵读希逸一篇《月赋》也。

1939年7月26日

“义例”[①]字样见《北史》（义例无穷），“义法”[②]见《史记》，“文法”[③]见《史记》（《汲黯传》：“好兴事，舞文法”），然与今人言文法者殊科，《史记·韩非传》：“然善属书离辞，指事类情。”《正义》云：“离辞谓分析其辞句也。”此亦持坚白异同[④]之论者也。

阳湖陆黻恩（紫峰）《读秋水斋文》有《同年生洪君芝舲诔》一首，序云：“维咸丰己未，孟夏壬寅，同年生洪君芝舲，以疾卒于粤东之佛山镇，君讳德方，一字麟甫，北江先生幼子也，年二十三补学官弟子，逾年中副榜贡生，年三十六始举于乡”云。今常州文录以齮孙子龄传，所见《清史列传》亦如此作。

武进汪士进（逸云）《鬘云轩文》，最爱其“草痕萦带，康成校经之时；柳色盈门，渊明读书之所。”（《秋堂读书图叙》）“思故乡之敝绔，定有奇温；念高堂之菽水，犹惭一饱。”（《送陆蓉卿之山左叙》）二联。

阳湖蒋学沂小松《菰米山房文》，如“森行树櫃，同招化鹤之魂；禁绝采薪；远去展禽之墓”（《洁斋孙先生墓志》）。“寻梁海燕，不虚重到之期；就箔春蚕，永结同功之缕”《拟庾开府书》。尤可诵也。

【注释】

①义例：又称“凡例”“体例”“书法”等，是关于一部文献内部如何组织和表述其基本内容、基本宗旨的原则和方法。

②义法：“义”即“言之有物”；“法”即“言之有序”。

③文法：语言的结构方式。包括词语的构成和变化，词组和句子的组织。

④坚白同异：指战国时名家公孙龙的“离坚白”和惠施的“合同异”之说。

《山林之牢日记》

（1945年3月23日—4月13日）

1945年3月23日

《太平御览》一千卷（宋李昉等奉敕撰），初名《太平总类》，太宗日尽三卷，云："欲以一年遍读之。"万机之余，犹好整以暇哉。邑上舍吴之英（梦秋）为言，一万字为一卷，惜叩敏其所据，念梦秋非苟言者，今者墓草已宿矣。许祭酒后叙自言解说凡十三万三千四百四十一字，为十四篇。今考沅《鉴》凡二百二十卷，每卷五页半（世界书局本），页一千八百三字，洽一万字，司马《鉴》二百九十四卷，每卷七页许，页一千五百余字，亦万字而奇，亡友之言可信也。

淳化三年，太宗赐及第者（是科内出《卮言日出赋》题，试者不能措词，相率叩殿槛上请）新刻《礼记·儒行篇》，吾师章君莫年馆苏州，以今代学士不能遍读经，应以《儒行篇》代《大学》《中庸》，此砭时之至论也。

抽读《宋纪》六卷（至十六卷淳化三年），按太史公纪自轩辕，迄建元三千年间史事，自叙云："凡百三十篇，五十二万六千五百字。"《资治通鉴·汉纪》（前二〇六至二一九，凡四百二十五年）六十卷，《唐纪》（六一八至九〇六，凡二百八十八年）亦只八十卷耳，《续通鉴·宋纪》（九六〇至一二七六，凡三百三十六年）乃达一百八十二卷，全书四百十一年二百二十二卷，其失也，不无冗乎。固因入宋以后之文告日趋漫衍，单词不达，语必双謰，至理难明，动辄举例。奏御诸文，尤芜杂而寡要。操史事者，又不克如涑水之达识。每录一文，先为钩提玄要，遂至茅苇艾萧，浩乎一望。意者芸台开府汉湘，幕下多士，口授意旨，自有他手持中书之者。城既成于众志，事遂等于官修。间架虽存，精神已薾。当日江都、阳湖、北江辈，尝隶襜帷，并有著书，如平津丛书、宁国志事，才识绩学，雅具三长，则知其未豫修兹史也。论者称阮史事必详明，语归体要，所谓士元誉人，多过其量者欤。

临武县人士有欲以予续修县志者。县州府志，国史之所自出也，于胜清例，过三十年不续修，则知其县事者黜陟有差。吾县县志失修已一百五十年，临武亦垂一百年矣，及今不图，兹事诚恐遂废，然非距心之所得为也。

1945年3月24日

晨四十九度，晦蘙[①]。淳化四年分天下州县为十道（曰：河南、河东、关西、剑南、淮南、江南、东西两浙、东西广南)。至道三年分天下为十五路(十四曰:广南东路,十五曰:广南西路)。明分为十五省。清改北直隶曰:直隶,南直隶曰:江南,余仍之。康熙分陕西为陕西、甘肃,湖广为湖南、湖北,江南为江苏、安徽,后增奉天、吉林、黑龙江、新疆,都二十二行省(台湾清季亦建省)。民初增置热河、察哈尔、绥康、西康、宁夏、青海为二十有八。

张咏至益州平蜀乱(淳化五年),太宗曰:"此人何事不能了。"翁松禅与丁雨生诗故有"何事不了乖崖"之句。戊寅客香港,见丁氏,以翁相国挽丁中丞绢联,字大径及尺,剪装成册,沿门求售,经予激赏,即为王氏子以二十蚨得之,其词可记也:"政绩张乖崖,学术陈龙川,在吾辈自有公论;文字百一廛(顾莼颜黄丕烈室曰'百宋一廛'),武功七二社(台湾土番结社七十有二,日昌评之,见《百兰山馆政书》),问何人具此奇才。"

读《宋纪》,尽十卷(讫淳化三年)。

【注释】

①藿:通"霍"。

1945年3月26日

零雨其濛。

真宗屡征辟处士,亦有不免互相标榜谬习,处士侍郎种放甚尤焉者,赐宴日命臣工赋诗缀文以荣之,有应对曰:"久不属文。"强之,乃诵《北山移文》以应命,实则颂最后十字足矣。

阮《鉴》历纪十余起不应征者,及半并有连征其子而不起者,犹如雍邱邢惇,以学术称,除许州助教,遣归,乡人不觉其有官也。既卒,乃见其敕与废纸同束置屋梁间(三十一卷)。信乎,守志厉操者仪之,则可以崇高节抗浮云(赵岐《孟子注》:"疑题辞中语")。观其召对不言,仅曰:"陛下东封西祀,皆已毕矣,臣复何言。"又非处士纯盗虚声者,史迁进任侠,孟坚隆气节,所为自有良史书之者,非欤。

仁宗庆历二年建大名府为北京,辽人将渝盟,范仲淹时知开封,建议城洛阳以备急难,吕夷简曰:"此囊瓦城郢计也。使辽人得渡河,而固守京师,天下殆矣!故设备宜在河北。""卒建北京,识者韪之。"明初改北平府曰北平者,本秦汉右北平郡地也。

1945年3月27日

史纪辽事用夏变夷之政教,往往见之,如(皇祐二年,辽重熙十九年)"辽以将策进士,命医、卜、屠、贩、奴隶及倍父母或犯事逃亡者,不得应举。"清例以儒学官管举子，童子试则益以廪生认保，派保各一人，犯功令者为冒籍，匿丧及身家不清白，此特指倡优皂卒而言，医卜屠贩百工也不在限例。许广州立学，始于庆历三年。

1945 年 3 月 29 日

霭朗如秋，读罢，偃蹇草际，以俟月出，璧肉之好，腴于昨夕。昨夜星辰昨夜风，不堪回首昨夜月明中。

读阮《鉴》十一卷（讫熙宁三年）。

哀祭之文，四言为宗，自退之《祭田横墓文》始以长短句出文，所谓气盛，则言之长短，声之高下皆宜。鹿门抄文唐宋八家，韩、柳并时，不相因袭，赵宋六家，靡不近接，昌黎胎息，祭文一道，尤其著者，然气盛步阔，则莫有及之者矣。

湘乡《经史百家杂钞》，承桐城义法，以惠后人者，一于文中分段，撷其要旨，一于最目分类，指明所宗，哀祭之属下云："凡哀祭类，以潘、韩、欧、王为宗。欧阳之文以情胜者，善用顿笔曲尽峰青，善用折笔花明柳暗。其敝也虽非丰缛而寡要，奔放而无涯，而过于顾盼多姿，轻盈寡朒。花间竹里虫鸟，固皆天籁之声；清庙明堂雅颂，庸非返鲁之后。所为《新五代史》，极意祖腐迁义法，世称其高而规抚已隘。格调入时，花鸟观台，动见心匠，要非复天然之美，巨川之观。彼诸家者，并来自田间，出身科目，北宋贡举，良称得人。顾场屋之文，气势既成，虽易辙改弦，而终身难脱窠臼，此自外于风气之不易也。"史记（嘉祐二年）"翰林学士欧阳修权知贡举，时士子尚为险、怪、奇、涩之文，号太学体。修痛排抑之，榜出，嚣薄之士，俟修晨朝，群聚诋斥，或为祭文投其家，然文体由是遂变。"则此太学体者，又不知伊于胡底矣。

庆吊酬酢，人事之至琐。安石母死，士大夫皆往，洵独不往（治平三年）。重劳史家书之。

1945 年 3 月 30 日

越缦先生记"陈宝琛请祀顾、黄二公"，时馆阁臣工乃有曰："顾炎武有《日知录》，三场策问，尚可捃摭。至黄宗羲何许人也。"一则且曰："何劳福建子之推崇也。"通人笔下，语虽至俚，辄有所本。《宋纪》云："安石晚居金陵，于钟山书院多写'福建子'三字，盖恨为吕惠卿所误也。"惠卿徙谪建宁，轼草制词，有曰："先帝始以帝尧之仁，姑试伯鲧；终以孔子之圣，不信宰予。"又曰："尚宽两观之诛，薄示三苗之窜。"天下传诵称快焉。惠卿，晋江人。建宁郡名，三国蜀置，故治在今云南曲靖县西。

1945年4月1日

史每纪户口之盛，而衰也旋踵焉。唐天宝十三年，户部奏天下口五千二百八十八万四百八十八，安史之乱十年间，广德二年，奏口一千六百九十余万，减于承平什七八，浩乎劫哉。宋宣和四年，户部上令岁民数凡主客户二千八十八万二千三百五十八，口四千六百三十七万四千七百八十四，视西汉盛皆有加焉，隋唐疆理虽广，而户口皆不及云（实略劣于天宝时），而靖康金祸作矣。

户部本曰民部，北周始置之为大司徒卿之属，隋初有度支尚书，开皇三年改为民部，唐避太宗讳改，沿至清末乃更名度支部，今曰财政厅，然旧民部实统度支、民部、金部、仓部四曹，并今之民政厅在内。

元祐党人碑，诏颁州县刻石（崇宁三年），长安石工安民乞免镌名，史记其辞曰："被役不敢辞，乞免镌安民二字于石末，恐得罪后世。"是逃名反留名也。明倪元璐《题元祐党碑》文末句曰："今披此籍，诸贤位中，赫然有安民在。"予癸未游桂林七星岩，洞口《党人碑》署哲宗御笔，蔡京曰："碑可毁，名不可灭也!"不能以寸，各有千秋。

1945年4月2日

晴。晨餐八十一度，日下九十八度，入首夏清和节景矣。

亘日尽读《宋纪》十五卷（讫绍兴二年），当日金阿骨之难，灭辽略宋，横占东三省、黄河流域与淮北诸地，江南湖湘郡县历拜其祸，马蹄未践者，西南几省而已。边患与史相终始，乌在其可宴安也（金凡五世九主，都一百二十年，蒙古灭之。一一一五至一二三四）。辽主多好文，兴礼教夷而进于中国，金灭辽尚无文字，后乃习契丹中国文，其髡发与满人同（建炎三年，金欲以李邈知沧州，笑而不答，及髡发令下，邈愤诋之，端坐就戮）。

建安三年，高丽犹请入贡，高宗方蒙尘，诏不许，汪藻制词曰："坏晋馆以纳车，庶无后悔；闭玉关而谢质，匪用前规。"帝大善之，以为得体。

"胡寅上七事，语皆切直，有曰：'至于文词之丽，言语之工，倒置是非，移易黑白，诚不宜任以为浮薄之戒也。'靖康二年，著作郎颜博文佞谀张邦昌，则曰'非汤、武之干戈，同尧、舜之禅让。'及为邦昌作请罪表，则曰'仲尼从佛肸之召，本为兴周；纪信乘汉王之车，固将诳楚。'博文，近世所谓能文之士也，其操术反复如此。故廉耻道消，四维大坏，则社稷随之，陛下有何利焉。"谅哉。

1945 年 4 月 3 日

晴。

起早残月介星昴间，南行数百武，乃有村人告予春及。

读《宋纪》十五卷（讫绍兴十四年）。吴玠以黄柑遗完颜杲曰：“大军远来，聊奉止渴。今日决战，各忠所事。”绝好书翰，好整以暇，请与君之士戏得臣冯轼而观之，金人瑞赌说“快事”，尚未谙举此。

绍兴金祸，如洚水之横流，大类今日事也，以御史张致远之言，观之尤信，有曰：“广东循、惠、韶、连数州与郴、虔（今江西赣县，宋绍兴二十三年改虔州曰赣州）接壤，韶、连疲于守御，而广州之观音，惠州之河源，循州之兴宁，千百为群，绯绿异服，横行肆掠，以众为强。”呜乎，此于唐代犹多在羁縻之地也。

司马文正（一○一九至一○八六）殁后四十年而汴京陷，金人挈其帑北迁，辞曰：“爱护贤者之后也。”（阮《鉴》未见著录）绍兴七年，诏以司马光族曾孙伋为右承务郎，嗣光后。则江南士族遂无涑水之嫡胤矣。衣冠之祸，亦烈矣哉。《明纪》：“英宗天顺九年，李贤言‘赞善司马恂，宋温公后，宜辅导太子。’贵妃具冠服谢。”

《越缦日记》：“记康雍间江南录童子试，有史某年四十余，文理未通，所填籍贯，可法其祖也，询之，南京土人，或史公落扬州时，传侍妾有遗腹子，考官姑予录为博士弟子，存其香火”云。舍是之外，莫从申其遗爱，亦可稀矣。

疑致岳飞于死者，谏议大夫万俟卨。卨，《字汇补》“与离同，私列切。”《集韵》与偰、契并同。按即“竊”字所以为声者。古之名，子不以隐疾，此何如名也。

1945 年 4 月 4 日

金人亦学汉语，为诏曰（绍兴十九年，金皇统九年）“惟德弗类，上干天戒”及“顾兹寡昧，眇予小子”等语，张钧视草也，萧肄素恶之，乃译奏曰：“弗类，是大无道。寡者，孤独无亲；昧者，弗晓人事；眇者，目无所见；小子，婴孩之称。”金主亮怒，榜钧百，不死。醢之城头。学得胡人语者，此其效可睹矣。

唐人言“槐花黄，举子忙。”槐花以五月黄也，其同以中秋日，始于宋（绍兴二十四年）：“初诏郡国同以中秋日试举人。旧诸州皆自选日举士，故士子或有就数州取解者，至是禁之。”此例沿至清光绪二十九年癸卯末科，八百年而不改，是为乡试凡三场，每场三日，八月初八日首场。今中山大学二十年来例以八月八日考试入学生，亦演故事，非偶中也。

“知盱眙军吴说奏请禁止采蜮（绍兴二十六年）。”按皮日休诗：“辞人寄海蜮

（《唐韵》许咸切）。”吾州之名产也。

“中书舍人虞允文大破金军于采石（绍兴三十一年）”，张焘谒问招讨使刘锜疾，锜曰：“疾何必问，朝廷养兵三十年，大功乃出书生手，我辈愧死矣。”《宋纪》煞闷人，至此为之吐气。

1945年4月6日

重黔欲雨。

读《宋纪》十三卷（讫嘉定十三年）。

清贡举制几悉沿宋制之旧，凡应制文艺，除试帖外，文、赋、论、策概以三百字至七百字为限，违制之文虽佳，知其事者，多顾忌不以登榜，耆被磨勘，受处分也。（淳熙十四年）

洪迈言贡举令赋限三百六十字，论限三百字。今经义论册一道有至三千字，赋一篇几六百字。寸晷之内，唯务贪多，累牍连篇，何由精妙。宜俾各遵体格，以返浑淳。

终宋之世，毒师权相，后先相望，官邪士窳，亦观止矣。韩侂胄挈客饮南园，过山庄指其竹篱苑舍曰：“此真田舍间气象，所惜者欠鸡鸣犬吠耳。”少间有犬嗥于丛薄之下，亟遣视之，京尹赵侍郎也（师 𢍰）。犬吠侍郎之名仿此，史体有所不屑载。复于考异互存之，自居山庄，殊不乏此，乃又有附益之者乱人意。耳根声尘，难得清净，如枕流以洗其耳，并有未能释然者在也。

开禧二年削桧王爵，改谥缪丑，制词有曰：“兵于五材，谁能去之。首弛边疆之备，臣无二心，天之道也，忍忘君父之仇。”又曰：“一日纵敌，遂贻百世之忧；百年为墟，谁任诸人之责。”当时传诵之，然不过尔尔。

1945年4月7日

晨四十八度。雨，亘日阴。

读《宋纪》十五卷（至景定二年）。

淳祐三年，赐文天祥进士及第，考官王应麟得其卷，奏曰：“是卷古谊若龟鉴，忠肝若铁石，臣敢为得人贺。”风檐文字，亦见节概，如此方许具一只眼，伯厚之学，本渊源考亭，而朴茂博洽，宋代罕有，伦𠓗此举，不惟得士，允称得人，然而宋社屋矣。

黄河改道，汴梁景物几变旧观，予以乙丑馆开封，居民不及二十万口，城周不及三十里，据《宋纪》（绍定五年）城周二十里，翌年蒙古破金，称时避兵，在汴者尚四十万户，虽不得尽信，然此其大较也。今日都市人口之最者，尚无以过之。

1945 年 4 月 9 日

春雨廉纖。

读《元纪》四卷，补纂。

“至元十九年，杀宋丞相文天祥于柴市（《元纪》：‘始至元十三年，蒙古建国号元，盖取诸《易》‘大哉乾元’之义）。”柴市者，北京宣武门南城外菜佣辐凑之所，潮州会馆所在丞相胡同之北口，吾州人居会馆者，旦暮必经之地。信国至此，问市人曰：“孰南面?”或有指之者，即向南再拜。其被执于张宏范也，于潮州潮阳，余每过斯邑，过斯地，辄为之低徊久之。江西名山非庐山也，吉水文山与弋阳谢叠山也焉。隽卿如兄惠予信国手书“和平里”三字拓本（字径二尺），今藏于家。

《孟子》“人莫大焉亡亲戚、君臣、上下”为句，坊本有“于焉者”句，或读“者非焉犹于也”。

1945 年 4 月 10 日

谢叠山《致刘忠斋却聘书》，选本已最录其遗，程文海书尤忠孝至文也（至元二十三年），授徒诵之：

“大元制世，民物一新，宋室孤臣，只欠一死。枋得所以不死者，以九十三岁之母在堂耳。今先妣考终正寝，枋得自今无意人世事矣！亲丧在浅土，贫不能礼葬，苫块余息，心死形存。小儿传到郡县公文，乃知执事荐士凡三十，贱姓名亦玷其中，将降旨督郡县以礼聘召。执事为君谋亦忠矣，岂知枋得有母之丧，衰绖之服，不可入公门乎？稽之古礼，子有父母之丧，君命三年不过其门，所以教天下之孝也！解官持服，在大元制典尤严。自伊尹、傅说之后，三千年间，山林匹夫，辞烟霞而依日月者亦多矣，未闻有冒丧匿服而应币聘者。传曰：‘求忠臣必于孝子之门。’为人臣不尽孝于家而能尽忠于国者，未之有也。枋得亲丧未克葬，持服未三年，若违礼背法，从郡县之令，顺执事之意，其为不孝莫大焉！传曰：‘君子成人之美，不成人之恶。’执事能亮吾之心，使幸而免不孝之名，是成我者之恩与生我者等也。”

1945 年 4 月 13 日

《元纪》（至正十六年）载刀王王英平漳州盗，据鞍横槊，精神飞动，英时年九十有六，矍铄哉，是翁都人。传谭鑫培年七十余犹身演《九更天》，于刃杀己女以报主恩之一刹那，腾空翻身（俗曰无头筋斗），伏尸震痛。易实甫有句“人生七十古来稀，七十筋斗奇更奇”以咏之。

附录一　笺注黄际遇先生绝笔诗

◎王金怀

编者注：

1940 年，盛成先生离开位于桂林的广西大学前往广东坪石的中山大学任教，欢迎会上黄际遇先生作为中山大学老教授代表致辞。盛成说起此段经历时，引用了北京评议学院教授王金怀作注释的一篇文章。

三江盛二客邸，寿李静宜女史三十初度：

澄海黄际遇口占

六十言诗已最迟，我乃六十未言诗。
垂老投荒湖广道，湘流庾岭挹嵚奇。
如此江山无一字，恨不早下十年帷。
更遇仪徵盛老二，上下今古如然犀。
儿女成行稿满箧，落叶半床墨成池。
校书有人曹大家，涿县女史李静宜。
不烦十吏就之写，何止三绝撑肚皮。
弹筝偶唱大江东，双柑斗酒听黄鹂。
年来饱经沧桑变，目无六鹢与千骑。
子舆谓之有兮定，李耳亦曰守其雌。
淡笑座中尽鸿儒，为天下谷天下溪。
术者多言岁在酉，三十不死入坦夷。
吾侪度世别有道，女史尤为吾党师。
荆棘丛中无芥蒂，平平王道凭驱驰。
连肩诸子韪我言，言之可信有若斯。
缀成长句无诗律，聊许鲰生放厥辞。

简注：

此诗作者是著名学者、经学家、天文学家、数学家黄际遇先生，字任初，广东澄海人。中山大学元老盛成教授在广西大学执教时，他说中山大学是学海堂后身，学海堂是盛成教授外高祖阮元太傅所创，坚请盛教授到中山大学任教。

三江，广东连县连南。1944年，日本进攻韶关，中山大学疏散到仁化、三江等处，盛教授到三江。1945年日本投降，黄先生从临武到三江，在为盛夫人李静宜祝三十岁生日时乘兴写作此诗，亲笔题写为横幅，不久在北江堕水蒙难，此诗为其绝笔。

“垂老投荒”句，指中大疏散广东、湖南各地，湘流庾岭风景奇丽。

不曾写诗，恨不早十年学写诗，效董仲舒“下帏讲诵”。

“盛二”即盛成。“上下今古如然犀”句，赞扬盛教授学识渊博，洞察是非善恶。《白虎通》：“凡通古今、辨然否为士。”又《晋书·温峤传》，峤至牛渚矶，水深不可测，世云其下多怪物，峤遂燃犀角而照之，见水族奇形异状。

“弹筝”“双柑”句，赞扬盛教授豪放如坡公之弹唱大江东去。“双柑斗酒”，典出唐冯贽《云仙杂记》：“戴颙春携双柑斗酒，人问何之，曰：‘往听黄鹂声。此俗耳针砭，诗肠鼓吹。’”

“目无六鹢与千骑”句，赞盛成教授在抗日救亡中先参加十九路军，继在武汉参加国际宣传，与老舍等创办抗战文艺协会，曾步行穿过敌后，人称“游击教授”。“六鹢”典出《左传》僖公十六年：“六鹢退飞过宋都”。

“鲰生”，自称之谦辞，原意为小鱼，用称小人腐儒，黄先生自称“六十未言诗”，然此诗深沉古朴、雄奇壮丽，可谓不鸣则已，一鸣惊人。

1987年3月，王金怀注于北京

以上盛成《旧世新书——盛成回忆录》，北京语言出版社1993年版，第73～74页与盛成《盛成回忆录》，山西人民出版社2012年版，第217～219页，两个版本整理而成。

附录二　从游录

——为黄任初先生逝世三周年作

◎张　荃

余性褊狷，不谐于俗。幽忧之疾，久而弥深。每膏火自煎，孤情绝照。形骸土木，与世相遗者久矣。既而遇先生于羊城，纶音偶接，若合符契。先生或诱掖多方，从容启迪；或正襟责数，不稍假借。每一接席，辄懔然于责守之重，不敢复若往者之废时旷日，甘自暴弃矣。时于昏悸彷徨之际，与先生一席话，神志顿振。其潜移默化于不自知者，盖数载于兹。自别师门，累以衣食之故，废其所学，蹉跎岁月，一事无成，漂泊所遭，益深侘傺。人间倾轧，四伏网机，默察前途，不见坦道。呜呼，大道多歧，亡羊堪虞，哲人既萎，吾复谁归？先生昔有句云："迩来久不效驴鸣，此去惟有青蝇吊。"前修已远，来轸方遥，既叹逝者，行复自念！重读遗文，愈觉其言可恸，不复知涕之何从也！

余以李公培恩之招，将离港赴沪之江大学执教。先生力促之行，且谓之曰："此乃一生正业。"旋先生亦入坪石，临行不及面别，舟中以书抵余曰："港中流亡，惟吾子能相慰勉……，幸保全节仪，徐图相见也。"其后余随母校内迁邵武，先生以书招之，侍读于坪石者又一年。而督之愈严，绳之愈切。余亦如履如临，不敢稍懈。虽布衣蔬食，而形容敷腴，幽忧之疾，不觉尽蠲，乃知人生至乐，原别有在，俄而寇临坪石，遂仓皇别去。旋应厦门大学国文系之聘。先生亦避地临武，设帐讲学，戎马倥偬，弦诵不辍。而关山休阻，邮毕不通者又一年，先生每遭际艰危，常以不肖为念，每语楚言云："荪簃幸早归，免罹此劫。"呜呼，余以信道不笃，不能抱经相从，与先生同其忧患。寇乱既平，方欲抠衣升堂，从容问难，而凶闻旋至，先生乃一瞑不视矣，先生临殁前夕，梦中犹曾相见。清远去汀州数百里，冥冥之中，精神感召，仅畀一面，此后遂百思不能复见。乃为诗以哭之。诗云：

空山木叶落，萧条变商音。
秋声满林莽，如闻猿啸吟。
夫子去不返，移情孰与任？
极目沧冥间，凄凉游子心。
一棺土未封，异域风霜侵。
存者仍羁旅，咨嗟恋景沉。
茫茫视来兹，焉往非崎嵚。
魂兮应念我，踏月傥相寻。

死生今异途，去去日愈远。
孤魂无拘束，不惮路往返。
昨夜果梦公，握手意缱绻。
执经春风中，期我意尤恳。
绝学真如缕，肩负惧仆偃。
不信謦欬亲，转瞬幽冥限。
一饭报无由，空余泪盈眼。

先生壮年好酒，自至坪石，有眩晕之疾。余疑其血压过高，每以查验为请。先生笑曰："一贫至此，验亦徒劳!"遂至白庙途中，坠水不救。嗟呼，世乱道微，儒同皂隶。庙堂久废尊师之猷，林薮犹存守残之士。南州冠冕，鲁殿灵光，道统之传，不绝如缕。先生以一身系道术之兴亡，负宗师之重望，乃贫病交寝，饔飧仅继。先生曾云："能忍于饥寒之苦，然后能存节义之闲。"噫！先生之所以自处者是矣，国家又何以报先生哉?

香江相从者近二年，每于风日和霁。辄裹粮落荒。或伫立岩谷之中，曳杖啸吟。或徘徊沙岸之畔，流连照影。布衣宽博，风神迥异，望之若神仙。港中如宋王台、侯王庙等名胜，时可见行踪撰杖所停留。余曾有诗记之。

宋王台诗

凉秋苦羁栖，斗室伤局促。
散策逐涛声，相从莅海曲。
寒风吹海日，骇波相奔逐。
天末几凫鸥，飞驰越平陆。
老榕留古阴，余霞散红簇。
摩挲没字碑，苔侵不可读。
山丘多荒榛，荃兰闷芳郁。
宋室有遗臣，参天看乔木!
抚物意怆恨，万感纷交融。
先生有道人，片言舒眉蹙。
敷坐寂相对，一杯泛寒绿。
山灵惊知己，白云欣有属。
秋心在怀袖，殆荡不可掬。
忘情到物我，安暇问荣辱?
乃知既往非，自营如置狱。
愿言从问道，明夕更秉烛。

侯王庙诗（录二首）

人言此地非中土，微服匿名时一过。
此日来迟残署尽，荆扉小径落梧多。

密树修篁绿影斜，地连幽谷少人家。
先生棋罢浑无事，来踏空山驿路花。

先生每击节称赞，间亦和之，曾云："卅年搁笔，辄复下车，吾子之启余者何深也?"时过江名士，方竞为标榜；先生独友凫鸥，侣木石，不屑与偶。暇但与一二棋友游。余忝辱青友，每形影相随，忧乐与共。先生亦颇假以颜色。时余居九龙，先生每一文成，辄专役渡江曰："吾子知我，当以先睹为快也。"余曾有句云：

一时蝮蛇来东土，高蹈掉头如巢父。
渡江名士方清歌，伤心独欲赋枯树。
有时长啸凌长空，荒山四野来悲风。
孤村寂寞斜阳里，策杖苍茫听暮钟。
拾橡曾随落荒野，采菊偶到东篱下。
兴来无酒亦高歌，绝调终嗟和者寡。

盖记实也。

港中多奇花，四时皆春，梅菊并茂。先生爱游花圃。小立花丛中，鹅黄绛紫，弥望无际。芳香袭人，久而不散。园中有小轩，可以茗话。曾游其地，命奚童持笺至，上书前人绝句云："趁此一轩风月好，花香酒热待君来。"其风情雅淡，有如此者！时或载酒相随，一杯在手，万虑俱失。先生辄吟拙句云："今日莫提灰劫事，此间只许谈风月。"拈花微笑，相对忘言，至此，万念皆除，肝肠俱冷矣。

曩余爱龚定庵先生诗词，曾刻意摹之，任初先生未之知也。其后为移录荪簃诗稿，题序其上，竟以瑟人相况，不谋而合，私心窃喜。其文云：

"自来经生学者，及身见出自弥甥成名成学者寡闻。如余只知段懋堂之于瑟人礼部事。瑟人以奇才名天下，诗余又多独辟之境，其外舅段君，犹有垂老见之不无技痒之言。明德之后，必有达人；经生之家，岂乏词客？乃今于荪簃之作见之耳。"

民国三十年八月，沪上诗人，为定庵先生百年祭，余谬讬同调，忝陪盛典，曾为诗祭之。诗云：

时维八月房心（星名）聚，群从设祭倾芳醑。
余亦临风一奠公，欲讬江流致微慕。
公才真堪张一军，东南馀子徒纷纷。
铸陶长吉入幽邃，黝黝古月照秋魂。
胸中丘壑世莫识，安边曾上万言策。
经经纬史才何多，戟指论事人辟易。
孤云出岫晚知还，娱亲岁月更萧闲。
宦途何似家乡好？一秋十日九湖山。（先生句）
百卷书成伤南渡，回天无力跨鹤去。
吟到恩仇心事深，知公有恨绕江树。（先生死在鸦片战争后一年）
人间陵谷几推迁，湖山此日浸烽烟。
苏公堤上千株柳，犹自因风咽晚蝉。
百年人事随水逝，流窜余亦穷悴矣。
诗成残月到吟边，胡笳凄凄空满耳。

诗仍专摹瑟人。后在坪石，先生见而喜之，曾为手录一遍，并题其后云：

“仁和龚瑟人，何减第五伦？百年有私淑，字字见夙因。”

亦足见文字因缘，有非偶然者，先生又曰：“异日吾殁，当以此等诗哭我。”嗟呼，一时戏言，乃成谶兆！今去先生之殁又数年矣，遗言在耳，夙愿未偿，思之泫然。

先生好手谈。每以一局自随，独游市肆中。上自国手名士，下至屠狗奚童，一局之长，必与接席，言欢论艺，终日不倦。家藏手录名谱百册，自谓“已备橘中之正变，将集往古之大成。此中人语，不足为外人道也”。每蝇头小楷，手自抄录，一灯如豆，中夜不缀。人或劝其勿太自苦，辄引明人语云“问如何过日，但即此是天”以自解。夫衰世难于自全，先生既与世龃龉，心存愤疾，肥遁无计，坐隐自忘，情岂得已哉！既耽于此道，遂深入浅出，此中甘苦，道之尤详。曾云：“谱学精微，钩稽匪易，刚柔动静，参澈惟艰。……诚恐一子苟下，重贻全局之忧。”又云：

“尔劫我持，击虚避实；欲擒故纵，策后翻先。夫冥行者有昭昭之明，善用兵者无赫赫之功。时盘马以弯弓，亦引矛而攻盾。……妙之所存，举一已挂其万；心之所会，悟焉而反不详……知几其神，相喻而笑。岂无不幸言中，是使赐之多言。自有不违如愚，可与回言终日。击磬于卫，荷蒉者乃曰：‘有心哉！’考槃在阿，作诗者其知此道乎？”

此则神乎其技，非知此中三昧者，孰能道之？而深严介重，又未曾因溺于艺而一变其操。某贵人招之，终遭峻拒。惟偶逢奇士，则又为之推诚相见，舍艺而论交，由棋而入道矣。港中棋友，以黄松轩最为相知。每支床相对，冥心孤往，一局既终，悠然神会。曾云：

“闻韶三月，肉味不知。天何言哉！子落自韵。”

及松轩之殁，遂不觉低徊掩抑，不胜其哀伤痛悼焉。日记有云：

“深恐从此，遂无同声。严霜陨庭，朔吹在树。余生难问，游泪久伤。縢数行之书，怀人蒿里；修禊事之日，已无兰亭。所为兴怀感慨系之耳。”

又有联云：

“垂死犹望故人来兮，鸡黍赴隔年，知我深于孔北海；

论才当与天下共之，橘梅无完谱，得公何止范西屏。”

此则怜才之外，又深致其知己之感者矣。

先生博学，人咸知之，不必复赘。其日记中所载，诗、联、骈文、散文、数学、棋谱，英文、日文、德文，包罗万有。晚年乃稍去其杂，专以载道自任，而以骈文行之。余从学既久，默察其所内蕴，盖欲大有所为，非仅欲以一艺见长者也。既与世凿枘相违，龃龉难人，吾道不行，孤怀无寄，见于文字，遂侘傺幽忧，无往不然。而神思尤妙。或谈笑间作，落纸如飞；或推敲一字，终日不倦。要皆腹稿已成，天才横溢者也。余独喜蕲春黄君墓志铭一篇。黄君嵚奇历落，狂狷疾世，固为可传之人。先生文亦傲睨传神，光焰万丈。而论交之章，独以唱叹出之，低徊掩仰，不可卒读。先生亦自谓初写黄庭，一而不再矣。家外祖父秋园先生云：

“任初天才磅礴，大气郁积，出而为文，无往不臻绝境。”

此固社会之公言，非我家之私论。余仅涉文墨，自囿一隅，又何足以知先生？自随侍翰墨以来，但丐齿牙之余泽，仰煦沫以自濡。然瞻之在前，忽焉在后。钻研既久，愈觉其不可几及。夫铅刀一割无效，驽马千里之行，昔未敢期，今愈成幻，余之无成，亦命也夫，伤哉！

先生书少学北碑，八分章草，皆臻妙境。自受业于余杭章先生之门，稍涉说文声韵，乃觉东汉北朝，解散篆法，后生少子，不复知文字源流正变。既以宗师自任，遂改学颜楷。草书则以二王为宗，间取法明人。其论清人云：

“诸城宜征，恣为碑说，适变不学，煽为末流；复有抱璞者流，好学沉思，经有专门，词无枝叶。洞六书之故，通八体之源，不言而芳，未歌而韵。书名或掩于其学，真迹耻落于凡夫。论世者未必知人，求书者莫穿其户，宁泊于孤貊以同尽，行且浚渊潭而自沦，引老姥为知己，揖古人而失笑，以兹说字，何异谈禅？”

而足称此者如姚惜抱，包百安，章太炎，曾刚父，黄季刚，陈师曾，经子渊等，或则心仪已久，或则及身师友。论书至此，是艺而进于道矣。昔傅青主谓赵孟頫浅俗无骨，心术坏而手随之。论者以为非止论书。余观先生，亦欲备以寄其冥冥之思，知己之感，其胸怀拂郁，借书一抒之耳！夫道无往而不可寄，先生盖欲于文翰而外，为大道别张壁垒，源委既穷，则变化从心，性情盎然，独见真至，晚年乃益显矣。自在青岛，参与密勿，文牍鞅掌，兹事渐废。世乱之后，自负愈高，而相知愈少。港中见访之日，余辄备佳墨名笺以待。明窗净几，时为破例一书。故余所藏先生手迹独多，而年来流窜寇乱，间一弃去。今随身尚得百纸，将存亡护卫，与吾生共之矣。

原载：张荃《张荃诗文集》，明文书局1990年版。

转载：陈景熙、林伦伦《黄际遇先生文集》，汕头大学出版社2008年版，第162～168页。

后　　记

◎ 黄小安

记得小时候家中有一排书架，架前通道是我夏天午睡的地方。每次放学回家，把凉席往地上一铺，此处便是我的天地。书架上放满了书，都是父母常用的，无甚特别。但是，其中一层摆放着一包包用牛皮纸封存的东西。这是些什么？因为历史的种种原因，我父亲黄家教从未很清晰地告诉我们，只有在他打开晾晒一番时，我们才从旁悟到点滴。原来这些就是我的祖父黄际遇（字任初）的遗物，包括其个人日记及中国象棋谱等手迹原稿。

20 世纪 60 年代及 80 年代，父亲与祖父的好友均有编辑出版《黄际遇先生文集》（以下简称《文集》）之议。中山大学中文系黄海章教授两次均预为之作序，父亲亦积极参与其中。由于种种原因，《文集》未能出版。父亲将黄海章教授 1982 年写的《〈黄际遇先生文集〉序》送载于《中山大学学报》1990 年第 1 期，而使此序得以保存。他还将此序恭敬地誊写了一遍。1995 年，父亲将祖父日记手稿赠予潮汕历史文化研究中心永久保存。然而，我们已隐隐感觉到父亲对此事的萦怀。

2007 年，我和我的先生何荫坤先后面临退休后日子如何度过的问题。先生提出凭我们之力整理祖父日记的建议，我亦有尝试一下的念头。于是，我们便开始有意识地收集资料，做前期准备。2009 年 8 月，我有幸受邀到汕头做摄影交流。不知是心血来潮，还是实有牵挂，在当地摄影界朋友的陪同下，我走访了潮汕历史文化研究中心，寻视曾伴儿时午梦、既熟悉又陌生的“伴侣”。时光荏苒，原 50 册棋谱《畴盦坐隐》已佚，日记亦只余《万年山中日记》24 册（共 27 册，佚第 15、16、17 册）、《不其山馆日记》3 册（共 4 册，佚第 1 册）、《因树山馆日记》15 册（佚第 6 册以及第 16 册以后各册）、《山林之牢日记》1 册等共 43 册在此落户安家。翻开日记，桃花依旧，人面已非，这更暗暗坚定了我抹抹尘埃的决心。

2008 年 6 月，由陈景熙、林伦伦两位学者编著的《黄际遇先生纪念文集》出版。2014 年 7 月，潮汕历史文化研究中心将日记合编名为《黄际遇日记》（以下简称《日记》）交汕头大学出版社影印出版。此二事对我们来说，除具先导及鞭策意义外，在资料的征集、整理、编注等方面均给我们提供了较大的方便。在此，感谢他们为此做出的努力。

然而，影印本毕竟是手写的，虽说撰写日记时间离今不算太久远（80 年左右），但读写差异之大超出想象。日记大多为毛笔楷书，亦不乏篆书、行书及章草，文字大量使用古体，有得即记，文不加点，不假排比，多为治学心得，包括历史、文学、数学、楹联、书信、棋谱（中国象棋）等内容，是祖父在工作之余用以自我鞭策的个人流水簿。因此，杨方笙教授认为，“（《日记》）给人的印象就像一座知识迷宫，万户千门，不知从何而入也不知从何而出……是部很难读的日记，除内容广博外，还由于它全部用的是文言文，有些还是华丽富赡、用典很多的骈体文，文章里用了许多古今字或通假字，而且绝大部分没有断句、不加标点。如果读者不具备一定的文字学知识，几乎触目皆是荆棘，无从下手”。蔡元培先生曾云：“任初教授日记，如付梨枣，须请多种专门学者担任校对，始能完善。”要将如此卷帙浩繁的《日记》译为简体字，整理归类，便于今人阅读，以我们夫妻二人“业余爱好者”的身份，应无可能。这十年间，应验了杨教授之语“触目皆是荆棘”，我们也曾有放弃之念头。但是，常有人为了修订整理各类史料“打扰”我，尽管祖父日记影印本已经出版，他们依然很难查找到各自所需。这让我想起中山大学中文系陈永正教授对我说的一句话：“小安，你作为后人，有责任将文物变为文献。”祖父的日记不仅有上述之亮点，更有其重要的写实性与记录性。作为后人，我明白了我的“试错”，才能让更多的人有机会去完善。正是长辈、专家、朋友们的关爱与鼓励，使“无知无畏”的我有了“舍我其谁”的胆量，“不够完美”也许正是这套丛书的特点。

我们将《黄际遇日记》分类编为七部分，即“国立山东大学时期”“国立中山大学时期”“师友乡谊录”“畴盦坐隐”“畴盦联话”“畴盦学记”“畴盦杂记”。这七部分既是一个整体［用“黄际遇日记类编”（封面用字选自黄际遇先生手稿）作为其丛书名］，又可独立成篇。其中的注释部分，本是我们在整理《日记》的过程中作为辅助的一道工序，资料来源除了《辞海》外，主要还是以网络资料为主，然总感觉把这些资料藏于书箧有点可惜，因此将其简化后作为注释一并刊出，希望对大众能有一定的参考价值。

基于本类编的特殊性，特此说明以下几点：

1. 本类编为日记体，根据祖父日记手稿影印本整理而成。由于手稿中存在一些看不清楚、看不明白的字词句，难免导致整理时出现与原文不一致或者语义较含糊的情况。

2. 祖父的手稿，为其日常记录的随笔，故日记中出现的有关书名、学校名、机构名、人名、地名以及英文名称、数理化公式等内容难免存在错漏和前后不统一的问题，为了尊重作者的原稿，在此保留日记原貌不做更改。

3. 本类编中的日记撰写时间距今 80 年左右，日记手稿多为毛笔楷书，亦不乏篆书、行书及章草，且多为繁体字，兼用通假字、异体字，现全文改为规范简体字，但无对应简体字及简化后有可能导致歧义的繁体字、异体字则保留原字（包括人名、地名），以不损日记原意。

4. 关于节选的说明。本丛书为类编，会将同一天的日记内容按照类别进行拆分或做相应删减，因此书中篇目多为节选。为了简洁，在目录与正文中不一一标注“节选”二字。

转瞬间，距黄海章教授作《〈黄际遇先生文集〉序》又过去了 30 多年，当年曾参与编辑策划《文集》者大多已作古，健在者亦到耄耋之年。我们在此用此序作为本书的“序”之一，部分缘于黄（海章）公公与我家的世谊，但更多的是缘于我们对先辈们言行文章的崇敬。在此，要感谢的人很多。首先是今年已 96 岁高龄的母亲龙婉芸，她是我能将此事坚持到底的最大支持；同时告慰父亲：您一直萦怀于心的事情，我们尽力了，如今，我们特别能理解您为什么一直不敢将此重任寄托在我们肩上。其次是我的哥哥与两位姐姐，多亏他们分担了照顾母亲等许多家务琐事，让我能够专心致志。再次是在康乐园看着我们成长的中山大学中文系黄天骥、曾宪通、陈焕良教授，他们都已年过八旬，黄叔叔主动为此书作序，曾叔叔、陈叔叔不厌其烦地解答我的问题。还有就是我的小学同学钟似璇，他不仅帮忙查找资料，还在数学及英文方面给予指导与校正。最后是中山大学出版社的领导与编辑，因他们的敬业与“宽容”，才让此书顺利付梓。另外，我的先生何荫坤，为了编注此丛书，自修了许多课程，留下了十几本笔记、上百支空笔芯和三块写坏了的电脑手写板。虽然他去年因病离世，未能等到本套丛书付梓的一刻，但他是相信会有这么一天的。他那副一步一步验证祖父日记中棋谱所用的中国象棋，我将永久珍藏。

黄小安

2019 年 4 月 20 日

2009 年 8 月，黄小安在潮汕历史文化研究中心查阅资料